dtv

Verena Moritz und Hannes Leidinger haben bislang unbekanntes oder unbeachtetes Archivmaterial ausgewertet. Sie lenken das Augenmerk auf den Moment, die »kurze Dauer«, die kleinste Einheit der Geschichte: Hat der k. u. k. Karrierediplomat Alexander Graf Hoyos mit seiner Berliner Mission, wie er selbst befürchtete, entscheidend zum Ausbruch des Ersten Weltkrieges beigetragen? Haben die meuternden Matrosen in Kiel die Revolution in Deutschland in Gang gesetzt? Anhand von fünf Beispielen aus der Zeit des Ersten Weltkrieges gehen die Autoren der spannenden Frage nach, inwieweit scheinbar »kleine« Figuren und unbedeutende Ereignisse entscheidende historische Entwicklungen herbeiführen oder beeinflussen können. Ein anregender Blick in die Werkstatt des Historikers, der neue Perspektiven auf das Weltgeschehen eröffnet.

Verena Moritz, geboren 1969, ist Historikerin und lebt in Wien. Mitarbeit an mehreren wissenschaftlichen Projekten zur Entwicklung Mittel- und Osteuropas im 20. Jahrhundert; zahlreiche Publikationen zur Geschichte Russlands, Österreichs, der Habsburgermonarchie und der Kommunistischen Internationale.

Hannes Leidinger, geboren 1969, ist Historiker und lebt in Wien. Mitarbeit an mehreren wissenschaftlichen Projekten zur Entwicklung Mittel- und Osteuropas im 20. Jahrhundert; zahlreiche Publikationen.

Verena Moritz
Hannes Leidinger

Die Nacht des Kirpitschnikow

EINE ANDERE GESCHICHTE
DES ERSTEN WELTKRIEGS

Deutscher Taschenbuch Verlag

November 2008
Deutscher Taschenbuch Verlag GmbH & Co. KG,
München
www.dtv.de

Umschlagkonzept: Balk & Brumshagen
Umschlagfoto: Porträt von Timofej Kirpitschnikow
(Russian Pictorial Collection, envelope AO,
Hoover Institution Archives)
Gesamtherstellung: Druckerei C. H. Beck, Nördlingen
Gedruckt auf säurefreiem, chlorfrei gebleichtem Papier
Printed in Germany · ISBN 978-3-423-34513-2

INHALT

»Bedienungsanleitung«
Ein Vorwort als Orientierungshilfe 7
Verena Moritz und Hannes Leidinger

PANORAMA
Historische Zeiten – Eine Einleitung 13
Hannes Leidinger

TOTALE
Der Erste Weltkrieg – Ein Hauptereignis im
Blickfeld der Geschichtswissenschaft 37
Hannes Leidinger

NAHAUFNAHME
Fünf Momente 65

»Wir sind also noch fähig zu wollen!« 66
Alexander Hoyos und die Entfesselung
des Ersten Weltkriegs
Verena Moritz

»Die Stunde, in der wir den Weltkrieg verloren« 97
Das »Wunder an der Marne«:
Verlauf, Folgen und Hintergründe
Hannes Leidinger

»Es ist genug Blut geflossen!« 121
Die Nacht des Kirpitschnikow und die Russische Revolution
Verena Moritz

»Ein Missverständnis, das sich in Kürze aufklären wird« 171
Der Zwischenfall von Tscheljabinsk und der
»Bürgerkrieg« in Russland
Verena Moritz

»Das war der Funke, der ins Pulverfaß fliegen mußte« 206
Der Kieler Aufstand und die deutsche Revolution
Hannes Leidinger

TOTALE UND PANORAMA
Eine Nachbetrachtung 243

Knotenpunkte – Der historische Moment oder
eine Geschichte der kurzen Dauer 244
Hannes Leidinger

Wir danken … 271

Anmerkungen 273

Quellen- und Literaturverzeichnis 297

Bildnachweis 319

»Bedienungsanleitung«

EIN VORWORT ALS ORIENTIERUNGSHILFE

Wer ist Kirpitschnikow? So wird wohl die erste Frage lauten. Eiligen Lesern möchten wir raten, sofort zur Mitte des Buches zu blättern, zum Kapitel »Es ist genug Blut geflossen!«

Wer geduldiger ist, dem seien ein paar Gedanken mitgegeben: Kirpitschnikow ist, wenn man so will, vor ein paar Jahren in unser Leben getreten. Damals war er uns genauso unbekannt wie den meisten Lesern wahrscheinlich jetzt. Im Zuge der Lektüre von Alexander Solschenizyns großem Revolutionsroman mit dem Titel »Das Rote Rad« ist er uns das erste Mal begegnet. Erst nachdem wir eigene Recherchen angestellt hatten, waren wir überzeugt, dass Kirpitschnikow nicht nur ein Romanheld, eine fiktive Gestalt, ist, für die man ihn zunächst halten könnte.

Alle Zweifel waren also ausgeräumt: Der Unteroffizier Timofej Iwanowitsch Kirpitschnikow ist eine historische Figur, die seinerzeit, das heißt 1917, in und für Russland eine bedeutende Rolle gespielt hat. Zumindest für kurze, ja sehr kurze Zeit. Er betrat die Bühne der Geschichte im Zusammenhang mit der russischen Februarrevolution – ein Ereignis, das in der Form, in der wir es heute kennen, ohne ihn vielleicht nicht denkbar gewesen wäre.

Kirpitschnikow jedenfalls war es, der uns auf die Idee brachte, nach bisweilen auch unbekannten Menschen und Momenten in der Geschichte zu suchen, die ihren Lauf mehr oder weniger nachhaltig beeinflussten, die, wie es immer wieder heißen wird, jenen »Funken« darstellten, der nötig war, um etwas zu bewirken. Weil die Tat von Timofej Kirpitschnikow am Anfang unserer Überlegungen zu diesem Buch stand, entschieden wir uns auch für seinen Namen und seinen »Moment« als Titel.

Der Erste Weltkrieg, oft als »Urkatastrophe« und eigentlicher Auftakt des Zwanzigsten Jahrhunderts beschrieben, ist ein ideales Feld, um nach den oben erwähnten Figuren und Ereignissen oder Momenten zu fahnden, die Prozesse jäh beschleunigten oder aber sie erst in Gang setzten. Unsere Beispiele sind alle der Geschichte der »Verlierer« dieses Krieges entnommen. Als solche sind nicht nur die Donaumonarchie und das Deutsche Kaiserreich zu betrachten; auch Russland, das frühzeitig aus dem Krieg ausschied, war bekanntlich alles andere als eine Siegermacht. Das Zarenimperium ging 1917 zugrunde, Österreich-Ungarn und das Hohenzollernreich folgten im Jahr darauf. Vor diesem Szenario eines bevorstehenden oder bereits mehr oder weniger eingetretenen Zerfalls, der gewissermaßen als Motor für einschneidende politische und gesellschaftliche Veränderungen diente, vollzogen sich auch die von uns ausgewählten »Momente«.

In ihnen spielen stets Männer die Hauptrolle. Wo sind die Frauen?, möchte man fragen. Sie begegnen uns kurz, als »revolutionäre Masse«, in Zusammenhang mit Kirpitschnikows Geschichte. Ansonsten werden uns jene »weiblichen Individuen«, die wir namentlich kennen und die für unsere Beispiele im Buch von Bedeutung sind, als Klischeefiguren mit Hang zum Okkulten präsentiert, die obendrein – so die Darstellung in den Quellen – von eher zerstörerischer als gestalterischer Natur waren. Auch wenn sich gerade vor dem Hintergrund des Ersten Weltkriegs beachtliche emanzipatorische Fortschritte beobachten lassen und sich der Wunsch nach Gleichberechtigung – bei allen notwendigen Abstufungen hinsichtlich der Nachhaltigkeit und Breitenwirksamkeit – auf verschiedenen Ebenen erfüllen ließ, so war es doch im Wesentlichen eine »Männerwelt«, die die Entscheidungen traf. Umso mehr in jenen Bereichen, die wir für unsere Beispiele gewählt haben: Politik und Armee. Darüber hinaus soll nicht vergessen werden, dass es auch eine »Männerwelt« war, die in den ersten Jahrzehnten nach 1917/18 die Geschichte dieses Weltkriegs geschrieben hat.

Was aber hat es nun bei genauerer Betrachtung mit den großen Augenblicken, also mit Begebenheiten von kurzer Dauer, etwa mit dem Wirken eines Timofej Kirpitschnikow, auf sich?

Wir haben insgesamt fünf »Nahaufnahmen«, Momente, beziehungsweise Ereignisse, ausgewählt, um zu zeigen, wie und warum ein kleiner, unbedeutender Zwischenfall eine historische Wende herbeiführen kann. Manchmal waren es Tage, oft nur Stunden, die sich der Wirkmächtigkeit längerfristiger historischer Prozesse entgegenstemmten und für manche alles, zumindest aber vieles, veränderten. Freilich können Timofej Kirpitschnikow und die Februarrevolution ebenso wenig ohne die Berücksichtigung der größeren Zusammenhänge betrachtet werden wie etwa der hier ebenfalls geschilderte Aufstand der Kieler Matrosen im Jahr 1918. So weit so klar.

Die vermeintliche Klarheit jedoch blendet nur zu oft Nuancen und Zwischentöne aus. Die scheinbare Gewissheit lexikalischer Fakten ist im besten Falle eine Orientierungshilfe, zuweilen und bei näherer Betrachtung hingegen nicht mehr als eine sogar Verwirrung stiftende Verknappung oder aber eine inhaltsleere Hülle, die »totes Wissen« hinterlässt. Wir wollten uns auf das Terrain einer lebendigen und offenen Geschichte wagen, wo beispielsweise auch »kontrafaktische« Überlegungen, also verhinderte Möglichkeiten, Entwicklungen, »die nicht Geschichte wurden«, eine Rolle spielen dürfen; auf ein Feld, wo Vermutungen nicht mit Spekulationen gleichgesetzt werden, unterschiedliche Interpretationen einen Platz haben und Widersprüche im Sinne eines Erkenntnisgewinns verstanden werden. Auf diese Weise können auch jene Aspekte in der Geschichte sichtbar gemacht werden, die sich dem oft naiven Bedürfnis nach Eindeutigkeit entziehen, die einem »allein selig machenden« Anspruch auf die eine »Wahrheit« oder zumindest auf einige wenige Erklärungen eine Absage erteilen. Würde sich nämlich die Geschichtsbetrachtung der simplen Frage nach Wahrheit oder Lüge, nach richtig oder falsch unterwerfen, dann wäre ihr Zustand mehr als Besorgnis erregend. Geschichte aber ist immer in Bewegung, nicht beliebig, aber auch nicht so geradlinig, so feststehend und unerschütterlich, wie es uns in der Rückschau erscheinen mag. Zudem zeigt sie Alternativen und Möglichkeiten auf, sowohl in ihrem Verlauf als auch in ihrer Interpretation.

»Auch unter Historikern«, hält der Journalist und Buchautor Volker Ullrich in Zusammenhang mit den oft abenteuerlichen »Was wäre gewesen, wenn«-Geschichtsexperimenten von Literaten fest, »ist die What if-Frage nicht mehr verpönt. Kontrafaktische Überlegungen haben sogar Konjunktur. Sie können in der Tat helfen, der Vorstellung von einer Unentrinnbarkeit des historischen Prozesses entgegenzuwirken und den Sinn für verschüttete Möglichkeiten oder auch vermiedene Gefahren zu schärfen – allerdings nur dann, wenn dabei der realhistorische Kontext nicht aus dem Auge gelassen wird.«[1]

Diesen realhistorischen Kontext verlieren wir bei allen fünf »Nahaufnahmen« nicht aus den Augen und sparen ihn auch nicht in den Rahmentexten dieses Buches aus. Dort geht es aber um mehr. Nicht allein die Betonung einer Mehrdimensionalität der Geschichte ist von Bedeutung; ebenso wenig nur die Warnung vor einer vereinfachenden Geschichtsbetrachtung oder der Verzicht auf die letzten Sätze. All das mag erfahrenen Lesern als selbstverständlicher und nicht explizit zu thematisierender Kanon einer seriösen Historiografie vorkommen. Im Zentrum unserer Überlegungen steht vor allem noch die Frage, was das Ereignis, als »Wendepunkt« oder »Sternstunde« verstanden, »taugt« oder anders gesagt: Welchen Platz kann der historisch bedeutsame Moment innerhalb mittel- und längerfristiger Entwicklungen einnehmen, und wie ist er dann zu bewerten? Wahrscheinlich sind die Antworten, die wir darauf geben können, alles andere als erschöpfend. Unser Buch versteht sich aber als Anregung, sich speziell dem Ereignis von »kurzer Dauer« zuzuwenden, und vielleicht das zu tun, was wir hier oft nur andeuten: die Analyse zu verfeinern und Ereignistypen sowie Entscheidungsprozesse genauer zu erfassen und zu definieren.

Ist das auch einem breiteren Leserkreis zumutbar? Für uns steht fest: Ja. Und nicht nur das.

Der Ausflug in historische Zeiten und zu den damit verbundenen

Theorien, die uns bei einer Auseinandersetzung mit dem kleinsten Augenblick, dem »Moment«, begleiten und Inhalt des ersten Kapitels sind, ist als ein Eintritt in das Abenteuer Geschichte zu begreifen. Der darauf folgende Teil über den Ersten Weltkrieg als ein in seiner Deutung umstrittenes Hauptereignis ist nicht nur Kontext und Wegmarke einer »langen Dauer«. Vielmehr bringt er die Verdichtung von Handlungssträngen zu Entscheidungsmomenten, die Verknüpfung längerer Entwicklungen mit zeitlich eng begrenzten Vorgängen zum Ausdruck. Vor diesem Hintergrund wird insbesondere die Frage nach Brüchen und Kontinuitäten gestellt, die den Krieg charakterisierten, ihm vorausgingen und folgten.

Die für das Buch ausgewählten fünf »Momente« innerhalb des großen Knotenpunktes oder Schlüsselereignisses »Erster Weltkrieg« sind chronologisch geordnet, beginnen mit 1914 und enden im Jahr 1918. Sie machen deutlich, dass sich die »kurze Dauer« in höchst unterschiedlicher Art und Weise vollzieht. Zufall oder Inszenierung des »Außerordentlichen«, aber auch Erwartung und Erfahrung der Akteure spielen dabei eine ebenso große Rolle wie Spontaneität oder Planung der Geschehnisse, Chancen oder Grenzen individuellen Handelns. Dass Kirpitschnikows »Moment« in der Mitte des Buches landete, war zunächst nicht geplant. Dennoch ist es dann nicht einfach passiert, sondern sogar beispielhaft für das Anliegen des Buches: Der nächtliche Entschluss eines unscheinbaren Unteroffiziers der Zarenarmee versinnbildlicht den kleinsten Anstoß zu weitreichenden Konsequenzen und den Aktionsradius eines Einzelnen in der Geschichte.

Von dieser Mitte aus hin zu den übrigen Augenblicken und Rahmentexten, von innen heraus also, wie eingangs den »Ungeduldigeren« angeraten, kann man das Buch genauso lesen wie von vorne nach hinten oder umgekehrt. Leser und Autoren wählen damit gewissermaßen unterschiedliche Kameraeinstellungen, wenden sich einmal größeren Zusammenhängen und ein anderes Mal kleinsten Details zu. Ob Panorama, Totale oder Nahaufnahme – es bleibt jedem selbst überlassen, für welche Perspektive er sich zuerst entscheidet und wie er die einzelnen Wahrnehmungen, Begebenheiten oder Zeitdimensionen miteinander verbindet.

In den Nachbetrachtungen wird jedenfalls von uns ein Versuch unternommen, alle zuvor gesammelten »Bilder« zusammenzulegen, um weitere »Ansichten« zu ergänzen und eine Collage als kleine »Geschichte der kurzen Dauer« anzubieten.

Ein Nachsatz nach erster Korrektur des Textes durch Freunde: Die »großen Geschichtsforscher«, ihre Theorien und Interpretationen, können wir hier nicht zur Gänze berücksichtigen. Ihre von uns aufgegriffenen, bisweilen zitierten Wortmeldungen sind daher im Folgenden auf die von uns fokussierten Fragestellungen ausgerichtet, repräsentieren also nur einen kleinen Ausschnitt ihres Schaffens. Darüber hinaus sind wir nicht lückenlos über die aktuelle berufliche Position der einzelnen Forscher unterrichtet. Wir haben uns daher mit jenen biographischen Angaben begnügt, die wir in den von ihnen stammenden und von uns verwendeten Werken gefunden haben.

Meine Güte, was man nicht alles bedenken soll, muss, … Machen Sie es uns gleich: Stürzen Sie sich Hals über Kopf ins »Getümmel«, man kann auch sagen »Gerümpel« der Geschichte. Wenn Sie es nicht gern »theoretisch« haben und an »großen« Zusammenhängen keinen Bedarf, wählen sie die »Nahaufnahme«, den Moment und … danke, Sie haben das Buch gekauft. Mutig, bei so einem Thema! Es könnte sich lohnen.

PANORAMA

Historische Zeiten –
Eine Einleitung

ZWISCHEN HIMMEL UND OZEAN

»Geschichte gestaltet sich als geistiger Spiegel der Natur wie jene selbst in unendlichen und unberechenbaren Formen: sie übt keine Methode und überspielt verächtlich jedwedes Gesetz. Bald scheint sie zielhaft wie Wasser zu strömen, bald wölkt sie Geschehnis aus dem lockeren Zufall des Winds. Oft stuft sie Epochen mit großer Geduld der langsam aufwachsenden Kristalle, dann wieder preßt sie andrängende Sphären dramatisch in einen einzigen Blitz. Immer Bildnerin, enthüllt sie einzig in solchen Sekunden genialer Verkürzung sich als Künstlerin: denn ob auch Millionen Energien unsere Welt bewegen, immer sind es nur jene wenigen explosiven Augenblicke, die ihr dramatische Formen geben.«[1]

Der Schriftsteller Stefan Zweig, dem wir diese Worte verdanken, veranschaulichte solche Augenblicke in seinen »Sternstunden der Menschheit« anhand von »historischen Miniaturen«. Seine Auswahl umfasste dabei so unterschiedliche Szenerien wie die »Weltminute von Waterloo« am 18. Juni 1815, als Napoleon durch die Abwesenheit seines Generals Grouchy die Schlacht verlor, oder Goethes Rückfahrt nach Weimar am 5. September 1823, auf der er die Marienbader Elegie dichtete. Hinzu kamen schließlich in weiteren, posthum erschienenen Ausgaben unter anderem die Eroberung Konstantinopels 1453, Händels Oratorium »Der Messias« 1741, die Komposition der »Marseillaise« 1792, die erste Telefonverbindung nach Übersee 1858 und Lenins Rückkehr nach Russland 1917.[2]

Für Alexander Demandt, Professor für Alte Geschichte an der Freien Universität Berlin, ergeben sich daraus allerdings Unstimmigkeiten. Das Grimmsche Wörterbuch, konstatiert der Altertumsforscher, definiere zwar »Sternstunden« als »Schicksalsstunden, die über

Glück und Unglück entscheiden«; in der Umgangssprache bleibe der Begriff hingegen auf die positive Verwendung, auf etwas Erfreuliches beschränkt. Auf den Höhen philosophischer Betrachtung hat sich dementsprechend auch Immanuel Kant von der Vorstellung leiten lassen, in menschlichen Handlungen einen Leitfaden zu finden, der zum Ziel einer »vollkommenen bürgerlichen Vereinigung in der Menschengattung« führe. Zu einer Geschichte unter dem Gesichtspunkt, was Völker und Regierungen in »weltbürgerlicher Absicht« geleistet oder geschadet haben, meint der Historiker Demandt: »Selbst wenn man Kants Glauben an den ›regelmäßigen Gang der Verbesserung der Staatsverfassung‹ und die naturnotwendige Vollendung der Weltgesellschaft nicht teilt, ist es doch wohl eines Versuches wert, Ereignisse aufzuspüren, die faktisch oder symbolisch als Meilensteine am Weg zur Weltgesellschaft gesehen werden dürfen, als Schlüsselszenen für eine menschenwürdige Zukunft, [...] einen Zustand, den wir wünschen müssen, auch wenn wir ihn nicht erwarten dürfen, weil die Geschichte nun einmal nicht im Himmel spielt«.[3]

Auf der Suche nach den Sternen, den großen Momenten in der Geschichte, muss Demandt freilich immer wieder relativieren. So kann die allgemeine Erklärung der Menschenrechte durch die Vereinten Nationen am 10. Dezember 1948, die an die Französische Revolution und das amerikanische Vorbild anknüpft, als leuchtendes Beispiel gewertet werden. Menschenrechtsverletzungen aber hat es bekanntlich auch nach 1948 in großem Stil gegeben. Noch widersprüchlicher muss darüber hinaus die Beurteilung großer Entdeckertaten ausfallen. Die Fahrt von Christoph Kolumbus über den Atlantik stieß bislang verschlossene Tore auf. Damit verbundene Chancen zur Grundsteinlegung eines Weltstaates, der das Geschick des gesamten Planeten überwacht, dürften jedoch für viele eher bedrohlich wirken. Die Ureinwohner des amerikanischen Kontinents konnten die Ankunft der weißen Seefahrer und Eroberer kaum als Glücksfall bejubeln. Den Indianern brachte der »große« Augenblick vor allem Krankheit und koloniale Überheblichkeit. »Niemand hat eine gute Stunde, die nicht für irgendeinen anderen eine schlechte ist«, zitiert Alexander Demandt die Einsicht früherer Gelehrter in die Ambivalenz menschlichen Handelns.[4]

Was Demandt, der die Glückssterne trotzdem nicht aus dem Blickfeld verlieren will, und Zweig, der den explosiven Augenblick als Naturschauspiel unbewertet lässt, dennoch verbindet, ist die Überzeugung von der Verdichtung historischer Entwicklungen zu entscheidenden Momenten, ist ihr Interesse am Ereignischarakter der Geschichte.

Was aber haben wir darunter zu verstehen? Skeptisch erinnert der Philosoph Paul Ricoeur an die »trügerische Selbstverständlichkeit«, die dem Begriff des historischen Ereignisses wie den »meisten Begriffen des gemeinen Menschenverstandes« anhaftet.[5] »Eine Umfrage«, konkretisiert der Berliner Historiker Thomas Rathmann, »würde wohl zu Tage fördern, daß ein Ereignis als Einbruch oder Einschnitt begriffen wird, etwas, das überrascht und wonach das eigene Leben, das Umfeld, die Lebenswelt nicht mehr die sind, die sie vorher waren. Die Definition des wissenschaftlichen Ereignisbegriffs hingegen ist umstritten«.[6]

Marc Bloch, einer der Gründerväter jener französischen Historiker-Gruppe, die nach ihrer Zeitschrift »Annales« genannt und zu einer mehr oder minder institutionalisierten Schule wurde[7], betrachtete diesen ungeklärten Aspekt der Geschichtsschreibung als einen Angelpunkt der Lehr- und Forschungstätigkeit. »Wer gab den Schuss ab, der die Pariser Februarrevolution auslöste: ein Gardesoldat oder ein Demonstrant?«, so seine Frage im Jahr 1914. Man müsse, erklärte er, »die Erzählungen der Augenzeugen untersuchen und vergleichen und sich vergegenwärtigen, dass auch sie […] ungenau sein können. Das Einzige, was wir bis zu diesem Punkt wissen können, ist, dass es unmöglich ist, beide Hypothesen in Übereinstimmung zu bringen: eine muss notwendigerweise falsch sein.«[8]

Fünfundzwanzig Jahre später gelangte Bloch zu einer ganz anderen Erklärung. Die Frage nach dem berühmten Schuss beantwortete er nun folgendermaßen: Die Problemstellung sei falsch gewesen. Die Revolution von 1848 war von zahlreichen Faktoren, die sehr verschiedenartig und sehr wirkkräftig waren, seit »langer Zeit vorbereitet worden. Die Schießerei auf dem Boulevard des Capucines war nichts anderes als der letzte Funke«.[9]

Die Suche nach einer tiefergreifenden Geschichte musste solcherart zum Gebot erhoben werden. Eine Generation nach Marc Bloch wurde in diesem Sinn das einflussreichste »Manifest der Annales« formuliert: In seinem dreibändigen Opus magnum »Das Mittelmeer und die mediterrane Welt in der Epoche Philipps II.« entwarf Fernand Braudel ein dreigeschossiges Haus der historischen Zeiten, dessen Bewohner je nach Etage in verschiedenen Tempi lebten. Im untersten Stock herrschte das »lentissmo« einer »longue durée«, einer fast stationären Zeit des geografischen Raumes. Im Mittleren obwaltete das »andante« wirtschaftlicher und sozialer Verhältnisse, die Welt der Prozesse, der Konjunkturen und Strukturen. Im obersten Geschoß gaben sich schließlich die menschlichen Handlungen als politische Ereignisse, als Verträge, Bataillen und Thronwechsel, in einem »allegro vivace« ein Stelldichein.[10] Braudel brach damit die Einheit der linearen, fortschreitenden Zeit auf, eine bedeutende Leistung für die moderne Historiografie, wobei er den mittel- und langfristigen Entwicklungen einen deutlichen Vorrang einräumte.[11] Dem Thema angemessen finden sich in seinem Mittelmeerbuch maritime Metaphern: »Majestätisch wie das in seiner Tiefe unbewegte Meer« ist die longue durée, die »anonyme, tiefe und oft stille Geschichte, die eher die Menschen macht, als von ihnen gemacht wird«. Rasch bewegt wie »die Wellen, die über seine Oberfläche huschen, und flüchtig, wie der Schaum, der sie bekrönt«, ist andererseits die Zeit der Ereignisse. Sie ist, heißt es weiter, eine »blinde Welt wie jede lebendige, wie die unsere«, die sich nicht um jene Gewässer kümmert, »auf denen unsere Barke wie das trunkenste aller Schiffe dahintreibt«.[12]

Nach der Meinung des britischen Historikers Niall Ferguson war diese Betrachtungsweise eine neue Variante des Determinismus, also des gleichsam vorherbestimmten oder zwangsläufigen Gangs der Geschichte, zumal Fernand Braudel die Handlungen der Individuen zur Seite drängte und, ähnlich wie Karl Marx, gigantische historische Kräfte an ihren Platz stellte. Fairerweise, vermerkt Ferguson, müsse man allerdings erwähnen, »daß Braudel später seine dogmatische Starrheit hinsichtlich der ›Langfristigkeit‹ modifiziert und abgeschwächt hat«.[13]

Dem Einfluss seines Mittelmeerbuches schadete die kontroversielle Debatte aber keineswegs. Im Gegenteil. In den folgenden Jahrzehnten blieb seine Vorgehensweise beispielgebend. Georges Duby, ein Historiker der Annales-Tradition, bemerkte in einem Gespräch mit dem Philosophen Guy Lardreau: »Das Ereignis ähnelt einem Stein, den man ins Wasser wirft; es schlägt Wellen, schwemmt vom Grund Schlamm empor, der das zutage fördert, was unter den Fundamenten des Lebens kreucht und fleucht.«[14]

Genauso versteht Duby auch seine Studie über die Schlacht von Bouvines am 27. Juli 1214. Die Außergewöhnlichkeit des Ereignisses eröffnet bemerkenswerte Perspektiven auf die Strukturen.[15] Noch klarer tritt diese Sichtweise bei Emmanuel Le Roy Ladurie hervor. In »Carnaval de Romans« fördert er das soziale Zusammenspiel anhand eines Festes und der dabei erzeugten Spannungen zutage. Ähnlich geht Natalie Zemon Davis in »Die wahrhaftige Geschichte von der Wiederkehr des Martin Guerre« vor. Ausgehend von einem bekannten Fall stellte sie die Solidarität gemeinschaftlicher Strukturen, die Art der zwischenmenschlichen Beziehungen und die Grundlagen individueller Identität in einem Dorf des 16. Jahrhunderts dar.[16]

Die Persönlichkeit, ebenso wie das Ereignis, ist unter solchen Gesichtspunkten den Lebensumständen der Zeitgenossen unterworfen, Verhaltensweisen und Vorstellungen, die sie mit ihnen teilt. Das Individuum kann zwar Unruhen auslösen. Diese Wellen aber, so Georges Duby, breiten sich langsam aus und brechen sich an der gesamten »kulturellen Formation«. Dass Letztere dadurch auch erodieren kann, schließt Duby im Übrigen nicht aus, wenn er an einer Biografie des Heiligen Franz von Assisi Routinemäßiges und Innovatorisches in der christlichen Spiritualität untersuchen möchte.[17] Dennoch ist das Analyse-Schema im Großen und Ganzen darauf ausgerichtet, dem Ereignis den Status eines exemplarischen Anlasses zuzuweisen: Es erlaubt einen Blick auf etwas anderes, das über den Moment hinaus weist und mit ihm kein gemeinsames Maß hat.[18]

Der Gefahr, mittel- und langfristige Strukturen in einem mehr oder minder scharfen Gegensatz zur Kurzfristigkeit des Ereignisses zu begreifen, begegnete unterdessen Paul Ricoeur, indem er gewissermaßen zum Ursprung, zu Braudels Mittelmeerstudie, zurückkehrte. Was das Buch zusammenhalte, ist nämlich, laut Ricoeur, die ständige Gegenwart des Menschen, der in den Küsten, Gebirgen und Wasserebenen anwesend ist und durchaus zum Schöpfer der Naturräume werden kann.[19] Während die geografische Geschichte solcherart zur Geopolitik wird, sind aber auch die Dimensionen der Wirtschaftsentwicklungen und Sozialstrukturen unaufhörlich von kurzfristigen Momenten politischer Entscheidungen, etwa in Zusammenhang mit den italienischen Stadtstaaten Genua-Mailand-Venedig-Florenz, durchflutet. Braudels Prinzip, das sein Werk zu einer Einheit macht, besteht somit in der Kunst, seine Geschichte der Ereignisse nicht nur nach Perioden einzuteilen, »sondern sie wiederum in den Strukturen und Konjunkturen zu verankern, wie er zuvor die Ereignisse zu Hilfe gerufen hatte, damit sie von Strukturen und Konjunkturen zeugten«.[20]

Ricoeurs Einsichten treffen sich mit den Überlegungen des deutschen Geschichtstheoretikers Reinhart Koselleck. Für ihn sind Ereignisse und Strukturen »im Erfahrungsraum geschichtlicher Bewegung verschiedene zeitliche Erstreckungen«, die aufeinander verweisen.[21] Beide Ebenen, schreibt Koselleck, »wechseln ihren Stellenwert, das Verhältnis ihrer gegenseitigen Zuordnung, je nachdem, was erfragt wird«.[22] Das Ereignis als Voraussetzung strukturaler Aussagen verzahnt sich mit längerfristigen Strukturen als Bedingung möglicher Ereignisse, ohne dass jemals das eine auf das andere hinreichend zurückgeführt werden kann.[23]

BESCHLEUNIGUNG, VERLANGSAMUNG, STILLSTAND

Braudels Zeitschichten, Prozesse und Strukturen einerseits und kurzfristige Ereignisse anderseits, bleiben solcherart bestehen, befinden sich aber nach den Analysen Ricoeurs und Kosellecks in einer unauflösbaren Wechselwirkung. Zugleich muss aber hinzugefügt werden, dass das Gesamtmodell, seine unterschiedlichen »Etagen« in ihren Interaktionen, selbst einem dynamischen Wandel unterworfen ist.

Die Praxis, Zeiträume in Einheiten zu begreifen, die durch 25, 50 oder 100 geteilt werden, ist beispielsweise keineswegs selbstverständlich. Die Durchsetzung des Dezimalsystems im Zuge der so genannten »mathematischen Bildungsoffensive« seit dem 15. Jahrhundert dürfte diesbezüglich eine nicht zu unterschätzende Rolle gespielt haben.[24] Wenig später begann dann der immerwährende Kalender gegenüber dem Jahreskalender in den Hintergrund zu treten. Die Aufnahme von Geschichten aus der Vergangenheit fand von nun an mehr Interesse. Humanismus und Aufklärung verstärkten den Trend. Mit der Verabschiedung heilsgeschichtlicher Deutungsmuster und göttlicher Instanzen als zentrale Entscheidungsfaktoren betrat der Mensch als Akteur und Schlüsselfigur historischer Prozesse die Weltbühne. Man fing an, sich der Geschichte verstärkt forschend zuzuwenden, nach ihrem Nutzen und ihrer Aussagekraft für die Zukunft zu fragen.[25]

Der »Sturm auf die Bastille« legte schließlich eine neue Definition des Revolutionsbegriffes frei. Verstand man darunter bislang die Rückkehr zum bewährten Alten innerhalb eines Kreislaufs, so wurde nun eine diametral entgegengesetzte Erklärung gewählt. Die »Revolution« stand jetzt für den Fortschritt, den Bruch mit der Tradition, der sich, von tatkräftigen Akteuren herbeigeführt, in Form von Volksaufständen und Rebellionen vollzog.[26]

Im beginnenden 19. Jahrhundert verbanden sich neue politische und weltanschauliche Konzepte außerdem mit dem Prozess der »Veruhrzeitlichung«. Der Siegeszug der mechanischen Räderuhr lehrte die Menschen einen neuen Umgang mit der Zeit als Alltagsphänomen, das sich in der Arbeitswelt der Fabrik, im Ausbau der öffentlichen Verwaltung und in der präzisen Erfassung von Geburts- und Sterbetag, von Schuleintritt und Eheschließung versinnbildlichte.[27] Parallel dazu wurden zunehmend Beschleunigungseffekte erzielt. Maschinentechnik und industriell-kapitalistische Organisationsformen kurbelten nicht bloß die Produktion, sondern die Produktivität selbst an. Jeder Zeitgewinn schlug sich in einer erhöhten Zahl hergestellter Konsumgüter nieder, die wiederum eine allgemeine Bedürfnissteigerung verursachte. Waren und Menschen gelangten unterdessen in immer kürzeren Fristen von einem Ort zum anderen.[28] Die Eisenbahnen, hieß es schon 1840, »heben die räumlichen Trennungen durch Annäherungen in der Zeit auf«.[29]

Mit den später einsetzenden Sportwettbewerben, die im 20. Jahrhundert in eine beispiellose Jagd nach Zeitrekorden einmündeten, erreichte das Gefühl der Schnelllebigkeit noch einmal ganz neue Dimensionen. Auto- und Flugzeugbau setzten den Trend fort, der mit der Schaffung des Bahnnetzes seinen Anfang genommen hatte. Zu den Transportmitteln und der Erschließung des Naturraumes, der sich immer weniger der menschlichen Verfügbarkeit entziehen konnte[30], kamen neue Kommunikationsmittel. Die Einführung der Schnellpresse, dann vor allem die Verwendung von Lithografie, Fotografie und Telegrafie sowie die Erfindung des Telefons, des Radios und der Television führten Handlungen und die entsprechenden Nachrichten darüber immer enger zusammen. Eine wahre Explosion von Ereignissen war die Folge.[31]

Fernand Braudel reagierte darauf unter schwierigen Bedingungen mit einer regelrechten Abwehrreaktion. Über seine Zeit in deutscher Kriegsgefangenschaft während des Zweiten Weltkriegs sagte er: Die Nachrichten, »die aus dem Rundfunk und der Presse unserer Feinde auf uns niederprasselten [...], mußte ich von mir fernhalten, verdrängen, verleugnen. Nieder mit den Ereignissen, besonders den quälenden!«[32]

Als Gefangener brachte Braudel sein Werk über das Mittelmeer Schulheft um Schulheft zu Papier. Unter anderen Umständen, bekannte er später, »hätte ich mit Sicherheit ein völlig anderes Buch geschrieben«.[33] Das Lager, welches gewissermaßen von der Ereignishaftigkeit der Welt draußen abschirmte, wurde zum Milieu der longue durée, der langen Dauer.

Der raschen, beschleunigten Zeit hatte man allerdings gerade in Frankreich schon zuvor immer wieder die longue durée entgegengehalten, vor allem dann, wenn es darum ging, die Bedeutung »stiftender« Ereignisse, wie die Niederlage gegen Preußen 1870 oder die Französische Revolution außer Kraft zu setzen.[34] Die Weltkriegserfahrungen potenzierten dann das Gefühl der Langfristigkeit und der Einschränkung menschlicher Freiheit. Neben dem Gefangenenlager wurde der Grabenkrieg zum bestbezeugten Evidenzfeld der langen Dauer. »Ohne dass man es sich recht einzugestehen wagte«, schrieb Jules Romains, »verlor die Vorstellung vom ›Entscheidungsschlag‹ an Überzeugungskraft«. Das Motto lautete nun: »Den Krieg gewinnt, wer eine Viertelstunde länger durchhält«.[35]

Die Zeit nach 1918 und insbesondere nach 1945 förderte das Denken in Strukturen. Obwohl in Deutschland eine personenbezogene Politikgeschichte auch über die Weltkriege hinweg zunächst tonangebend blieb[36], musste die Einschränkung des Aktionsradius Einzelner durch länger- und mittelfristige Prozesse eine verlockende Erklärung bei der Relativierung individueller Verantwortlichkeit darstellen. In Frankreich wiederum passten die Ansichten Braudels gut in eine Zeit, die nach Vichy, Résistance und Kollaboration das Kurzzeitgedächtnis auszuschalten suchte.[37] Die Historizität, die schon vor 1900 durch Vorstellungen von der Stilllegung der Zeit, vom Ende der Geschichte als Konsequenz der unüberbietbaren Ideale von 1789, ins Hintertreffen geriet, wurde durch die Traumatisierungen des 20. Jahrhunderts zum Rückzug gezwungen. Ein endloser Strom von Katastrophen vernichtete den Vernunftoptimismus der Aufklärung. Klio, die Muse der Geschichtsschreibung, ging ins Exil. Das Heft hielten die Strukturalisten in der Hand, die den Phänomenen des Wandels, der Diachronie, den Rücken zukehrten und sich der Synchronie als Fixierung des Gegenstandes und Beschaffenheit einer (unendlichen) Gegenwart zuwandten.[38]

Im Zentrum der Analysen stand nicht zuletzt die Sprache. Sie, hieß es jetzt, sei als System von Zeichen ein geschlossenes Regelsystem mit einer festen Syntax ohne Bezug auf die Wirklichkeit. Damit erledigte sich im Grunde die Frage danach, ob eine und, wenn ja, welche Realität einem Text zugrunde liegt.[39] Die Beziehung zum Kontext in Frage zu stellen und ein unendliches Spiel von sprachlichen Bedeutungen vorzuführen, kollidierte allerdings mit dem Vetorecht der Quellen. Deren Sachwalter, die Historiker, befürchteten eine subtile Form der Machtergreifung durch die Literaturwissenschaftler. Zugbrücken wurden hochgezogen. Das interdisziplinäre Gespräch war beeinträchtigt.[40]

Ebenso lahmte die Debatte um die Bedeutung des einzelnen Ereignisses, bis das plötzliche Ende des »real existierenden Sozialismus« die Geschichte als Ort des Wandels und des »großen Momentes« mit aller Macht in Erinnerung rief.

Im Bereich der Forschung allerdings bedurfte es der Wende von 1989 nicht. Schon in den 1970er Jahren brachte die Urknall-Theorie ein Umdenken. Der Kosmos, lautete die Grundformel, scheint zugleich Universum und Ereignis zu sein. Die »unseriöse« Historie kehrte auf dem Umweg der Physik und Mathematik in die Diskussion zurück – indem sie Begriffe wie die »Irreversibilität«, die mögliche »Rationalität des Chaos« oder die »Unvorhersehbarkeit« aufgriff.[41] Die Sozialwissenschaften konnten vor diesen Strömungen nicht länger die Augen verschließen. An den Grenzen des strukturalistischen Paradigmas wachend, stellte die Annales-Schule fest: »Die Aufmerksamkeit, die das Ereignis hervorruft, und die Wiederkehr eines gewissen Historizismus signalisieren heute, daß die Ausgangsannahme allmählich ihre Wirksamkeit verliert.«[42]

Braudels Werk mit seinem Konzept der Zeitschichten, der Prozesse und Strukturen, ließ sich andererseits freilich genauso wenig aus der Welt schaffen wie das gewonnene Wissen um die sprachlichen Prädispositionen der Geschichtsschreibung. Das Ereignis wurde anders wahrgenommen. Die Meinungen darüber, was man darunter zu verstehen habe, gingen jedoch auseinander.

Zunächst gilt es festzuhalten, dass die Geschichtsschreibung der großen Geschehnisse, der Schlachten, Verträge, Feldherrn und Könige, wie sie im 19. Jahrhundert vielfach gepflegt wurde, nur wenig mit den Ansichten eines wichtigen Inspirators des Historismus, mit Leopold von Ranke, zu tun hat. Ranke, der »Vater« der modernen Quellenkritik, sprach wohl von der Einzigartigkeit der Haupt- und Weltereignisse, bezeichnete damit aber zum Beispiel die Entstehung der christlichen Weltreligion aus dem Judentum, die Völkerwanderung mit dem Vordringen der Germanen auf romanisches Gebiet oder die republikanische Gesinnung der Nordamerikaner im Unabhängigkeitskrieg gegen England. Aus diesem Sprachgebrauch ergibt sich klar, dass damit selten punktuelle und genau datierbare Begebenheiten gemeint sind, sondern Wirkungszusammenhänge.[43]

Ulrich Raulff, Direktor des Schiller-Nationalmuseums und des Deutschen Literaturarchivs in Marbach, meint demgegenüber, dass den Historikern, obwohl das Wort »Ereignis« einen Geschehenstyp bezeichne und keine Zeitdauer, durchaus zuzustimmen sei, wenn sie die Aufzeichnung von kurzfristigen, meist politischen Begebenheiten als typisch für die Ereignisgeschichte und insoweit als Gegenpol der langen Dauer gelten lassen würden.[44]

Für eine jüngere Forschergeneration um Andreas Suter und Manfred Hettling definiert sich das Ereignis deshalb auch als vorsprachliche Erfahrung der Zeitgenossen, die im Sinne der Augenzeugenschaft räumlich und zeitlich überschaubar sein sollte, dem vor allem aber ein Überraschungsmoment, eine erschütternde Erfahrung kollektiver Natur mit strukturverändernden Konsequenzen innewohne.[45]

Thomas Rathmann stellt diese Argumentation allerdings nicht zufrieden. Das »Kriteriengeflecht«, schreibt er, müsse enger geknüpft werden, zumal beispielsweise das sich über fast vier Jahre hinziehende Konzil von Konstanz im 15. Jahrhundert erstens nicht überraschend im Sinne einer plötzlichen Begebenheit stattgefunden habe und weil es, zweitens, von Anfang an ohne seine »Diskursivierung« nicht zu denken sei.[46]

Sind sich Rathmann, Suter und Hettling in der Frage der Singularität von Ereignissen immerhin einig, so geht die Geschichtsauffassung im Sog der Annales einen völlig anderen Weg. Die Erfassung der Strukturen und Prozesse im Rahmen von quantitativ-statistischen Methoden bändigt gewissermaßen den Moment, ordnet ihn ein in mittel- und langfristige Entwicklungen und betont seine Wiederholbarkeit.[47] Der Althistoriker Paul Veyne meint dazu: »Daß zwei Ereignisse sich wiederholen, daß sie sich sogar exakt wiederholen, ist eine Sache. Daß sie dennoch zwei sind, ist eine andere.« Denn, so Veyne, die »Seele des Historikers« gleiche einem Leser von »vermischten Nachrichten«. Sie »sind immer dieselben und doch immer interessant, weil der Hund, der an diesem Tag überfahren wurde, ein anderer ist als der, den am Vortag dasselbe Schicksal ereilt hat oder allgemeiner: weil heute nicht gestern ist«.[48]

Einen interessanten Zugang zur Problematik formuliert schließlich Ulrich Raulff. Bezugnehmend auf Siegfried Kracauers Buch »Geschichte – Vor den letzten Dingen« präsentiert er den Historiker als Filmemacher oder Fotografen, der versucht, den vorüberhuschenden Augenblick festzuhalten.[49] Tatsächlich war es die Pionierzeit des Kinos, die diesen Wunsch am nachdrücklichsten zum Ausdruck brachte. Mithilfe der »Chronophotographie« wollte man einer konkreten Fragestellung zu Leibe rücken: dem Problem des fliegenden Galopps, einem Punkt im Lauf des Pferdes, bei dem seine vier Hufe in der Luft schweben. Gerade das hielten viele für eine Ausgeburt der Phantasie, bis Jules Marey 1874 durch die Aufsplitterung der Bewegung in Einzelfotografien belegte, was zuvor strittig bleiben musste: Es gab den »fliegenden Galopp« und mit ihm die letztlich naive Vorstellung, alles sichtbar machen zu können.[50]

An Kritikern der bewegten Bilder fehlte es hingegen nicht. Der Philosoph Henri Bergson sah im »Kinematografen« einen Kunstgriff des Erkennens: »Von der vorübergleitenden Realität nehmen wir sozusagen Momentbilder auf und weil diese die Realität charakteristisch zum Ausdruck bringen, genügt es uns, sie längs eines abstrakten [...], auf dem Grund des Erkenntnisapparates liegenden Werdens aufzureihen, um nachzubilden, was das Charakteristische dieses Werdens selbst ist.«[51] Die Worte des Gelehrten waren pejorativ gemeint. Er wollte damit einen defizitären Status des Bewusstseins denunzieren, übersah aber, »daß der ›kinematografische Mechanismus‹ eine moderne hermeneutische Technik umschrieb«.[52] Ein Zeitgenosse Bergsons, Sigmund Freud, der Begründer der Psychoanalyse, widmete sich dieser Technik. Wiederholt betrachtete er den Moses des Michelangelo. Vor allem konzentrierte sich Freud dabei auf die rätselhafte Geste der rechten Hand, die durch den Bart fährt und ihn zerteilt. Erst als er die seltsame Geste nicht mehr isoliert wahrnahm, sondern als Indiz abgelaufener Bewegung, kam Licht in die Sache: »So hätten wir also eine Rückbewegung der rechten Hand erschlossen [...]. Unsere Phantasie vervollständigt den Vorgang, von dem die durch die Bartspur bezeugte Bewegung ein Stück ist.«[53]

Wir ahnen, dass wir mit Freuds Beobachtung an der Wiege der Ereignisse stehen, und spüren zugleich ihre Verknüpfung mit den Prozessen und Strukturen. Ein Sinnzusammenhang wird erkennbar, im kürzesten Zeitrahmen, im Augenblick, der zwar nicht mathematisch, wohl aber anthropologisch gesehen jenes Zeitminimum bezeichnet, das der Mensch gerade noch zu erfassen vermag. Unter diesen Bedingungen wird begreifbar, warum Paul Veyne sagt, dass es auf dem »Ereignis-Feld« keine Stätten gebe, die man besichtigen könne.[54] Der Ereignis-Begriff, so Thomas Cramer, gleiche einem »scheuen Einhorn: Viele reden davon, wenige haben es gesehen und niemand hat es eingefangen«.[55] Erst ein Minimum von Vorher und Nachher konstituiert die Sinneinheit, einen Zusammenhang, der verkürzt oder ausgedehnt, »der Zeitenfolge verhaftet bleibt«, wie sich Reinhart Koselleck ausdrückt.[56]

Dennoch wollen wir unseren kinematografischen Mechanismus für, sagen wir, ein paar Augenblicke anhalten, um uns dem Standbild zu widmen, um seine Inhalte zu erfassen, die an der Entstehung des Ereignisses teilhaben. In einer »Einführung zu Kunst, Technik, Sprache, Geschichte und Theorie des Films« wird in diesem Zusammenhang unter anderem auf den so genannten »denotativen« Aspekt des Filmbildes hingewiesen: Es ist, heißt es hier, was es ist, und wir müssen uns nicht bemühen, den Sinn zu erkennen, ganz im Gegensatz zur Sprache mit ihren Konnotationen, der Fülle an Bedeutungen, die wir einem Wort zuschreiben können.[57] Trotz allem kennt auch das Bild konnotative Auswahlkategorien, eine Metaphorik, bei der Gegenstände von ihren Bezeichnungen in unterschiedlichem Ausmaß abweichen. Hierbei darf nicht vergessen werden, dass wir Bilder nicht allein als optisches, sondern auch als geistiges Phänomen wahrnehmen, als Erfahrung auf der Basis unserer kulturellen Vorprägung, und dass wir zudem Interesse an der Geschlossenheit oder Offenheit der Bildkomposition zeigen. Im Extremfall kann Letzteres bedeuten, dass Personen, Blicke und Bewegungen in der Momentaufnahme vollständig über die Grenzen des Bildes und in die Tiefe des Raumes weiterwirken. Ein Gegenbeispiel bietet der Hollywood-Film »A Night At the Opera«, in dessen berühmter Kabinen-Szene die Marx-Brothers im Bild genauso festzustecken scheinen wie in ihrer Unterkunft.[58]

Auf die geistige Verfasstheit der abgelichteten Personen aber können wir nur durch Symbole, Gesten und Montagetechniken der Regisseure schließen. Erst der Text, der Ton im Film, und letztlich das geschriebene Wort mit seinen »konnotativen« Möglichkeiten geben uns eine umfassendere Vorstellung menschlicher Gefühlswelten und Weltanschauungen. Wie sehr es gerade auf sie ankommt, hat uns Marc Bloch gelehrt, indem er die Bedeutung der psychologischen Faktoren, der »Mentalität«, betonte und auf sie die Besonderheiten der übernommenen sozialen und technischen Struktur zurückführte.[59]

Der Einzelne als Träger individueller und kollektiver Befindlichkeiten aber erschien zunehmend fragwürdig. Bei Sigmund Freud etwa befand sich das Individuum in Auflösung, in einem steten Kampf mit den Bedürfnissen seines Unterbewussten und den Vorgaben seines »Über-Ichs«. Die »Identitätsdissoziation« wurde zur maßgeblichen Erfahrung des beginnenden 20. Jahrhunderts. Siegfried Kracauer erklärte sich damit die Vorliebe für das Genre der Biografie, des lange ungeliebten »Bastards« der Geschichtsschreibung. Diese, betonte Kracauer, versuche über den Schwund der geschlossenen, handlungsfähigen Persönlichkeit hinwegzutäuschen.[60]

Für Michel Foucault ging es später demgemäß um die »Dekonstruktion des Subjekts« als »Ensemble von Strukturen«, als »Pseudo-Souverän«.[61] Gerade Foucault aber war es, der auch eine vermittelnde Position einnahm, indem er auf die Selbstbeschreibung verwies, auf Niederschriften, in denen der Verfasser sich selbst und seine Lebensführung reflektierte. Ullrich Raulff hält es deshalb für sinnvoll, »die jeweilige Balance zu entdecken, die – immer neu zwischen den Polen Machtkonstitution und Selbstkonstitution ausgehandelt – das Leben eines Individuums sowohl in seinen einzelnen Augenblicken wie in seiner gesamten Dauer bestimmt. Dergestalt an der Grenze zwischen

Biografie und Autobiografie, Fremdentwurf und Selbstentwurf operierend, könnte sie neuerlich zu der Einsicht gelangen, dass es so etwas wie das ›nackte Leben‹ [...] nicht gibt, sondern dass das Leben ein fortgesetzter Schriftverkehr des *bios* mit den Einfällen und Zufällen der Existenz ist – ein ständiges Lesen und Realisieren von Programmen, ein fortwährendes Umschreiben von Programmen«.[62]

Was für den Menschen als Stoff der Geschichtsschreibung gilt, muss darüber hinaus aber auch auf den Historiker angewendet werden, dessen ganze Persönlichkeit sich in seiner Arbeit engagiert, wie Paul Ricoeur schreibt. Aufmerksamkeit sei auf die Beziehung zwischen der Vergangenheit, den Menschen von einst, und dem Geschichtsschreiber von heute zu lenken, weshalb laut Ricoeur der Historiker nicht als »störender Faktor« betrachtet werden könne, »der zu der Vergangenheit hinzukäme und der auszumerzen wäre«.[63] Im Gespräch mit Guy Lardreau äußert sich dazu der Annales-Repräsentant Georges Duby wie folgt: »Ich für meinen Teil gestehe gerne ein, daß das, was ich schreibe, *meine* Geschichte ist, das heißt, daß ich spreche; ich habe nicht die Absicht, die Subjektivität meines Diskurses zu verbergen. [...] Ich bin überzeugt, daß dieser Diskurs das Produkt eines Traumes ist, aber eines Traumes, der nicht vollkommen frei ist, da die großen Bilderschleier, aus denen er zusammengesetzt ist, ja unbedingt an Nägeln befestigt werden müssen: an jenen Spuren«, die in die Landschaft eingegraben sind, »materielle Gegenstände, die von der Archäologie ans Tageslicht gebracht werden«, monumentale Kunstwerke und weniger »edle« Produkte menschlicher Tätigkeit, sowie »Diskurse, die Zeitgenossen über sich selbst hielten: Worte, aneinander gereihte Zeichen, Sätze«.[64]

Subjektivität hat nichts mit Willkürlichkeit zu tun, meint demnach auch Paul Veyne. Bei einem Blick aus dem Fenster seiner Studierstube könnte der Historiker beispielsweise eine demonstrierende Menge sehen, »ein menschliches Schauspiel und kein unendlich teilbares *behaviour* von Armen und Beinen; denn«, so Veyne: »Geschichte ist keine szientistische, sondern eine höchst irdische Angelegenheit«.[65]

Selbst bei der Rekonstruktion kleinster Handlungseinheiten ist das zu berücksichtigen. Fiktion und Konstruktion sind zweierlei, wie der Greifswalder Historiker Egon Flaig zeigt, der die soziale Wirklichkeit hinter einem semantischen Ereignis nicht in Abrede stellt, gleichzeitig aber die diskursive Ebene hervorhebt.[66] Flaig behilft sich dabei mit einem konkreten Beispiel aus dem zweiten vorchristlichen Jahrhundert, dem Beschluss der Volksversammlung über eine Triumphfeier des aus dem Makedonenfeldzug heimgekehrten Prokonsuls Aemilius Paullus im Jahr 167 v. Chr. Unbeliebt bei den Soldaten, wollte die Volksversammlung ihm keine höheren Ehren zuteil werden lassen und stimmte daher gegen den Senatsantrag. Nun aber warf sich ein gewesener Konsul, der alte Servilius Pulex als Repräsentant der höchsten Rangklassen, ins Zeug, öffnete das kunstvoll geworfene Obergewand, die Toga, und zeigte auf Wunden, die seine Teilnahme an zahlreichen Kriegen bezeugten. Pulex verkörperte damit den Staat selbst, für den er geblutet hatte und dessen martialische Traditionen ihm bewusst waren. Er machte seine Narben zum politischen Kapital und bestimmte mit seinem beherzten Auftreten den weiteren Verlauf der Zusammenkunft.[67] Aemilius Paullus bekam seinen Triumph und die Plebs, die darin keinen bedeutenden Moment erkannte, ihn bestenfalls als Betriebsstörung in der Kommunikation mit der Oberschicht einstufte, ging zur Tagesordnung über. Ganz anders sah das allerdings die römische Elite. Die Volksversammlung war kein Entscheidungs-, sondern ein Konsensorgan. Was der Senat festlegte, wurde angenommen. Ein anderes Abstimmungsverhalten hätte die konstitutionelle Ordnung verändert. Aus diesem Grund berichten die Geschichtsschreiber Livius und Plutarch darüber: Die Aristokratie erkannte den Präzedenzfall. Sie musste ihre Entschlossenheit demonstrieren. Sie musste, wie Egon Flaig abschließend konstatiert, aus dem Vorfall ein Ereignis machen, »um die Struktur der Ordnung zu bewahren«.[68]

Der (inszenierte) Augenblick wird in Flaigs Beispiel daher zum Stabilitätsfaktor, den er für wesentlich aufschlussreicher hält als das »langweilige Phänomen« der Veränderung, die unentwegt und überall stattfindet.[69]

Einen anderen Weg geht George Rippey Stewart, der sich in »Pickett's Charge« mit der Schlacht von Gettysburg am 3. Juli 1863 auseinandersetzt. Stewart fragt nach den Veränderungen durch das Kräftemessen und widmet sich den Details, entdeckt, je tiefer er in das Geschehen, in die Handlungen und Motive der Beteiligten eindringt, ein immer komplizierteres Bild, eine ganze Welt, einen Mikrokosmos unter dem »Vergrößerungsglas der Forschung«.[70] In einem Punkt teilt er die Meinung von Egon Flaig, der von der unerschöpflichen Menge an Vorgängen innerhalb eines Wohnhauses während einer einzigen Minute spricht, von der Wahrnehmung der sozialen Akteure und Relevanz unendlich winziger Bruchteile[71]: Die Attacke der Konföderierten unter Generalmajor Pickett an jenem Sommertag des Jahres 1863 ist auch für Stewart eher ein symbolischer Augenblick, der als solcher zu seiner Zeit unbemerkt blieb und erst rückwirkend Bedeutung gewinnt. Dieser aber sei, heißt es in »Pickett's Charge«, »weltgeschichtlicher Art«. Wenn man davon ausgeht, so Stewart, dass der amerikanische Bürgerkrieg die große dramatische Episode in der Geschichte der Vereinigten Staaten darstellt und dass Gettysburg den Höhepunkt dieses Krieges bildet, dann muss Picketts Angriff der Höhepunkt des Höhepunkts, der zentrale Augenblick der US-Geschichte sein, zumal die Existenz zweier rivalisierender Republiken den Aufstieg der USA zur Weltmacht und zum Entscheidungsfaktor in zwei Weltkriegen verhindert hätte.[72]

WAS WÄRE, WENN ...?

Das Interesse am entscheidenden Moment als Ausgangspunkt weitreichender Konsequenzen, als Auslöser von Kettenreaktionen und »Ereignislawinen« veranlasst viele, nach den Alternativen in der Geschichte zu fragen. Historiker reagieren darauf in der Regel mit Skepsis. Signifikant sind in dieser Hinsicht die Ausführungen von Benedetto Croce, der schreibt: »Wenn ein Urteil eine Tatsache bestätigt, muß man die Fakten als solche akzeptieren, was sie sind, und nicht daran herumdeuteln, was sie möglicherweise auch hätten sein können [...]. Historische Notwendigkeit muß als solche bestätigt und immer wieder erneut bestätigt werden, um das ›Konditionale‹ aus der Geschichte auszuklammern, das hier völlig fehl am Platz ist.«[73]

Edward H. Carr sieht das nicht anders und stellt die »alternativ simulierende«, die »kontrafaktische« Geschichtsreflexion als eine Art Gesellschaftsspiel und Ablenkungsmanöver dar, nicht selten betrieben von schlechten Verlierern. Viele, die etwa unter den Folgen des Sieges der Bolschewiki zu leiden hatten, meint Carr, »neigen dazu, ihren Protest dagegen massiv zum Ausdruck zu bringen, und zwar insbesondere dann, wenn sie über die geschichtlichen Ereignisse etwas lesen oder sich in ihren Fantasien damit auseinandersetzen und sich das vorstellen, was stattdessen alles hätte passieren können.« Geschichte jedoch »ist nun einmal [...] ein Bericht über das, was Menschen getan haben, aber nicht über das, was sie zu tun versäumt haben«.[74]

Dass sich Historiker dennoch immer wieder mit verworfenen Begründungen, mit Möglichkeiten und Alternativen in der Geschichte befassten, belegen beispielsweise kontrafaktische Überlegungen des römischen Geschichtsschreibers Livius, der Spekulationen über ein Weiterleben von Alexander dem Großen anstellte, bis hin zu Wolfgang Stresemann, der 1987 der Frage nachging, was passiert wäre, wenn sich der deutsche Kaiser Wilhelm II. 1918 dem Volk gestellt hätte, um so die Monarchie zu retten.[75]

Carr kann derlei Gedankenexperimenten freilich ebenso wenig abgewinnen wie Edward P. Thompson, der so weit geht, die alternativen Geschichtsmodelle als bloße »Geschichtswissenschlopff« zu diskreditieren und als »unhistorischen Unsinn« abzutun. Niall Ferguson sieht den Grund für derart vehemente Abwehrreaktionen in dem Glauben an vorprogrammierte Abläufe, an den Kausalnexus einer linearen Kette von Ursache und Wirkung. Solche Determinismen, wie sie die »Anglo-Marxisten« Carr und Thompson vertraten, reichen laut Ferguson weit in die Geschichte zurück, äußerten sich zunächst in der göttlichen Ordnung, die den individuellen Willen beschränkte und in der Prädestinationslehre das Schicksal des Einzelnen sogar vorherbestimmte. Dort jedoch, wo der Mensch zum Maß aller Dinge wurde, dominierten die Vorstellungen von der Historie als logisches Gefüge und einer dem Mechanismus der Naturgesetze unterworfenen Welt.[76]

Wer, wie die Dichter, das »Drama« eine Armlänge von den Akteuren entfernt nacherlebte, konnte sich den Entwürfen und Manifestationen der Folgerichtigkeit allerdings nicht so recht unterwerfen. »Der Weg der Geschichte […] ähnelt dem Weg eines durch die Gassen Streichenden, der hier von einem Schatten, dort von einer Menschengruppe […] abgelenkt wird und schließlich an eine Stelle gerät, die er weder gekannt hat noch erreichen wollte«, heißt es in Robert Musils »Mann ohne Eigenschaften«.[77] Das Gefühl des Sich-Verlaufens beschlich die Kunst gleichermaßen wie die Geschichtsschreibung. Ihre ungewisse Fahrt kam zu jener Station, wo Mathematiker, Meteorologen und andere Wissenschaftler Chaos nicht mehr als Anarchie definierten, sondern anfingen, unregelmäßige Verhaltensweisen in deterministischen Systemen zu untersuchen.[78] Die Verbindung zwischen System und Singularität, zwischen Kausalität und Zufälligkeit, rief mit dem Ereignis die kontrafaktische Geschichte auf den Plan.

Von der philosophischen Bedeutung der Chaostheorie inspiriert, gelangt Niall Ferguson zu folgender Methode: »Wenn wir die Anzahl der historischen Alternativen einschränken und nur jene in Betracht ziehen, die *plausibel* sind – und von hierab das vage Rätsel des ›Zufalls‹ mit der Berechnung der konkreten *Möglichkeiten* ersetzen –, dann lösen wir auch das Dilemma der Entscheidung zwischen einer einzigen deterministischen Vergangenheit und der nicht handhabbaren unbegrenzten Anzahl von möglichen Vergangenheiten. Die geschichtlich alternativen Situationen, die wir in unserer Vorstellung konstruieren müssen, sind nicht bloße Phantasie; es sind vielmehr Simulationen, die auf Berechnungen über die relative Wahrscheinlichkeit von plausiblen Folgeerscheinungen in einer vom Chaos geprägten Welt basieren – und die ich ›virtuelle Geschichte‹ nenne.«[79]

Was aber ist unter solchen Bedingungen als plausibel zu bezeichnen? Eine Antwort darauf zu geben bemühte sich ab den 1950er Jahren die »New Economic History«, indem sie Epochen zunächst in Form von Modellen darstellte und aus diesen schließlich bestimmte Faktoren eliminierte. Nun wurde das Modell erneut durchgespielt und dadurch festgestellt, ob es immer noch funktionierte. War dies der Fall, so konnte der Faktor offensichtlich nicht wichtig sein.[80] Gegen die berühmte Arbeit von Robert W. Fogel, in der sich dieser die amerikanische Wirtschaft ohne Eisenbahngesellschaften vorstellt, erhebt jedoch gerade Niall Ferguson Einwände. Unter anderem deshalb, wie Ferguson erklärt, weil die relativ begrenzten statistischen Daten aus dem 19. Jahrhundert keine ausreichende Berechnungsgrundlage darstellten.[81]

Quellen- und Faktenkenntnis sind zudem aus anderen Gründen bedeutsam. Robert Cowley, Chefredakteur einer angesehenen militärhistorischen Zeitschrift, hält eine Historiografie, deren »Dominosteine nach hinten fallen« und die zur »nachträglichen Voreingenommenheit« führen, schlicht für unbefriedigend.[82] »Die Spuren, die sich im Unterholz der Geschichte verlaufen, sind ein eindrucksvoller Beleg für die unendliche Vielfalt menschlicher Handlungsmöglichkeiten«, argumentiert Cowley und fordert: »Auch der nicht eingeschlagene Weg muß auf der Karte verzeichnet werden.«[83] So gesehen gilt es, Zeugnisse zu finden, die uns auf die Fährte von gescheiterten Plänen und verschütteten Einzelheiten bringen, die uns auf unverwirklichte Handlungen, ungebaute Architektur und ungeschriebene Texte hinweisen, um den Moment zu erreichen, in dem Geschichte noch Gegenwart war.[84]

Die Spur in die Zukunft können wir jedoch nicht von Unwägbarkeiten trennen. Was hat es beispielsweise mit dem Zufall auf sich? Verwenden wir den Begriff im Sinne von Aristoteles und der von ihm beeinflussten Aufklärung des 18. Jahrhunderts: Dem griechischen Philosophen zufolge versteht man darunter ein unvorhergesehenes Treffen zweckbestimmter Handlungen, welche die Intentionen der oder des Handelnden durchkreuzen, sozusagen eine Interferenz mit unbeabsichtigten Nebenwirkungen.[85] Kein Wunder, dass daran anknüpfend das Ereignis in vielen Definitionen mit dem Überraschungsmoment verbunden wurde.

Überraschen kann allerdings nur, was man nicht erwartet, und das, so Egon Flaig, hängt in erster Linie von unserem Wissen ab.[86] Reinhart Koselleck meint dazu: »Vergangenheit und Zukunft verschränken sich in der Gegenwärtigkeit von Erfahrung und Erwartung. Die Kategorien sind geeignet, geschichtliche Zeit auch im Bereich empirischer Forschung aufzuspüren, weil sie, inhaltlich angereichert, die konkreten Handlungseinheiten im Vollzug sozialer und politischer Bewegung leiten. Um ein einfaches Beispiel zu nennen: Die Erfahrung der Hinrichtung« Karls I., des englischen Königs, im Jahr 1649 prägte über ein Jahrhundert später den Erwartungshorizont von Frankreichs Wirtschaftsexperten und Staatsmann Anne Robert Jacques Turgot, »als er Ludwig XVI. zu Reformen drängte, die ihn vor dem gleichen Schicksal bewahren sollten. Turgot warnte den König vergeblich. Aber ein zeitlicher Zusammenhang zwischen der vergangenen Englischen und der kommenden Französischen Revolution wurde erfahrbar und erschlossen, der über die bloße Chronologie hinausführte. Turgot bediente sich eines strukturellen Analogieschlusses, den er aus der Erfahrung in Erwartung umsetzte. Im Medium von bestimmten Erfahrungen und von bestimmten Erwartungen zeitigt sich konkrete Geschichte«.[87]

EIN MODELL

Stellen wir uns ein »Hauptereignis« der Weltgeschichte vor, das auch Leopold von Ranke überzeugt hätte. Nehmen wir etwa den Ersten Weltkrieg, ein Beispiel, das wir, die Verfasser, nicht zufällig ausgewählt haben, sondern aufgrund langjähriger eigener Forschungen. Betrachten wir dann alle Quellen, die dabei ausgewertet wurden, die gesamte Literatur, die wir dazu verwenden mussten oder durften, und fügen wir den Materialien eigene Veröffentlichungen hinzu. Ergänzen wir dann unsere Sammlung durch aktuelle Publikationen, vor allem jene, die sich letztlich um einen Überblick zu den Geschehnissen zwischen 1914 und 1918 bemühen. Wählen wir die Vogelperspektive. Nehmen wir uns Zeit, über das hinauszublicken, was wir unser Forschungsfeld nennen können, und stellen wir uns die Landschaft aus Spuren und Diskursen beim Überfliegen in ihrer Vergänglichkeit vor, um das Vorher und Nachher, von dem Reinhart Koselleck sprach, erkennen zu können. Fragen wir nach Brüchen und Kontinuitäten, und erinnern wir uns an George Kennan, der den Ersten Weltkrieg als »Urkatastrophe« sah, als Trennlinie zwischen dem langen 19. und dem kurzen 20. Jahrhundert, das Eric Hobsbawm zu seiner Sache machte.

Periodisiert und definiert liegt ein Paket vor uns, das wir aufschnüren wollen, um in ihm nach den Begebenheiten, nach Phänomenen von unterschiedlicher Dauer zu suchen. Erinnern wir uns an Fernand Braudel und seine Zeitschichten, an die Räume, in denen der Krieg stattfand, an Straßen, Seewege und Kommunikationstechniken, an soziale Schichten mit ihren eigenen Befindlichkeiten, in ihren charakteristischen Lebensverhältnissen. Suchen wir die diplomatischen Entscheidungen, die Schlachten und schließlich die Revolutionen dieser Zeit auf und dringen wir bis zu den kürzesten Augenblicken vor. Wählen wir Ereignisse, von denen behauptet wurde, sie hätten in Tagen und Stunden die Welt verändert, und heften wir uns an die Fersen möglichst vieler Akteure, sowohl in den Führungspositionen, als auch in den mittleren Straten der Gesellschaft und den »Niederungen«, in der eine »Geschichte von unten« die »einfachen Leute« entdeckt. Welche Erfahrungen und Erwartungen bestimmten das Handeln der Menschen? Welche Gewohnheiten, welche Mentalitäten, welche materiellen und technischen Voraussetzungen definierten ihren Handlungsspielraum? An welchen Kulturformationen, mit George Duby gesprochen, brachen sich jene Wellen, die Einzelne oder Wenige durch ihre Aktionen verursachten? Veränderten oder zerstörten sie vielleicht sogar die vorhandenen Bastionen? Glichen die Ereignisse einem Dammbruch, lösten sie Kettenreaktionen aus? Wurden sie von den Zeitgenossen erkannt oder bemächtigte man sich der großen Momente erst später? Wurden sie gar konstruiert, vielleicht erst von den Nachgeborenen, den Geschichtsschreibern, und wenn ja, aus welchem Grund und vor welchem spezifischen Hintergrund der historischen Erinnerung?

Bei dem Vorhaben verflechten sich Dimensionen der Dauer und des Raums. Die Reise in die Tiefe der Zeit zum kürzesten Augenblick und zurück zur Vogelperspektive ist von jener Ungewissheit begleitet, die uns Robert Musil nahe brachte. Wie werden wir am Ende den Ausgangspunkt, das »Hauptereignis«, vorfinden, wie wahrnehmen und beurteilen?

TOTALE

Der Erste Weltkrieg – Ein Hauptereignis im Blickfeld der Geschichtswissenschaft

RÜCKSCHAU

Der »ideale Chronist« ist eine Wunschvorstellung des Historikers: Über jede Begebenheit der Vergangenheit kann er aus der Perspektive des unmittelbaren Beobachters berichten. Als Augen- und Ohrenzeuge bleibt ihm kein Zeitportal verschlossen, kein Augenblick unzugänglich. Aber kommt es darauf in der Geschichtsschreibung an? Ganz und gar nicht, meint Arthur Danto, Philosophieprofessor an der Columbia University in New York. Die genuine Leistung der Historie sieht er vielmehr in der Perspektive des Rückblicks: »Im nachhinein lassen sich Verbindungen zwischen einzelnen vergangenen Ereignissen herstellen, die auch von den aufmerksamsten Zeitgenossen nicht hätten beobachtet [...] werden können.« Zur Verdeutlichung erklärt Danto, dass es erst nach 1648 möglich war festzustellen: »1618 begann der Dreißigjährige Krieg.«[1] Dan Diner, Direktor des Instituts für deutsche Geschichte in Tel Aviv, schließt sich dieser Ansicht an und betont die angemessene zeitliche Distanz, um Anfang und Schluss einer Epoche zu erfassen. Allerdings, fügt Diner hinzu, dürfte es in Ausnahmesituationen ratsam sein, »der jetztzeitigen Perspektive der Protagonisten zu folgen und aus der Aktualität heraus außergewöhnliche Vorgänge mit dem Prädikat des Historischen zu versehen«. So erfasste beispielsweise in den späten Achtziger- und frühen Neunzigerjahren viele die Gewissheit, »in ihrem Beisein sei eine ganze Epoche jäh an ihr Ende gelangt«.[2]

Das Bewusstsein von außergewöhnlichen Phänomenen, bemerkt demgegenüber der Historiker Eric Hobsbawm, Professor an mehreren amerikanischen, britischen und französischen Hochschulen, finde freilich vor allem bei jüngeren Menschen in einer Art permanenter Gegenwart statt, der nicht bloß die Erfahrung früherer Generationen, sondern auch »jegliche organische Verbindung zur Vergangenheit ihrer eigenen Lebenszeit fehle«.[3] Umso wichtiger aber, konstatiert Hobsbawm, sei die Aufgabe des Geschichtsforschers. Ihm obliege es, auf Zusammenhänge aufmerksam zu machen, die andernfalls leicht übersehen werden könnten. Hobsbawm nennt dafür ein Beispiel: Am 28. Juni 1992 besuchte Frankreichs Präsident Mitterrand Sarajewo. Hier tobte bereits ein Balkankrieg, der noch im gleichen Jahr rund 150000 Menschen das Leben kostete. Die Weltöffentlichkeit berichtete aufmerksam und respektvoll von der Anwesenheit des altgedienten Politikers in einer von Heckenschützen und Artilleriefeuer bedrohten Stadt. Völlig ohne Kommentar blieb allerdings ein anderer Aspekt: Das französische Staatsoberhaupt war am 28. Juni angereist, am Jahrestag des 1914 in Sarajewo verübten Attentats auf den österreichisch-ungarischen Thronfolger Franz Ferdinand, jener Bluttat, die innerhalb von nur wenigen Wochen zum Ausbruch des Ersten Weltkriegs führen sollte.[4]

Im Gegensatz zu den meisten Jüngeren verstanden Gebildete in Mitterrands Alter die historische Anspielung. Der amerikanische Botschafter in Moskau, George Kennan, hatte schon Jahrzehnte zuvor, auf dem Höhepunkt des Kalten Krieges die Zeit zwischen 1914 und 1918 als »Urkatastrophe« bezeichnet. Vor dem Hintergrund des atomaren Wettrüstens, des Mauerbaues in Berlin 1961, der Kubakrise 1962, des Prager Frühlings 1968 und des sowjetischen Einmarsches in Afghanistan 1979 besaß Kennans Diktum keine geringe Plausibilität.[5] »Vieles deutete darauf hin, dass der Menschheit nur noch eine verdammt kurze Zeit vergönnt war, um das Finale Furioso abzuwenden«, argumentiert der Kieler Geschichtsprofessor Michael Salewski 2003: »Die Doomesdayuhr eines großen amerikanischen Magazins zitterte mit ihren Zeigern schon auf die zwölf zu, und wirklich hat ja an der finalen Katastrophe – also der Endkatastrophe, die mit der ›Urkatastrophe‹ angehoben hatte – wenigstens 1962 nicht viel gefehlt.«[6] Zwanzig, dreißig Jahre später stellt sich die Frage nach den Konsequenzen von 1914 neu. An Bedeutung hat sie jedoch nichts verloren. Ganz im Gegenteil.

Ein im Jahr 2000 erschienenes Buch über den Ersten Weltkrieg nennen die Herausgeber Jay Winter, Geoffrey Parker und Mary R. Habeck im weitesten Sinn gegenwartsbezogen.[7] Als Hinweis darauf diene neben dem Zerfall Jugoslawiens der Aufstieg der Vereinigten Staaten zur Weltmacht. Beide Entwicklungen führten laut Winter, Parker und Habeck an den Beginn des 20. Jahrhunderts zurück. Die Probleme von damals seien, wie etwa die Debatte um die Wiedervereinigung Deutschlands zeige, in der einen oder anderen Form noch lebendig.[8] Mit dem Fall der Berliner Mauer aber und dem Zusammenbruch des Kommunismus zum Ausgang des Jahrhunderts, folgert Dan Diner, »wird das Geschehen der Oktoberrevolution in den Rang seines Auftakts versetzt«.[9]

1914/17 und 1989/91 kennzeichnen solcherart als »Zeitikonen« eine Epoche, die Eric Hobsbawm als »kurzes Zwanzigstes Jahrhundert« vom Beginn des Ersten Weltkriegs bis zum Ende der Sowjetunion definierte.[10] Als zentrale Deutungsachse des Saeculums begreift Dan Diner in diesem Zusammenhang die Auseinandersetzung zwischen den allgemein gültigen, »universalistischen« Leitgedanken der Französischen Revolution, den von den Vereinigten Staaten angeführten Vertretern der »Freiheit« und den von der Sowjetunion dominierten Repräsentanten der »Gleichheit«.[11] Dieser Gegensatz sei unterbrochen worden durch das west-östliche Bündnis gegen das Dritte Reich als Verkörperung antiuniversalistischer und rassistischer Positionen, die »Artfremde ausscheiden« und der Figur des Überläufers oder Dissidenten wenig abgewinnen können.[12] Eine kurze Phase zwischen 1941 und 1945, die aufgrund ihrer neuen Gewaltdimension wie eine Art Zeitstau vorausgehende wie nachfolgende Ereignisse komprimierte, galt es laut Diner nach der Niederwerfung Hitler-Deutschlands regelrecht vergessen zu machen: Der »Weltbürgerkrieg«, jene konflikthafte und in unterschiedlicher Dichte anhaltende Dauerkonstellation der Rivalität zwischen »Freiheit« und »Gleichheit« fand im Kalten Krieg und im amerikanisch-sowjetischen Machtkampf seine Fortsetzung.[13]

Derlei imposante Interpretationslinien will allerdings selbst Dan Diner nicht uneingeschränkt gelten lassen. Ungeachtet der Grauzonen zwischen den vermeintlichen und tatsächlichen Dualismen Freiheit und Gleichheit, Bolschewismus und Antibolschewismus, Kapitalismus und Kommunismus, West und Ost erkennt auch er Geschehnisse jenseits des für das 20. Jahrhundert charakteristischen Gegensatzes der Werte und Ideologien, die auf keinen »Universalismen«, sondern auf der »Wiederbelebung archaisch anmutender Zugehörigkeiten«, auf Ethnos und Nationalität beruhen. »Ihre Wiederkunft«, schreibt Diner, »nährt den Zweifel, das Saeculum sei ausschließlich entlang der Deutungsachse antagonistischer Werte zu verstehen.«[14] Den vermeintlichen oder tatsächlichen Widersprüchen zwischen den Prinzipien der Französischen Revolution stehen bei der Betrachtung der Zeitspanne zwischen 1914 und 1991 solcherart handfeste nationale Interessen und imperiale Bestrebungen gegenüber, die sich in der Kolonialismusproblematik und der Frage des deutschen Machtstaates gleichermaßen offenbaren wie in der Diskussion über die sowjetische Herrschaftsstruktur und die aktuelle Debatte über die Rolle der USA in der Völkergemeinschaft rund um das Millennium.[15]

Diesen langfristigen Phänomenen des vergangenen »kurzen« Jahrhunderts in seiner Gesamtheit und über seine Epochengrenzen hinaus stellt Eric Hobsbawm ein Dreiphasenmodell, eine Art Triptychon oder »historisches Sandwich«, wie er sagt, entgegen.[16] Von der Jahrtausendwende aus, also retrospektiv gesehen, war für ihn die letzte Periode seit Mitte der Siebzigerjahre eine Ära des Verfalls, der Unsicherheit und der Krise – und für große Teile der Welt, wie für Afrika, die ehemalige Sowjetunion und deren Satellitenstaaten sogar eine Katastrophe, in der sich die Gemütsverfassung der meisten, die über Vergangenheit und Zukunft nachdachten, in wachsende »Fin-de-siècle-Trübsal« verwandelte. Vor dieser Ära lagen, wie Hobsbawm festhält, etwa dreißig Jahre eines außergewöhnlichen Wirtschaftswachstums, das angesichts der vorherigen Erlebnisse als goldenes Zeitalter empfunden wurde. Tatsächlich wurden Kontinuitäten ausgeblendet, erschien die tiefe Kluft zu den Jahren vor 1945 unüberbrückbar. Das Zeitalter der Katastrophen vom Ende der nationalsozialistischen Diktatur bis zurück zu den Schüssen von Sarajewo umfasst zwei Weltkriege, eine Unzahl von Revolutionen und Rebellionen sowie eine Wirtschaftskrise, die selbst die Vereinigten Staaten als Rückgrat des liberalen Kapitalismus in die Knie zu zwingen drohte.[17]

DAS KATASTROPHENZEITALTER

Zunehmend würden der Erste und der Zweite Weltkrieg bei der Aufarbeitung des 20. Jahrhunderts zusammen gedacht, erklärt Gerhard Hirschfeld, Geschichtsprofessor und Direktor der Bibliothek für Zeitgeschichte in Stuttgart, die neue, besondere »Dialektik der Erinnerung«. Das spezifisch deutsche Interesse an »Wilhelms Schlachten« wäre demnach auch eine »logische Folge der Debatte über die Kollektivschuld-These Daniel Goldhagens, die Wehrmachtsausstellung des Hamburger Instituts für Sozialforschung oder die Entschädigung der Zwangsarbeiter«.[18] Holocaust und Vernichtungskrieg zwischen 1939 und 1945 als zentrale Themen auch in Osteuropa stehen wiederum den Erfahrungen des Westens zwischen 1914 und 1918 gegenüber. In der Knochenmühle von Verdun und auf den Schlachtfeldern von Flandern starben viermal so viele Franzosen, dreimal so viele Belgier und doppelt so viele Briten wie im Zweiten Weltkrieg.[19] Edward Grey, Großbritanniens Außenminister im Jahr 1914, befielen nicht umsonst düstere Vorahnungen. Von seinem Amtszimmer aus betrachtete er im Augenblick der Mobilmachung den Londoner St. James's Park, über den sich die Dunkelheit der Nacht senkte. »›In ganz Europa gehen die Lichter aus‹, sagte er zu einem Freund und fügte hinzu: ›Wir werden es nicht mehr erleben, dass sie wieder angezündet werden‹.«[20]

Grey war nicht der Einzige, der mit finsteren Prophezeiungen aufwartete. Unternehmer und Marx-Freund Friedrich Engels prognostizierte schon 1887 »einen Weltkrieg von bisher nie gekannter Heftigkeit, bei dem sich acht bis zehn Millionen Soldaten gegenseitig niedermetzeln würden, der die Verwüstungen des Dreißigjährigen Krieges zusammengedrängt in drei bis vier Jahre, Hungersnot, Seuchen, allgemeinen Bankrott und den Zusammenbruch der alten Staaten« zur Folge hätte.[21] In militärischen Angelegenheiten noch kompetenter, pflichtete ein Angehöriger eines gänzlich anderen weltanschaulichen

Lagers Engels bei: 1890 sah auch der preußische Generalstabschef Helmuth von Moltke voll Pessimismus das kommende Grauen. Moltke erwartete einen »dreißigjährigen Volkskrieg«, eine Deutung, mit der rund fünfzig Jahre später General Charles de Gaulle ebenso etwas anzufangen wusste wie mehr als ein Jahrhundert danach Hans-Ulrich Wehler, der bis zu seiner Emeritierung 1996 als Professor für Allgemeine Geschichte an der Universität Bielefeld lehrte.[22]

Die »Urkatastrophe Europas« im Sinne Kennans und als Initialzündung des Unheils im »Zeitalter der Extreme«, wie Eric Hobsbawm seine Weltgeschichte des 20. Jahrhunderts betitelt, leitet nach Wehler auch den »zweiten Dreißigjährigen Krieg« ein.[23] An dessen Beginn steht für ihn ein industrialisierter Waffengang der Massenheere als Auslöser weitreichender sozialer, wirtschaftlicher und mentaler Transformationsprozesse, ein Kräftemessen, das zum Nährboden für neue, attraktivere Weltbilder werden konnte.[24] Politisch war die gesamte folgende Periode davon überschattet, dass es zu keinem stabilen Frieden kommen konnte. Der Vertrag von Versailles, der das unterlegene Deutschland um mehr als ein Zehntel seiner Fläche verkleinerte und zu beträchtlichen Reparationszahlungen verpflichtete, beendete zwar das Gemetzel auf dem Schlachtfeld.[25] Die Wiederholung des Krieges mit verbesserten Aussichten beherrschte fortan aber das deutsche »Verlierergedächtnis«, wie der Freiburger Professor für Neuere und Neueste Geschichte, Hans-Erich Volkmann, schreibt.[26]

Ein schleichender Militarismus mündete in die »Uniformierung« des Dritten Reiches. Die Vorstellung einer blutigen Revanche übte eine perverse Faszination aus. Der Gefreite Adolf Hitler beschwor eine weithin konsensfähige Sehnsucht lediglich in ungewöhnlich krasser Rhetorik. Mit einer solchen Mentalitätslage, analysiert Hans-Ulrich Wehler, verband sich »ein hohes Maß an Wahrscheinlichkeit, dass nach einer konfliktreichen Nachkriegszeit ein zweiter Großkrieg Europa erneut verheeren, ja die ganze Welt in Mitleidenschaft ziehen würde«.[27] Der Franzose Georges Bernanos, Kriegsveteran und Schriftsteller, notierte dazu schon 1940: »Seit dem letzten September stelle ich mir Herrn Hitler als toten Mann vor. [...] Ich habe keine Schwierigkeiten, ihn als solchen zu würdigen. Der unbekannte deutsche Soldat ist er, warum haben wir es nicht früher erkannt? Ich zweifle nicht einen Moment, dass er seine Mission erfüllen wird.«[28]

Einem Landsmann von Bernanos, Charles Margin, Kommandeur an der Westfront 1914, schwante bereits am Ende des Ersten Weltkriegs nichts Gutes. »Wir müssen bis ins Herz Deutschlands vorstoßen, sonst werden die Deutschen nie zugeben, dass sie geschlagen sind«, sagte Margin, fand aber bei den Verbündeten keine Unterstützung.[29] Frankreichs Oberbefehlshaber, Marschall Ferdinand Foch, zielte deshalb darauf ab, mit dem Waffenstillstand das zu erreichen, was auf dem Schlachtfeld nicht mehr ausgetragen werden konnte. »Der Kompromiss als logisches Ergebnis der Zermürbung musste zum Sieg umfunktioniert werden«, ergänzt der Oxford-Professor Hew Strachan[30], und sein Kollege John Keegan, Großbritanniens renommiertester Militärhistoriker, formuliert kurz und bündig: »Der Zweite Weltkrieg war die Fortsetzung des Ersten. Er lässt sich tatsächlich nur erklären aus der Verbitterung und der Labilität, die der Erste hinterließ.«[31]

Zudem dienten die Jahre zwischen 1914 und 1918 als Kriegsschule. Junge Offiziere wie Charles de Gaulle und Heinz Guderian erkannten den strategischen Wert der Panzerwaffe. Im Zweiten Weltkrieg kam ihr dann eine ebenso wichtige Funktion zu wie der Luftwaffe. Ähnlich verhielt es sich mit den U-Booten. Die deutsche Marine beschwor dadurch schon unter Kaiser Wilhelm zeitweilig eine tödliche Gefahr für den Gegner herauf, die ab 1942 von Berlin planmäßig imitiert wurde.[32]

Zweifelhafte Lehren zog Deutschland auch aus der gigantomanischen Kriegszielpolitik, die seit 1914 nicht zuletzt vom innenpolitischen Reformstau ablenken sollte. Mit dem Sieg über den »Erzfeind« Frankreich »glückte« 1940, was bis 1918 nicht gelingen mochte. Über den Revanchismus hinaus aber verfolgte schon das Hohenzollernreich imperialistische Ziele. Neben einem mittelafrikanischen Kolonialreich, das sich von der West- bis zur Ostküste des »schwarzen Kontinents« erstrecken sollte, schielte man ebenso auf die Territorien Russlands, dem man im Frieden von Brest-Litowsk vom 3. März 1918 riesige Gebiets- und Wirtschaftsverluste zumutete. Hans-Ulrich Wehler dazu: »Der Wunschtraum vom gewaltigen Ostimperium schien damals endlich in Erfüllung zu gehen. Vergegenwärtigt man sich die

Grenze der deutschen Besatzungssphäre bis zum Asowschen Meer, zum Elbrus und nach Georgien, versteht man besser, dass Hitlers Generation der zweite Griff nach ›Ostland‹ seit 1941 alles andere als neuartig vorkam.« Dazu gehörten auch Entwürfe einer »aktivistischen« Germanisierungspolitik, die nicht nur vom Alldeutschen Verband und Ostmarkenverein, sondern in der offiziellen Planung der kaiserlichen Regierung gefordert wurden und die Absicht einer durchgreifenden »ethnischen Säuberung« erkennen ließen. Was in Berlin noch Konzept war, fand indes anderswo bereits Anwendung. Homogenisierungsutopien hatte sich die jungtürkische Reformbewegung bereits zu eigen gemacht, ehe sie ab 1915 eineinhalb Millionen christliche Armenier ermorden oder vertreiben ließ.[33]

Die Kriegsentscheidung von 1914 löste eine fatale Kettenreaktion aus. Genozid und Migration als Massenschicksal verknüpften sich mit einem globalen Gemetzel, in dessen Verlauf auf den Schlachtfeldern von Flandern bis ins chinesische Tsingtau rund zehn Millionen Soldaten verbluteten und mindestens ebenso viele als nervliche oder körperliche Wracks in die destabilisierte Heimat zurückkehrten.[34] Dort rollten, wie Friedrich Engels es vorhergesagt hatte, »die Kronen zu Dutzenden über das Straßenpflaster«.[35] Die alten Dynastien, allen voran die Habsburger, Hohenzollern, Osmanen und Romanows, traten ab. Auf den Trümmern der »Vielvölkerreiche« bemühte sich Woodrow Wilson als Präsident der einzigen transatlantischen Großmacht, der Vereinigten Staaten, um eine Nachkriegsordnung. Wilson, dessen Land seit 1917 am Krieg beteiligt war, setzte auf das Selbstbestimmungsrecht der Völker, eine zweifelhafte Legitimationsbasis angesichts der ethnischen Heterogenität weiter Teile Mittel- und Osteuropas.[36] Mit der Idee eines Völkerbundes, eines Schiedsgerichtes für die Staatenwelt nach 1918, scheiterte er dann sogar im eigenen Land.[37] Professor Jürgen Heideking, bis zu seinem Tod im Jahr 2000 mit der nordamerikanischen Geschichte befasst, meinte dazu: Die USA mit ihrer hervorgehobenen Stellung gegenüber einem geschwächten Europa fanden sich »nicht bereit, im Rahmen eines internationalen Systems, das aus dem Weltkrieg hervorgegangen war, eine ihrem Machtgewinn adäquate weltpolitische Verantwortung zu übernehmen. Das trug in der Folgezeit nicht minder zur Instabilität der Versailler Ordnung bei als das ungeklärte Verhältnis der westlichen Demokratien zur Sowjetunion«.[38]

Dabei gab es zwischen Moskau und Washington in mehrerer Hinsicht Gesprächsbedarf. Abgesehen von den ideologischen Divergenzen, der antibolschewistischen Intervention der Alliierten unter amerikanischer Beteiligung und Lenins »Duell« mit Wilson um das nationale Selbstbestimmungsrecht, sahen sich beide mit der Expansion Japans in Ostasien konfrontiert.[39] Tokyos Ambitionen aber waren in einem größeren Kontext weltweiter Machtverschiebung zu sehen, zumal gleichzeitig die Kolonialreiche der mit den Amerikanern verbündeten Briten und Franzosen ins Wanken gerieten.[40] Auch diese Veränderungen markierten den Beginn einer neuen Epoche. Ihr Schatten legte sich über den Waffengang von 1914. Dieser hat daher, wie Niall Ferguson konstatiert, »seine historische Identität fast vollständig verloren«.[41] Was aber kennzeichnet den »Großen Krieg«, wie ihn Briten und Franzosen heute noch nennen? Was macht ihn zur »Urkatastrophe«, zum herausragenden Phänomen der Geschichte, zum singulären »Hauptereignis«?

DIE GROSSE ZÄSUR

Frieden – das bedeutete: vor 1914. Die Grenze zum Krieg wurde von den Zeitgenossen als außerordentlich scharf empfunden. Das geflügelte Wort des britischen Außenministers Grey, wonach in Europa die Lichter ausgingen, steht dafür ebenso wie die Unschuldsgeste Wilhelms II. »Mitten im Frieden überfällt uns der Feind«, lauteten die Worte des deutschen Kaisers.[42] Unabhängig vom Grad der Schuldzuweisung war man sich einig. Auch Franzosen und Engländer wähnten sich plötzlich auf einer steil abschüssigen Bahn.[43] Die Eliten des Kontinents sahen eine Zäsur und sehnten sie zum Teil sogar herbei. Der deutsche Kanzler Theobald von Bethmann Hollweg erwartete die Umwälzung des Bestehenden, das »überlebt«, »ideenlos« und »alt geworden« sei.[44] »Studenten, Professoren, Künstler, Philosophen, Dichter,

Schriftsteller, Priester, Atheisten, Anarchisten, politische Aktivisten«, so der Wiener Militärhistoriker Manfried Rauchensteiner, wollten dabei sein, »wenn die Pax Europa zu Ende ging. Man kann sie eigentlich unterschiedslos aufzählen: Henri Bergson, Max Scheler, Ernst Haeckel, Frederic Harrison, Sigmund Freud, Georgi Plechanow ..., sie alle sahen im Krieg nicht das Entsetzliche, sondern die Veränderung, und nur ganz wenige konnten sich der Suggestion entziehen und anderes als den Aufbruch, nämlich auch das Ende eines europäischen Jahrhunderts sehen«.[45]

In diesem hatte es seit der Niederlage Napoleons keinen gewaltsamen Konflikt gegeben, an dem alle oder zumindest die Mehrheit der wichtigsten Staaten beteiligt gewesen wären, erklärt Eric Hobsbawm: Gerieten sich einige der Großmächte in die Haare, so wurde die Entscheidung innerhalb einer relativ kurzen Zeitspanne herbeigeführt. Im Herzen des Kontinents schwiegen dann die Waffen überhaupt für vierzig Jahre, seit dem Entstehen des Deutschen Reiches, den Feldzügen Preußens gegen Österreich und Frankreich 1866 und 1870/71. Für die Menschen des beginnenden 20. Jahrhunderts bezeichneten die Kämpfe seit 1914 einen radikalen Bruch. Sie trugen den Charakter eines globalen Kräftemessens, das es laut Hobsbawm in dieser Form überhaupt noch nicht gegeben hatte.[46] Zwar waren sich Frankreich und Großbritannien als Kolonialimperien schon während des 18. Jahrhunderts in Indien, Nordamerika und anderswo jenseits der Weltmeere gegenübergestanden, die militärischen Auseinandersetzungen bis 1918 jedoch seien unter Einbeziehung der neuen Großmächte USA und Japan mit Fug und Recht als erster *Welt*krieg anzusehen. Umso mehr, so Hobsbawm, als der größte aller dokumentierten Kriege des postnapoleonischen 19. Jahrhunderts, jener 1870–71 zwischen Preußen-Deutschland und Frankreich, etwa 150000 Opfer forderte, während die Schlachten zwischen 1914 und 1918 Millionen das Leben gekostet hatten.[47]

Tatsächlich legten die Bilanzbuchhalter des großen Schlachtens 1918/19 eine erschreckende Statistik vor. Ihr zufolge fielen in den vier vorangegangenen Jahren – die verhältnismäßig hohen Verluste kleinerer Staaten noch nicht einmal mit eingerechnet – etwa 1,8 Millionen deutsche, 1,7 Millionen russische, 1,4 Millionen französische, 1,2 Millionen österreichisch-ungarische, knapp eine Million britische und 116 000 US-amerikanische Soldaten.[48]

Das Ausmaß des Blutvergießens – im Durchschnitt starben pro Tag 6000 Mann, schätzen die Autoren des neuen Standardwerks »Enzyklopädie Erster Weltkrieg«[49] – war nur durch eine Technisierung der Massenheere erklärbar. Komplexe Waffensysteme trafen auf Vorstellungswelten aristokratischer Militärgepflogenheiten. Gas, verbesserte Artillerie, insbesondere aber das Maschinengewehr wurden zur Herausforderung für vormoderne Kriegstugenden.[50] Die Konsequenzen der Verblendung traditionstrunkenen Soldatentums muten gleichermaßen schaurig wie unwirklich an: »Zur Schlacht an der Somme 1916 marschierten britische Truppen zu den Klängen von Dudelsäcken in Reih und Glied, ohne Deckung zu suchen, einen Rugbyball vor sich herstoßend, auf die deutschen Linien zu und schienen nichts dabei zu finden, stoisch im mörderischen Maschinengewehrfeuer unterzugehen.«[51] Die Infanteristen anderer Länder taten es den Kollegen aus dem Vereinigten Königreich gleich und rannten unbeirrt immer wieder gegen die mit Maschinenwaffen bewehrten Stellungen des Gegners an, als gelte es, den Automaten von einer immerwährenden Überlegenheit der Manneskraft zu überzeugen.[52]

Die sprunghafte Steigerung der neuen »Vernichtungseffizienz« im Widerstreit mit der bisherigen Kampfweise erwies sich als eine Facette im intensivierten Einsatz von Gewaltmitteln und -methoden. Eine andere war die Vielfalt militärischer Einsatzformen abseits der Schützengräben und Schlachtfelder, in den Versorgungseinrichtungen und der Kriegswirtschaft, der Etappe und den Militärverwaltungen der besetzten Gebiete, den Gefangenenlagern und Heimattruppenteilen.[53] Der Waffengang steigerte sich daher nach der Meinung von Hans-Ulrich Wehler zum ersten »totalen« Krieg: »Alle beteiligten Gesellschaften sollten jetzt mit schlechthin all ihren Ressourcen ganz in den Dienst der Kriegsanstrengung gestellt werden. Dabei löste sich die herkömmliche Grenze zwischen militärischer Front und friedlicher Heimat zusehends auf, nachdem sie bisher, auch noch 1870/71, strikt beachtet worden war.«[54] Sichtbares Zeichen dieser Entwicklung sei, meint Bernd Wegner, Professor der Hamburger Bundeswehr-Universität, »daß mit Lloyd George und Clemenceau bereits während des Ersten Weltkrieges, im Zweiten dann mit Hitler und Churchill, Stalin und Roosevelt vor allem Zivilisten die dominierenden Warlords ihrer Zeit wurden«.[55]

Während die Trennlinien zwischen Militär und Politik neu bestimmt werden mussten, standen auch die bisherigen gesellschaftlichen Hierarchien zur Disposition. Auf den Schlachtfeldern gingen die Offiziere alter Schule im Sperrfeuer des maschinellen Krieges unter. An der Spitze verwegener Infanterie- und Kavallerieattacken fielen sie zu Tausenden. Eine beispiellose Umschichtung der Massenheere setzte ein. 1917 mussten die k. u. k. Truppen in Italien bereits zunehmend auf Unteroffiziere zurückgreifen. Auf Letztere entfielen in der britischen Armee alles in allem 43 Prozent der ständigen Offiziersstellen gegenüber zwei Prozent vor dem Krieg.[56] Über Russland schreibt der britische Osteuropahistoriker Orlando Figes: Die Führungskader »unterhalb des Hauptmannsrangs waren fast völlig ausgelöscht«. Sie mussten durch niedrigere Chargen ersetzt werden. »Der Krieg war somit ein großer Demokratisierer, der Millionen von Bauernsöhnen Wege zum Aufstieg öffnete.«[57]

Einmal abgesehen von der deutschen Armee, in der Unteroffiziere nicht über den Rang eines Feldwebelleutnants hinaus befördert wurden, blieb kaum ein Bereich von den gesellschaftlichen Umschichtungen unberührt.[58] Das galt auch für die »Heimatfront«, wo Überwachungs- und Lenkungsmaßnahmen der offiziellen Stellen nicht nur als Bedrückung empfunden wurden.[59] Ein sich in die Länge ziehender Abnutzungskrieg begünstigte bemerkenswerte Allianzen. Englische und französische Gewerkschaftsführer unterstützten die militärischen Bemühungen ihrer Länder nicht zuletzt in der Hoffnung, »so ihre Gleichrangigkeit gegenüber den Arbeitergebern zu verankern«.[60] In Österreich kam es zur Errichtung eines Ministeriums für soziale Fürsorge, in Ungarn zur Einführung staatlicher Arbeitslosenversorgung.[61] Im Deutschen Reich wurden wiederum mit dem »Hilfsdienstgesetz«

zum ersten Mal Angelegenheiten wie die »künftige Tarifhoheit von Unternehmern und Gewerkschaften durchgesetzt«, wenn auch die Oberste Heeresleitung derlei Bestimmungen nur widerwillig hingenommen hatte, »um ihr militärisches Programm durchzubekommen«.[62]

Eigentlich versprach sich die agrarisch-altkonservative Führungsschicht des Hohenzollernreiches von einem kurzen Feldzug die Festigung der patriarchalischen Ordnung. Als der Vormarsch im Westen zum Stehen kam, musste sie mit dem Plan eines siegreichen »Blitzkrieges« auch die Hoffnung begraben, eine industriegesellschaftliche Modernisierung verhindern zu können.[63] Im Interesse eines »sozialen Volkskaisertums« erkannte Reichskanzler Bethmann Hollweg einen gewissen Anspruch der Arbeiterschaft auf Entgegenkommen an, obwohl er zu konkreten Zugeständnissen bis zuletzt nicht bereit war.[64] Inmitten einer zunehmenden Kriegsmüdigkeit und einer bis zur Hungersnot gesteigerten Ernährungskrise gingen soziale Veränderungen allerdings auch ohne Regierungsplazet vor sich.[65] Die gehässige, das soziale Klima vergiftende Debatte um das »Kriegsgewinnlertum«, schreibt der Zeithistoriker Gunther Mai, wurde solcherart »nicht allein um materielle Vorteile geführt, sondern um die gesellschaftliche Umverteilungswirkung der Kriegswirtschaft: die Positionsgewinne der Industrie zulasten der Landwirtschaft; die Konzentration der Rüstungsproduktion in Preußen zulasten der süddeutschen Staaten; die Vernichtung des Mittelstandes; die Bevorzugung der Industriearbeiter gegenüber Angestellten und Beamten«.[66] Alles in allem, resümiert Mai, komme dem Ersten Weltkrieg unter diesen Bedingungen der Rang einer welthistorischen Zäsur zu, von ähnlich einschneidender Bedeutung wie die Französische Revolution von 1789. Er habe den Durchbruch zur industriell-urbanen Massengesellschaft endgültig erzwungen, die politische Akzeptanz wie die soziale Zumutbarkeit dieses Wandels aber erschwert.[67]

Dass der Modernisierungsschub und die daraus resultierenden Konfliktpotenziale zudem mit dem Ausbau der staatlichen Zentralgewalt einhergingen, darf nicht übersehen werden. Die öffentlichen Einrichtungen, die den Warenfluss, die Produktion und die Lage der Beschäftigten in hohem Maße dirigierten, weckten Erwartungen gegenüber der Politik, die vor dem Jahr 1914 in dieser Form nicht existierten.[68]

Die Einbindung des Einzelnen in ein straff organisiertes, weitgehend militarisiertes Gemeinwesen verband sich außerdem mit der technologischen Entwicklung. Sie brachte nicht nur wirksamere Waffen, sondern auch leistungsfähigere Informations- und Kommunikationssysteme hervor.[69] Michael Salewski schreibt dazu: »Der Erste Weltkrieg war ein buchstäblich globales Ereignis«, und zwar unter anderem deshalb, weil zum ersten Mal »das dafür nötige technische Mittel bereitgestellt worden war: die weltweit umspannende Funkentelegrafie und damit die Möglichkeit, in Real-Zeit nahezu jeden Punkt der Erde mit jedem kommunikationstechnisch zu verbinden.« Seitdem sind beispielsweise Botschaftsakten anders zu lesen und zu interpretieren als für jene Zeiten, in denen ein Gesandter, etwa in Südamerika, wochen-, wenn nicht monatelang auf Antwort von der Zentrale warten musste. »Was das für die Geschichte der Diplomatie bedeutet, ist«, so Salewski, »bisher nicht aufgearbeitet worden – es wäre ein sicherlich fruchtbares Feld.«[70]

Nicht allein bei der Erforschung der Außenpolitik aber sind die Errungenschaften des beginnenden Informationszeitalters von herausragender Bedeutung. Auch die verstärkten Propagandaaktivitäten stützten sich nach 1914 zunehmend auf Telegramme und Funksprüche sowie auf eine rasch wachsende Filmindustrie.[71] Die neue »Medienrealität« begünstigte Änderungen privater und öffentlicher Lebenswelten, zum Teil auch eine »Kollektivierung« des Individuums im Zeichen einer Ideologisierung, einer Stimulierung unter anderem von ethnischen und sozialen Gemeinschaftsmythen. Zwar war der Erste Weltkrieg kein Kampf gegenläufiger Werte, wie Dan Diner festhält[72]; glaubenskämpferische und nationale Stereotypen fanden jedoch zusehends Verwendung. Von deutscher »Seelenlosigkeit«, französischer »Oberflächlichkeit«, britischer »Krämermentalität« und russischer »Barbarei« war gleichermaßen die Rede wie von der Notwendigkeit eines Kreuzzuges im Dienste christlicher Tugenden und zivilisatorischer Errungenschaften.[73] Das Mächteringen, erklärt Diner, bewirkte jedenfalls eine weltanschauliche »Enthusiasmierung der Kämpfenden«.[74]

Die Dauer der im »Schlachthaus Europa« tobenden Gewalt trug dazu nicht unwesentlich bei. Nach einer ersten Phase der Hoffnung auf rasche militärische Erfolge bis zum »Herbstlaubfall« erstarrten die Fronten am entscheidenden westlichen Kriegsschauplatz. Keiner der Kontrahenten verfügte über die nötigen Ressourcen, um »durchzubrechen«.[75] In London, Paris und Berlin gab man dennoch den offenen Feindseligkeiten auch weiterhin den Vorzug. Friedensinitiativen hatten das Nachsehen. Pazifisten kürzten den großen Waffengang um keine Minute ab. Bewegung kam erst in der dritten Phase ins Spiel, durch die Russische Revolution, aber auch durch den Kriegseintritt der USA an der Seite der europäischen Westmächte.[76] Mithilfe amerikanischer Soldaten, von denen rund zwei Millionen nach Frankreich kamen, wurde die deutsche »Schlussoffensive« zum Stehen gebracht. Der amerikanische Einsatz an Menschen, Material und beträchtlichen Krediten für die Verbündeten war von ausschlaggebender Bedeutung.[77]

Bis dahin allerdings folgte die Auseinandersetzung einer unerschütterlichen Logik der Eskalation, meint zumindest Eric Hobsbawm: Der Grund dafür war, dass sich dieser Krieg »auf unbegrenzte Ziele richtete. Im imperialen Zeitalter waren Politik und Wirtschaft miteinander verschmolzen. Internationale politische Rivalität ahmte Wirtschaftswachstum und Wettbewerb nach, deren charakteristisches Merkmal es ja schon prinzipiell war, grenzenlos zu sein.« Frankreich handelte danach. Deutschland ebenso. Der Blick richtete sich auf eine weltweite Machtposition, die »zu dieser Zeit noch von Großbritannien eingenommen wurde. Aber Großbritannien befand sich bereits auf dem Abstieg und befürchtete, mit Deutschlands Vormarsch automatisch in eine untergeordnete Rolle zurückgedrängt zu werden. Es ging daher um alles oder nichts«.[78]

Die Fortsetzung der Kampfhandlungen, ob nun im Sinne Hobsbawms gedeutet oder nicht, führte indes zur Verstärkung sozialdarwinistischer Ansichten und rassistisch-biologistischer Feindbilder. Hans-

Ulrich Wehler sieht darin weitreichende Folgen: »Hitler hielt an der fixen Idee seines Judenhasses genauso fest, wie der Antisemitismus die ›alten Kämpfer‹ seiner Partei integrierte. Den seit 1916 erneut aufsteigenden militanten Antisemitismus hatten sie geteilt und später in ›dem Juden‹ den Sündenbock für die Niederlage dingfest gemacht. Dadurch wurde der überkommene völkisch-rassistische Antisemitismus der Vorkriegszeit fatal gesteigert bis hin zu dem Wunschziel, im Besitz der Staatsgewalt ›die Juden‹ als die Schuldigen an der Kriegsniederlage zu ›beseitigen‹, zumal sie ohnehin als Inkarnation aller Übel der Moderne galten.«[79] Wehlers Ansicht teilt auch Gerd Krumeich, Professor für Neuere und Neueste Geschichte an der Universität Düsseldorf, indem er darauf hinweist, dass die viel diskutierte »Brutalisierung« der deutschen Gesellschaft durch die Erfahrungen des Ersten Weltkriegs und die »haßvolle Verarbeitung des ›Schandfriedens‹ von Versailles« wohl in der »kontinuierlichen Ausbreitung eines Massenantisemitismus nach 1918« ihren »wahren Kern« findet.[80]

Die gesteigerte Gewaltbereitschaft schien allerdings nicht nur im untergehenden Hohenzollernreich schwerwiegende Konsequenzen zu haben. Niemandem sei dieses Morden angenehm, aber die Revolution sei vom Kriege geboren, in dem alle etwas verroht seien, bemerkte beispielsweise Grigorij Sinowjew, ein Vertrauter Lenins und hoher Repräsentant Sowjetrusslands und der Kommunistischen Internationale.[81] Sinowjews Erklärung, die Rätemacht unter der Führung der Bolschewiki habe unleugbare Gräuel auch deshalb begangen, weil man seit 1914 »das menschliche Leben nicht mehr so schätze«, werteten selbst führende Repräsentanten des Sozialismus als abstoßenden Versuch, die Verantwortung für den »roten Terror« abzustreifen.[82]

Nichtsdestoweniger waren sich Befürworter und Gegner der Oktoberrevolution darin einig, dass das fortgesetzte Massentöten, verbunden mit militärischen Niederlagen, sozialen Konflikten und eklatanten Versorgungsengpässen, dem Radikalismus in jeder Hinsicht Vorschub leistete. Gerade dort aber, wo der völlige Zusammenbruch drohte und ein Systemwechsel für notwendig befunden wurde, stellte man der Erfahrung von Zerrüttung und Chaos Ordnungsmodelle gegenüber, die der Weltkrieg selbst hervorgebracht hatte. Der Staat, verkündete etwa

Lenin in seinen Entwürfen, sei bis zu seiner Abschaffung eine »besondere Machtorganisation, eine Organisation der Gewalt zur Unterdrückung der Ausbeuterklasse, d. h. der Bourgeoisie«; dabei werde »der Sozialismus auf der Basis des ›staatsmonopolistischen Kapitalismus‹ errichtet«, für den er bezeichnenderweise das deutsche »Waffen- und Munitionsbeschaffungsamt« als Vorbild nannte.[83]

Nicht von ungefähr hatte auch Viktor Tschernow, herausragender Repräsentant der Sozialisten-Revolutionäre, der einstmals großen Partei des russischen Agrarsozialismus, im Exil 1922 das Regime der Bolschewiki als »Schlussakt der lang andauernden und grausamen Weltschlächterei« bezeichnet. Am Beispiel der entstehenden Sowjetunion beschrieb er den totalitären Staatstypus, den der Erste Weltkrieg zu einem »neuen allwissenden, alldurchdringenden, allgewaltigen Moloch gemacht« habe, welcher das Individuum nach seiner sozialen Tauglichkeit als »Menschenrohstoff« verwertet und »Abfälle absondert« oder der »unerbittlichen Vernichtung« zuführt.[84] Als Tschernow seine Charakterisierung der bolschewistischen Herrschaft zu Papier brachte, war der Begriff »Totalitarismus« gerade von italienischen Oppositionellen geprägt worden, die damit auf die Neuartigkeit der faschistischen Bewegung hinweisen und vor deren Anspruch auf eine totale Erfassung des Menschen warnen wollten.[85]

Mussolini, Lenin und Hitler verkörpern in dieser Lesart einen Formwandel der Politik, den Bernd Weisbrod, Geschichtsprofessor in Göttingen, folgendermaßen beschreibt: »Der Krieg hatte in vielerlei Hinsicht als Modell für die postliberale Gesellschaft gedient. Die Militarisierung der Gesellschaft, die Aussetzung liberaler Freiheitsrechte und die Etablierung von staatlichen Wirtschaftskontrollen waren mit dem liberalen Ideal prinzipiell unvereinbar. Womöglich ging aber das Vertrauen in die klassischen liberalen Politikformen auf immer verloren, weil die Schrecken des Krieges eine Aufhebung der Vernunft, eine Zerstörung der Wirklichkeitskontrolle und schließlich auch eine Flucht in den Mythos der Gewalt mit sich gebracht hatten.«[86]

Unter solchen Umständen treten die Transformationsprozesse zwischen den Schüssen von Sarajewo und dem Ende der Kampfhandlungen im November 1918 noch einmal in ihrer ganzen Tragweite hervor. Das Ereignis als große Zäsur aber wird fragwürdig, verliert seine zeitliche Eingrenzung, wenn man etwa mit Hans-Ulrich Wehler die Wurzeln des Nationalsozialismus und des Zweiten Weltkriegs in den Geschehnissen ab 1914 sucht.[87] Eine scharfe zeitliche Grenze kann im übrigen auch Hew Strachan nicht erkennen: Der Erste Weltkrieg sei nicht eindeutig am 11. 11. 1918 mit dem Waffenstillstand zu Ende gegangen. »Ein Jahr und drei Tage später«, zitiert Strachan aus einem Schreiben des britischen Generals Henry Wilson an Lord Esher, tobten »zwanzig bis dreißig Kriege in verschiedenen Teilen der Welt«.[88] Natürlich müsse man die Frage nach dem Ende des mehrjährigen Mächteringens differenziert stellen, meint auch Michael Salewski: Vielleicht habe es erst mit der Überwindung der Krise von 1923 geendet. Die Besetzung des Ruhrgebietes durch französische und belgische Truppen am 10. Januar 1923 sei von vielen Zeitgenossen als neue – oder letzte – Runde des Weltkriegs gedeutet worden.[89] Auch der Abschluss antibolschewistischer Interventionen in Russland ließe sich als Endpunkt ansehen. Dennoch, so Salewski, gab es nach dem Ersten Weltkrieg eine Friedensperiode, und deswegen sei es problematisch, die beiden Weltkriege zu einer Einheit zu verschmelzen.[90]

WIDERSPRÜCHE

Der Versuch, das gewaltsame Kräftemessen zu Beginn des 20. Jahrhunderts zeitlich einzugrenzen, stößt jedoch nicht nur auf Schwierigkeiten, wenn man sich den Konsequenzen der »Urkatastrophe« zuwendet. Auch die Vorgeschichte bedarf einer näheren Betrachtung. Schließlich waren der Mordtat von Sarajewo bewaffnete Konflikte im Südosten Europas vorangegangen, die, vornehmlich um die osmanische Landschaft Makedonien geführt, kaum zwischen Militär und Zivilbevölkerung unterschieden. 1912/13 richteten sich die Gräuel der so genannten Balkankriege nicht ausschließlich gegen die Streitkräfte des Gegners, »vielmehr waren die den Nationalstaaten ethnisch nicht zugehörigen Bevölkerungen Ziel grausamer Gewalt«.[91]

Diese Auseinandersetzungen führten zum Großen Krieg, für dessen Ausbruch allerdings höchst komplexe langzeitliche Tendenzen mitverantwortlich waren: Das europäische Gleichgewicht war aus den Fugen geraten. Die traditionellen Konstellationen des 19. Jahrhunderts, die Gegensätze zwischen den Kolonialreichen England und Frankreich sowie dem expandierenden Zarenimperium gehörten der Vergangenheit an. Ein so gesehen paradoxer Dualismus, die Achse Berlin–Wien (die Mittelmächte) auf der einen, das Bündnis zwischen London, Paris und Sankt Petersburg (die Entente) auf der anderen Seite, verzahnte sich nun mit komplizierten Mobilmachungsmechanismen und einer völlig neuen Militärtechnik. Alles änderte sich, nur Österreich-Ungarn rang weiter mit seinen Nationalitätenproblemen und drohte ständig, mit Russland auf dem Balkan zusammenzustoßen. Dan Diner fasst daher zusammen: »Die Ereignisse, die den Weltkrieg auslösten, waren jedenfalls Ausdruck eines Gebrechens, dem die retardierenden Merkmale des 19. Jahrhunderts innewohnten. Zum Ende des Jahrhunderts, im Jahre 1914, schien das eingetreten, was zu seinem Anfang durch die Beschlüsse des Wiener Friedens von 1815 hätte verhindert werden sollen: die Verknüpfung von durch Nationalitätenfragen hervorgerufenen Spannungen mit den Unwägbarkeiten der Politik der großen Mächte.«[92]

Unter solchen Gesichtspunkten beginnt sich das Schlüsselereignis, der Übergang zum kurzen 20. Jahrhundert, in seine Vorbedingungen und Folgeerscheinungen aufzulösen. Die Geschehnisse zwischen 1914 und 1918 »beschleunigten vielfach nur langfristig ablaufende Umschichtungsprozesse, ohne deren Richtung zu verändern«, konstatierte der 2004 verstorbene Düsseldorfer Historiker Wolfgang Mommsen, eine Einschätzung, der auch Jay Winter, Geoffrey Parker und Mary Habeck zustimmen: Auf die Kombination einzelner, bereits existierender Elemente komme es an, der »große Waffengang« habe vor allem als Verstärker und Multiplikator gewirkt.[93]

Stig Förster, Professor für Neueste Allgemeine Geschichte an der Universität Bern, stellt deshalb den neuartigen Charakter des Ersten Weltkriegs in Frage: Die Zahl der Gefallenen sei beispielsweise gar nicht mehr so außergewöhnlich, wenn man an die 20 Millionen Toten des chinesischen Bürgerkrieges, der Taiping-Revolte von 1850 bis 1864, denke, oder an die Feldzüge im Gefolge der Französischen Revolution, die bei einer wesentlich kleineren Weltbevölkerung schätzungsweise mindestens 5 Millionen Menschen das Leben kosteten. Außerdem könne man globale Kampfhandlungen nicht als wirklich neu bezeichnen: Im Zuge der kolonialen Expansion hätten sich Großmächte schon seit dem 16. Jahrhundert auf verschiedenen Kontinenten und entlegenen Ozeanen befehdet, wobei außereuropäischen Mächten im Laufe der Zeit eine immer bedeutendere Rolle zugekommen sei.[94] »Diese Entwicklung«, so Förster weiter, »brachte schließlich das Phänomen des Weltkrieges hervor, nicht erst 1914, sondern längst vorher in den Napoleonischen Kriegen. Die französische Invasion Ägyptens löste nämlich eine Entwicklung aus, die nach und nach die Mamelucken, das Osmanische Reich, die indischen Mächte und schließlich Persien in den Krieg hineinzog. Zudem brach 1812 auch noch ein Krieg zwischen den USA und Großbritannien aus. Dieser Weltkrieg erfasste schließlich mehr Staaten, Regionen und Kontinente als der Krieg 1914–1918.«[95]

Die Entwicklung nach der Ermordung des österreichisch-ungarischen Thronfolgers in Bosnien-Herzegowina findet indes auch Dan Diner nicht ganz so neuartig. Schließlich sei die Totalisierung gewaltsamer Konflikte im Prinzip der »levée en masse«, der Bewaffnung der Bürger, als Folge der Geschehnisse von 1789 bereits integriert gewesen.[96] Zwar »reinkarnierte« die politische Restauration in nachnapoleonischer Zeit gleichsam auch das Militärwesen des 18. Jahrhunderts. Die Industrialisierung jedoch hatte schon im Krimkrieg 1853 bis 1856 und beim Zerfall der USA in Nord- und Südstaaten zwischen 1861 und 1865 unübersehbare Veränderungen mit sich gebracht, schreibt Diner und präzisiert: »Die mittels Eisenbahnwesen durchgeführten Mobilisierungen, die gewaltigen in Marsch gesetzten Massenheere, die Automatisierung des Tötens durch Maschinengewehre, die von Unterseebooten gelegten Hinterhalte, die Erfassung der Zivilbevölkerung, vor allem aber die Verschmelzung von Kriegsführung und Wirtschaftsleistung […] – all diese Phänomene weisen in eine Europa noch verschlossene Zukunft«, zumal das »restaurative Bewusstsein« der Alten Welt die Schrecken des amerikanischen Sezessionskrieges nicht wirklich erreicht hatte.[97]

Obwohl Stig Förster demgegenüber die Art bewaffneter Konfrontationen zu Beginn des 20. Jahrhunderts durchaus als Novum einstuft, verdienen seiner Ansicht nach Relativierungen im Sinne von Dan Diner Anerkennung, um nicht in ein »Minenfeld von Plattitüden zu geraten«. Demgemäß, erklärt Förster, müsse man etwa das Konzept des »totalen Krieges« als niemals vollständig realisierbaren Idealtypus ansehen. In der Praxis gehe es eher um Annäherungstendenzen an ein Modell.[98]

Unter solchen Umständen erweise sich aber gerade der Vergleich mit dem Dreißigjährigen Krieg als »sperrig«, ergänzt der Direktor des deutschen Militärgeschichtlichen Forschungsamtes, Bruno Thoß, da der Vergleich zwischen den Folgen von 1914 und 1939 auf der Basis totaler Kriegführung nicht darüber hinwegtäuschen dürfe, dass es sich dabei um zwei erfahrungsgeschichtlich ebenso verbundene wie unterscheidbare Kriege gehandelt habe. »Der Erste stellte für die Akteure des Zweiten Weltkrieges zweifelsfrei ein entscheidendes Lernfeld dar«; 1939 sei aber nicht lediglich eine in den Mitteln radikalisierte Fortsetzung von 1918; der nächste Krieg habe mit seiner Radikalisierung vielmehr auch eine neue Qualität gewonnen.[99]

Thoß zweifelt allerdings nicht bloß an der Bestimmung einer einzigen Epoche zwischen den Eckdaten 1914 und 1945. Auch aus anderen Gründen ist für ihn auf unterschiedliche Zugänge hinzuweisen: Was, so seine Meinung, unter politikgeschichtlicher Beleuchtung als »Zerstörung Europas« und aus ökonomischer Sicht als Beginn eines Vierteljahrhunderts der Depression beschrieben wurde, untersuchte die historische Sozialwissenschaft im Kern auf gesellschaftlich retardierende Wirkungen dieser Zeit- und Generationenspanne. Militärgeschichtlich wiederum stehe die konsequente Fortentwicklung von der Nationalisierung des Militärwesens im 19. Jahrhundert zu seiner tendenziellen »Totalisierung« bis 1945 im Vordergrund; andererseits würden kulturgeschichtliche Befunde in den Geschehnissen ab 1914 den eher unbeabsichtigten »Durchbruch der Moderne« ausmachen.[100]

Zwar befanden sich, erwidert darauf David Stevenson, Spezialist für die Zeit des Ersten Weltkriegs, die künstlerischen Revolutionen der europäischen Avantgarde, der Kubismus, Futurismus und Expressionismus etwa, bereits seit längerer Zeit »auf dem Weg«, während der »große Waffengang« noch eher traditionelle Techniken und Darstellungsformen begünstigte.[101] Stevensons Widerspruch aber untermauert nur noch zusätzlich die Notwendigkeit einer mehrdimensionalen Perspektive auf die Geschichte des beginnenden 20. Jahrhunderts. Die ganze Epoche sei generationsspezifisch und lebensweltlich extrem zerklüftet, stellt Bruno Thoß fest. Die Ungleichzeitigkeit paralleler soziokultureller Milieus verweise darauf, dass man »erfahrungsgeschichtlich« eben nicht einen einheitlichen Krieg erlebt habe.[102] Der Bochumer Historiker Benjamin Ziemann nimmt die Anregungen von Thoß gewissermaßen auf und kommt dabei zum Schluss, dass die sozialistischen Arbeiter und katholischen Bauern der französischen und deutschen Armeen, anders als Teile des bürgerlichen Mittelstandes und der intellektuellen Eliten, den Krieg nicht als tief greifende Zäsur deuteten. Der Gedanke der nationalen Einheit, die Bindung an Hof und Familie, die Identifikation mit dem zivilen Leben sowie die religiös motivierte Bereitwilligkeit zur Selbstaufopferung und christlichen Brüderlichkeit in der Kampfgemeinschaft standen offenbar höher im Kurs als die militaristische Verarbeitung der Kriegserfahrung und das Interesse an einem grundlegenden gesellschaftlichen Wandel.[103]

Die Sehnsucht nach einer Rückkehr zur Normalität war dann, nach 1918, ein weitverbreitetes Phänomen. In Frankreich ging zudem der Staat und das politische System grundsätzlich gestärkt aus dem militärischen Konflikt hervor. Klassenantagonismen spielten angesichts der ungetrübten Autorität der französischen Republik in den Zwanzigerjahren eine geringere Rolle. Das »Vermächtnis der Veteranen«, befindet der Dubliner Geschichtsprofessor John Horne, wirkte auf nationaler Ebene integrativ und stärkte zugleich pazifistische Strömungen mit der Hoffnung nach internationaler Aussöhnung.[104]

Ähnliche Standpunkte gegenüber nationalem Säbelrasseln und politischem Abenteurertum traten zur selben Zeit in Großbritannien zutage. Anstatt allzu dynamischer Entwicklungen setzte sich hier als Hinterlassenschaft des Ersten Weltkriegs ein von der Mittelschicht gestützter Konservatismus durch, wie Kenneth Morgan von der University of Wales erklärt, der in diesem Zusammenhang näher auf soziale Unterschiede eingeht. Anders als selbst in Frankreich, wo in den Dreißigerjahren eine Kluft zwischen Links und Rechts aufbrach, wählte die Hälfte der britischen Arbeiterschaft die Konservativen, ein Anteil, so Morgan, der nach dem finanziellen Kollaps, der 1931 zur Bildung der nationalen Regierung führte, sogar noch anstieg.[105]

Eine diametral entgegengesetzte Richtung schlug die italienische Gesellschaft ein, für die das Massentöten bis 1918 nicht nur in materieller und kultureller Hinsicht ein Trauma war. Vielmehr veränderten sich auch in grundlegender Weise die Struktur der Zentralinstanzen, die Formen politischer Repräsentation und Meinungsbildung, das Verhältnis zwischen Staat und Bevölkerung und schließlich die Mentalität der zerstrittenen Gruppierungen. Für sie musste ein ideologischer Kitt gefunden werden. Italien rückte nach rechts. Über den Aufstieg des Faschismus resümiert Giovanna Procacci von der Universität Mailand: »Die politische und soziale Zersplitterung, die der Erste Weltkrieg bewirkt hatte, wurde zwar überwunden – aber um den Preis einer Nationalisierung der Massen im Zeichen der Gewalt.«[106]

In Deutschland überwogen indessen soziale und parteipolitische Gegensätze. Das zeigt sich auch in den diversen Soldatenverbänden. Sie sprachen einander, so Hans-Erich Volkmann, das Recht ab, den »Frontgeist« für sich in Anspruch zu nehmen, verklärten aber, trotz klassenspezifischer Inhalte, das »Schützengrabenerlebnis«.[107] Einer kurzen Phase der Freude über das Ende der Kampfhandlungen folgte unter anderem mithilfe des Gemeinschaftsideals von 1914 ein latenter Prozess der Remilitarisierung. Flankiert von der Forderung nach der Revision von Versailles und dem Wunsch nach einem charismatischen Führer traten viele Veteranen den Marsch in das Feldlager des Nationalsozialismus an.[108]

Vergleicht man die Lage in Deutschland und Italien mit Frankreich und Großbritannien, so wird deutlich, dass die Kriegskulturen und die

Kriegserinnerungen in den großen europäischen Ländern unterschiedliche Formen annahmen und konträre Wirkungen erzielten. Von einem universellen und bedingungslosen Pazifismus könne, wie David Stevenson meint, keine Rede sein.[109]

Die »Brutalisierung« der Gesellschaft aber dürfe auf direktem Weg genauso wenig aus dem vierjährigen Gemetzel abgeleitet werden. Moderne Kriege, meint dazu der Bielefelder Historiker Michael Prinz, verkörperten die schnellste, radikalste, zugleich aber auch in vieler Hinsicht die flüchtigste Form der Veränderung. Umstrukturierungen der Wirtschaft, Beseitigung von Freiheitsrechten, Macht- und Grenzverschiebungen zwischen Bevölkerungsgruppen, Staat und Gesellschaft, Politik und Militär, all das habe sich in kürzester Zeit vollzogen, sei aber nach 1918 fast ebenso radikal revidiert worden. Diese »scharfe Doppelzäsur«, konstatiert Prinz, relativiert »von vornherein alle Thesen über den Krieg als Motor tief greifenden sozialen Wandels unter langfristigem Aspekt. Der Krieg erscheint primär als eine zivilgeschichtliche Auszeit.«[110]

Andere Bezugsrahmen wählt folglich auch Dirk Schumann vom Deutschen Historischen Institut in Washington, wenn er die Einheitssehnsucht und »Gewaltakzeptanz« des deutschen Bürgertums nicht als unmittelbares Produkt der Fronterfahrung versteht, sondern auf eine Periode bezieht, die von der Sammlungspolitik der Vorkriegszeit bis in das Krisenjahr von 1923 reicht.[111] Benjamin Ziemann bekräftigt diese Argumentation und fügt weitere Aspekte hinzu: Die »Brutalisierung« der deutschen Soldaten in den Jahren 1914 bis 1918 sei auf allgemeiner Ebene auch empirisch widerlegt worden: Eine Analyse zeige, dass der »Feind« im Ersten Weltkrieg noch ein Gesicht besaß, anders als nach 1941, als abwertende Beschreibungen besetzter Ostgebiete dem Gegenüber das Menschsein abstritten.[112] Zunehmende Radikalität habe nicht der Krieg selbst hervorgebracht, sondern möglicherweise die Zwischenkriegszeit mit ihren politischen und gesellschaftlichen Auseinandersetzungen sowie dann vor allem die »militarisierte staatliche Sozialisation« ab 1933. Diese Deutungsmuster, vermutet Ziemann, ließen sich auch anhand von Veteranen überprüfen, die sich der Kommunistischen Partei anschlossen und deren Extremismus auf die Kämpfe in der Weimarer Republik und die Gewaltanwendung der Revolutionszeit zurückgeführt werden könnte.[113] Ähnliche Überlegungen lassen sich bei der Untersuchung des ansteigenden Antisemitismus anstellen: Schließlich sei der Rassismus, wie der 1999 verstorbene Historiker George Mosse festhielt, überall dort angestiegen, wo Revolutionen stattfanden oder drohten.[114]

Aber war die Revolution nicht dem Krieg entsprungen? Zweifel melden Wissenschafter an, die ihre Arbeiten über das Ende der Zarenherrschaft und die Entstehung der Sowjetunion als sozialhistorische Forschung verstehen. Derlei Interpretationen, erklärt der Göttinger Professor für Osteuropäische Geschichte, Manfred Hildermeier, haben im Gesamtbild eine ökonomische, soziale und politische Modernisierungskrise ergeben, »die lange vor dem Weltkrieg einsetzte und diesen als auslösenden Faktor der Revolution mithin relativierte«.[115] Dan Diner wiederum kann sich damit ganz und gar nicht anfreunden. Das Ende der Romanows ist für ihn auf die »Unzufriedenheit und Verzweiflung der ständig aufs Neue gegen den Feind ins Feld geworfenen Truppen« zurückzuführen. Neben der Ermattung habe dabei auch die Kriegführung im Osten den Umsturz befördert, meint Diner und schreibt: »Verglichen mit dem unerbittlichen Korsett des Stellungskrieges im Westen, schnürte das militärische Vorgehen im Osten die Kämpfenden weniger ein. Zudem brachte die nahe Front die Präsenz von Truppen in der Hauptstadt mit sich.«[116]

Die Heeresverbände des Zaren trugen einen anderen Krieg aus als die Streitkräfte der Entente in Frankreich. Hohenzollern- und Habsburgerarmeen kannten je nach Einsatzgebiet unterschiedliche Konfliktsituationen.[117] Arbeiter und Bauern nahmen das Kampfgeschehen anders wahr als Aristokraten und Bildungsbürger. Die Erlebnisse eng zusammengeschweißter Kampfgemeinschaften widersprachen den individuellen Erfahrungen; Front, Etappe und Hinterland waren auch in der totalen militärischen Kraftanstrengung verschiedene Welten. Ursachen, Verlauf und Folgen der »Urkatastrophe« erwiesen sich in der Regel als länger- oder kurzfristige Phänomene jenseits der Eckdaten 1914 und 1918, jeweils unterschieden nach politischen, sozialen, wirtschaftlichen, kulturellen und mentalen Aspekten. Aus dem Blickfeld verschwindet das globale Kräftemessen in seiner Gesamtheit. Der Erste Weltkrieg, behauptet Paul Veyne, ist eine »Addition von Heterogenem, eine Rumpelkammer« und keine Totalität – außer als Wort.[118] Dafür aber stellte der Krieg als Ereignis einen Knotenpunkt von Relationen dar, bisweilen eine »Phasenverschiebung zur Gleichzeitigkeit«, eine Verdichtung sozialer Entwicklungen bis zur »revolutionären Eruption«, wie Manfred Hildermeier in Bezug auf die russische Geschichte vor und nach 1917 formuliert.[119]

Doch selbst aus der imaginierten Vogelschau, dem Blick über das vermeintliche Ganze, bleibt der Weltkrieg widersprüchlich, präsentiert sich einmal als Ausdruck von Kontinuitäten, ein weiteres Mal als Multiplikator und ein drittes Mal ganz und gar als Bruch und große Zäsur. Seine Folgewirkungen versinnbildlichen Gegensätze und deren komplizierte Verschränkungen: Industrialisiertes Massentöten und Totalisierung des gewaltsamen Konfliktes bringen Demokratisierungsprozesse, egalitäre Vorstellungen und pazifistische Überzeugungen gleichermaßen hervor wie hierarchische Wehrverbände, autoritäre Herrschaftsformen und militaristisches Gehabe.[120]

In vielen Fällen wird ein neues Gemeinschaftsgefühl betont, doch das »Kollektiv« ist Chimäre. »Das Narrativ vom Geist von 1914 fand nicht nur deshalb so breite Akzeptanz«, schreibt der Spezialist für Propagandageschichte und den Ersten Weltkrieg, Jeffrey Verhey, »weil es dem Bedürfnis entsprach, die Ursprünge und die Natur der deutschen Volksgemeinschaft zu verstehen, sondern weil es auch Teil der Strategie wurde, die zum Sieg führen sollte«.[121] Am Beispiel Nürnbergs konnte Verhey im Detail zeigen, dass der sich abzeichnende Konflikt sehr viel differenzierter wahrgenommen wurde, als es das »Klischeebild von der allgemeinen Kriegseuphorie« vermuten lässt. Zu ähnlichen Schlussfolgerungen kamen dann auch andere Autoren, die sich mit weiteren deutschen Städten, der SPD und der bayerischen Landbevölkerung auseinander setzten.[122] Französische Historiker wiederum haben Reaktionen auf die Nachricht von der Mobilmachung in mehr als dreihundert Gemeinden des Departement Charente untersucht. Sie kamen zu dem Ergebnis, dass die Formulierungen zur Beschreibung der allgemeinen Stimmung zu 57 Prozent negativ sowie zu 20 Prozent »ruhig und gelassen« waren und nur 23 Prozent eine patriotische Begeisterung zum Ausdruck brachten.[123] Während sich auch in der österreichischen Arbeiterschaft die Begeisterung über die bevorstehenden Kämpfe in Grenzen hielt, konnten laut Orlando Figes zahlreiche »Bauern-Soldaten« des Zaren mit dem Staat und der russischen Nationalität schon prinzipiell wenig anfangen. Auf das Dorf konzentriert, bemerkt der englische Russlandexperte, fühlten sich viele an ihre regionalen Identitäten gebunden und weitab von den Fronten weder von deutschen noch von k. u. k. Soldaten bedroht.[124] Figes' Ansichten werden von jüngsten Untersuchungen hinsichtlich der Frage des nationalen Bewusstseins im Romanowimperium zwar nur teilweise bestätigt.[125] Hier wie im übrigen Europa begünstigten die weitestgehend widerstandslose Mobilmachung allerdings weniger Freude, Ausgelassenheit oder Hurra-Patriotismus. Verantwortlich dafür waren vielmehr der Gehorsam großer Teile der Bevölkerung und die stille Duldung der Politik ihrer Regierungen.[126]

Militärs und Minister, ihre engsten Vertrauten und Mitarbeiter vermittelten andererseits später den Eindruck, als wären sie in eine unabwendbare Naturkatastrophe geschlittert.[127] »Weder Militarismus noch Imperialismus, noch Geheimdiplomatie machten den Krieg unvermeidlich«, schmettert Niall Ferguson derartige Rechtfertigungsversuche ab: Europas Eliten haben das Massaker zu verantworten. Sie hätten es verhindern oder zumindest verkürzen können.[128]

Fünf Momente

»Wir sind also noch fähig zu wollen!«

Alexander Hoyos und die Entfesselung des Ersten Weltkriegs

DIE SUCHE NACH DEN SCHULDIGEN

Am 4. Juli 1914[1] besteigt Alexander Graf Hoyos den Zug von Wien nach Berlin. Er hat zwei Schriftstücke bei sich. Adressat ist der deutsche Kaiser Wilhelm.

Der junge k. u. k. Diplomat soll seinem Auftrag gemäß in Erfahrung bringen, wie das Deutsche Reich sich im Fall einer »Aktion« der Donaumonarchie gegen Serbien verhalten wird. In beiden Dokumenten, die Hoyos zu überbringen hat, wird kein einziges Mal explizit von Krieg gesprochen, und doch kann es keinen Zweifel darüber geben, dass von ihm die Rede ist. Immerhin hält man in Wien die Verwicklung hoher und höchster serbischer Repräsentanten in das Attentat auf den Thronfolger Franz Ferdinand am 28. Juni 1914 in Sarajewo für erwiesen. Jetzt müsse man, so heißt es im k. u. k. Ministerium des Äußern – und nicht nur dort –, die Gelegenheit nutzen und Serbien, das auf die Zerstörung der Monarchie hinarbeite, zur Verantwortung ziehen. Wie aber würde Österreich-Ungarns Verbündeter Deutschland darauf reagieren?

In Berlin angekommen, händigt Hoyos dem dortigen Botschafter des Habsburgerreiches, dem bereits betagten Grafen Lászlo Szögyény-Marich, die erwähnten Papiere aus. Es handelt sich um ein Memorandum über die Lage am Balkan aus Sicht des Habsburgerreiches[2] und um ein »persönliches«, allerdings von Hoyos selbst konzipiertes »Handschreiben« Kaiser Franz Josephs an Wilhelm II. Zu Gesicht bekommt die Sonderpost aus Wien aber nicht nur der deutsche Monarch. Auch Regierungsvertreter wie der Unterstaatssekretär für Äußeres, Arthur Zimmermann, der Szögyény bereits »Verständnis für ein energisches entschiedenes Vorgehen der Monarchie« gegen Serbien zugesichert hat[3], machen sich mit dem Inhalt der Schriftstücke vertraut. Es folgen Gespräche. Die Antwort, die Alexander Hoyos dann mit nach Wien nimmt, ist klar: Ja, die Doppelmonarchie kann bei ihren Plänen für ein Vorgehen gegen Serbien auf die Rückendeckung des Deutschen Reiches zählen.

Die Mission des Grafen war also wunschgemäß verlaufen. Er konnte in Wien den so bezeichneten »Blankoscheck« des deutschen Bündnispartners vorweisen, und die so bezeichnete »Julikrise« nahm ihren Lauf.

Rückblickend wurde der »Blankoscheck«, also die Zusage Berlins, dem Habsburgerreich Unterstützung für seine Absichten gegenüber Serbien zu garantieren, als ausschlaggebend für die nun einsetzende Entwicklung Richtung Krieg betrachtet. Hätte, argumentierte man später, Hoyos seinen Vorgesetzten von einer ablehnenden Haltung des Deutschen Reichs berichten müssen, wäre in Wien mit an Sicherheit grenzender Wahrscheinlichkeit davon Abstand genommen worden, mit Serbien abzurechnen, und der Erste Weltkrieg wäre wohl nicht ausgebrochen. Zumindest nicht im Sommer 1914.[4] Anders gesagt: Berlin reichte Wien erst die Waffe, die für die Tat benötigt wurde, beziehungsweise lieferte zumindest die Munition, oder, auch so kann man die Hoyos-Mission deuten: Wien brauchte und bekam die »Ermunterung« Berlins, um zu »schießen«.

Doch geht es nicht nur um die Haltung Wilhelms und seines Umfelds in jenen Julitagen, als Graf Hoyos in Berlin weilte. Darüber hinaus erblickten Historiker in Deutschland immer wieder die treibende Kraft, die den Kriegskurs beibehielt, selbst wenn Österreich-Ungarn sich phasenweise scheinbar zögerlich verhielt. In diesem Zusammenhang und in Verbindung mit einer Reihe von Entscheidungen Berlins im Juli 1914, die im Sinne einer bewussten Provokation der militärischen Auseinandersetzung mit Frankreich und Russland interpretiert wurden, formulierten Historiker später die Hauptverantwortung Deutschlands für den Großen Krieg.[5] Wichtigster Proponent dieser These ist Fritz Fischer.

Obwohl die so genannte »Fischer-These«, die Wesentliches zum tieferen Verständnis der Befindlichkeit des wilhelminischen Deutschland beigetragen hat, zum festen Bestandteil des deutschen Geschichtsbildes wurde, ist sie oder sind bestimmte darin enthaltene Ansichten bis heute nicht unumstritten.[6] Jahrzehnte nach dem »Historikerstreit«, den Fischer mit seinen Arbeiten auslöste, geht die Diskussion um die »Julikrise«, um Deutschlands Willen zum Krieg sowie um die »weltpolitischen Ambitionen« des Hohenzollernreiches weiter. Dass der »Mainstream der Forschung, wie er sich im Gefolge der Fischer-Kontroverse der Sechzigerjahre herausgebildet hat«[7], bereits seit geraumer Zeit um Richtungen bereichert wird, die bisher eher vernachlässigte Perspektiven einschließen, ist zweifellos erfreulich. Ein Rückfall in eine »apologetische« Geschichtsschreibung erscheint jedenfalls unwahrscheinlich. Kaum jemandem, der sich von der Fischer-These entfernt hat oder sie gar ablehnt, ist zu unterstellen, die Rolle des deutschen Kaiserreiches als Aggressor und latenter »Störenfried im Konzert der Mächte«[8] am Vorabend des Ersten Weltkriegs abzuschwächen und klein zu reden. Es erscheint hingegen nachvollziehbar, dass die Forderung nach einer Vervollständigung des Gesamtbildes ausgesprochen und damit auch die Frage nach der Verantwortung beziehungsweise Mitverantwortung anderer Mächte vor dem Hintergrund des Juli 1914 formuliert wird.[9]

Merkwürdig wirken allerdings Versuche, eine Rangliste der »Schuldigen« zu erstellen. Sie tragen, wiewohl unwillentlich, dazu bei, dass Fragen unterbleiben, wo Fragen zu stellen sind. Während nicht wenige Historiker das große Gähnen überkommen dürfte, wenn die »Julikrise« wieder und wieder thematisiert wird, wo doch bereits alles gesagt und geschrieben scheint, sehen andere nach wie vor Bedarf an weiteren Forschungen.[10] Zu bemerken ist außerdem, dass die über Jahrzehnte hindurch nicht selten ausgeblendete oder zumindest in den Hintergrund gerückte problematische Rolle der Entscheidungsträger in Wien in den Julitagen des Jahres 1914 vermehrt aufgegriffen und als eigenständiger Faktor diskutiert wird.[11] In Österreich jedenfalls, wo der Historikerstreit rund um die Fischer-These mehr oder weniger unterging, legitimierte die Konzentration auf das Deutsche Reich als den »Hauptschuldigen« eine Geschichtsschreibung, die mit der Rolle des 1918 »verstorbenen« Habsburgerreiches mitunter nach dem Motto »de mortuis nihil nisi bene« verfuhr.[12] 1976 meinte der österreichische Historiker Fritz Fellner über dieses Phänomen: »Die systemerhaltende Funktion der Geschichtswissenschaft erhielt in Österreich nach 1945 eine spezifische Ausprägung: Die konservative Gegenwart Österreichs wurde mithilfe eines altösterreichischen Geschichtsbildes unter Ausklammerung der Geschichte der ersten Republik an eine vorgeblich konservative, auf Erhaltung des Friedens und des Status quo gerichtete Vergangenheit im Habsburgerreich gebunden.« Wer, so Fellner weiter, die Politik des österreichisch-ungarischen Außenamtes und der k. u. k. Militärs in den Jahren vor Ausbruch des Ersten Weltkriegs einer kritischen Untersuchung unterzog und zu der Einsicht gelangte, dass die Verantwortung für den Ausbruch des Kriegs im Juli 1914 primär den Diplomaten des Ballhausplatzes in Wien zuzuschreiben sei, der wurde zum »Außenseiter« gestempelt.[13] Mehr als zwanzig Jahre nach dieser Stellungnahme Fritz Fellners meinte dann der Historiker Rudolf Jeřábek: »Die österreichischen Forscher, vor allem jene der älteren Generation, lassen doch ein Bemühen erkennen, den österreichischen Anteil an der Kriegsentfesselung zugunsten des Anteils Deutschlands gering zu halten.«[14]

Mit Unbehagen müssen wohl solche Stimmen zur Kenntnis genommen werden, die trotz Ablehnung jeglicher Moralisierung wenigstens zur eigenen »Selbstverständigung« eine prozentuelle Aufteilung des Anteils am Kriegsausbruch vornehmen und vor nunmehr 10 Jahren zu folgender Einsicht gelangten: »Deutschland 90 %, Österreich-Ungarn 5 %, der Rest verteilt auf die übrigen Kriegsteilnehmer vom Juli/August 1914, Serbien eingeschlossen. Heute drängt sich ein stärkerer Anteil Russlands und Serbiens auf, immer noch weit unter dem deutschen, selbst wenn er prozentual sinkt, um eine Vorstellung zu geben, auf 80 % oder 70 %.«[15]

Die Frage nach Schuld und Verantwortung war bereits während des Ersten Weltkriegs ein Thema. Schon damals mochte die Leichtfertigkeit, mit der die Mittelmächte über das Risiko einer Auseinandersetzung mit dem Romanow-Imperium hinwegzugehen schienen, Rätsel aufgeben. Dass ein Krieg der k. u. k. Monarchie gegen Serbien dessen Schutzmacht Russland auf den Plan rufen würde und dass schon in Anbetracht dieses Umstandes eine Ausweitung des Konfliktes zu befürchten war, galt als Binsenweisheit. Erst recht für einen Diplomaten.[16] Dennoch war sich Alexander Hoyos, als er am 7. Juli seinen Vorgesetzten Bericht über die schicksalhafte Reise nach Berlin erstattete und im Zuge dessen in ihrer Haltung hinsichtlich einer bewaffneten Aktion gegen Serbien vielleicht Schwankende ihrer Bedenken enthob, kaum darüber im Klaren, dass er mit seiner Mission gewissermaßen den Countdown zum Ersten Weltkrieg eingeleitet hatte.

Im Mittelpunkt der Julikrise stehen, schreibt Stig Förster, »die Aktivitäten und Handlungsmotive von etwa 50 Männern, deren Entscheidungen die Geschicke von Millionen bestimmten«.[17] In diesem Zusammenhang geht es, wie Förster betont, freilich nicht um den »methodischen Rückzug« zu jener Auffassung, wonach »Männer Geschichte machen«. Vielmehr sei zu »analysieren, wie vor dem Hintergrund der längerfristigen Tendenzen, Faktoren und äußeren Einflüsse Entscheidungen ganz konkret gefällt wurden. Dann lässt sich auch die Frage nach der persönlichen Verantwortlichkeit stellen«.[18] War Alexander Hoyos einer dieser wenigen, die aufgrund ihrer Entscheidungen für den Ausbruch des Kriegs zur Verantwortung zu ziehen sind?

Freunde und Wegbegleiter übten gegenüber dem ehrgeizigen Grafen, dessen Erscheinung mitunter als »hölzern«[19] beschrieben wurde, nicht immer jene Nachsicht, die dieser nach 1918 mit dem Hinweis auf die damals, also 1914, herrschenden Verhältnisse einforderte. Der Rechtsgelehrte und Parlamentarier Joseph Redlich bezeichnete »Alek«, wie Hoyos von Vertrauten genannt wurde, als »Haupturheber« des Krieges.[20] »In der Berliner Mission des Grafen Alexander Hoyos hat der Geschichtsschreiber«, so der k. u. k. Konsul Emanuel Urbas, »den Schlüssel für die Entfesselung des Krieges von 1914 zu erblicken«.[21] Urbas räumte freilich ein, dass der einem der einfluss- und traditionsreichsten Adelshäuser der Monarchie angehörende Graf, der in Berlin weit mehr als lediglich ein Bote, ein Überbringer zweier Schriftstücke, gewesen war, »nur aus glühender Vaterlandsliebe« gehandelt habe.[22] Andere sehen Hoyos im Vereine mit seinem Freund Dietrich Bethmann Hollweg, Neffe des damaligen deutschen Reichskanzlers und Sekretär an der deutschen Botschaft in Wien, quasi als eine Art »duo infernale«, das jede Gelegenheit ausgenützt habe, um den Krieg herbeizuführen.[23] Hoyos selbst äußerte gegenüber Freunden noch während des Krieges Schuldgefühle. Im Winter 1916 notierte Joseph Redlich: »Gestern abend allein bei Alek Hoyos. Wir sprachen sehr vertraulich und freundschaftlich. Er sieht keinen Frieden in der Nähe! Sehr berührte es mich, als er mir offen sagte, dass ihn seit langem das Gefühl niederdrücke, doch der eigentliche Urheber des Krieges gewesen zu sein«.[24]

Alexander Graf Hoyos

Nach Kriegsende und dem Zusammenbruch der Habsburgermonarchie rang Graf Hoyos gar mit dem Gedanken des Freitodes.[25] Einige Jahre später, 1922, verlegte er sich in seinem Buch »Der deutsch-englische Gegensatz und sein Einfluß auf die Balkanpolitik Österreich-Ungarns« darauf, Rechtfertigungen für die Wiener Politik im Juli 1914 vorzubringen. In der Darstellung der Problematik verfing er sich allerdings immer wieder in Widersprüchen. Dass eine »radikale Lösung des serbischen Problems«[26] früher oder später erfolgen musste und dass der Krieg mit Serbien, welches die Zertrümmerung der k. u. k. Monarchie angestrebt habe, in den Augen der Verantwortlichen eine Notwendigkeit war, stellte Hoyos jedenfalls nicht in Abrede. Offenbar schwer tat er sich bei der Beantwortung der viel diskutierten Frage, inwieweit es in Deutschlands Händen lag, die Habsburgermonarchie zum Einlenken zu zwingen, als, wie der Graf schrieb, »das serbische Geschwür aufging«[27]. Fest steht, dass es hierzu gleich mehrere Gelegenheiten gab, in den ersten Julitagen ebenso wie im Verlauf der kommenden Wochen. Es muss allerdings dahingestellt bleiben, ob ein deutsches Bremsmanöver die Kriegsbefürworter in der k.k. Hauptstadt ohne Wenn und Aber gestoppt hätte. Jedenfalls lag es dann Ende Juli, als man auch in Berlin angesichts der rasanten Entwicklung Richtung Weltkrieg kalte Füße bekam, offenbar nicht nur am mangelnden Druck des Deutschen Reichs, dass Wien hart blieb.

Der deutsche Reichskanzler Theobald von Bethmann Hollweg

Kurt Riezler, Sekretär des deutschen Reichskanzlers Bethmann Hollweg, kommentierte Deutschlands Position gegenüber den beiden Sonderbeauftragten Hoyos und Szögyény so: »Unser altes Dilemma bei jeder oesterreichischen Balkanaktion. Reden wir ihnen zu, so sagen sie, wir hätten sie hineingestossen; reden wir ab, so heisst es, wir hätten sie im Stich gelassen.«[28] So hatte beispielsweise die gegen eine Auseinandersetzung mit Serbien gerichtete Haltung des Deutschen Reichs im Vorjahr, also 1913, Außenminister Berchtold derart verärgert, dass er die Sinnhaftigkeit des Bündnisses in Zweifel zog und meinte, Österreich-Ungarn könne unter solchen Bedingungen »ebenso gut dem anderen Groupement angehören«[29]. Das waren deutliche Worte. Man kann ohne weiteres behaupten, dass Außenminister Berchtold als Resultat der Hoyos-Mission eine Unterstützung des deutschen Kaiserreiches nicht nur erhoffte, sondern regelrecht erwartete. In Berlin war man sich jedenfalls bewusst, dass die Wiener Kollegen ihrem Bündnispartner »Flaumacherei« vorwarfen.[30]

Alexander Hoyos wies später darauf hin, dass Berlin keinen Versuch unternommen hatte, »mäßigend auf uns einzuwirken«.[31] Nicht nur seinen persönlichen Erinnerungen über die Berliner Mission, sondern auch den Aussagen anderer Entscheidungsträger und Beobachter ist jedoch zu entnehmen, dass man in Wien eine diplomatische Lösung des Problems bereits weitgehend ausgeschlossen hatte, bevor der Graf entsandt wurde, um nach der Meinung des Bündnispartners zu fragen.[32] Mit »aller Entschiedenheit auf eine endliche Aktion gegen Serbien hinarbeiten«[33] wollten die Militärs. Aber auch abseits des Generalstabs und des Kriegsministeriums sah man den Zeitpunkt gekommen, die Armee ins Spiel zu bringen. Diese Sichtweise bestätigte später auch der damalige k.u.k. Finanzminister Bilinski. Anders ist außerdem nicht zu erklären, warum sich der ungarische Ministerpräsident Tisza, der dem Wiener Säbelrasseln skeptisch gegenüberstand, bereits am 1. Juli 1914 genötigt sah, den österreichischen Kaiser und ungarischen König, Franz Joseph, von seiner Sorge über einen drohenden Krieg in Kenntnis zu setzen.[34] Tisza bezog sich auf ein Gespräch mit Berchtold, der kein Hehl aus seinen Kriegsplänen gemacht hatte.[35]

Hoyos sollte nun mit dem »Ja« aus Berlin die letzten Zweifel ausräumen. In Wien, wo sich in Hinblick auf den Krieg mit Serbien eine »Now or never-Stimmung«[36] durchgesetzt hatte, war man zufrieden. Der »Blankoscheck« der Deutschen schließlich enthob die Wiener Führung scheinbar der Sorge um die europäischen Auswirkungen eines Kriegs gegen Serbien.[37] Hoyos selbst meinte: »Wenn der Weltkrieg daraus entsteht, so kann uns das gleich bleiben.«[38]

Der Historiker Holger Afflerbach spricht von »verbrecherischem Leichtsinn« der Verantwortlichen in der Donaumetropole[39], und der Journalist Heinrich Kanner sparte nicht mit Polemik, indem er den Weg in den Ersten Weltkrieg folgendermaßen skizzierte: »An seinem Ursprung, in Wien, ging der Kriegswille nur auf die Vernichtung Serbiens. Dies aber um jeden Preis, ohne Rücksicht auf den europäischen Frieden. Zu diesem Zweck war Wien jedes Mittel heilig. Es hätte einen auf Serbien beschränkten kleinen Krieg, eine Strafexpedition vorgezogen, aber da der Zweck nur durch einen europäischen, einen Weltkrieg zu erreichen war, nahm es diesen auf seine oder, besser gesagt, auf die tragfähigeren Schultern des Bundesgenossen.«[40]

»ÖSTERREICH-UNGARN KRACHT IN ALLEN FUGEN«

Es wäre verwegen, auf wenigen Seiten die ganze Komplexität der Julikrise und ihrer ebenso vielschichtigen Vorbedingungen erfassen zu wollen. Wenden wir uns aber zumindest einzelnen Facetten der Geschichte zu und behalten wir Alexander Hoyos im Auge.

Das Verhältnis zwischen dem deutschen Kaiserreich und der Habsburgermonarchie war ein spezifisches. Im 19. Jahrhundert war jener für die Habsburgermonarchie schmerzhaft empfundene Prozess zum Abschluss gebracht worden, im Verlaufe dessen Wien seine Rolle als »Seniorpartner« Berlins endgültig einbüßte. Franz Joseph blieb die vielleicht tröstende Einsicht, dass trotz aller Niederlagen, die er seit seinem Amtsantritt 1848 bereits einstecken hatte müssen, sein Reich immer noch und getreu dem Motto »Totgesagte leben länger« existierte. Die Niederlage der Monarchie gegen Preußen 1866 bei Königgrätz aber hatte sich tief in das Bewusstsein der österreichischen Eliten eingegraben. Die Beziehungen zwischen dem Habsburgerreich und Deutschland mussten auf eine neue Grundlage gestellt werden. Die Annäherung der beiden Reiche, die dann 1879 zum Abschluss des »Zweibunds« führte, ließ sich auch als eine Art Notlösung in Ermangelung von Alternativen interpretieren. Der Reim »Drum prüfe, wer sich ewig bindet/Ob er nicht was Bessres findet« taugt, so der österreichische Historiker Lothar Höbelt, durchaus für die Charakterisierung der damals eingegangenen Partnerschaft, die eine gegenseitige Beistandsverpflichtung im Fall eines russischen Angriffs vorsah.[41]

Als man den Zweibund schloss, war Alexander Hoyos gerade mal drei Jahre alt. Der Graf wuchs in einer Zeit auf, in der die innere Krise der

Monarchie zu einem Dauerzustand wurde und der Handlungsspielraum nach außen sich fatalerweise auf den Balkan konzentrierte. Während also Begriffe wie Stagnation oder Reformstau Selbst- und Fremdbild der k. u. k. Monarchie prägten und dabei eine sich gleichsam selbsterfüllende Prophezeiung nicht zu kurz kam, erschien das expandierende wilhelminische Deutschland als aufstrebende, schöpferische und aktive Macht.

Hoyos kam im Laufe seiner diplomatischen Karriere viel herum, und er hatte offenbar häufig Kontakt mit deutschen Kollegen, die er vielleicht beneidete.[42] Denn im Unterschied zur Donaumonarchie war das deutsche Kaiserreich sozusagen zu einem »Global Player« geworden, besaß Kolonien und wollte offenbar noch weitere erwerben. Österreich-Ungarn setzte derweilen auf Machterhalt und musste den großen Beutezügen des imperialistischen Zeitalters trotz vorhandenen Appetits fernbleiben.

Hoyos teilte die Ansicht, dass eine aktive Außenpolitik zu betreiben sei, mit einer jüngeren Generation von Diplomaten und Offizieren, die das Habsburgerreich nicht als »Hilfskraft«[43] Deutschlands dastehen lassen wollte.[44] Überall, so hieß es, sei das Image der Monarchie geradezu ein peinliches. Attribute wie »morsch« oder »schwächelnd« umschrieben den Zustand eines Reiches, das im Bewahren seine einzige Überlebenschance zu suchen schien. So zumindest beurteilte eine junge Elite rund um den Grafen Hoyos die Situation. Beinahe in ganz Europa bekam sie zu hören, dass Österreich-Ungarn gar keine Großmacht mehr sei.[45]

Als 1906 Aloys Lexa Freiherr von Aehrenthal das Ressort des Außenministers übernahm und zwei Jahre später mit der Annexion Bosniens und der Herzegowina der Monarchie seit langer Zeit wieder einen Gebietszuwachs bescherte, war jener Kandidat gefunden, den sich auch ein Graf Hoyos am Ballhausplatz gewünscht hatte. Aehrenthal, der mit der Annexion die de jure-Einverleibung bereits seit 1878 von Österreich-Ungarn besetzter Gebiete fixieren wollte, wurde von Hoyos verehrt. Daran änderte auch der Umstand, dass Aehrenthals Politik das Verhältnis zu Russland bis aufs Äußerste belastet hatte, nichts. Die so genannte »Annexionskrise«, die in einen zweifelhaften

Triumph für den Außenminister mündete, hielt die Diplomaten Europas in Atem.[46]

1909, die Krise war eben erst beendet, kommentierte Alexander Hoyos die Politik Aehrenthals so: »Er wollte vor allem dem innenpolitischen Marasmus der Monarchie, der seiner Ansicht nach zum nicht geringen Teil auf das Schuldkonto einer untätigen und nur auf die Erhaltung des Status quo gerichteten auswärtigen Politik zu setzen war [...], Einhalt tun.«[47]

Freilich waren nicht alle mit Aehrenthals Politik zufrieden. In der k. u. k. Monarchie gab es Stimmen, die bedauerten, dass sich als Folge der Annexion kein Krieg mit Serbien ergeben hatte. Vor allem der Chef des Generalstabs, General Franz Conrad von Hötzendorf, der einen Präventivschlag gegen Serbien forderte, fand keine gemeinsame Sprache mit dem Außenminister.[48]

Hoyos kannte die Geschichte der Annexionskrise genau. 1908 hatte der junge Diplomat eine wichtige Mission zu erfüllen. In Wien war man nicht sicher, wie sich Deutschland zu den Plänen der Donaumonarchie bezüglich Bosnien-Herzegowina stellen würde. In jedem Fall war es besser, sich Gewissheit über die Haltung des Hohenzollernreiches zu verschaffen, als womöglich Berlin vor den Kopf zu stoßen.[49] Gemeinsam mit Laszlo Szögyény sprach Hoyos schließlich bei Kaiser Wilhelm vor und überreichte ein »Handschreiben« Franz Josephs. Die beiden Boten, die im Auftrag des Habsburgerherrschers vorstellig geworden waren, hatten Erfolg: Der deutsche Kaiser sprach von »unerschütterlicher Bündnistreue« und gab zu erkennen, dass er Österreichs Politik in Hinblick auf die Annexion unterstützen würde. In einem privaten Gespräch mit dem Grafen betonte Wilhelm außerdem den »großen Vorteil, den die Annexion Bosniens und Herzegowinas für das Prestige Österreich-Ungarns am Balkan mit sich bringe«.[50]

Das Prestige, von dem der deutsche Kaiser sprach, war allerdings teuer erkauft worden. In den kommenden Jahren zeigte sich deutlich, dass der »Landgewinn« im Süden des Habsburgerreiches der an Problemen reichen Monarchie eine Reihe weiterer eingebracht hatte. Die Balkankriege stellten das Funktionieren eines gesamteuropäischen

Krisenmanagements auf die Probe, und Österreich-Ungarn, das die seltsame Rolle eines aktiven Zuschauers spielte, wurde in einen Zustand dauernder Nervosität versetzt. Fast täglich war mit einem neuen Konflikt zu rechnen.[51]

In dieser Situation gewann die Kriegspartei rund um Conrad von Hötzendorf, dessen fixe Idee von einem Schlag gegen Serbien sich als eine Art »Erlösungsszenario« darstellte, weitere Anhänger. Im Herbst 1913, nachdem der General nicht nur einmal von den Diplomaten am Ballhausplatz zurückgepfiffen worden war, meinte er: »... entweder wir wollen den Krieg oder wir wollen ihn nicht; wenn nicht, dann halten wir besser den Mund.«[52] Diese Spitze richtete sich gegen Leopold Graf Berchtold, der nach dem Tod Aehrenthals dessen Amt übernommen hatte.

Berchtold galt als entscheidungsschwach und beeinflussbar. Der k. u. k. Botschafter in Rom, Baron Merey, erlegte sich keinerlei Zurückhaltung auf und warf dem neuen Chef am Ballhausplatz gar »Dilettantismus« vor.[53] Allerdings machten es der Kaiser und sein Neffe, Franz Ferdinand, dem Minister nicht leicht, einen Kurs zu finden, der beide Habsburger zufrieden stellte.[54] Klar war aber immerhin, dass der Thronfolger von einer militärischen Aktion gegen Serbien nichts wissen wollte.[55]

Alexander Hoyos, inzwischen Kabinettschef im k. u. k. Ministerium des Äußern, wurde zu einem engen Vertrauten Berchtolds. Ebenso wie viele andere Kollegen am Ballhausplatz bezog Hoyos nunmehr die Position des Generals Hötzendorf, wenn es um die Politik am Balkan ging. Nur mithilfe einer deutlichen »Kraftäußerung« könnte man, so begann auch Hoyos zu denken, ein weiteres »Absinken« des Habsburgerreiches verhindern.[56]

»Über dem, was uns als ›Welt der Geborgenheit‹ nostalgisch-verklärt überliefert wurde«, schreibt Manfried Rauchensteiner über die k. u. k. Monarchie am Vorabend des Ersten Weltkriegs, »lag ein Gefühl der Ausweglosigkeit.«[57] Einen Krieg zu beginnen, um dadurch von den inneren Problemen abzulenken – diese Rezeptur war das erschreckende Resultat der verzweifelten Suche eines bedeutenden Teils der geistigen Elite nach einer Lösung der anstehenden Probleme.

Auch in Deutschland, dessen Krise offenbar im Vergleich zur eigenen von der k. u. k. Monarchie nicht als solche erkannt beziehungsweise nicht als dramatisch eingestuft wurde, wähnten sich die Eliten mit dem Rücken zur Wand.

Andererseits werden gerade dem Reichskanzler Theobald von Bethmann Hollweg, der von Fritz Fischer – und nicht nur von diesem – zu einem der Hauptverantwortlichen für den Ausbruch des Krieges erklärt wurde, Aussagen zugeschrieben, die den Krieg als Heilmittel gegen die inneren Probleme des Reiches als »Unsinn« bezeichneten.[58] Mit Österreich-Ungarn an der Seite hatte man jedenfalls nicht die besten Karten, wenn man wirklich den »Griff nach der Weltmacht«[59] als »Flucht-nach-vorne-Konzept« verfolgte, um in einer weiteren Expansion einen »Ausweg aus der Krise« zu suchen.

Während nämlich im Habsburgerreich der Zustand des Bündnispartners bei den Diplomaten und Militärs wohl kaum Sorgenfalten hervorrief, bereitete das Vielvölkerreich, dessen Nationalitätenprobleme allein schon unbewältigbar erschienen, deutschen Beobachtern Kopfzerbrechen. »Österreich-Ungarn kracht in allen Fugen.«[60] So beschrieb Heinrich von Tschirschky, der Botschafter des Hohenzollernreiches in Wien, den Zustand der Monarchie wenige Wochen bevor der Schuss des jungen Gavrilo Princip auf den Thronfolger Franz Ferdinand den Balkan erneut als Unruheherd auswies.

Unsicherheit hinsichtlich der »Bonität« des Bündnispartners hatte sich bereits seit geraumer Zeit breit gemacht. Würde, fragten sich deutsche Generäle, die ohnehin vom Gefühl des Eingekreistwerdens beherrscht wurden, die »morsche« Donaumonarchie noch einen brauchbaren Verbündeten in einem kommenden, für unvermeidbar gehaltenen Krieg abgeben? Vor allem Russland, das sich bis auf die Zähne zu bewaffnen schien, war ein ernst zu nehmender Gegner. Und da Russland ein direkter Konkurrent der Habsburgermonarchie am Balkan war, war in Anbetracht der dort zu verfolgenden Entwicklungen nicht auszuschließen, dass Wien eines Tages um bewaffneten Beistand bitten würde. Nicht nur der österreichische Generalstabschef verlangte eine baldige Abrechnung mit Serbien; auch im Deutschen Reich, wo man sich für den »Tag X« hochrüstete, gab es Stimmen, die auf einen derartigen Konflikt drängten, bevor die Monarchie vielleicht endgültig zu schwach sein würde, um ihn auszutragen.[61]

Machte es aus der Sicht Deutschlands Sinn, sich an eine »sterbende Großmacht« mit erhöhtem Risiko im Gepäck zu ketten? Der deutsche Botschafter Tschirschky stellte sich diese Frage wenige Wochen vor Kriegsausbruch. »Mühsam« sei es, beklagte er, sich so fest an das »marode Staatengebilde« anzuschließen und es »mit fortzuschleppen«. Noch aber sah er keine Alternative, keine andere Konstellation als Ersatz für das Bündnis mit der Habsburgermonarchie. Und außerhalb der Allianz mit Österreich-Ungarn müsse, so der Diplomat, »notgedrungen auf eine Aufteilung der Monarchie« hingearbeitet werden. Tschirschky hegte aber Zweifel, ob dafür das Einverständnis Englands zu bekommen wäre.[62] Das Hohenzollernreich befand sich nach Ansicht seiner Diplomaten also in einer Lage, die wenig Spielraum im Verhältnis zu der Doppelmonarchie, die »seit 1848 nur unter Blutopfern aufrecht zu erhalten«[63] war, übrig ließ. Befand sich nun Wien im Schlepptau Berlins oder war es gar umgekehrt? Während für die Julikrise gemeinhin die erstgenannte Variante favorisiert wird, lagen die Dinge vor dem Sommer 1914 offenbar nicht ganz so eindeutig: »Berlin geriet politisch in Abhängigkeit von seinem Hauptverbündeten, ein Umstand, den auch der deutsche Reichskanzler Theobald von Bethmann Hollweg anmerkte, freilich ohne ihm entgegenwirken zu können oder es auch nur zu wollen. Denn das Deutsche Reich wollte nicht riskieren, seinen einzigen wirklichen Verbündeten zu verlieren und dann gänzlich isoliert dazustehen.«[64] Und dafür nahm es auch das Risiko in Kauf, »dass beide Staaten in einen großen Krieg hineingezogen würden«.[65]

In Wien war sich allerdings nicht jeder ganz sicher, ob der Wille Deutschlands, sich den Bündnispartner zu erhalten, ein unumstößlicher bleiben würde. Als Ende Juli 1914 ein englisches Vermittlungsangebot noch einmal den Weg einer friedlichen Verständigung eröffnete, bangte Alexander Hoyos um die Bündnistreue des Hohenzollernreichs. Er suchte seinen Freund Dietrich von Bethmann Hollweg auf und fragte, ob dieser »es für möglich halte, dass Deutschland jetzt imstande wäre, mit Russland eine Teilung von Österreich-Ungarn zu verabreden. Daraufhin beruhigte Bethmann ihn mit den energischsten Versicherungen der vollen Loyalität Deutschlands.«[66]

Im Februar 1915, als sich Österreich-Ungarn ungeachtet des drohenden Kriegseintritts Italiens aufseiten der Entente unnachgiebig gegenüber den Forderungen der römischen Führung zeigte, vermutete Kurt Riezler, dass der neue Außenminister der k. u. k. Monarchie, Burián, im schlimmsten Falle gar einen Frieden mit Russland aushandeln würde. »Dann«, sinnierte Riezler, »bleibt uns nichts über als den Separatfrieden mit Russland früher als Oesterreich zu schliessen, ihm Galizien und die Bukowina anzubieten, kurz uns mit Russland über die Aufteilung Oesterreichs zu verständigen.«[67]

Alexander Hoyos, der, wenn man so will, schon 1908 einen »Blankoscheck« aus Deutschland nach Hause gebracht hatte[68] und seit damals immer wieder die Rückendeckung Berlins für die österreichische Balkanpolitik beobachten konnte, war im Juli 1914 sicher, dass mit dem Hohenzollernreich an der Seite der k. u. k. Monarchie auch diesmal alles gut gehen würde.[69] Das Deutsche Reich erschien ihm unbezwingbar. Dass es sich womöglich an der Konkursmasse einer bröckelnden Habsburgermonarchie schadlos halten könnte, lag für ihn vor den Entwicklungen des Sommer 1914 außerhalb jeglicher Denkkategorie. »Niemand hat heute eine Vorstellung davon«, schrieb Hoyos nach dem Ende des Weltkriegs, »wie sicher wir alle waren, dass Deutschland (den Krieg in Frankreich spielend gewinnen müsste)[70] uns die allergrößte Garantie für unsere Sicherheit böte, für den Fall, dass ein europäischer Krieg als Folge unserer Aktion gegen Serbien ausbrechen sollte. Dieses unbegrenzte Vertrauen hatte […] das Bündnis mit Deutschland als eine für die Ewigkeit geschaffene Sicherung unseres Bestandes erscheinen lassen.«[71]

Der »bevorstehende Weltkrieg«, meinte der Schriftsteller Frank Wedekind im Jahr 1913, könnte womöglich auch »durch die Verdauungsbeschwerden eines jungen Kriegers entfacht« werden.[72] Eine »Krieg in Sicht-Haltung« lag in der Luft. Es schien geradezu beliebig viele und verschiedene Gründe für die Auslösung eines Konfliktes zu geben.

Auch über die Bedeutung des Mordes in Sarajewo als mehr oder weniger zwingenden beziehungsweise mehr oder weniger »günstigen« Anlassfall, um einen Krieg gegen Serbien vom Zaun zu brechen, scheiden sich die Geister.[73] Doch hatte in den Überlegungen der Zweibund-Partner der Umstand, dass ein so hochrangiges Mitglied einer Herrscherdynastie zu Tode gekommen war, mit Sicherheit eine Rolle gespielt. Die Hoffnung, Russland würde bei einem Konflikt zwischen der Doppelmonarchie und Serbien passiv bleiben, gründete sich nicht zuletzt auf die Erwartung einer Solidarität unter Monarchen. Beide, sowohl Franz Joseph als auch Wilhelm, zählten darauf, dass Zar Nikolaus die Serben, also die »Mörder« des Habsburgers, nicht unterstützen würde. Aber auch für den Fall eines Eingreifens seitens des Romanowimperiums hatte man Argumente parat, die für die »Hochrisikopolitik«[74] des Sommers 1914 sprachen. Die Militärs nämlich meinten, dass Russland, das mit seiner Aufrüstung »noch nicht fertig«[75] sei, jetzt noch zu schlagen wäre. In zwei, drei Jahren aber – wer weiß? Überdies hatten sich die diplomatischen Beziehungen zwischen Deutschland und Großbritannien in einer Weise entwickelt, die in Berlin die trügerische Hoffnung nährte, das Inselreich in jedem Fall neutral halten zu können. So schien sich eine Art »Zeitfenster« aufzutun, das es zu nutzen galt.

Dennoch wusste man in Berlin und Wien genau, dass der »kleine« Krieg mit Serbien, also der lokalisierte Konflikt, sich zu einem Flächenbrand ausweiten könnte. Unterschätzten die Diplomaten die Risiken oder ließen sie es aus Fahrlässigkeit oder gar vor dem Hintergrund einer seltsamen »Todessehnsucht« einfach darauf ankommen? Den Aussagen verschiedener Personen, die damals die Fäden zogen, ist zu entnehmen, dass viele und unterschiedliche Motive vorlagen.

Sie in eine allgemeine Logik zu zwingen, erweist sich aber als schier undurchführbares Unterfangen. Es drängt sich hingegen auf, im Zusammenhang mit den Aussagen und Handlungen der Verantwortlichen in der Julikrise mitunter das Attribut »absurd« zu verwenden.[76]

Graf Hoyos jedenfalls musste nicht erst von seinen Berliner Gesprächspartnern überzeugt werden, dass der Zeitpunkt günstig war, um Serbien die Stirn zu bieten. Ein Gespräch mit dem deutschen Publizisten Victor Naumann hatte ihn darin bestärkt. Letzterer riet dazu, die Gelegenheit zu ergreifen, wolle die Monarchie nicht endgültig ihren Status als Großmacht verspielen.[77] Naumann war es auch, der sagte, »dass Kaiser Wilhelm, wenn man … in der richtigen Weise mit ihm spricht, jede Zusicherung geben wird«.[78] Nun musste jene Person gefunden werden, welche in der Lage sein würde, den geeigneten Ton zu treffen, um Deutschlands Unterstützung zu bekommen.

Dem greisen Grafen Szögyény traute offenbar niemand mehr zu, die Mission zufriedenstellend erfüllen zu können. Gesucht wurde also ein Kandidat, der den Botschafter entsprechend unterstützen würde. Die Wahl fiel auf den Grafen Hoyos oder besser gesagt: Hoyos trug sich regelrecht an. Für Dietrich von Bethmann Hollweg war klar, »dass Alek dorthin fahre«.[79] Der Graf kannte einige deutsche Staatsmänner persönlich und war außerdem durch die Heirat seiner Schwester mit der Familie Bismarck verwandt. Überdies war Hoyos zwei Jahre lang an der Botschaft in Berlin tätig gewesen. Die Abberufung des jungen Diplomaten im November 1908 hatte bei Botschafter Szögyény großes Bedauern hervorgerufen. Obwohl Hoyos mit einem Wechsel nach London ein prestigereicher Posten in Aussicht gestellt worden war, hatte er zunächst offenbar gar die »Rückgängigmachung dieser Verfügung« angestrebt. Graf Szögyény jedenfalls ließ Aehrenthal damals wissen, dass er Hoyos nur ungern entbehre und erklärte: »Es ist in Berlin nicht ganz leicht, in der Gesellschaft jenes Maß von Intimität und Vertrauen zu erwerben, welches gerade bei jungen Diplomaten einen wertvollen Faktor ihrer Verwendbarkeit für den Informationsdienst ausmacht. Ich glaube nicht Unrecht zu haben, wenn ich behaupte, dass Hoyos erst im letzten Jahre mit maßgebenden Persönlichkeiten so gut bekannt geworden ist, dass sie sich ihm gegenüber vertrauensvoll über hiesige Verhältnisse äußern.«[80]

Hoyos brachte also die besten Voraussetzungen mit, um die heikle Reise nach Berlin anzutreten. Außerdem war ja auch seine Mission im Zusammenhang mit der Annexionskrise erfolgreich verlaufen.

Den Memoiren des Außenministers Berchtold zufolge sollte Hoyos nicht nur die eingangs erwähnten Schriftstücke, Memorandum und »Handschreiben«, überbringen, sondern er erhielt auch den Auftrag, »dem Grafen Szögyény zu eröffnen, dass wir den Moment für gekommen erachten, eventuell mit Serbien abzurechnen«.[81] Während Szögyény den Kaiser in Potsdam aufsuchte, hatte Hoyos Gelegenheit, eine aufschlussreiche Unterhaltung mit Unterstaatssekretär Zimmermann zu führen. Dieser, von Hoyos als »Kraftmensch« charakterisiert, meinte nach Lektüre der vom Grafen vorgelegten Dokumente: »Ja, 90 % Wahrscheinlichkeit für einen europäischen Krieg, wenn Sie etwas gegen Serbien unternehmen.«[82] Im Verlaufe des nun folgenden, über eine Stunde dauernden Gesprächs, gewann Hoyos den Eindruck, »dass man in Berlin einen energischen Schlag gegen Serbien von uns erwarte und entschlossen sei, uns die erforderliche Rückendeckung zu gewähren«.[83] Der Graf verabschiedete sich von Zimmermann mit den Worten: »Sie konnten doch nicht glauben, dass Österreich-Ungarn die Ermordung des Thronfolgers in Sarajevo ruhig hinnehme und nicht darauf reagieren werde.« Nun erwiderte dieser: »Nein, aber gefürchtet hatten wir dies doch etwas.«[84]

Am darauf folgenden Tag fand eine Unterredung im Beisein des Reichskanzlers Bethmann Hollweg statt. In seinen Aufzeichnungen über die Mission nach Berlin und nicht zuletzt über diese Zusammenkunft wird deutlich, wie sehr Hoyos einerseits bemüht war, ein Drängen der Deutschen zu formulieren, während sich andererseits schlecht verbergen ließ, dass es im Prinzip keiner »Ohrenbläser« bedurfte, um Wien auf Kriegskurs zu bringen. Das Gespräch mit den deutschen Staatsmännern, hielt Hoyos in seinen Erinnerungen fest, »endete damit, dass ich dem Reichskanzler rekapitulierend sagte, wir hielten einen Waffengang mit Serbien früher oder später für unvermeidlich, wären aber bereit, uns vorläufig mit der Annäherung an Bulgarien abzufinden, falls Deutschland glaube, dass ein späterer Zeitpunkt vom europäischen Standpunkte günstiger wäre. Daraufhin sagte mir Bethmann Hollweg«, der im Übrigen bisher immer dazu geraten hatte, die k. u. k. Monarchie möge sich mit den Serben »vertragen«[85], es sei »nicht Deutschlands Sache, uns Ratschläge bezüglich unserer Politik Serbien gegenüber zu erteilen, es werde uns mit seiner ganzen Macht den Rücken decken und seine Bündnispflichten in jeder Weise erfüllen, wenn wir es für nötig fänden, gegen Serbien vorzugehen. Wollte ich seine persönliche Ansicht hinsichtlich der Opportunität des Zeitpunktes wissen, so könne er mir sagen, wenn der Krieg unvermeidlich wäre, sei jetzt der Zeitpunkt günstiger als ein späterer.«[86]

In einem von Hoyos aufgesetzten Telegramm, das im Namen Szögyénys am selben Tag nach Wien geschickt wurde, informierte der Graf Außenminister Berchtold über den Inhalt dieses Gesprächs. Das Deutsche Reich werde, hieß es darin, »wie auch immer unsere Entscheidung ausfallen möge, mit Sicherheit […] als Bundesgenosse und Freund der Monarchie hinter ihr« stehen.[87]

Berlin also überließ Wien die Entscheidung über die weiteren Schritte, wenn auch nicht zu überhören war, dass man eine aggressive Linie bevorzugte.[88] Die deutschen Staatsmänner aber glaubten nicht so recht an ein energisches Vorgehen der k. u. k. Monarchie.[89] Hoyos jedenfalls kehrte »in gehobener Stimmung« nach Wien zurück.[90]

Am 7. Juli 1914 trat der Ministerrat für gemeinsame Angelegenheiten in Wien zusammen. Graf Hoyos war Protokollführer. Die Ansicht Berchtolds, wonach eine »Kraftäusserung« notwendig sei, um Serbien »für immer unschädlich« zu machen, teilten alle, die zugegen waren – bis auf den ungarischen Ministerpräsidenten Tisza.[91] Ihn überzeugten auch die Ergebnisse der Hoyos-Mission nicht. »Es sei«, so Tisza, »nicht Sache Deutschlands zu beurteilen, ob wir jetzt gegen Serbien losschlagen sollen oder nicht.«[92] Im Unterschied zu Berchtold sowie den übrigen Teilnehmern des Ministerrates, die eine diplomatische Lösung für wertlos hielten, drängte der königlich-ungarische Ministerpräsident darauf, erst im Falle einer Ablehnung diverser, noch zu stellender Forderungen an Serbien die Waffen sprechen zu lassen. Hoyos gab im Protokoll die Worte Tiszas folgendermaßen wieder: »Graf Tisza bemerkt, dass er bestrebt sei, dem Standpunkte aller anderen Anwesenden entgegenzukommen und daher auch insoferne eine Konzession machen würde, als er zugeben wolle, dass die an Serbien zu richtenden Forderungen sehr harte sein sollen, jedoch nicht solcher Art, dass man unsere Absicht, unannehmbare Forderungen zu stellen, klar erkennen könne. Sonst hätten wir eine unmögliche rechtliche Grundlage für eine Kriegserklärung.«[93]

Nun also sollte eine »befristete Note«, das berühmte »Ultimatum«, an die serbische Regierung gerichtet werden. Der ungarische Ministerpräsident wurde indes vom Grafen Burián »bearbeitet« und schwenkte schließlich ganz auf den Kurs der Kriegswilligen ein.[94]

Tisza dürfte für Hoyos wenig Sympathie empfunden haben. Als dieser nämlich mitteilte, dass er, auf die Frage des deutschen Staatskanzlers nach den Plänen des Habsburgerreiches für die Zukunft Serbiens, eine Aufteilung des Balkanstaates als sinnvollste Lösung dargelegt hatte, warf ihm Tisza vor, seine Kompetenzen überschritten zu haben. So jedenfalls stellt Hoyos den Konflikt dar. »Tisza hat mir das«, hielt der Graf später in seinen Erinnerungen über die Mission in Berlin fest, »sehr übel genommen, ich weiß aber, daß sowohl Berchtold wie Burián die Überzeugung hegten, die südslawische Frage sei in unserem Sinne nur durch die Aufteilung Serbiens zu lösen, eine Auffassung«, bekräftigte Hoyos, »die ich heute für die richtige halte.«[95] Der k. u. k. Außenminister beeilte sich jedenfalls nicht nur gegenüber dem ungarischen Staatsmann, sondern auch gegenüber Deutschland, die Äußerungen des Grafen als »rein persönliche Ansichten« zu bezeichnen.[96] Berchtold bezog sich dabei aber nicht allein auf die von Hoyos in Berlin vorgetragenen Kriegsziele; offenbar ging es hier um die gesamte Verhandlungsführung des jungen Diplomaten, die nicht restlos gebilligt wurde.[97] Möglich, dass die martialische Haltung, die Alexander Hoyos an den Tag gelegt hatte, die prinzipielle Kriegswilligkeit der Monarchie entschlossener darstellte, als sie zu diesem Zeitpunkt tatsächlich gewesen war.

Der Rüffel des königlich-ungarischen Ministerpräsidenten an den jungen Diplomaten hielt Berchtold allerdings nicht davon ab, gemeinsam mit Hoyos zum Kaiser nach Bad Ischl zu fahren. Am 9. Juli um sieben Uhr früh, bei strömendem Regen, kamen die beiden Männer an. Schon eineinhalb Stunden später begann der Vortrag des Ministers. Und im Anschluss an Berchtolds Audienz empfing Franz Joseph Alexander Hoyos, dessen Erinnerung an die bekundete »Hilfsbereitschaft« der Deutschen noch frisch war.[98]

Wir wissen nicht, was da in der Kaiservilla konkret gesprochen wurde, aber es ist anzunehmen, dass Hoyos mit seiner »närrisch-klugen Psychologie«[99] genau wusste, wie er vor dem Kaiser auftreten musste, um »die Sache« voranzutreiben. Sowohl Hoyos als auch Berchtold wurden von diversen Kollegen angespornt, ja nicht weich zu werden. Vor der Abreise nach Ischl meinte beispielsweise Prinz Hohenlohe, designierter Nachfolger Szögyénys in Berlin, in Richtung Außenminister: »Landgraf, bleibe hart!«[100] Auch der deutsche Botschafter Tschirschky äußerte sich in diesem Sinne.[101] Etwa zur selben Zeit ließ überdies Legationsrat Franz von Haymerle den Grafen Hoyos wissen, dass die Stimmung in Berlin »großartig für uns« sei, sollte die Doppelmonarchie jetzt gegen Serbien »losgehen«. Würde sie dies nicht tun, warnte Haymerle, »dürfte man uns wohl als hoffnungslos, fast hätte ich gesagt, aufgeben!«[102]

Doch der schnelle Schlag gegen Serbien, den man sich in Berlin wünschte und auf den man drängte, um die Großmächte vor vollendete Tatsachen zu stellen und faktisch auszumanövrieren, fand nicht statt.[103] Zum einen wurde in Wien am Text des Ultimatums herumgefeilt, und zum andern ein Dossier erstellt, das Serbiens Schuld am Fürstenmord zweifelsfrei beweisen sollte.[104] Auf diese Weise wollte man betonen, dass die Donaumonarchie für eine gerechte Sache in den Krieg zog. Aber nicht nur auf formaler Ebene ergaben sich Verzögerungen. Viel mehr ins Gewicht fiel ein anderer Aspekt: Kriegsministerium und Generalstab sahen keine Möglichkeit für eine rasche Mobilisierung der Truppen. Noch waren tausende Soldaten der k. u. k. Armee auf Ernteurlaub. Sie plötzlich zurückzurufen, hätte wohl sofort Aufsehen erregt.

In Berlin musste man einsehen, dass es nichts nützte, den Bündnispartner zu drängen. Die Österreicher hatten eben ihr eigenes Tempo. »Kaum möglich, ihnen von Berlin aus die Hand zu führen«, brachte Kurt Riezler in seinem Tagebuch am 11. Juli 1914 sein Bedauern über die Situation zum Ausdruck.[105] »Sie wollen«, heißt es dort weiter, »anscheinend ein kurzes Ultimatum und falls Serbien ablehnt, einrücken. Anscheinend brauchen sie furchtbar lange, um zu mobilisieren. 16 Tage sagt Hoetzendorff. Das ist sehr gefährlich. Ein schnelles fait accompli, und dann freundlich gegen die Entente, dann kann der Choc ausgehalten werden.«[106]

Doch es wurden keine vollendeten Tatsachen geschaffen; den »Schock«, von dem Riezler sprach, wollte niemand einfach überwinden, und schnell ging schlichtweg gar nichts. Die Strategie der Deutschen misslang. Als nämlich auch noch aus taktischen Gründen das Ende des Russlandbesuchs des französischen Präsidenten Raymond Poincaré abgewartet wurde, um das Ultimatum an Serbien abzusenden, war zu viel Zeit verstrichen, um mit einer Blitzaktion das »serbische Problem« ohne Einmischung der Entente lösen zu können. Zu alldem kam noch, dass offenbar unklar war, wie die serbische Regierung auf die im Ultimatum gestellten Forderungen Wiens reagieren würde. Der deutsche Militärattaché in Wien, Kageneck, hatte mit verschiedenen Offizieren im k. u. k. Kriegsministerium gesprochen, die eine »25 % Chance« für den Fall annahmen, dass »die Serben nachgeben werden«.[107] Kageneck selbst tendierte ebenfalls zu dieser Variante, ganz einfach deshalb, weil, wie er seinem Tagebuch ohne Umschweife anvertraute, »sie Serben-Schweine« seien.[108]

Alexander Hoyos hingegen war – bedenkt man seinen Wunsch nach Krieg – voller Optimismus. Am 24. Juli 1914, um 1 Uhr früh, machte Joseph Redlich folgende Eintragung: »Gestern des Morgens sagte sich Alek Hoyos bei mir an […]. Abends um 1/2 9 kam er. Alek sah abgespannt und doch froh aus. Er teilte mir mit, daß der Kaiser in Ischl um 1/2 1 Uhr am Mittwoch seine Unterschrift zu der Note an Serbien gegeben habe«.[109] Das Ultimatum sei, so Redlich, in einer Weise formuliert worden, dass eine Annahme der Serben »eigentlich überhaupt nicht möglich sei«. »Unsere Note«, heißt es dann weiter, »ist sehr kräftig, sie wird, wie ich unter Aleks Zustimmung sagte, einen furchtbaren Sturm in Europa erregen. Wir sind also noch fähig zu wollen! Wir wollen und dürfen kein kranker Mann sein, sagt Alek, lieber rasch zugrunde gehen!«[110]

Diese Worte des Grafen Hoyos erinnern an jene Aussage vom »ehrenhaften Zugrundegehen«, die bekanntlich dem Kaiser zugeschrieben werden. Franz Joseph, behauptete später Finanzminister Bilinski, war sich der Tatsache bewusst, dass das Ultimatum mit hoher Wahrscheinlichkeit einen europäischen Krieg auslösen würde. »Russland«, meinte der Monarch laut Bilinski, »kann sich doch unmöglich diese Note gefallen lassen«.[111] Dass Serbien nicht einlenken würde, setzte der Habsburger offenbar schon voraus.

Darüber, wie Berchtold und Hoyos, die ihn am 21. Juli in Bad Ischl aufsuchten, über das Ultimatum und den Stand der Dinge insgesamt Bericht erstatteten, wissen wir wiederum wenig bis gar nichts. Die Tagebuchnotizen Berchtolds über die Audienz sind spärlich. Der Kaiser fragte den Minister nach seinem Befinden. Berchtold wies auf die gegenwärtigen »bewegten Zeiten« hin und der Kaiser erwiderte: »Das glaube ich wahrhaftig: So war es überhaupt nie.«[112] Immerhin aber verraten Berchtolds Aufzeichnungen, dass Franz Joseph den Text der Note genau studiert hatte, denn er verwies auf zwei kritische Punkte des Forderungskatalogs, welche die serbische Souveränität verletzten und schon deshalb für unannehmbar gehalten wurden.[113]

Stand nun die Möglichkeit eines »kleinen« Krieges überhaupt noch zur Debatte? War es noch realistisch, an eine Lokalisierbarkeit des Konfliktes zu glauben? Oder hatte es überhaupt einen Zeitpunkt gegeben, da die Hoffnung auf eine Eingrenzung der Auseinandersetzung seriös und ehrlich gewesen war? Wie zu erwarten, werden auch diesbezüglich in der Geschichtsschreibung unterschiedliche Positionen vertreten. Holger Afflerbach beispielsweise gesteht den Mittelmächten zu, am Anfang wirklich noch an einen auf Serbien beschränkten Waffengang geglaubt zu haben. Im gegenteiligen Falle, so der Historiker, wäre es nämlich schwer nachzuvollziehen, warum Deutschland und Österreich-Ungarn sich im Sinne einer Verstärkung auffallend wenig um weitere Allianzen kümmerten.[114]

Geradezu entwaffnend ist allerdings der Ausspruch eines französischen Staatsmanns gegenüber einem deutschen Diplomaten Ende Juli 1914, der sich in etwa so anhörte: Das beste Mittel zur Vermeidung eines großen Krieges ist die Verhinderung eines kleinen.[115]

»DIESE SACHE BESCHLEUNIGEN«

Können wir der Geschichte des Ersten Weltkriegs »habhaft« werden?[116] Die Masse an Büchern über die »Urkatastrophe« des 20. Jahrhunderts, das »Mehr« an Ansichten und Einsichten befreit uns nicht von erkenntnistheoretischen Problemen. Stig Förster meint in diesem Zusammenhang: »Die zunehmende Kenntnis der Wechselseitigkeit der Verantwortlichkeiten beginnt nunmehr die vor allem von der Fischer-Schule scheinbar gewonnenen eindeutigen Einsichten wieder aufzulösen. Das Bild von den Ursachen des Ersten Weltkriegs ist erneut komplexer geworden.«[117] Die Geschichtswissenschaft habe, so eine weitere Meinung, trotz aller Bemühungen »die Hauptursachen und die Hauptschuldigen noch immer nicht gefunden«.[118]

Müssen wir vor dem Hintergrund solcher Feststellungen auch vor der Vielschichtigkeit der Julikrise kapitulieren? Trotz zahlreicher Publikationen, die sich mit der Geschichte des Juli 1914 beschäftigen, ist es ganz offensichtlich nach wie vor schwierig, das Material zu bändigen und eindeutige Schlüsse etwa aus dem Tun und Handeln der involvierten Staatsmänner zu ziehen. »Der Fortschritt der Geisteswissenschaften«, meint Jörg Baberowski in seinem Buch »Der Sinn der Geschichte«, bestehe »in der Verfeinerung der Fragen und Methoden«, und »nicht in der Vermehrung von Zeugnissen aus der Vergangenheit«.[119]

Fragen gibt es immer noch viele. Das gilt insbesondere für die letzten Julitage, als sich nach Aushändigung des Ultimatums an Serbien die Ereignisse regelrecht überstürzten. Es würde den Rahmen dieses Textes bei weitem sprengen, den Ablauf der Geschehnisse in all seinen Details und seiner Dramatik zu schildern. Wieder seien aber ein paar Aspekte genannt, die vor allem die Habsburgermonarchie betreffen.

In Serbien wurde bis zum letzten Moment an der Endfassung der Antwort auf die österreichisch-ungarische Note gearbeitet. Die Lesbarkeit des Textes drohte in Folge immer wieder durchgeführter Streichungen und Korrekturen empfindlich zu leiden. Die hierfür eingesetzte Schreibkraft soll in Anbetracht des enormen Drucks die Nerven verloren haben. Jedenfalls wurde die Antwortnote in einer Form übergeben, die ahnen ließ, dass man sich der Brisanz der Situation bewusst war.[120] Während die Note der Serben Kaiser Wilhelm die Erkenntnis abrang, dass jetzt quasi jeglicher Kriegsgrund entfalle, wertete man in Wien die Mitteilung der serbischen Regierung, dass die Bedingungen der k. u. k. Monarchie nur mit Einschränkungen angenommen werden könnten, als glatte Ablehnung. Sowohl in Berlin als auch in Wien hatten die Kriegsbefürworter das Ruder fest in der Hand.

Graf Berchtold drängte nun auf die Kriegserklärung gegen den Balkanstaat, da die Antwort aus Serbien dazu geeignet war, Vermittler auf den Plan zu rufen. Und da er, sein Kabinettschef Graf Hoyos und so viele andere in den vergangenen Wochen alles getan hatten, um diesen Krieg zu entfesseln, war die Aussicht auf die Erhaltung des Friedens das Letzte, was der Minister jetzt brauchte.[121] Hoyos war sich über die Gründe für die Eile seines Chefs völlig im Klaren: »Er will diese Sache beschleunigen«, um eine »mögliche Intervention dritter Mächte oder andere Zwischenfälle hintanzuhalten.«[122]

Die Kriegsproklamation war vorsorglich bereits am 20. Juli, also noch vor Übergabe des Ultimatums, am Ballhausplatz ausgearbeitet worden. Der Kaiser bekam sie zur Ansicht und überarbeitete das Papier. Graf Hoyos nahm die korrigierte Version entgegen.[123] Drei Tage bevor der Krieg an Serbien erklärt wurde, hatte Franz Joseph bereits weitere Vorkehrungen getroffen: »Gerade der Kaiser war äußerst zielstrebig und ernannte seinen Neffen und Generalinspektor der bewaffneten Macht, Erzherzog Friedrich, zum Kommandanten der Balkanstreitkräfte.«[124]

Um nicht als Aggressor dazustehen und vielmehr die Serben als Angreifer hinzustellen, wurde das Gefecht bei Temes-Kubin – man kann wahrscheinlich sagen – erfunden. Es ist zwar richtig, dass dem Kaiser die Proklamation dann mit einer Passage über Temes-Kubin vorgelegt wurde, die im offiziellen Text fehlte; daraus aber ableiten zu wollen, dass Franz Joseph ausgetrickst werden musste, um den Krieg auszulösen, ist kaum haltbar.[125] Nichts weist darauf hin, dass der Habsburger den in den vorangegangenen Tagen von ihm selbst überwachten Kriegsvorbereitungen plötzlich ablehnend gegenübergestanden wäre. Die nachträgliche Berichtigung des Außenministers, der einen Tag nach Absendung der Kriegserklärung gegenüber dem Kaiser das Gefecht als Falschmeldung darstellte, nahm Franz Joseph angeblich trotzdem mit Verärgerung zur Kenntnis. Doch löste das Geständnis des Ministers keine grundlegenden Differenzen über die aktuelle Politik zwischen den beiden Männern aus. Franz Joseph, der sein ganzes Leben lang genau darüber gewacht hatte, von niemandem überspielt zu werden, hätte wohl bei Missbilligung der Berchtoldschen Vorgehensweise, noch dazu vor dem Hintergrund so schwerwiegender Entscheidungen, dem Minister das Vertrauen entzogen.[126] Er tat es nicht, hatte er doch, wie er »seinen Völkern« in der Kriegserklärung versicherte, »alles geprüft und erwogen«.

Mittlerweile war seitens Großbritanniens sowohl dem deutschen Bündnispartner als auch den Verantwortlichen in der k. k. Hauptstadt mehrmals und unmissverständlich signalisiert worden, dass ein Kontinentalkrieg unmittelbar bevorstand. Nun wollte sich anscheinend auch das Deutsche Reich von Wien nicht »leichtfertig« in »einen Weltbrand hineinziehen« lassen.[127] Zu spät. Die Wiener ließen sich offenbar nicht mehr stoppen, und in Berlin musste der Kanzler zugeben, dass man die Kontrolle über die Lage verloren hatte.[128] Die Entwicklung fügte sich nicht dem Kalkül ihrer Planer.

Die vom Zaren angeordnete Mobilisierung der russischen Streitkräfte machte schließlich die letzte Chance auf eine friedliche Lösung zunichte. Franz Joseph selbst hatte außerdem die Einstellung der Feindseligkeiten gegen Serbien ausgeschlossen. An einen Verhandlungstisch setzen wollte sich jetzt niemand mehr. Zumindest so lange nicht, bis Russland seine Mobilisierung zurückgenommen hätte. Immer noch und in völliger Verblendung hielt man an der Hoffnung fest, die Welt würde dem Habsburgerreich die »Genugtuung einer Züchtigung« Serbiens gönnen. General Glaise von Horstenau schrieb: »Mindestens im Unterbewußtsein spielte der Gedanke eine Rolle, daß uns Rußland vielleicht doch noch die Zeit gewähren werde, vor seinem Eingreifen die Serben entscheidend aufs Haupt zu schlagen. Dabei blieb es zunächst, selbst als am 31. mittags die Mobilmachung aller österreichisch-ungarischen Streitkräfte zu Land und zur See verfügt worden war.«[129]

Nun machten alle mobil, niemand wollte ins Hintertreffen geraten, jeder womöglich mit seinem Aufmarsch um ein paar Tage früher fertig sein als der andere. Überall herrschte Nervosität, und nicht immer entsprach das Ansinnen dem Resultat.[130] So führte beispielsweise das Auftreten des französischen Botschafters in Petersburg, Paléologue, dazu, dass offenbar entgegen den Intentionen von Regierungskreisen in Paris Russland eine vorbehaltlose Unterstützung Frankreichs voraussetzte und dessen Rat zur Vorsicht nicht zur Kenntnis nahm. Dass französische Staatsmänner davon abrieten, »deutsche Gegenmaßnahmen zu provozieren«, kam am Zarenhof nicht hinreichend zur Geltung.[131] Paléologue, der offenbar wenig dazu beitrug, die Kriegsbereitschaft im Romanowimperium einzubremsen, wird daher von einigen Historikern vorgeworfen, möglicherweise mitgeholfen zu haben, eine europäische Dimension des Konflikts heraufbeschworen zu haben.[132] Nichtsdestoweniger war es Nikolaus II., bei dem die letzte Entscheidung lag. Trotz vorhandener Bedenken entschloss er sich zum Krieg, da er sich als Folge des Waffengangs eine stabilisierende Wirkung auf die eigene, von Krisen geschüttelte Herrschaft versprach.[133]

Als Deutschland Frankreich in einem auf 18 Stunden befristeten Ultimatum darauf festlegen wollte, sich in der Auseinandersetzung mit Russland neutral zu verhalten und Paris ausweichend antwortete, waren die Würfel in Berlin gefallen. Sogar eine Nachricht aus London, in der jetzt die Neutralität Frankreichs bei einem russisch-deutschen Krieg in Aussicht gestellt wurde, führte zu keinem Umschwung mehr. Der Aufmarsch Richtung Westen wurde »aus technischen Gründen«, wie es hieß, fortgesetzt.[134] Der Umstand, dass das Hohenzollernreich, dessen Generalität mit Frankreich quasi den »Lieblingsgegner« ins Visier genommen hatte, nun im Rahmen des Feldzugs gegen die Franzosen durch Belgien marschierte und dadurch dessen Neutralität verletzte, bewog nun endgültig England zum Kriegseintritt.[135]

Aus Sicht der USA war in Europa das Mittelalter ausgebrochen. Und als Franz Joseph als Antwort auf einen Vermittlungsversuch des amerikanischen Präsidenten Wilson von der »Ehre der Fahne« sprach, der Genüge getan werden müsse, dürfte er diesen Eindruck wohl bestätigt haben.[136]

»EIN UNERMESSLICHES UNGLÜCK«

»Mittelalterlich« nannten Kritiker auch die »Ritterlichkeit« jener, welche die Freilassung des serbischen Generalstabschefs Radomir Putnik veranlassten. Putnik, der in Österreich kurte, als sein Land dem bewaffneten Konflikt mit der k. u. k. Monarchie entgegendriftete, war seiner Urlaubsidylle zunächst entrissen und festgenommen worden. Es war unklar, was mit dem prominenten Gefangenen geschehen sollte. Berchtold schickte schließlich Alexander Hoyos zu Conrad von Hötzendorf, um zu erfahren, ob der österreichisch-ungarische Generalstabschef mit der Freilassung seines Kollegen einverstanden sei. Conrad willigte ein, und Putnik, dessen Truppen der k. u. k. Armee in den darauf folgenden Wochen erbitterten Widerstand leisten sollten, fuhr mit einem Sonderzug nach Belgrad.[137]

Alexander Hoyos, der auch hier als »Bote« eingesetzt wurde, hat aber wahrscheinlich von all seinen Missionen jene nach Berlin am 5. und 6. Juli als die bedeutendste seiner diplomatischen Laufbahn gewertet. Damals, so drückt es Stig Förster aus, begann die Bombe zu ticken.[138]

Es wurde bereits darauf hingewiesen, dass Alexander Hoyos ebenso wie viele seiner Zeitgenossen schon während des Weltkriegs die Berliner Mission als Schlüsselereignis erkannte. Doch die Erinnerung an diese Tage in der Hauptstadt des deutschen Kaiserreiches war gewissermaßen eine umkämpfte.

Die »Times« beispielsweise berichtete im August 1917, dass vor drei Jahren der Weltkrieg in Berlin beschlossen worden sei. Die Hoyos-Mission eignete sich perfekt, um ein Verschwörungsszenario zu konstruieren; den Berichten des englischen Blatts zufolge waren damals sogar Außenminister Berchtold, Graf Tisza und Conrad von Hötzendorf nach Berlin gereist, um gemeinsam mit dem Bündnispartner den Krieg gegen die Entente zu planen.[139] Wien dementierte. Doch Gerüchte über das »Geheimtreffen« der Mittelmächte hielten sich weiterhin hartnäckig. Auch in der russischen Presse wurde über eine von Wilhelm II. Anfang August 1914 einberufene Konferenz berichtet, im Rahmen derer ein Präventivkrieg gegen England, Frankreich und Russland beschlossen worden sei.[140]

Dass die Hoyos-Mission im »feindlichen Ausland« auf diese Weise dargestellt wurde, überraschte nicht. So manchem Diplomaten des Hohenzollernreichs und der Doppelmonarchie bereitete es jedoch bedeutend mehr Unbehagen, dass in Berlin eine Broschüre mit dem brisanten Titel »Die Schuld der deutschen Regierung am Kriege«, zirkulierte, welche die Wortführer der Berliner Unterredungen in ein äußerst ungünstiges Licht setzte. Der Autor allerdings konzentrierte sich – wie bereits dem Titel zu entnehmen ist – in erster Linie auf die Schuld Deutschlands. Er berief sich bei seinen Ausführungen über die Hoyos-Mission noch dazu auf Insider-Informationen. Die Schrift löste vor allem in Berlin, aber auch in Wien eine gewisse Unruhe aus. Es handelte sich um ein Memorandum des Fürsten Lichnowsky, der im Juli 1914 als deutscher Botschafter in London gewirkt hatte. Er beurteilte die Gespräche, die am 5. und 6. Juli in Berlin stattgefunden hatten, als »kriegsentscheidend« und berief sich auf Protokolle, die dem damaligen k. u. k. Geschäftsträger in London, Graf Mensdorff, zugegangen waren.[141] Diese Protokolle wiederum enthielten laut Lichnowsky offenbar eine genaue Schilderung der Berliner Zusammenkünfte. In der Broschüre wurde nun behauptet, die deutschen Staatsmänner hätten sich damals dahingehend geäußert, dass es nicht schade, wenn aus der Auseinandersetzung zwischen Serbien und dem Habsburgerreich ein Krieg mit Russland entstünde. In Berlin, wo man keine Freude mit derartigen Enthüllungen hatte, bestand daher Interesse daran, die Originalaufzeichnungen des Grafen Hoyos vorgelegt zu bekommen, um diese eventuell mit Lichnowskys Darstellung zu vergleichen.[142]

Hoyos hatte, als ihn Kollegen des Außenministeriums befragten, auf Bleistiftnotizen hingewiesen, die er über die Berliner Gespräche angefertigt hatte. Seinen Angaben zufolge lagen sie immer noch im Ministerium. Er vermutete sie »im politischen Kasten des Kabinettschefs«. Eine Nachschau verlief aber erfolglos. Nicht nur damals. Die Notizen, von denen Hoyos sprach, sind bis zum heutigen Tage nicht auffindbar.[143]

Jedenfalls trug sich der Graf im Sommer 1917, mittlerweile als k. u. k. Geschäftsträger in Christiania im Einsatz, mit dem Gedanken, eine auf seine Bleistiftnotizen fußende Schrift über die Berliner Mission zu verfassen. Hoyos wollte seine Erinnerungen zu Papier bringen, weil er fürchtete, »dass man deutscherseits möglicherweise versuchen wird, die Schuld an dem Ausbruch des Weltkriegs ganz auf uns zu schieben«.[144] Zu diesem Zeitpunkt wusste er offensichtlich noch nicht, dass die Bleistiftnotizen verschwunden waren. Oder doch?

Merkwürdig ist immerhin, dass laut Joseph Redlich der Diplomat bereits im Januar 1917 ein Memorandum über die Berliner Mission fertig gestellt hatte und dieses dem Bismarck-Archiv einverleiben wollte.[145] Als Fritz Fellner in den Siebzigerjahren Nachforschungen über den Verbleib dieses Schriftstücks anstellte, teilte das Bismarck-Archiv mit, dass sich das gesuchte Memorandum nicht aufspüren ließe.[146] Fest steht, dass die Erinnerungen des Diplomaten an seine Berliner Reise, die Fellner im Familienarchiv der Grafen Hoyos entdeckte, erst nach Ende des Weltkriegs entstanden waren. Ungeklärt blieb daher die Frage, was mit den Bleistiftnotizen des Grafen passierte. Hatte er sie beim Verfassen seiner Erinnerungen verwendet und danach vernichtet? Und was hatte es mit dem erwähnten Memorandum auf sich? Existierte es überhaupt jemals oder hatte sich Joseph Redlich geirrt? Und wenn Hoyos es tatsächlich verfasst hat, wäre die Schilderung der Berliner Mission in entscheidenden Punkten von der Darstellung in seinen Erinnerungen abgewichen? So oder so drängt es sich auf, diese Fragen um eine weitere Dimension zu ergänzen: Wollte Alexander Hoyos seine Spuren verwischen? Hätten seine Notizen etwas offenbart, was er lieber verheimlichen wollte? Wäre er anhand seiner eigenen Worte als eigentlicher Initiator des Krieges entlarvt worden?

Immerhin empfand er sich selbst – zumindest eine gewisse Zeit hindurch – als hauptverantwortlich für den Ausbruch des Kriegs, von dem er sich ursprünglich einen Prestigegewinn für das Habsburgerreich versprochen hatte. Der Graf hatte wohl nie auch nur einen Gedanken daran verschwendet, dass der Feldzug gegen Serbien nicht zum erwarteten Triumphzug werden könnte. Doch schon Ende 1914 war das Fiasko nicht mehr zu leugnen. Seit Kriegsbeginn waren die Balkanstreitkräfte der k. u. k. Armee mehr als halbiert worden. 30000 Tote, 173000 Verwundete und 70000 Gefangene – das war die schockierende Bilanz nach wenigen Monaten.[147] Was so niederschmetternd für das Habsburgerreich begonnen hatte, mündete schließlich in die totale Katastrophe. Im November 1918 war das Ende Österreich-Ungarns besiegelt.

Der Zerfall der k. u. k. Monarchie war für viele eine Tragödie. Sicher auch für den Grafen Alexander Hoyos. Am 9. Dezember 1918 wandte er sich in einem Brief an das nunmehr Liquidierende Ministerium des Äußern und bat darum, seine »Pensionierung hochgenehmigst durchführen zu wollen«.[148] Seine Karriere als k. u. k. Diplomat endete, wenn man so will, typisch österreichisch: 1919 wurde ihm »in Anerkennung« seiner »langjährigen, hingebungsvollen und vorzüglichen Dienstleistung« der Titel eines außerordentlichen Gesandten und bevollmächtigten Ministers verliehen.[149]

Seine folgenschwere Mission nach Berlin Anfang Juli 1914 ließ ihn aber, wie wir wissen, auch jetzt nicht los. In seinen Erinnerungen heißt es: »Heute, wo der Weltkrieg mit dem Untergange Österreich-Ungarns, dem Zusammenbruch Deutschlands geendet hat, muß meine ganze Aktion in Berlin und der Erfolg, den ich damals erzielt habe, als ein unermessliches Unglück betrachtet werden.«[150]

»Die Stunde, in der wir den Weltkrieg verloren«

Das »Wunder an der Marne«: Verlauf, Folgen und Hintergründe

OFFENSIVE

»Die Truppen waren infolge der ununterbrochenen Märsche sehr ermüdet«, erinnert sich Generalleutnant von Finkenstein Ende 1919 an die Kämpfe des Kaiser Alexander-Garde-Grenadier Regiments im Spätsommer 1914. Die deutschen Einheiten standen in französischem Gebiet. Den Gegner vor sich hertreibend, schienen sie die Strapazen fast mühelos wegzustecken. Aus den Läden wurden große Vorräte an Rauchwerk verteilt; in den Quartieren vorgefundener Champagner entschädigte für den heißen Marschtag. Trotz Überanstrengung dominierte die Hoffnung, »bald mit dem Feinde wieder in Berührung zu kommen«. Die Gelegenheit dazu bot sich umgehend. Ein Leutnant von Stutterheim, »Sturmvogel« genannt, tat sich besonders hervor. Finkenstein dazu: Stutterheim »drang mit einer leider nur zu schwachen Patrouille in den Wald vor und eroberte die feuernde Batterie; als dann zwei feindliche Kompagnien auf ihn eindrangen, befahl er: ›Keiner darf eher sterben, als er 5 Franzosen niedergemacht hat!‹ Seine braven Grenadiere leisteten heldenmütigen Widerstand, einer rief neben ihm: ›Herr Leutnant, ich hab meine fünf‹ – und starb!«[1]

Aus der Verteidigung heraus – eine gegnerische Attacke wurde mit »M.G.-Feuer vernichtet« – stießen die Deutschen einigermaßen geschlossen vor. Mit Hurra-Geschrei gaben sie dem Feind »den Rest«. »Siegestollheit« und »Draufgängertum« entschieden das Kräftemessen, wie Generalleutnant von Finkenstein festhält.[2]

Seine Beobachtungen glichen den Erlebnissen anderer Frontkommandeure. Dem Angriffsfuror der Hohenzollernarmee vermochten die Westmächte seit Beginn der Kampfhandlungen Anfang August 1914 wenig entgegenzuhalten. Die angeblich uneinnehmbaren Festungsanlagen um die belgische Grenzstadt Lüttich fielen zuerst. Brüssel ergab sich kampflos. Eine französische Armee konnte in Belgien gleichfalls nicht viel ausrichten, in der Schlacht von Charleroi wurde sie zerschlagen. Namur, eine andere belgische Festungsstadt, kapitulierte am 23. August, an dem die kleine britische Armee, gerade einmal fünf Divisionen stark, ihre letztlich vergebliche Verzögerungsaktion entlang dem Kanal und den Schlackehaufen von Mons durchführte.[3] Der »British Expeditionary Force« (BEF) gelang es nur für vierundzwanzig Stunden, den Vormarsch der Deutschen in ihrem Abschnitt zu stoppen. Am 24. August überschritten die Streitkräfte von Kaiser Wilhelm II. die Grenze Frankreichs. Wilhelms sieben deutsche Armeen, die wie Sensen von der nördlichen Flanke her alles niedermähten, machten sich daran, ein gewaltiges Umfassungsmanöver zu beginnen. »Die Spitze der Sense schneidet das meiste Heu«, dachten die preußischen Generalstabsoffiziere. Dementsprechend setzten sie auf ihren äußersten rechten Flügel, die 1. Armee des Generaloberst von Kluck. Sie sollte, anders als die nach Süden vorstoßenden Heeresverbände, Paris im Halbkreis umgehen, sodass die Franzosen »in der Falle« säßen.[4] General Lanrezac von der 5. französischen Armee blieb das Vorhaben nicht verborgen. Seine am nördlichsten Ende der Frontlinie eingesetzten Verbände befanden sich in einer prekären Situation. Das Grand Quartier Général (GQG), das »Große Hauptquartier« der Franzosen unter General Joseph Joffre, war von Lanrezac schon vor einiger Zeit gewarnt worden: Er befürchtete eine Umfassung seiner linken, nördlichen Einheiten durch den deutschen Einmarsch in Belgien. Das GQG aber ignorierte die Bedenken.[5] Joffre war auf seine eigene Offensive fixiert. Die Franzosen überschritten daher die Grenze zu Lothringen, das 1871 an den »Erzfeind« im Osten gefallen war. Bei Saarburg und Morhange stießen sie auf die vorbereiteten Verteidigungsstellungen: Schützengräben, Stacheldraht und versteckte Maschinengewehrnester. Im deutschen Abwehrfeuer kam der Angriff zum Erliegen.[6] Paul Tuffrau, im Zivilberuf Lehrer und nun Offizier der französischen Armee, erlebte das Debakel. »Um vier Uhr morgens aufgewacht«, vermerkt Tuffrau am 2. September 1914 in seinem Tagebuch: »Wir steigen auf einen bewaldeten Hügel und überblicken die Ebene, halten die Waffe bereit in einem Kartoffelacker und heben einen Graben in feiner Erde aus. Plötzlich, ein Rückzugsbefehl. Darauf bezugnehmend, hörte ich später Major Brun schimpfen: ›Vierzig Jahre haben wir uns darauf vorbereitet, und jetzt das!‹«[7]

General Joseph Joffre

Während zur selben Zeit die französische Regierung nach Bordeaux auswich, machten Paul Tuffrau und seine Kameraden kehrt, um Paris zu schützen. Die Zukunft der Metropole, aus der rund ein Drittel der Einwohner geflohen war, lag nun auch in ihren Händen. Gemeinsam mit britischen Kräften verteidigten die Franzosen ihr Kernland am Marne-Fluss, östlich der Hauptstadt. Die Bedeutung des Moments hob Joffre in seinem Tagesbefehl hervor. Im jenem Augenblick, betonte der Generalissimus, »in dem das Schicksal Frankreichs von der gerade beginnenden Schlacht abhängt«, müssten alle Anstrengungen auf die Attacke gerichtet werden. Truppen, die nicht mehr vorwärts kämen, müssten den eroberten Boden um jeden Preis halten.[8]

Trotz Patriotismus, todesverachtender Kampfbereitschaft und zahlenmäßiger Überlegenheit sah es jedoch für die Ententemächte anfangs schlecht aus. Bei den Briten herrschte nach Niederlagen und hohen Verlusten alles andere als Zuversicht. BEF-Kommandeur Sir John French hatte sich von der allgemeinen Panik anstecken lassen. Statt, wie von Joffre gewünscht, die Stellung zu halten, trug sich French mit dem Gedanken, seinen Verbänden, die in einer Woche 15 000 Mann verloren hatten, eine Pause zu gönnen, sie zurückzuführen oder überhaupt nach England einzuschiffen, um erst irgendwann im Herbst wieder auf dem Kontinent zu landen.[9] Nachdem selbst der französische Präsident Raymond Poincaré daran gescheitert war, Sir John zum Einlenken zu bewegen, begab sich der britische Kriegsminister Lord Kitchener nach Frankreich. Dieser traf am 1. September 1914 einen empfindlichen French, der sich sofort darüber beklagte, »zu einem so heiklen Zeitpunkt« sein Hauptquartier verlassen zu müssen.[10] Der Ton des Gesprächs wurde bald so hitzig, dass sich die beiden Herren in einen separaten Raum zurückzogen. Hinter verschlossenen Türen kam es dann irgendwie zu einer Einigung: Die BEF-Verbände sollten an der Front verbleiben, wo sie, wie sich bald zeigte, eine nicht unbedeutende Rolle spielten.[11]

Auf dem Kampfschauplatz selbst rechneten indes die alliierten Soldaten mit dem Schlimmsten. In einem Sektor jener 300 Kilometer langen Frontlinie, an der verschiedene miteinander verbundene Gefechte ausgetragen und die später zur Marne-Schlacht zusammengefasst wurden[12], befand sich auch Paul Tuffrau, der am 6. September seinem Tagebuch folgende Notiz anvertraute: »Wir alle liegen in einem Rübenfeld, bewegen uns nicht, schießen nicht. Wir können nichts sehen. Die Kugeln pfeifen über unsere Köpfe hinweg. Ich schaue auf meine Uhr, es ist 4.30 Uhr nachmittags, zwei Stunden helles Tageslicht bleiben. […] Wir haben die Unterstützung der Artillerie und der Infanterie verloren. Die Gewehre der Deutschen feuern unaufhörlich, sie sind die Könige des Schlachtfelds.«[13]

Auf der anderen Seite schätzte man die Situation ähnlich ein. Bei der 1. Armee war man in Hochstimmung. Der äußerste linke Flügel der Franzosen wurde geschlagen. Verbänden des Generals von Quast gelang es am frühen Nachmittag des 9. September 1914, in unverteidigtes Terrain vorzupreschen. Quast stieß in seinem Abschnitt auf keinen Widerstand. Nur 50 Kilometer entfernt lag Paris. Der Weg zur französischen Hauptstadt schien frei und der Sieg deshalb zum Greifen nahe.[14] Doch um 2 Uhr nachmittags erhielt Quast einen Telefonanruf aus Klucks Hauptquartier: Die Offensivaktionen sollten abgebrochen werden.[15] Die Frontkommandeure traf die Nachricht wie ein Blitz aus heiterem Himmel. Generalleutnant von Finkenstein schrieb später: Der Feind war »in wilder Flucht zurückgegangen, kein Franzose weit und breit mehr zu sehen; desto unverständlicher für uns dieser Befehl, [...] von dem ich heute weiß, daß er die Stunde« anzeigte, »in der wir den Weltkrieg verloren«.[16] In dem Augenblick aber, als die Order einlangte, ließ die Führung des Kaiser Alexander-Garde-Grenadier Regiments zunächst die Mannschaft im Unklaren über die Situation. Die Offiziere wollten die »Siegesstimmung erhalten« und die eigenen Leute in Bezug auf das Ziel der Truppenverlagerung täuschen. Dazu Finkenstein: »Die List gelang.« Doch als man »im weiteren Rückmarsch die alten Kampfstätten durchschritt und Verwundete am Wege flehten, da wurden die Gesichter der Braven sehr ernst und manche bange Frage nach Ursache und Zweck des nun klar erkannten Rückzuges erscholl aus den Reihen«.[17]

ENTSCHEIDUNGEN DES GENERALSTABS

Die Frage nach dem Ende der Westoffensive beschäftigte die deutsche Öffentlichkeit in den kommenden Jahrzehnten ebenso wie die Historiker. Letztere hoben gerade in Zusammenhang mit militärischen Operationen die Bedeutung von Glück und Zufall hervor.[18] Waren die Geschehnisse an der Marne auf die Unwägbarkeiten der Geschichte zurückzuführen? Hätten die Ereignisse einen anderen Verlauf genommen, wenn etwa am Abend des 1. September 1914 eine französische Patrouille nicht auf einen deutschen Kurierwagen gestoßen wäre? Die Patrouille eröffnete jedenfalls das Feuer. Alle Insassen des Wagens kamen um. Bei den Getöteten fand sich eine Satteltasche; in ihr blutbespritzte Papiere, darunter eine Landkarte mit Zahlen und Bleistiftlinien, die einen Richtungswechsel von Klucks 1. Armee gegen Südosten anzeigten.[19] War der Zufallsfund kriegsentscheidend? Wohl kaum. Schließlich verließ man sich nicht allein auf den abhanden gekommenen Lageplan. Ergebnisse der Luftaufklärung und aufgefangene Funkmeldungen mussten zur Bestätigung dienen.[20] Dann wurde der französischen Seite bewusst, dass General Klucks Einheiten mit ihrem neuen Marschziel der 6. französischen Armee eine fast ungeschützte Flanke boten.[21] Von dieser Erkenntnis geleitet, reklamierte vor allem General Joseph Gallieni, der Militärgouverneur von Paris, das Verdienst für sich, General Joffre und dem Hauptquartier eine Offensive angeraten zu haben. »Am Telefon habe ich Joffre gezwungen, die Marneschlacht zu schlagen! Ja, am Telefon sei die Marneschlacht geschlagen worden«, erklärte Gallieni später, während ihm Frankreichs stellvertretender Stabschef, General Berthelot, vorwarf, den Mund zu voll genommen zu haben.[22]

Ungeachtet des Streites zwischen den ruhmsüchtigen Feldherrn war Joffre jedenfalls imstande, die Lehren aus den geänderten Bedingungen zu ziehen. Nachdem er sich in einem emotionellen Treffen mit Sir John French die Teilnahme der Briten an den kommenden Operationen gesichert hatte, gab er am 4. September 1914 den Befehl für eine große Offensive. Sie sollte ab dem 6. September die gegnerischen Verbände in die Zange nehmen. Von beiden Flanken aus, sowohl bei Paris als auch bei Verdun, wurde die Attacke angeordnet. Gleichzeitig forderte man das Zentrum auf, die Stellung zu halten. Wie die Deutschen fassten nun auch die Ententetruppen eine Einkreisung des Feindes ins Auge.[23]

Das militärische Kräftemessen an der Westfront wurde solcherart von den Überlegungen der Stabskommanden geprägt. Die »Marne-Schlacht« war eine Sache der Heerführer. Ihre Charaktere rückten demgemäß in den Vordergrund: allgemeine Wesenszüge, wie Willenskraft und Unnachgiebigkeit beispielsweise, ohne die sie ihren Beruf wahrscheinlich verfehlt hätten, durch die sie andererseits aber zu schwierigen Kollegen und eigensinnigen Untergebenen wurden. Hinzu kamen individuelle Eigenschaften: das Ungestüm Klucks etwa, die bullige, aber geradlinige Unerschütterlichkeit Joffres, der verzweifelte Wagemut und Eigensinn Gallienis oder die mürrische Unberechenbarkeit Frenchs.[24]

Besondere Aufmerksamkeit aber schenkte die Geschichtsschreibung dem Generalstabschef der deutschen Armee, Helmuth von Moltke, den manche Kommentatoren als wahre »Hamletnatur« beschrieben.[25] Dem klugen, selbstkritischen und tiefersehenden Moltke war es beschieden, eine waghalsige Strategie zu verfolgen, die sein 1913 verstorbener Vorgänger, Generalfeldmarschall Alfred von Schlieffen, ausgearbeitet hatte. Schlieffen sah sein Land in einer wenig beneidenswerten Situation. Die zentraleuropäische Lage und das Kräftedefizit gegenüber den potenziellen Feinden im Osten und Westen mussten sich für das Hohenzollernreich langfristig nachteilig auswirken. Kolonialismus, Industrialisierung und Wettrüsten kämen auf Dauer den Gegnern zugute; deren unerschöpfliche Ressourcen würden den Ausschlag geben. Die Zeit, so der Stabschef, arbeite für den ohnehin überlegenen Gegner.[26]

In ferner Zukunft werde sich das Ungleichgewicht nur noch vergrößern, dachten auch viele nichtmilitärische Entscheidungsträger im Deutschen Reich. Zu einem früheren, günstigeren Zeitpunkt zuzuschlagen, bot sich daher an. Ein Waffengang als Lösung der schwierigen Machtverhältnisse, als Fortsetzung der Politik, wie es die Staatsmänner und Feldherrn des 19. Jahrhunderts gewohnt waren, rückte daher in den Bereich des Möglichen. Die Verantwortlichen verwarfen defensive Taktiken. Der Krieg müsse schnell beendet werden. Er könne daher auch nicht in Russland beginnen, dessen riesige Entfernungen schon Napoleon zu schaffen gemacht hatten. Statt eines »Luftstoßes« in den Osten bevorzugte man die Offensive im Westen, wobei ein Frontalangriff aufgrund der starken französischen Festungen Verdun, Nancy, Toul, Epinal und Belfort ausgeschlossen wurde. Der berühmte Schlieffenplan entstand. Sieben Achtel des deutschen Westheeres sollten durch Südholland, Belgien und Luxemburg nach Nordfrankreich vordringen, in einer riesigen umfassenden Bewegung noch um Paris herumschwenken und schließlich das französische Feldheer gegen die Schweizer Grenze drängen. Erst dann, nach dem Sieg im Westen und der Verhinderung eines dauerhaften Zweifrontenkrieges, habe sich die deutsche Armee dem Zarenreich zuzuwenden. Der Plan bedeutete den Vorrang der militärischen Überlegungen gegenüber politischen Erwägungen. Dazu gehörte auch das Risiko einer Verletzung der holländischen, belgischen und luxemburgischen Neutralität.[27]

Das Vabanquespiel Schlieffens musste nun also ausgerechnet sein vorsichtigerer Nachfolger, Helmuth von Moltke, in Szene setzen. Dessen ethische Bedenken, auch die Unparteilichkeit der Niederlande zu missachten, verhinderte den schnellen Marsch durch die Gegend von Maastricht, die Eroberung der Kanalhäfen Dünkirchen, Calais und Boulogne. Die deutsche Position wurde dadurch aber noch keineswegs nachhaltig geschwächt. Moltke jedoch änderte den Schlieffenplan weiter ab. Statt sich mit dem Abwehrerfolg gegen die in Lothringen angreifenden Franzosen zu begnügen, wollte er mit einer Gegenoffensive auf die Anhöhen von Nancy und die Festungsanlagen von Epinal und Tours den Gegner in die Zange nehmen. Das Telefon wurde zum Entscheidungsfaktor. Am 22. August rief General Krafft von Dellmensingen an. Der Generalstabschef der 6. Armee, die bei Morhange den feindlichen Vorstoß gestoppt hatte, erhielt innerhalb weniger Minuten neue Direktiven. »In Richtung Epinal verfolgen«, lautete Moltkes Order, der damit Schlieffens Defensivtaktik in Lothringen aufgab und in ein militärisches Desaster rannte. Die Attacke wurde von den auf Anhöhen verschanzten Franzosen am Grand Couronné zum Stehen gebracht. Hohen deutschen Verlusten stand die Zuversicht Joffres gegenüber, der schon vor den Kämpfen ganze Divisionen an die Marne verlegen ließ.[28]

Generalstabschef Helmuth von Moltke

Gebunden waren damit auch rund 100 000 deutsche Soldaten, die am rechten Flügel gebraucht wurden, um über Belgien von Norden gegen Paris vorzurücken. Die Spitze der Sense schneidet das meiste Heu, hatte es geheißen. Moltke aber schwächte die Flankenbewegung im Norden weiter: Zur Verteidigung Ostpreußens war er bereit, drei Korps abzugeben, obwohl die dort stationierten Hohenzollerntruppen die russischen Verbände ohnehin in Schach hielten.[29] Die 8. Armee unter Paul von Hindenburg und seinem Stabschef Erich Ludendorff hatte zwar am 26. August 1914 das Hauptquartier in Koblenz darauf hingewiesen, keine Verstärkung zu brauchen. Trotzdem änderte Moltke seinen Plan nur geringfügig. Letztlich schickte er 80 000 Mann in zwei Korps. Diese aber trafen, wie von Ludendorff vorausgesehen, erst nach dem Sieg über die Russen ein.[30] Beim Vormarsch auf Paris fehlte dann jeder einzelne Soldat der beiden Korps, wie Moltke eingestand, der die Anweisung für die Ostfront kurz vor seinem Tode 1916 als »seinen größten Fehler an der Marne« bezeichnete.[31]

Dort befanden sich die Spitzen des deutschen Westheeres im September 1914 in einer gefährlich exponierten Position. Klucks 1. Armee, an dessen linker Seite weiter südöstlich die 2. und 3. Armee der Generäle von Bülow und von Hausen vormarschierten, legte jeden Tag 40 Kilometer zurück. Die Nachschubwege wurden länger, die Kommunikation zwischen den vordersten Linien und der Obersten Heeresleitung (OHL) gestaltete sich schwieriger.[32] Moltke hatte zwar seinen Stab schon am 29. August von Koblenz nach Luxemburg verlegen lassen. Noch immer aber war er zu weit vom Kampfgeschehen entfernt. Bis zum 11. September besuchten weder er noch sein Chef der Operationsabteilung, Generalmajor Gerhard von Tappen, die Armeekommanden. Zwischen 5. und 9. September erhielten Kluck und Bülow zudem keine Anweisung von der OHL. 1. und 2. Armee operierten selbstständig, zwischen 7. und 9. September sandten sie überhaupt keine Berichte, obwohl sich die Lage zuspitzte.[33]

Die Reihen der angreifenden Deutschen waren bereits gelichtet. In der drückenden Augusthitze hatten Klucks Einheiten zahlreiche Nachzügler hinter sich gelassen, ganz zu schweigen von den Verwundeten und Gefallenen sowie jenen Soldaten, welche man zur Sicherung der Verkehrswege oder zur Belagerung von Festungsstädten abgestellt hatte. Im Gegensatz zum Schlieffenplan war, wie erwähnt, der rechte deutsche Flügel durch Truppenverlegungen nach Ostpreußen und die Offensivaktionen in Lothringen noch zusätzlich geschwächt worden. Die Kräfte reichten nicht mehr aus, um Paris zu umfassen. Der Operationsplan wurde daher geändert. Kluck bog mit seinen Einheiten südöstlich ab und ließ die französische Hauptstadt zu seiner Rechten liegen.[34]

Er hatte damit jenen Richtungswechsel vollzogen, den die Frontaufklärung der Ententemächte erkannt hatte und der einen französischen Flankenangriff ermöglichte. Nicht nur für den Pariser Militärgouverneur General Gallieni, der die günstige Gelegenheit zur Konterattacke nutzen wollte, war der 4. September 1914 die Wende des damaligen Kriegsgeschehens. Auch aus deutscher Sicht bezeichnete sie eine grundlegende Neuorientierung: Am 4. September wurde der Schlieffenplan, an den man sich trotz aller Verwässerungen im Großen und Ganzen noch gehalten hatte, »endgültig zu Grabe getragen«.[35]

Was folgte, war der Durchbruchsversuch der OHL im zentralen Frontbereich, den die von General Foch kommandierte 9. französische Armee nur unter großen Schwierigkeiten halten konnte.[36] Die wesentlichen Ereignisse fanden hingegen weiterhin im westlichen Abschnitt statt. Hier war die gerade erst aufgestellte 6. französische Armee unter General Maunoury, deren Abteilungen teilweise durch requirierte Pariser Taxis zur Schlacht transportiert wurden, in die Flanke der 1. deutschen Armee gestoßen. Kluck reagierte mit einem Schwenk und wehrte die feindliche Streitmacht zunächst erfolgreich ab. Zwischen ihm und Bülows 2. Armee aber tat sich dadurch eine nahezu 40 Kilometer breite Lücke auf. In sie stießen, ohne sich dessen wirklich bewusst zu sein, das britische Expeditionskorps und der linke Flügel der 5. französischen Armee.[37]

Die deutsche Frontlinie war zerrissen, der Gegner zugleich mit mehr als einer Million Soldaten um rund 250000 Mann stärker als die Hohenzollerntruppen. 250 Kilometer entfernt von Klucks Verbänden verfügte die OHL über keine ausreichenden Informationen. Trotzdem ahnte Stabschef Moltke, dass eine entscheidende Wende bevorstand.[38]

Besorgnis erregende Meldungen erreichten inzwischen die Nachrichtenabteilung des Hauptquartiers. Deren Leiter, Oberstleutnant Richard Hentsch, erhielt geheimdienstliche Dossiers, in denen von der Formierung britischer Einheiten im Rücken der deutschen Marne-Armeen die Rede war.[39] Obwohl sich diese Berichte später als falsch herausstellten, hielt es Moltke für angebracht, eine Direktverbindung zu den Kampfverbänden herzustellen. Bei einer Konferenz der Obersten Heeresleitung am Morgen des 8. September 1914 wurde Hentsch von Moltke beauftragt, die Frontkommandeure aufzusuchen.[40] Mit weitgehenden Befugnissen auf der Grundlage mündlicher Weisungen fuhr der Nachrichtenoffizier wenige Stunden später, gegen 11 Uhr vormittags, in einem bereitgestellten Auto los. Begleitet von den Hauptleuten Köppen und Koenig erreichte der OHL-Abgesandte zunächst Hausens 3. Armee, die er in einer keineswegs ungünstigen Lage vorfand. Anders sah es hingegen bei der 2. Armee unter General von Bülow aus. Dieser warnte vor einer Katastrophe angesichts der von Franzosen und Briten kontrollierten Lücke in der deutschen Angriffsfront. Bülow riet zu einem »freiwilligen, konzentrischen Zurückweichen«.[41] Hentsch versprach, sich bei der 1. Armee für die Kehrtwende stark zu machen, bevor er am Morgen des 9. September zum 80 Kilometer entfernten Hauptquartier des Generals von Kluck aufbrach. Dort waren die Vertreter der Obersten Heeresleitung noch nicht angekommen, als Bülow bereits folgenden Funkspruch herausgab: »Flieger melden Vorgehen von vier langen Kolonnen [der BEF] über die Marne … 2. Armee einleitet Rückmarsch.«[42]

Sobald sich aber Bülows Einheiten bewegten, mussten es ihnen die Soldaten Hausens und Klucks gleichtun. Automatisch, wie Teile eines Uhrwerks, machten sie kehrt. Die deutschen Infanteristen zogen ab. Sie begannen über das Gelände zurückzumarschieren, das sie während der vergangenen Wochen in erbitterten Kämpfen eingenommen hatten. Nachdem Oberstleutnant Hentsch am frühen Nachmittag des 10. September wieder im OHL eingetroffen war und Bericht erstattet hatte, entschied Generalstabschef Moltke, ihm unterstellte Truppenkommandeure selbst aufzusuchen. Bei ihnen angekommen, bekräftigte er auch für die anderen Armeen die eingeleitete Rückwärtsbewegung.[43] Die Verbände Klucks und Bülows wurden indes an die Aisne und ihre Nebenflüsse nördlich der Marne dirigiert. »Die erreichten Linien«, befahl Moltke, »sind auszubauen und zu halten«.[44] Der britisch-französische Versuch, das in günstigem Gelände angelegte Grabensystem des Gegners zu erstürmen, hatte wenig Erfolg. Die erschöpften Ententesoldaten begannen am 14. September ihrerseits, sich zu verschanzen. Der Stellungskrieg wurde eingeleitet.[45]

SÜNDENBÖCKE

Die Marne-Schlacht hatte eigentlich gar nicht richtig stattgefunden, weil sie vorzeitig abgebrochen worden war. Auf beiden Seiten der Front aber erkannte man die Bedeutung der Geschehnisse. Den westlichen Alliierten erschienen die Ereignisse zu Beginn des Septembers 1914 als »Wunder« und Rettung aus höchster Gefahr. Franzosen und Briten feierten die Abwehr des Feindes vor den Toren von Paris als großen Sieg, während die Deutschen von einem Drama sprachen, einer bitteren und schwerwiegenden Niederlage.[46]

Dementsprechend kontroversiell wurden die Geschehnisse im Hohenzollernreich diskutiert. Ins Kreuzfeuer der Kritik gerieten erwartungsgemäß Generalstabschef Moltke und der von ihm zu den Armeekommandeuren entsandte Nachrichtenoffizier Richard Hentsch. Letzterer sagte im Mai 1917 sogar vor einem Untersuchungsausschuss aus.[47] Dabei wurde festgestellt, dass Hentsch vom Stabschef mündliche Instruktionen erhalten hatte, die Lücke zwischen Kluck und Bülow zu schließen und bei einer Kehrtwendung des rechten Flügels den Rückzug zu dirigieren. Im Rahmen der von Erich Ludendorff geleiteten Nachforschungen wurde der Abgesandte Moltkes von dem Vorwurf freigesprochen, dessen Weisungen eigenmächtig überschritten zu haben.[48] An seiner Entlastung konnte sich Hentsch aber nicht lange erfreuen. In Bukarest, wo er als Quartiermeister des Generalgouvernements fungierte, erlag er Anfang Februar 1918 einer Magenblutung.[49] Nach Moltkes Tod 1916 war damit auch die zweite Hauptfigur im »Marne-Drama« vor dem Ende des Ersten Weltkriegs gestorben.[50]

Nach 1918 war es dann ausgerechnet Ludendorff, der sein ursprüngliches Urteil revidierte. »Mir ist unerfindlich«, schrieb dieser 1934, »wie mir eigentlich von Oberst v. Tieschowitz im Frühjahr 1917 vorgetragen werden konnte, daß Oberstleutnant Hentsch [...] sich im Rahmen der erteilten Weisung betätigt hat. Vielleicht war damals für Oberst v. Tieschowitz der Wunsch maßgebend, die Gerüchte [...] zum Verstummen zu bringen, die einen Offizier betrafen, der immer noch im Heere wirkte, und zwar in verantwortlicher Position«.[51] Ludendorff behauptete nun, Hentsch sei nicht nur eigenmächtig vorgegangen, sondern habe auch die Armeeführer an der Marne getäuscht, entmutigt und um den sicheren Sieg gebracht. Hinter all dem aber, fügte er noch hinzu, stünden »okkulte, überstaatliche Schicksalsmächte«, die General von Moltke zum Werkzeug gemacht und auch Richard Hentsch gelenkt hätten.[52]

Erich Ludendorff, Galionsfigur völkisch-nationaler Kreise und in den Zwanzigerjahren Weggefährte Adolf Hitlers, verlor sich in immer abstruseren Wahnideen. Unter dem Einfluss seiner zweiten Frau Mathilde von Kemnitz sah er überall Verschwörungen dunkler Existenzen.[53] Obwohl selbst NS-Ideologen derlei Hirngespinste zurückwiesen, war Ludendorff mit seinen Ansichten über den deutschen Generalstabschef von 1914 nicht allein.[54] Im »Generalanzeiger für Dortmund und das gesamte rheinisch-westfälische Industriegebiet« hieß es am 14. Jänner 1933: »Für die okkulten Kreise war es eine Sensation, daß Lisbeth Seidler, genannt ›Zigeuner-Lieschen‹[55], in der Potsdamer Kommandantur, in der damals Graf von Moltke wohnte, in merkwürdig präzisen Worten den Weltkrieg mit dem Datum prophezeite. Seit dieser Zeit verkehrte sie ständig im Hause Moltkes und in vielen anderen Häusern, die dem Hofe nahestanden. Als dann wirklich der Weltkrieg ausbrach, war dieses Weltunglück für sie eine Art Triumph. In Koblenz, dem damaligen Hauptquartier, wurde ihr ein eigenes Zimmer eingeräumt.«[56]

Gegen solche und ähnliche Darstellungen verwehrten sich einstige OHL-Mitarbeiter Moltkes, wie der ehemalige Operationsabteilungschef Gerhard Tappen. Mit einigen anderen nahm er Stellung gegen das vom Mannheimer Nationaltheater herausgebrachte Stück »Die

Marneschlacht«. Dieses Werk von Paul Joseph Cremer kritisierte Tappen im Berliner »Lokal-Anzeiger« vom 4. Februar 1933, also eine knappe Woche nach der Ernennung Adolf Hitlers zum deutschen Reichskanzler: Dem Volk, so der frühere Stabsoffizier, dürfe Geschichte in dieser Form nicht dargeboten werden, vor allem müsse Einspruch gegen die Charakterisierung des Generaloberst von Moltke als »willensschwachen Greis« erhoben werden. Drei Tage später, am 7. Februar, konterten die »Leipziger Neuesten Nachrichten« in einem Bericht über Cremers Werk: »Die Marne-Schlacht ist in einem Augenblick, da sie für uns nichts weniger als ungünstig stand, von der Obersten Heeresleitung höchst eigenhändig verpfuscht worden, wie der Schlieffenplan schon vorher von ihr verpfuscht worden war. Diesen Tatbestand wollen wir uns durch Erklärungen, die persönlich ehrenwerten Beweggründen entsprungen sein mögen, doch nicht wieder verdunkeln lassen.«[57]

Eine andere Meinung zum Verhalten der OHL vertrat Jahrzehnte später Sebastian Haffner. Der Publizist und Verfasser bedeutender Bücher zur deutschen Zeitgeschichte schrieb 1982: »Nach allgemeiner Auffassung hat der bullige, unerschütterliche Joffre gesiegt, und der sensible, kränkelnde Moltke war auf tragische Weise unterlegen. Und auf den ersten Blick sieht es ja auch so aus: Die große Umfassung, das gigantische ›Cannae‹, das die deutsche Führung« nach dem Vorbild von Hannibals Taktik gegen die Römer im Jahr 216 v. Chr. »den westlichen Alliierten zu bereiten gedachte, mißlang und endete mit einem Rückzug der deutschen Flügelarmeen. Aber mit demselben Recht kann man sagen, daß es Moltke war, der die strategischen Pläne Joffres, der dem deutschen Gegner zwischen Verdun und Paris ein Riesen-Cannae bereiten wollte, mit seinem rechtzeitigen Rückzug zuschanden machte und damit das deutsche Westheer vor einem Debakel rettete.«[58]

Für Holger H. Herwig, Geschichtsprofessor an der University of Calgary, gibt es im Gegensatz dazu keinen Zweifel an den Resultaten der Feldzüge vom Spätsommer 1914. Die Marneschlacht, so Herwig 1997, war eine deutsche Niederlage erster Größenordnung. Die Risikopartie der preußischen Chefstrategen war mit dem Scheitern des Schlieffenplanes verspielt, der Erste Weltkrieg bereits einen guten Monat nach seinem Ausbruch an einem Wendepunkt angelangt. Die psychologischen Auswirkungen des deutschen Rückzugsbefehls waren fatal, meinte 1997 auch Holger Afflerbach. Trotzdem war der Entschluss der OHL, so Afflerbach weiter, »operativ richtig und zwingend notwendig«. Die Maßnahmen der Stäbe und insbesondere des deutschen Hauptquartiers hatten enormen Einfluss auf die Entwicklungen an der Westfront. Nichtsdestoweniger stellt sich die Frage, welchen Handlungsspielraum die Generäle hatten. Militärische Entscheidungen waren von der neuartigen Kriegsführung ebenso abhängig wie von den Kräfteverhältnissen der rivalisierenden Bündnissysteme.[59]

DEFENSIVERFOLGE

Der Krieg von 1914 begünstigte die Verteidiger. Die Abwehrwaffen, Maschinengewehre und Geschütze erwiesen sich als überlegen. Der Angreifer hingegen fand kaum noch Schutz. Ohne Deckung stolperte er über den von Granatlöchern aufgewühlten Boden vorwärts. Von einem Ansturm konnte kaum die Rede sein. Nicht mehr das Bajonett, sondern die Artillerie dominierte. Um die Kanonen aber einsetzen zu können, mussten die Offensivkräfte das schwere Gerät über die Trichterfelder nach vorne schleppen, was stets zu Verzögerungen führte. Die feindlichen Truppen hatten inzwischen genug Zeit, sich erneut festzusetzen und Reserven heranzuführen.[60]

Die Angriffsverbände plagten jedoch nicht bloß taktische Hindernisse. In exponierter Lage kämpften sie mit Nachschub- und Kommunikationsproblemen, sobald sie die Grenze überschritten hatten. Nur durch eine massive materielle und numerische Überlegenheit waren größere Erfolge zu erzielen. Auf Generalstabsebene schien man sich dessen allerdings nicht so recht bewusst zu sein, wie etwa der Balkanfeldzug des Habsburgerheeres zeigte: Die österreichisch-ungarischen Armeen unter Feldzeugmeister Oskar Potiorek[61] waren zu weit voneinander entfernt, um sich helfen zu können. Gegnerische Soldaten in ausreichender Zahl verfügten wiederum über Landeskenntnis und höhere Kampfmoral bei der Verteidigung ihrer Heimat. Den k.u.k.

Einheiten blieb nichts als der Rückzug. Schon am 24. August 1914 hatte sich Serbien von der Invasionsstreitmacht befreit.[62]

Das Debakel der Donaumonarchie ging nicht zuletzt auf die Selbstüberschätzung und Aufsplitterung ihrer militärischen Kräfte zurück. Potiorek, der Franz Joseph direkt Bericht erstattete und unabhängig vom Armeeoberkommando (AOK) unter Franz Conrad von Hötzendorf agierte, hätte auf groß angelegte Offensivaktionen im Südosten besser verzichtet. Schließlich warteten im Nordosten die überlegenen Verbände des Romanowimperiums. Verfügbarer Ressourcen beraubt, entschied sich Conrad nun auch noch, seine gegen Russland aufgebotenen Truppen ausschwärmen zu lassen, um die polnischen Bahnlinien zu unterbrechen und dem gegen Ostpreußen vormarschierenden Gegner in den Rücken zu fallen. Das Wagnis, im Alleingang dem verbündeten Hohenzollernreich aktiv unter die Arme zu greifen, misslang gründlich. Statt eines Prestigeerfolges musste das gedemütigte AOK schwere Gebietsverluste der Donaumonarchie hinnehmen. Die Bukowina und große Teile Ostgaliziens fielen an die Zarenarmee. Conrad befahl den allgemeinen Rückzug auf die Karpathenlinien im Süden und den Dunajec-Fluss östlich von Krakau. Die Front war im September 1914 wieder stabilisiert.[63]

Aus der empfindlichen Niederlage der Österreicher vermochten indes auch die Russen keinen größeren Nutzen zu ziehen. In der Offensive erging es ihnen nicht besser als den anderen Krieg führenden Parteien. Zwar errangen sie bei Gumbinnen gegen die Deutschen einen Sieg, in dessen Folge Helmuth von Moltke den Oberkommandierenden der zur Abwehr eingesetzten 8. Armee entließ. Dennoch: Die neuen Befehlshaber, das Duo Hindenburg-Ludendorff, fanden ihre Verbände in einer wesentlich besseren Situation vor als vom Hauptquartier angenommen. Die weitgehend intakte Front sah sich einem geteilten Feind gegenüber. Die Masurische Seenplatte zwang die 1. russische Armee unter Pawel von Rennenkampf zu einer nördlichen Umgehung der geografischen Barriere. Südlich davon stieß zugleich sein Kollege Alexander Samsonow mit der am Narew gesammelten 2. Armee vor, ohne zu merken, dass er sich in tödlicher Gefahr befand. Inzwischen hatten sich nämlich die an der Ostfront eingesetzten

Hohenzollerntruppen neu formiert und rund 45 000 Mann vom linken auf den äußersten rechten Flügel verschoben.[64] Die anstürmende Narew-Armee ging in die Falle. Sie wurde in den letzten Augusttagen des Jahres 1914 umzingelt. Versuche, den Kessel von außen zu sprengen, missglückten. Die Eingeschlossenen irrten durch unwegsames Waldgelände, unter ihnen auch Stabsoffiziere mit dem Oberbefehlshaber. »Samsonow, von den Ereignissen erschüttert, musste bald durch seine Begleiter gestützt werden. Während einer kurzen nächtlichen Rast entfernte er sich von der Gruppe und erschoß sich aus Scham.«[65]

Die schwere Schlappe endete mit der Gefangennahme von 92 000 Kämpfern des Romanowimperiums, so die offiziellen Angaben der Deutschen. Ihnen zufolge waren weitere 50 000 gegnerische Soldaten verwundet oder gefallen. Rennenkampfs 1. Armee machte kehrt.[66] Am 13. September 1914 zog sie sich auf das Territorium des Zarenreiches zurück. Dessen Nordwestfront wurde einem neuen Kommandeur anvertraut. General Schilinskij trat zurück. Die siegreiche Schlacht gegen die Narew-Armee benannten indes preußische Generalstäbler nach dem nahe gelegenen Ort Tannenberg. Dort hatten im Juli 1410 polnisch-litauische Krieger ein Aufgebot des Deutschen Ordens besiegt. Das Hohenzollernreich stilisierte Tannenberg zum Mythos hoch.[67] Einen entscheidenden militärischen Triumph stellte jedoch die Vernichtung der Samsonow-Truppen nicht dar. Indirekt hatten die – wenn auch verlustreichen – Operationen des zarischen Heeres vielmehr den Briten und Franzosen geholfen: Die Geschehnisse beeinflussten allein schon durch das verstärkte militärische Engagement der Deutschen in Ostpreußen die Lage an der Westfront.[68]

Dort war unterdessen ein verzweifeltes Ringen um weitere Durchbruchserfolge im Gange. Nach dem deutschen Rückzug an der Marne hatten die obersten Befehlshaber auf beiden Seiten der Front erkannt, dass die Chance jetzt nördlich des bisherigen Kampfgeschehens lag, in dem 160 Kilometer breiten, von Truppen freien Landstreifen zwischen Aisne und Nordsee. Wer eine Armee zur Verfügung hatte, um dort zu operieren, »konnte vielleicht immer noch den Gegner umfassen und triumphieren«.[69] Das hektische Suchen nach einer »offenen Flanke« ging als »Wettlauf zum Meer« in die Geschichte ein. Dabei konzentrierten sich die Unternehmungen bald auf einen engen Korridor in Belgisch-Flandern.[70]

Hier, umgeben von durchweichten Ebenen ausgedehnter, nicht eingezäunter Weide- und Ackerflächen, liegt unweit von Dünkirchen und dem Ärmelkanal das alte Ypern. Den Deutschen bot die Stadt eine letzte Gelegenheit, eine Wendung herbeizuführen. Der Vorstoß nach Dünkirchen, Calais und Boulogne hätte nicht bloß die Neutralisierung des Kanals mit sich gebracht, sondern auch die Beförderung von Truppen und Kriegsgerät aus England nach Frankreich verzögern oder behindern können. Sir John French als Kommandeur der British Expeditionary Force zog einmal mehr einen Rückzug in Betracht, wurde von Frankreichs Generalstabschef Joffre aber zur energischen Verteidigung angehalten.[71] Trotzdem gerieten Frenchs Männer in die Bredouille. An einem Ort namens Gheluvelt löste sich die britische Front am 31. Oktober 1914 auf. In die eineinhalb Kilometer lange Bresche hätten bereitstehende deutsche Verstärkungen vordringen, sich flächenartig verteilen und die letzten Reste des englischen Widerstandes vernichten können. Das 16. Bayerische Reserveregiment, dem auch Adolf Hitler angehörte, wartete jedoch vergebens auf Befehle. 1200 Mann streiften ziellos und plündernd umher, bis Brigadegeneral Charles Fitzclarence auf alliierter Seite mit seinen rund 370 Soldaten des 2. Worcester Bataillons die Bayern auseinander trieb.[72]

Fitzclarence, der wenige Tage später von einer Kugel tödlich verwundet wurde, hatte mit seinem beherzten Einsatz einen wichtigen Beitrag zum Kampfgeschehen geleistet: Die Lücke nach Dünkirchen wurde geschlossen.[73]

KONSEQUENZEN UND ALTERNATIVEN

Im November 1914 zog sich eine 750 Kilometer lange, ununterbrochene Linie von Schützengräben von der Nordsee bis zur Gebirgsgrenze der neutralen Schweiz.[74] Das Jahr endete mit einer ernüchternden Bilanz für die Verfechter der Offensivstrategien. Obwohl die Russen österreichische Gebiete und die Deutschen sowohl Belgien als auch nordfranzösische Territorien überrannt hatten, waren die Invasoren fast überall zum Stehen gebracht oder sogar zurückgedrängt worden.[75]

Die Marne-Schlacht repräsentierte unter solchen Bedingungen den ganzen Kriegsverlauf. Aber hätten die Entwicklungen eine andere Richtung nehmen können? Die Meinungen darüber gehen auseinander. »Auch ohne britische Hilfe wären die Franzosen in der Lage gewesen, die Deutschen zu stoppen«, schreibt beispielsweise der Militärhistoriker Robert Cowley, der, wie auch seine Kollegen Annika Mombauer und John Keegan, den Truppen Joffres einen ungebrochenen Kampfgeist zubilligt.[76] Das französische Heer kontrollierte Ende 1914 77 der 90 Departements, blieb in materieller Hinsicht potenziell stark und wurde zudem, so Keegan weiter, von einer großen See- und Weltmacht unterstützt.[77] Niall Ferguson nimmt darauf Bezug, indem er feststellt: »Wenn die BEF niemals entsandt worden wäre, hätten die Deutschen, daran besteht kein Zweifel, […] gewonnen.«[78]

Aber was dann? Robert Cowley, der allerdings die englische Beteiligung als gegeben annimmt, lässt sich auf die Planspiele Fergusons ein: Hätte Moltke die rechte Flanke seines Westheeres gestärkt und mit einem gigantischen Umfassungsmanöver sein Cannae doch noch bekommen, so wäre das bewaffnete Kräftemessen »weitgehend eine kontinentale Angelegenheit geblieben«.[79]

Der auch zum innenpolitischen Konsens führende Entschluss Großbritanniens, die deutsche Verletzung der belgischen Neutralität als Casus Belli zu betrachten, wird solcherart zum Angelpunkt aller weiteren Betrachtungen. Londons Kriegserklärung vom 4. August 1914 verwandelte bekanntlich den europäischen Konflikt in einen Weltkrieg. Aber selbst ohne diese Entscheidung wäre der Streit um eine britische Intervention vehement weitergeführt worden, um den deutschen Ambitionen Einhalt zu gebieten, meint Niall Ferguson. Abgesehen von einem Engagement in Frankreich kam jedenfalls für London vom militärischen Standpunkt aus, so Ferguson, nur noch die 1915 tatsächlich in Angriff genommene und schließlich missglückte Dardanellen-Invasion gegen das mit Berlin verbündete Osmanische Reich in Frage, oder aber ein regelrechter Seekrieg gegen das Hohenzollernreich, also die

Einkesselung deutscher Handelschiffe, die Störung neutraler Handelsbeziehungen mit dem Feind und die Konfiskation deutscher Besitztümer in Übersee.[80]

In Berlin ebenso wie bei der OHL konzentrierte man sich indes auf die Folgen der jüngsten Ereignisse: Der schnelle Sieg im Westen war ausgeblieben. Briten und Franzosen standen vereint an einer stark ausgebauten Westfront. Zivile und militärische Berater von Kaiser Wilhelm erkannten die Bedeutung des »Dramas«. Bereits um den 15. September 1914 hatte sich das Große Hauptquartier einzugestehen, dass infolge der verlorenen »Marneschlacht der Krieg für Deutschland nicht mehr zu gewinnen war«.[81] Knapp zwei Wochen später übergab es dem Wolffschen Telegraphenbureau einen amtlichen Bericht. In ihm hieß es unter anderem: »Aus operativen Gründen mußten die durch Umfassung aus Paris und den Durchbruch beiderseits bedrohten Armeeteile des rechten Flügels zurückgenommen werden. Hieraus ergab sich später ein Zurücknehmen der Mitte und unseres linken Flügels«.[82] Die Verlautbarung wurde allerdings damals nicht veröffentlicht, berichtete der »Vorwärts«, das Parteiorgan der SPD, im Jahr 1924. Die Sozialdemokraten, die damals mit Friedrich Ebert den Präsidenten der Weimarer Republik stellten, übten schärfste Kritik. »Nicht erst in den letzten Kriegsmonaten, sondern bereits in den ersten Wochen des Weltkrieges sind wir belogen und betrogen worden«, erklärte der »Vorwärts«. Seiner Auffassung nach gab es keine Entschuldigung für die »verantwortlichen bezw. führenden Kreise«, die »trotz ihrer Kenntnis der Sachlage uferlose Annexionsprogramme aufstellten und alle Friedensbemühungen Einsichtiger durchkreuzten«.[83]

Tatsächlich aber waren die Verhältnisse ab Herbst 1914 komplizierter gewesen. Innerhalb der deutschen Führung gab es Meinungsverschiedenheiten. Helmuth von Moltke, ein gebrochener Mann, wurde durch Erich von Falkenhayn, zugleich preußischer Kriegsminister, ersetzt. Falkenhayn hielt nach der Niederlage bei Ypern Vortrag bei Reichskanzler Theobald von Bethmann Hollweg. Es war der 18. November 1914. Bei dem in Berlin stattfindenden Treffen ließ der neue Generalstabschef keine Zweifel über die Lage des Hohenzollernreiches aufkommen. Seiner Armee, erklärte er, sei es nicht mehr möglich, den Krieg zu gewinnen. Eine Verhandlungslösung müsse gesucht werden, Russland habe man ein Friedensangebot zu machen, danach würde man sich bestimmt auch mit Frankreich einigen können.[84]

Davon aber wollte Bethmann Hollweg nichts wissen. Zurückdrängung des Zarenreiches durch die Abtrennung der westlichen Randstaaten, Annexion französischer Gebiete, Kontrolle über Belgien, so sahen die Ziele des Reichskanzlers aus, der auf einen Siegespreis auf dem Kontinent keinesfalls verzichten wollte und das große Kräftemessen noch nicht verloren gab. Bethmann, der Falkenhayn für einen Schwarzseher und Pessimisten, für einen »Spieler« und »fluchwürdigen Charakter« hielt, wusste auch einflussreiche Militärs auf seiner Seite. Ludendorff und Hindenburg glaubten nach ihren Erfolgen im Osten an einen Triumph über das morsche Romanowimperium. In einem Zweistufenplan sahen sie dann auch einen »militärischen Totalsieg« in Reichweite.[85]

Von alledem hielt Falkenhayn ebenso wenig wie sein österreichischer Kollege Conrad von Hötzendorf. Der russische »Koloss« erschien beiden Strategen unbezwingbar. Deutsch-russische Friedenssondierungen, die dann trotz der Bedenken Bethmanns und der insbesondere von Ludendorff forcierten Gewaltlösung stattfanden, scheiterten aber schließlich an Nikolaus II.[86] Der Zar lehnte das seriöse deutsche Angebot unter anderem mit dem Hinweis auf die Loyalität gegenüber seinen westlichen Verbündeten ab. Sein »Nein« brachte weitreichende Konsequenzen mit sich: Nikolaus hätte vielleicht sein Land, seine Regierung, seine Familie und seine Person retten können.[87] Allgemeine Verhandlungen über die Beendigung der Kampfhandlungen wären nach einer Verständigung zwischen Berlin und Sankt Petersburg, das seit Kriegsbeginn Petrograd hieß, möglicherweise auch für die Westmächte zum Thema geworden.[88]

Das Misslingen von Separatfriedensverhandlungen führte in Deutschland wiederum zu keinem Umdenken. Weder Erich von Falkenhayn noch Theobald von Bethmann Hollweg erörterten einen Waffenstillstand an allen Fronten, obwohl sich die Ententestaaten am

4. September 1914 fester zusammenschlossen und getrennte Gespräche mit dem Feind zurückwiesen.[89]

Der Krieg ging also weiter. Und für die preußische Generalität sah es dann auch gar nicht so schlecht aus. Anfang Mai 1915 brachte der deutsch-österreichische Durchbruch bei Tarnów-Gorlice die russische Front ins Wanken. In wenigen Wochen war das von der Zarenarmee okkupierte Galizien zurückgewonnen. Die anschließenden Offensiven des deutschen Oberkommandos im Osten, kurz »Oberost«, führten zur Eroberung von Russisch-Polen und Teilen des Baltikums.[90] Zwar erhielten Wien und Berlin zur selben Zeit mit dem Kriegseintritt Italiens auf alliierter Seite einen neuen Gegner. Entscheidende Bedeutung aber erlangte die neue Front trotz der unmittelbaren Bedrohung Österreichs nicht.[91] Vielmehr gelang es den Mittelmächten, also der Donaumonarchie und dem Hohenzollernreich, neue Bundesgenossen zu finden. Schon im Oktober 1914 trat die Türkei in den Kampf gegen eine seit dem 23. August durch Japan verstärkte Entente ein. Als wichtig erwies sich zudem das Bündnis zwischen Wien, Berlin und Sofia. Bulgarien, das im Oktober 1915 an die Seite der Mittelmächte trat, half bei der nunmehr geglückten Eroberung von Serbien.[92]

Solche Entwicklungen verdeckten allerdings die Unkoordiniertheit der deutschen Führung. Hinter dem Letztverantwortlichen, einem von seinen Aufgaben überforderten Kaiser, spekulierten politische Kreise auf den militärischen Sieg und die Oberste Heeresleitung auf einen Separatfrieden. Zu allem Überfluss sah sich die OHL nach dem Sieg von Tarnów-Gorlice erst recht mit den gigantischen Umfassungsplänen des »Oberost« gegen die russische Armee konfrontiert. Im erbitterten Strategiestreit setzte Generalstabschef Falkenhayn hingegen erneut auf die westliche Karte. Der ihm wenig gewogene Reichskanzler stimmte ihm dabei in einem Punkt zu: England war der Erzfeind. Diesen, so Falkenhayn, gelte es nun mit der »U-Boot-Waffe« zu treffen, während man gegen Frankreich bei Verdun offensiv wurde.[93]

Falkenhayn behauptete diesbezüglich später, er habe, nach den Resultaten der Feldzüge von 1914, keinen größeren Landgewinn im Westen ins Auge gefasst, sondern die Franzosen als »Festlanddegen«

Großbritanniens durch eine Materialschlacht zum »Weißbluten« bringen und gewissermaßen verhandlungsbereit schießen wollen.[94] In Wahrheit dürfte der Generalstabschef, trotz der Erfahrungen im Herbst 1914 auf einen Durchbruch, einen »großen moralischen Sieg« und eine entscheidende Revanche für die Schlappe an der Marne gehofft haben. Im deutschen Hauptquartier aber hatte man sich verschätzt. Die Kämpfe um Verdun im Jahr 1916 führten zu keinem eindeutigen militärischen Erfolg. Vielmehr versinnbildlichten sie mit schätzungsweise 420 000 Toten und 800 000 Verwundeten das industrialisierte Massenschlachten, den »Selbstmord der europäischen Völker«. Die alliierte Front jedoch hatte gehalten. Verdun wurde zum Symbol der französischen Widerstandsfähigkeit.[95]

Unterdessen kam es zwischen Falkenhayn und Bethmann Hollweg zu einem neuerlichen Zerwürfnis. Der Reichskanzler befürchtete nämlich völlig zu Recht den Kriegseintritt der Vereinigten Staaten von Amerika als Folge des U-Boot-Krieges und wünschte einen vorsichtigeren Kurs. Die Pattstellung an den Kampfschauplätzen verlangte seiner Meinung nach statt unnötiger Provokationen vor allem Geduld. Bethmann Hollweg setzte in dieser Phase auf Kompromissbereitschaft, zumindest aber auf eine Taktik des Ausharrens. Vielleicht konnte sogar mehr erreicht werden: Im Sommer 1916 verzeichneten die k. u. k. Streitkräfte immerhin Anfangserfolge an der Italienfront, während es im Osten ruhig blieb. Ende Mai 1916 kam es sogar zu einer von der OHL erhofften französischen Friedensinitiative über die Schweiz. In der deutschen Heeresleitung rechnete man schon mit einem Sieg zur Jahreswende 1916/17.[96]

Bis dahin aber hatte sich das Blatt schon wieder gewendet. Zwar stellten sich Angriffe der Westalliierten als Fehlschläge heraus. Doch nach der russischen »Brussilow-Offensive« wollte die Stützung der österreichischen Front nicht so recht gelingen. Gerade als sich die Lage leicht entspannte, trat Rumänien an die Seite der Entente. Falkenhayn, der eine Kriegserklärung Bukarests zumindest erst später erwartet hatte, wurde am 28. August 1916 durch Hindenburg und Ludendorff ersetzt.[97] Damit triumphierte auf deutscher Seite das Streben nach einem Totalsieg, während das Bündnis zwischen Rom, Paris und London noch enger und die militärische Kommandogewalt der an der Westfront stehenden Alliierten vereinheitlicht wurde.[98]

Bethmann Hollweg, dessen Versuch, sich mit den Feinden zu verständigen, inzwischen ohne Resultat geblieben war, geriet immer stärker in das Fahrwasser des neuen Generalstabs. Schließlich stimmte auch Bethmann, weil er das blutige Spiel auch jetzt noch nicht verloren geben wollte, für den von Ludendorff und Hindenburg durchgesetzten uneingeschränkten U-Boot-Krieg.[99] Der Reichskanzler wurde dadurch mitverantwortlich am Entschluss der Vereinigten Staaten, dem Hohenzollernreich im April 1917 den Krieg zu erklären.[100] Zu Recht beschrieb Winston Churchill, bis 1915 Lord der Admiralität und nach mehreren hohen Regierungsämtern britischer Premierminister im Zweiten Weltkrieg, die von Bethmann mitgetragene Entscheidung der OHL als richtungsweisend. Wenn sie, argumentierte Churchill, »um zwei Monate verschoben worden wäre, wäre sie vielleicht nie zustande gekommen«. Ohne die amerikanische Unterstützung hätten England und Frankreich allein das mehrjährige »Völkerringen« wohl kaum für sich entscheiden können, vermutet der Historiker Holger Afflerbach. »Allerdings«, so Afflerbach weiter, »hätten die Mittelmächte auch dann nicht die nötige Überlegenheit für einen vollständigen Sieg im Westen besessen«.[101]

Die zweite Phase des großen Kräftemessens, die nach dem »Marne-Wunder« und den gescheiterten Offensiven bis Ende 1914 begonnen hatte, ging zu Ende. Das Auftauchen des amerikanischen Millionenheeres leitete einen dritten Abschnitt ein. Dieser verschob nun nicht bloß das Kräfteverhältnis zu Ungunsten Deutschlands, sondern schuf außerdem eine weitere, »innere« Front. US-Präsident Woodrow Wilson deutete sie an, als er mit dem kommenden Waffengang seines Landes zum Kreuzzug für die Demokratie und gegen die Autokratie aufrief. Wilsons Worte bezogen sich auch auf die jüngsten Entwicklungen in Petrograd. Russland als Bündnispartner der Westmächte kompromittierte die hauptsächlich gegen Habsburger und Hohenzollern gerichtete Kreuzzugsidee jedenfalls nicht: Die Herrschaft der Romanows war zu Ende gegangen. Der Zar hatte nach der Februarrevolution abgedankt.[102]

»Es ist genug Blut geflossen!«

Die Nacht des Kirpitschnikow und die Russische Revolution

»DUMMHEIT ODER VERRAT«

Von seinem »Mörder« wissen wir, dass Timofej Iwanowitsch Kirpitschnikow irgendwann im Jahr 1918 erschossen wurde. Der Fähnrich war sechsundzwanzig Jahre alt, als ihn die Kugeln eines Exekutionskommandos durchlöcherten. Er war bei seinem Tod demnach genauso alt wie der Zar, als dieser 1894 seinem Vater, Alexander III., auf dem Thron nachfolgte. Derartige Zahlenspiele und der Umstand, dass beide, Kirpitschnikow und Nikolaus II., im Jahr 1918 hingerichtet wurden, reichen aber kaum aus, um von Gemeinsamkeiten zu sprechen. Und doch. Eine Verbindung gibt es.

Lassen wir uns auf ein »Möglichkeitsszenario« ein und begeben wir uns dabei auf die von Historikern für gewöhnlich gemiedene Ebene des Konjunktivs: Hätte es Timofej Kirpitschnikow nicht gegeben, dann wäre vielleicht die Revolution, die Nikolaus II. die Krone gekostet hat, gescheitert und der Zar wäre nicht gestürzt worden – zumindest nicht im Februar beziehungsweise März 1917.

Allerdings verfügte die Monarchie in ihrer damaligen Form ohnehin nur mehr über ein Minimum an Überlebenschancen. Ihr Untergang war also nur mehr eine Frage der Zeit. So urteilten nicht wenige, die eine Reformierbarkeit des Systems für unmöglich und eine »radikale« innere Entwicklung für die wahrscheinlichere Zukunftsvariante hielten. Aber retrospektiv abgegebene Urteile haben es an sich, dass mitunter der Eindruck entsteht, als würde man die Zwangsläufigkeit von Entwicklungen dadurch unter Beweis stellen wollen, indem man um einen Treffer herum erst nachträglich die Zielscheibe aufmalt. Der Wissensvorsprung des Nachgeborenen kann dazu verleiten, die Dinge klarer zu sehen als sie sind beziehungsweise waren. Steuerte das Romanowimperium wirklich so zielsicher auf sein Ende zu? War es unvermeidlich, dass das Regime so kläglich in sich zusammenstürzte? So folgerichtig und zwangsläufig das Ende der Zarenherrschaft rückwirkend erscheinen mag, und so sehr auch viele Zeitgenossen den Sturz des Regimes erwarteten oder gar auf ihn hinarbeiteten – die Art und Weise, wie sich der Untergang vollzog, überraschte selbst jene, die gleichsam von Berufs wegen mit dem Revolutionshandwerk befasst waren.

Das Totenglöckchen läutete nach Einschätzung mancher Beobachter dem Romanowimperium schon im Sommer 1914, als Nikolaus seine Soldaten zu den Waffen rief. Aber schon 1905, als Russland sich gerade im Krieg mit Japan befand und seine erste große Revolution erlebte, die die Autokratie in ihren Grundfesten erschütterte, sahen viele das Ende der Zarenherrschaft gekommen. Damals schlug man brutal zurück, versuchte dann mit halbherzigen Reformen die Lage zu beruhigen und tat im Endeffekt nichts anderes, als einen notwendigen Kompromiss mit der Gesellschaft hinauszuzögern. 1914 aber scharte sich das Volk noch einmal um den Thron des Herrschers, sang voll Inbrunst die Zarenhymne und ließ Nikolaus an ein Wunder glauben.[1] Ein allgegenwärtig erscheinender Hurrapatriotismus erweckte in den ersten Wochen nach Kriegsbeginn den Eindruck, als wären mit einem Schlag alle inneren Probleme des Reichs überwunden. Selbst die Abgeordneten der Duma, des von Nikolaus stets mit Argwohn betrachteten und höchstens geduldeten Parlaments, zeigten sich ungewöhnlich einig, als es daran ging, das Vaterland zu verteidigen. Doch die Hoffnung auf eine längerfristig wirksame Lösung der zahlreich vorhandenen Probleme erwies sich als trügerisch. Daran änderte auch die zeitweilig erfolgreiche Ausschaltung beziehungsweise Zähmung oppositioneller Kräfte wenig. Schon bald brach die »innere Front« wieder auf. Im Unterschied zu früher aber bekam es die Autokratie mit Schwierigkeiten zu tun, die noch zusätzlich, abseits der mehr oder weniger akzeptierten Dauerkrise, hervortraten.

Der Krieg legte die Unfähigkeit einer starren Bürokratie noch deutlicher als zuvor offen. Diese konnte die anstehenden Aufgaben zwar kaum erfüllen, gewährte aber aus Sorge um den eigenen Machtverlust effizienter arbeitenden Institutionen nur widerwillig Unterstützung. Noch schwerer wog, dass sich die sozialen Gegensätze weiter verschärften. Die Lebens- und Arbeitsbedingungen der Arbeiterschaft verschlechterten sich dramatisch, und die planlose Preis- und Beschaffungspolitik des Staates manövrierte das Land nach und nach in eine Sackgasse. Ab Herbst 1915 standen Streiks und Demonstrationen wieder an der Tagesordnung.[2]

Hinzu kam, dass der Krieg gegen das Deutsche Reich sich allmählich als Debakel darstellte. Keine geringe Rolle spielten in diesem Zusammenhang schwere Mängel in der Rüstungsindustrie und im Transportwesen. Die Erfolge der russischen Armee verblassten rasch, als die Truppen immer weiter zurückweichen mussten.

Als Nikolaus 1915 entschied, den Oberbefehl über die Armee selbst zu übernehmen, war es nicht länger möglich, die Schuld an den Niederlagen auf vermeintlich unfähige Generäle zu schieben. Selbst seine treuesten Anhänger legten ihm nahe, auf diese Funktion zu verzichten. Aber der Zar, der die letzten Monate seiner Regentschaft in Mogilew, im Hauptquartier der Armee an der Südwestfront, zubrachte, erwies sich als überaus resistent gegenüber guten Ratschlägen.

In vielen entscheidenden Fragen intervenierte allerdings immer wieder erfolgreich seine Frau, Alexandra Fjodorowna. Die Zarin übte auf diese Weise einen enormen Einfluss auf die Politik aus. In Absprache mit dem Mönch und Wunderheiler Rasputin, von dem sie sich die Genesung des schwer kranken Zarewitsch erhoffte, erstellte sie Ministerlisten und hielt sich auch dann mit ihren Äußerungen nicht zurück, wenn militärisch-strategische Belange besprochen wurden. Stets in Angst, die »Allgewalt« ihres Mannes könne beschränkt werden, agierte die tiefreligiöse Alexandra ganz nach der Manier einer vom Auserwähltheitsgedanken durchdrungenen Herrscherin »von Gottes

Gnaden«.[3] Immer wieder forderte sie den zuweilen zögerlich wirkenden Zaren auf, er möge Stärke an den Tag legen und »autokratischer« auftreten.[4] Sie hatte dementsprechend taube Ohren, wenn es etwa darum ging, eine Regierung zuzulassen, die zur Abwechslung nicht nur aus leicht lenkbaren Günstlingen des Hofs bestand. Die geradezu selbstmörderische Hartnäckigkeit, mit der Alexandra Reformen ablehnte, erzeugte sogar bei der Verwandtschaft ihres Mannes Unverständnis. Ein ob ihres Starrsinns anscheinend bereits besonders enervierter Großfürst warnte sie eindringlich vor den Konsequenzen ihrer Unnachgiebigkeit und sagte: »Sie sind also bereit, mit Ihrem Mann zu krepieren. Aber seien Sie vorsichtig, wir wollen Ihnen nicht in Ihrer verrückten Blindheit folgen. Sie haben nicht das Recht, uns mit in diese Katastrophe hineinzureißen.«[5]

Politische Gegner waren nach Meinung der Zarin entweder nach Sibirien zu verfrachten oder gegebenenfalls einfach aufzuhängen.[6] Und Nikolaus, »ein sonderbarer Herrscher, der der Versuchung niemals widerstanden hat, seinen beschränkten, aber gar nicht bösen Verstand vollends fahren zu lassen, wenn es um einen Ausgleich mit der Duma« oder um Zugeständnisse gegenüber den Forderungen der Gesellschaft ging[7], verteidigte trotzig seine Position. Wenn es darauf ankam, erwies sich der zuweilen geradezu schüchtern wirkende Monarch als durchaus gewillt, hart durchzugreifen. Aber gerade in Zusammenhang mit der düsteren Lage an der Front bedurfte es eher eines Mannes mit Überblick als eines auf die eigene Stellung pochenden Autokraten. Nikolaus, alles andere als ein Militärstratege, spielte daher im Hauptquartier, in der Stawka, am ehesten die Rolle eines Zuschauers. Und so, getrennt von Frau und Kindern, die in Zarskoje Selo geblieben waren, stellte sich schließlich Langeweile beim Zaren ein. Er spielte Domino, trank Tee und versuchte wohl die unzähligen Briefe, die Alexandra ihm nach Mogilew schickte, zu beantworten, während sowohl an der Front als auch im Hinterland die Situation immer düsterer zu werden drohte. Die Bevölkerung begann ihren Glauben an das Regime zu verlieren, während Nikolaus meinte, dass nicht er das Vertrauen der Menschen zurückgewinnen müsste, sondern das Volk seines.[8]

Alles andere als vertrauensbildend wirkte schließlich auch das so genannte »ministerielle Bockspringen«. Die Regierungsmannschaft wurde in beispiellos kurzen Intervallen immer wieder ausgetauscht. Kaum war ein neuer Minister angelobt worden, tauchte hinter ihm bereits ein neues Gesicht auf: In nicht einmal eineinhalb Jahren verbrauchte das Zarenreich vier Premiers und achtzehn Minister.[9] Das öffentliche Ansehen vieler dieser Männer war zudem beschädigt, ja schlimmer noch, es war nicht vorhanden. Besonders übel beleumundet war der letzte Innenminister des Romanowimperiums, Alexander Protopopow, dem man von Syphilis infolge sexueller Ausschweifungen bis hin zu spiritistischen Neigungen alles nachsagte, was sich für eine grundlegend negative Charakterisierung eignete. Die, die ihn kannten und auf etwaige positive Eigenschaften des Ministers angesprochen wurden, rangen sich lediglich dazu durch, ihm enorme Ausdauer beim Reden zuzugestehen.[10] Allerdings ist wohl der Hang zu langen Monologen keine überzeugende Qualifikation für das Amt des Ministers. Protopopow aber hatte mächtige Protegés. Er war ein Wunschkandidat Rasputins und eines ebenfalls in den höchsten Kreisen verkehrenden dubiosen Heilers und Magiers namens Badmajew gewesen.[11]

Der Aufstieg Rasputins, dessen exzessiver Lebensstil den Salons in der Hauptstadt nicht enden wollenden Gesprächsstoff lieferte, versinnbildlichte für viele die Verdorbenheit des gesamten Systems. Trotz der Skandale, die der Mönch produzierte, blieb die Zarin ihm und seinen Orakeln hörig. Selbst Nikolaus bat seine Frau, der Einflussnahme des gewalt- und wundertätigen »Gottesmannes« auf die politischen Geschäfte Einhalt zu gebieten. Ohne Erfolg. Jene, die Rasputin dann im Dezember 1916 ermordeten, rechtfertigten die Bluttat als einzige Chance, Russland zu retten. Sie scheiterten.

Alexandra, der im eigenen Land intime Beziehungen zu Rasputin unterstellt wurden, war darüber hinaus nicht zuletzt aufgrund ihrer deutschen Herkunft allerlei Gerüchten ausgesetzt.[12] Diese verdichteten sich schließlich zu schweren Vorwürfen: Die Zarin, eine hessische Prinzessin, wurde verdächtigt, eine »deutsche Spionin« zu sein. Die Vertreter der Entente in Petrograd – die Stadt war aufgrund des »zu deutsch« klingenden Namens »St. Petersburg« angesichts des Krieges mit dem Hohenzollernreich umbenannt worden – griffen solche Meldungen sofort auf. Wahr oder nicht, meinten Russlands Verbündete in Bezug auf derlei Verdächtigungen: ernst nehmen müsse man sie in jedem Fall. Engländer und Franzosen fürchteten nicht ohne Grund um die Kampfmoral der russischen Soldaten, die bereits glaubten, dass es sinnlos wäre zu kämpfen, wenn der Hof insgeheim die Deutschen unterstütze.[13]

Im November 1916 brachte Pawel Miljukow von der Partei der Konstitutionellen Demokraten das zum Ausdruck, was vielen auf der Zunge brannte. Der routinierte Parlamentarier legte sich keine Zurückhaltung auf. Im großen Sitzungssaal des Taurischen Palais, dem Gebäude der Duma, stellte er die Frage, ob es »Dummheit oder Verrat« sei, was die Regierung zu ihrer verhängnisvollen Politik treibe. Neben dem berechtigten Zweifel an der Zurechnungsfähigkeit der Verantwortlichen spielte Miljukow hier wohl auch auf die mittlerweile allgegenwärtigen Verdächtigungen gegen die Zarin an, die laut Zeitungsmeldungen mit dem ebenfalls »germanisierten« Nikolaus gemeinsame Sache machte. Ihren Verwandten im Deutschen Reich, hieß es schließlich, spiele Alexandra die Aufmarschpläne der russischen Armee und andere militärische Geheimnisse zu. Die Zarin, wussten »informierte« Kreise, sei es auch gewesen, die Nikolaus zu Gesprächen mit Deutschland über einen Separatfrieden gedrängt hätte. Die Meldungen über derartige Verhandlungen beunruhigten die Entente, und da die Wahrheit weniger von Bedeutung war als die von allen möglichen unverbürgten Nachrichten bestimmte Wirklichkeit, fragte niemand danach, ob die gegen das Zarenpaar erhobenen Anschuldigungen auch berechtigt waren.

Pawel Miljukow, der bei aller Kritik am Regime keineswegs das Ende der Monarchie forderte, hatte mit seinem Auftritt im Parlament, wenn auch seinen Absichten widersprechend, das »Sturmsignal für die Revolution« gegeben.[14] Zumindest er selbst formulierte später diese Ansicht. Mag er auch die Wirkung seiner Rede überschätzt haben, so ist nicht zu leugnen, dass von nun an kaum noch an eine Zukunft mit Nikolaus an der Spitze des Reiches zu denken war. Alexandra jedenfalls war längst untragbar geworden. Sogar Angehörige der Zarenfamilie waren dieser Meinung. Eine Palastrevolution rückte in den Bereich des Möglichen. Wieder hatte die Gerüchteküche Hochkonjunktur. Man munkelte über konspirative Treffen und geheime Absprachen. Umsturzpläne wurden in die Welt gesetzt. Doch es blieb bei der Theorie und alles beim Alten.

ROTE FAHNEN, ROTE ROSEN

Die Regie übernahmen schließlich die »Massen«. Es trat ein, was viele vorausgesehen hatten: Die Bevölkerung, die in den vorangegangenen Jahren bereits unzähligen Belastungsproben ausgesetzt worden war, begehrte auf. Nicht genug damit, dass die Lebensmittelpreise innerhalb nur weniger Monate rasant in die Höhe kletterten; ein Engpass an Brotgetreide drohte den ohnehin kargen Speisezettel noch weiter zu beschneiden.[15] Eine verfehlte Agrarpolitik, Mangel an Treibstoff und eine nicht zuletzt infolge der Bedürfnisse der Armee überlastete Infrastruktur waren verantwortlich für den Mangel.[16] Die Mehllieferungen, die per Eisenbahn in die Hauptstadt gebracht wurden, waren zu knapp ausgefallen. Vorräte gab es noch, doch nun fehlte es offenbar an den erforderlichen Brennstoffen, um das Mehl zu Brot backen zu können.[17] Aber für Erklärungen und Ausflüchte war es zu spät. Allein mit Worten konnte man die Menschen nicht beruhigen. Denn was nützte es schließlich, wenn im Prinzip genug Brot vorhanden war, man es aber in den Millionenstädten Moskau und Petrograd nicht bekommen konnte? Als die Menschen von der Einführung eines Rationierungssystems für Brot erfuhren, kam es in der Hauptstadt zu Hamsterkäufen. Vor den Bäckereien bildeten sich lange Warteschlangen, und teilweise wurden die Läden gestürmt.[18]

Streiks und Demonstrationen waren bereits seit geraumer Zeit keine Besonderheit mehr. Die Protestbereitschaft nahm kontinuierlich zu. Eine Hungerrevolte im Zusammenhang mit der Nahrungskrise hielt nun auch die Ochrana, die zarische Geheimpolizei, für wahrscheinlich. Der klirrend kalte Winter 1916/17 steigerte die Lage ins Unerträgliche. Den übergeordneten Behörden kamen Berichte von Ochrana-Agenten zu, wonach zahllose Mütter bei eisigen Temperaturen trotz stundenlangen Ausharrens vor den Geschäften ohne Brot nach Hause kamen und dort »ihre Kinder in schmutzigen und unbeheizten Räumen verhungern« sahen.[19] Solche Frauen, hieß es, und nicht jene Parlamentarier, die Alexandra am liebsten in der Verbannung gesehen hätte, würden die Initiative ergreifen und ihrer Empörung Luft machen. Man prophezeite also eine Revolution von unten, ja von ganz unten. Und so kam es auch.

Am 23. Februar, dem 8. März neuen Stils[20], waren es Textilarbeiterinnen, die den Anfang machten. Sie, die manchmal länger als zwölf Stunden täglich in den Fabriken arbeiteten und in Anbetracht von Inflation und Nahrungsmittelknappheit ihre Familien nicht versorgen konnten, brachten kein Verständnis mehr für die üblicherweise mit dem Hinweis auf die Kriegslage gerechtfertigte Krise auf.[21] Am Internationalen Frauentag zogen sie in Demonstrationszügen durch die Straßen der Hauptstadt und forderten Brot. Bald schon kamen Rufe wie »Schluss mit dem Krieg!« oder »Nieder mit der Autokratie!« dazu.[22] Schon an diesem Tag wurde offensichtlich, wie groß das Aggressionspotenzial der Menschen war: Scheiben wurden eingeworfen, Geschäfte geplündert. In manchen Fabriken erzwang man die Einstellung der Produktion mit Gewalt.[23] Aber noch beschränkten sich die Demonstrationen auf den Stadtteil Wyborg, und die Polizei hatte die Kontrolle über die Geschehnisse noch nicht verloren. Schlimmstenfalls würde man die Newa-Brücken hochziehen. Doch es stellte sich heraus, dass auch eine solche Maßnahme nicht ausreichte, um der Unruhen Herr zu werden. In den nächsten Tagen wagten sich die Menschen aufs Eis, überquerten so den zugefrorenen Fluss und gelangten auf diese Weise ins Stadtzentrum. Am 24. Februar streikten bereits mehr als 200 000 Arbeiter und Arbeiterinnen.[24] Der Protest nahm immer gewaltigere Formen an. Nicht nur hinsichtlich der Zahlen. Wieder wurden Läden geplündert und Gebäude verwüstet oder in Brand gesetzt.[25]

Die Redakteure der Zeitung »Nowoje Wremja« hatten es nicht für notwendig befunden, die wie üblich mit Todesanzeigen oder etwa Reklametexten für Papirossy übersäte Titelseite in Anbetracht der Ereignisse vom Vortag zu ändern.[26] Aus diesem Blatt erfuhren die Leser auf Seite fünf, dass laut Erklärung des Chefs des Petrograder Militärdistrikts, General Chabalow, genug Brot vorhanden sei.[27] In der ganzen Stadt hatte man diese Mitteilung affichiert. Doch mussten sich viele

Petrograd 1917: Soldaten mit roten Fahnen

davon überzeugen, dass es keinen Grund gab, die auch in der Duma lebhaft debattierte Versorgungskrise als beendet zu betrachten. Mittlerweile war es fast völlig aussichtslos geworden, eine Bäckerei zu finden, die noch Brot verkaufte. Die Menge war gereizt. Dort und da kam es zu Handgreiflichkeiten. Eine Abordnung von Bäckern beschwerte sich jetzt bei General Chabalow, weil die Bevölkerung aufgrund der von ihm unterzeichneten Kundmachung glaubte, die Bäcker würden Mehlvorräte bewusst zurückhalten.[28] Anders konnte sich so mancher die Diskrepanz zwischen der offiziellen Verlautbarung und den eigenen Erfahrungen in den Geschäften nicht erklären.

Ein Augenzeuge, der an diesem Tag auf dem Weg zu seinem Friseur über den Newskij-Prospekt spazierte, meinte: Es roch förmlich nach

Demonstration. »Wenig Fahnen«, stellte er fest: »Auf den meisten die Aufschrift: ›Brot!‹« Doch es ließen sich auch Losungen wie »Nieder mit der Selbstherrschaft!« ausmachen. Stutzig machte ihn, dass die Demonstranten von den Sicherheitsorganen mehr oder weniger unbehelligt blieben.[29]

Es war in der Tat ungewöhnlich, dass die berüchtigten Kosaken, die ebenfalls zum Einsatz kamen, um die Menge in Schach zu halten, regelrecht unbeteiligt wirkten. Manche beobachteten sogar, dass deren »Neutralität« in eine Unterstützung für die Demonstranten umschlug.[30] Aber nicht immer war Solidarität mit den Unzufriedenen Motiv für die auffallende Passivität der Kosaken. Deren fehlender Elan wurde zum Teil auch darauf zurückgeführt, dass sie keine Erfahrung für ihre nunmehrige Funktion als Ordnungshüter mitbrachten. Während die berittene Polizei genau wusste, was sie zu tun hatte, waren die Kosaken, deren Pferde noch dazu zum ersten Mal im Stadtgebiet eingesetzt wurden, mit der Situation überfordert. Außerdem waren viele nicht mit der berüchtigten, für die Kosaken geradezu obligatorischen Peitsche, der Nagajka, ausgestattet.[31]

Auch das Wetter kam, wenn man so will, den Demonstranten entgegen. Zumindest am kommenden Tag, als strahlender Sonnenschein und mildere Temperaturen mit dazu beitrugen, dass Hunderttausende auf die Straße gingen.[32] Die Zarin kommentierte die Ereignisse dieses 25. Februar so: »Radaubrüder haben sich in Bewegung gesetzt: junge Kerle durchstreifen die Straßen und schreien, dass es nichts zu essen gibt, bloß um Unruhe zu stiften. Auch Arbeiter sind dabei, die wiederum andere von der Arbeit abhalten. Hätten wir sehr kaltes Wetter, dann würden sie wohl alle zu Hause bleiben.«[33]

Es erschienen keine Zeitungen mehr, die meisten Straßenbahnlinien waren eingestellt, viele Geschäfte, Bankinstitute und Restaurants geschlossen. Fast ausnahmslos war die Arbeit in den Fabriken niedergelegt worden. Es stach ins Auge, dass die Anzahl roter Fahnen bei den Protestzügen deutlich zugenommen hatte. Was die Frau eines Großfürsten, die in Zarskoje Selo Aufenthalt genommen hatte, damals als »niederträchtige Lappen« bezeichnete[34], machte klar, dass es längst nicht mehr allein um die Forderung nach Brot ging. Auch General Chabalow hatte das begriffen. Die Menschen, die »Nieder mit dem Zaren!« riefen, waren möglicherweise nicht mehr nur mit ein paar Brotkörben zu besänftigen.[35]

Ihre Entschlossenheit war allzu offensichtlich: Als Demonstranten via Litejnij-Brücke ins Stadtzentrum gelangen wollten, stellte sich ihnen der Polizeichef Schalfejew mit seiner Einheit entgegen. Eine Peitsche schwingend preschte er auf die Menge zu. Den Demonstranten gelang es, ihn von seinen Männern zu isolieren. Sie umringten ihn, zerrten ihn von seinem Pferd und nahmen ihm Revolver, Säbel und Peitsche ab. Dann stürzten sie sich auf ihn. Schalfejew hatte keine Chance. Er wurde gelyncht.[36]

Auch an anderen Stellen gelang es den Demonstranten, die diverse Revolutionslieder, darunter auch die »Marseillaise«, anstimmten[37], ihren Zug Richtung Zentrum fortzusetzen. Wieder beschränkten sich die Kosaken auf die Rolle von Beobachtern. Bei den Auseinandersetzungen zwischen Polizei und Demonstranten, die sich dort und da zu regelrechten Straßenschlachten entwickelten, blieben sie im Hintergrund.[38] Die Gewaltbereitschaft der Menschen auf den Straßen war jedenfalls enorm gestiegen. Alles, was sich finden ließ, ob Pflastersteine, Holzlatten, Flaschen oder gar Eiszapfen, wurde im Kampf gegen die Exekutive eingesetzt. Vereinzelt wurden Schusswaffen abgefeuert. Außerdem detonierten zwei selbst gebastelte Bomben, und es wurden Handgranaten geworfen.

Im Zusammenhang mit der Gewalt der Straße, mit der Herrschaft des »Mobs«[39], die manche Beobachter nun angebrochen sahen, sind folgende Äußerungen Leo Trotzkis, der sich damals allerdings gerade in den USA aufhielt, berühmt geworden: »Revolutionen pflegten sich stets durch Unhöflichkeit auszuzeichnen: wohl deshalb, weil die herrschenden Klassen sich nicht rechtzeitig die Mühe gaben, das Volk an gute Manieren zu gewöhnen.«[40]

Das Volk erlebte in diesen Tagen eine Überraschung. Auch jene, die als Verteidiger der herrschenden Klassen angesehen wurden, verhielten sich anders als erwartet. Mittlerweile war nämlich die Unterstützung, die die Kosaken den Demonstranten angedeihen ließen, nicht nur passiv, sondern tätig, ja sogar tätlich geworden. Auf mangelnde

Erfahrung beim Auseinandertreiben von Demonstranten konnte man ihr Verhalten nun nicht mehr zurückführen. Die Kosaken ergriffen offenbar bewusst Partei für die »Aufrührer«. Sie halfen mit, von der Polizei festgenommene Demonstrationsteilnehmer aus den Gefängnissen zu befreien, und am Snamenskij-Platz säbelte ein Kosakenoffizier einen Polizisten, der eine rote Fahne in Stücke riss, sogar eigenhändig nieder. Das wollten zumindest einige Augenzeugen gesehen haben.[41] Symbolträchtig war überdies eine Szene auf dem Newskij-Prospekt, als die Menge in Anbetracht der anwesenden Kosaken zunächst verunsichert reagierte, stoppte und plötzlich ein Mädchen aus dem Demonstrationszug hervortrat und einem Kosaken einen Strauß roter Rosen reichte.[42] Die Friedensbotschaft kam an, konnte aber nicht darüber hinwegtäuschen, dass solche Gesten der Versöhnung und Annäherung die Ausnahme von der Regel darstellten: Auf beiden Seiten gab es Dutzende Tote und Verletzte.

In den vorangegangenen Tagen hatten die Verantwortlichen beschönigende Berichte über die Lage in der Hauptstadt nach Mogilew geschickt. Nun aber wurden deutlichere Worte gesprochen. Der Zar war überzeugt davon, dass eine energische Machtdemonstration der Staatsgewalt den Aufruhr ersticken würde. Am Abend des 25. Februar schickte er ein Telegramm an General Chabalow. Diesem wurde aufgetragen, den in Anbetracht des Krieges mit Deutschland und dem Habsburgerreich nicht zu tolerierenden Unruhen, so Nikolaus, ein Ende zu setzen.[43]

Der Zar, gab Chabalow später zu Protokoll, hatte befohlen: »Es muss geschossen werden!«[44]

Geschossen worden war freilich schon vorher. Nun aber sollten alle verfügbaren Kräfte aufgeboten werden, um die Ordnung wieder herzustellen.

Noch immer war nicht eindeutig zu sagen, ob das, was sich in den Straßen Petrograds abspielte, eine Revolution oder aber »nur« eine Hungerrevolte war. Es schien, dass erst die nächsten Tage eine Antwort darauf geben würden. Immerhin konnte man Streiks, Demonstrationen und Protestmärsche, die – wie bereits erwähnt – nun keine über alle

Maßen ungewöhnlichen Erscheinungen in der Hauptstadt waren, gleichsam als Routineangelegenheit abhandeln. Selbst führende Köpfe des linken Lagers waren sich nicht sicher, ob der Aufstand nicht ebenso schnell wieder zusammenbrechen würde wie er begonnen hatte. Reichte es nicht vielleicht doch aus, den Streikenden und Demonstrierenden einfach genug zu essen zu geben? Von einer Revolution konnte dann keine Rede mehr sein. Und: Gab es überhaupt eine reelle Chance, den Protest zu kanalisieren und entsprechend zu politisieren?

Bis heute jedenfalls existieren unterschiedliche Ansichten darüber, wie viel an dieser Volkserhebung spontan und wie viel »dirigiert« war. Dementsprechend unterschiedlich sind auch Angaben über den Beginn der Februarrevolution, von der wir längst wissen, dass sie diese Bezeichnung verdient. Für viele ist der 23. Februar als Beginn außer Frage, andere wiederum schwanken zwischen Sonntag, dem 26., und Montag, dem 27.[45]

Als Timofej Iwanowitsch Kirpitschnikow im Morgengrauen des 26. Februars seine Befehle entgegennahm, war es jedenfalls der dritte Tag, an dem er als Feldwebel des Ausbildungskommandos des Wolhynischen Garderegiments am Snamenskij-Platz seinen Dienst versah.

SCHIESSBEFEHL

Das Wetter an diesem Sonntag versprach wunderschön zu werden. Strahlender Sonnenschein und blauer Himmel schon am frühen Morgen.

Die ersten Sonnenstrahlen an diesem 26. Februar legten den Blick auf das frei, was in der Nacht geschehen war: Das Zentrum der Stadt hatte sich in ein Militärlager verwandelt. Der Newskij-Prospekt, die Prachtstraße der Metropole, war abgesperrt.[46] Überall waren Soldaten postiert. Ihnen wurde nun die Aufgabe übertragen, den Befehl des Zaren auszuführen und die Unruhen zu beenden. Im Laufe des Vormittags trafen mit Maschinengewehren ausgerüstete Einheiten ein und bezogen an den strategisch wichtigsten Plätzen des Stadtzentrums Position. Zivilisten waren nirgendwo zu sehen, und traute sich doch jemand auf die Straße, so musste er seine Papiere vorweisen und wurde wieder nach Hause geschickt.

Alle Brücken über die Newa, welche das Zentrum mit den nördlichen Stadtbezirken verbanden, waren hochgezogen worden.[47]

Chabalow atmete auf. Er schickte ein Telegramm an den Generalstabschef Alexejew. Seit dem Morgen, hieß es da, sei es ruhig in der Stadt.[48] Einige Arbeiterführer und andere Oppositionelle waren verhaftet worden, und außerdem hatte Chabalow Flugblätter drucken lassen, die keinen Zweifel daran ließen, dass die Regierung jetzt eine härtere Gangart einlegen würde. Die Menschen waren also gewarnt. Der General glaubte an den Erfolg seiner Maßnahmen.

Doch Chabalow hatte voreilig Entwarnung gegeben. Um die Mittagszeit bewegten sich die ersten Demonstrationszüge auf den Newskij-Prospekt zu. Die Menschen hatten wieder den Weg über die Eisdecke der Newa gewählt, um in das Stadtzentrum vorzustoßen. Aber an diesem Tag war alles anders. Es wurde scharf geschossen. Von Beginn an. Die Soldaten, die an diesem Sonntag überall zu sehen waren, feuerten in die Menge. Es gab Tote und Verletzte. Ein Blutbad richtete ein Ausbildungskommando des Pawlowskij-Garderegiments beim Gostinnij Dwor, dem berühmten Kaufhof am Newskij-Prospekt, an. Die tödlichen Schüsse waren vor allem von jungen Männern abgegeben worden, die man gerade mit strengem Drill auf ihren Einsatz an der Front vorbereitete.

Das Massaker schockierte und empörte. Eine Gruppe von Arbeitern beschloss, den in ihren Unterkünften verbliebenen Soldaten des Regiments vom Verhalten ihrer Kameraden zu berichten. Die Männer waren entsetzt.[49] Sie stürmten daraufhin das Waffenarsenal, fanden aber nur dreißig Gewehre vor. Einige Offiziere, die nun versprachen, das gewaltsame Vorgehen gegen die Demonstranten abzustellen, versuchten vergeblich, die aufgebrachten Soldaten dazu zu bewegen, in der Kaserne zu bleiben. Mehr als hundert Soldaten setzten sich Richtung Newskij-Prospekt in Marsch, um ihre dort im Einsatz befindlichen Regimentskameraden daran zu hindern, weiter auf die Menschen zu schießen. Auf ihrem Weg trafen sie auf eine Polizeieinheit. Es kam zu einem Gefecht, bei dem die Soldaten einen Polizisten töteten und einen anderen verwundeten. Den Großteil ihrer Munition hatten sie jetzt bereits aufgebraucht. Chabalow, den man umgehend von den Geschehnissen informierte, wurde nervös.[50] Er befahl nun, Einheiten des Preobraschenskij-Regiments gegen die Meuterer zu schicken. Diese aber weigerten sich, auf die Kameraden zu schießen.[51]

Es liegen aber auch andere Angaben darüber vor, wie die Begegnung zwischen den beiden Regimentern verlief. Es ist nicht auszuschließen, dass es am Ende doch zu einem Schusswechsel kam. Nicht ganz klar ist außerdem, ob die Männer des Pawlowskij-Regiments aus freien Stücken in ihre Unterkünfte zurückkehrten oder aber dazu gezwungen wurden. Die vorhandenen Schilderungen und Berichte über die Meuterei der »Pawlower« verorten die Abläufe nicht nur in einem jeweils anderen chronologischen Rahmen, sondern bieten außerdem verschiedene Erklärungen für den Rückzug der Soldaten an. Möglich ist immerhin folgende Version: Da keine Demonstranten, denen sie sich hätten anschließen können, in Sichtweite waren, kehrte die Mehrheit der Soldaten des Pawlowskij-Regiments, und zwar vor allem jene ohne Gewehre, freiwillig in ihre Baracken zurück, um unter den übrigen Regimentskameraden die Rebellion voranzutreiben. Einundzwanzig Männer aber entschieden sich für einen anderen Weg: Sie trennten sich von ihren Kameraden und machten sich offenbar auf die Suche nach Demonstranten, um sich unter diese zu mischen. Jedenfalls wurde von den Offizieren das Fehlen von einundzwanzig Gewehren festgestellt.

Die anderen »Pawlower«, die in die Unterkünfte zurückkehrten, wurden unter strenge Bewachung gestellt. Neunzehn Männer, die von den Offizieren als Rädelsführer bezeichnet wurden, überführte man in die Peter-Pauls-Festung.[52]

Die Rebellion alarmierte die Militärbehörden. Meuternde Soldaten waren das Letzte, was man in dieser schwierigen Situation gebrauchen konnte. Der Kriegsminister General Beljajew, der in Armeekreisen »Totenkopf«[53] genannt wurde, sprach sich für eine sofortige Exekution aller an der Aktion Beteiligten aus. Chabalow aber bestand auf einer Untersuchung der Vorkommnisse. Etwa einen Monat nach der Meuterei gab er zu Protokoll, dass nicht zuletzt infolge zu erwartender organisatorischer Probleme bei der Inhaftierung zu großer Soldatenkontingente schließlich nur die erwähnten neunzehn Soldaten in die Peter-Pauls-Festung gebracht wurden.[54] Aber trotz gegenteiliger Aussagen beziehungsweise Zusagen Chabalows rechneten nicht nur die Männer in der Festung, sondern offenbar alle in die Meuterei involvierten Soldaten mit dem Schlimmsten: der Hinrichtung.[55]

Dramatisches ereignete sich aber auch anderswo: Es war zwei Uhr nachmittags, als auf dem Snamenskij-Platz die ersten Demonstranten auftauchten. Timofej Kirpitschnikow und die Soldaten des Ausbildungskommandos des Wolhynischen Regiments hatten bereits den Freitag und Samstag hier zugebracht. Der Snamenskij-Platz war ein beliebter Sammelpunkt der Demonstranten – schon bei früheren Protestaktionen. Den Platz beherrschte eine riesige Reiterstatue des Zaren Alexander III. Sie wurde im Volksmund aufgrund ihres plumpen und übertrieben protzigen Aussehens abschätzig »Nilpferd« genannt.[56] Männer mit roten Fahnen stiegen auf das Denkmal und nützten es als Rednertribüne. Der Platz füllte sich.[57] Der Kommandant, Stabskapitän Laschkjewitsch, befahl, die Menge auseinander zu treiben. Die kleine Patrouille, die nun losgeschickt wurde, agierte allerdings nur zaghaft und ohne nennenswerte Resultate. Laschkjewitsch war unzufrieden. Er rief den Gefreiten Iljin zu sich, der ihm offenbar als besonders unwillig aufgefallen war, bezeichnete ihn als »Jammerlappen« und übertrug die Aufgabe, die Demonstranten zurückzudrängen, dem Feldwebel Kirpitschnikow. Dieser ging auf die Menge zu und forderte die Menschen auf, sich zu entfernen. Ein paar Arbeiter riefen: »Wir stören dich doch nicht und verlangen ja auch nicht, dass du gehen sollst!«

Laschkjewitsch beschloss nun, die Sache selbst in die Hand zu nehmen. Auf den ersten Demonstranten, der ihm auf dem Platz entgegen kam, schlug er mit seinen Fäusten ein und trat ihn obendrein mit Füßen. Als der Stabskapitän auch gegen eine junge Frau handgreiflich wurde, machte Kirpitschnikow voll Entsetzen ein paar Schritte auf die Seite. Laschkjewitsch herrschte nun den Feldwebel an: »Was ist? Wollen Sie da etwa nicht dabei sein? Sind wohl ein guter Mensch!« Einen anderen Soldaten wies er an, ein Mädchen, das sich ihnen genähert hatte, mit dem Gewehrkolben »eine Lektion zu erteilen«. Der Soldat aber forderte es mit höflichen Worten auf, lieber das Weite zu suchen. Laschkjewitsch fluchte, sprach von Gehorsamsverweigerung und sagte zu dem Soldaten: »Wenn sich das wiederholt, erschieß ich dich!«

Kirpitschnikow erkannte, dass sich die Lage bedrohlich zuspitzte. Es war offensichtlich, dass sein Vorgesetzter nicht zögern würde, auf die Demonstranten schießen zu lassen. Ebenso klar war aber auch, dass er seine Drohungen wahr machen und die eigenen Männer niederstrecken würde, sollten sie sich seinen Befehlen widersetzen. Kirpitschnikow empfahl daher den Soldaten, womöglich nur in die Luft zu schießen. Als aber nach zwei Gewehrsalven weder Tote noch Verwundete zu sehen waren, wurde der Fähnrich Weljaminow-Woronzow zornig und schrie: »Ihr könnt wohl nicht schießen!« Er forderte die Männer nun auf, einzeln zu schießen und sich bestimmte Personen in der Menge als Ziel auszusuchen. »Besser zielen!«, rief er. »Auf die Beine!«

Panik brach aus. Die Menschen schrien und suchten hinter Bäumen und Laternen Schutz oder versteckten sich in den nächstgelegenen Hauseingängen. Weljaminow-Woronzow hatte mittlerweile einem Soldaten, dessen »Ziel«, ein alter Mann, trotz dreier Schüsse fliehen konnte, das Gewehr entrissen. Der Fähnrich wollte vorzeigen, wie man's macht. Er legte an, schoss und verwundete eine Frau. Sie stürzte, begann zu weinen, hielt sich an den Knien. Ein General hatte die Szene beobachtet und sorgte dafür, dass die Frau mit einem Auto ins Krankenhaus gebracht wurde. Weljaminow-Woronzow aber machte weiter. Kirpitschnikow beobachtete, dass der betrunkene Fähnrich mindestens sieben Personen tötete und weitere verletzte. Dann ging Weljaminow-Woronzow ins »Nordische Hotel«, wo sich die Offiziere bereits in den vergangenen Tagen zwischendurch immer wieder zur »Stärkung« zurückgezogen hatten, und trank weiter.

Insgesamt waren im Verlaufe des Einsatzes der »Wolhynier« an die fünfzig Demonstranten getötet worden. »Es ist eine Schande und eine Sünde«, sagte Kirpitschnikow, als er auf die beiden Zugsführer Markow und Koslow traf.

Laschkjewitsch betrachtete das Ganze als eine Art Training, als eine

Übung für seine Männer, bevor sie an die Front geschickt würden. Bisher, meinte er, hätten sie nur Ahnung von der Theorie gehabt, jetzt aber wüssten sie, wie das eben so sei im Krieg. Mit der »Leistung« der Soldaten war er nicht restlos zufrieden. Aber er bedankte sich dennoch bei Kirpitschnikow für die Führung der Männer. Sein besonderer Dank galt jedoch dem Fähnrich Weljaminow-Woronzow, der ebenso wie ein anderer Offizier namens Tkatschura vorschlug, nun, nach Ende des Einsatzes, unter den Soldaten die Patronen einsammeln zu lassen. Weljaminow-Woronzow und Tkatschura wollten diese Aufgabe selbst erledigen. Laschkjewitsch aber winkte ab; das sei die Aufgabe der Zugsführer. Kirpitschnikow war verwundert. Noch nie waren die Offiziere auf die Idee gekommen, selbst die Patronen abzusammeln. Außerdem hatten Tkatschura und Weljaminow-Woronzow betont, dass sie die Munition die Nacht über lieber nicht in der Nähe der Soldaten wissen wollten. Wovor hatten die Offiziere Angst?

Kriegsminister Beljajew und General Chabalow berichteten dem Zaren nicht über die Meuterei der Soldaten des Pawlowskij-Regiments. Im Gegenteil. Sie entschlossen sich, lediglich über die erfolgreiche Niederschlagung des Aufruhrs Mitteilung zu machen.[58] In der Tat dachten nun auch viele »Aufrührer« an ein Abflauen, wenn nicht gar an das Ende des Protests. Die Petrograder Garnison, das waren an die 160000 Soldaten.[59] Gegen diese Übermacht hatten ein paar bewaffnete Arbeiter keine Chance. Wer das Militär auf seiner Seite hatte, der war oben auf – eine simple, aber zutreffende Schlussfolgerung. Dieser Sonntag hatte allen deutlich vor Augen geführt, dass trotz der Meuterei unter den »Pawlowern« die Mehrheit der Soldaten den Befehlen ihrer Vorgesetzten Folge leistete und dass die Macht nach wie vor in den Händen der Regierung lag.

In Petrograd selbst verbreiteten sich die Nachrichten über die Schießereien im Stadtzentrum wie ein Lauffeuer. Gegen Abend hatten sich einige Parlamentarier im Taurischen Palais eingefunden. Sie forderten Michail Rodsjanko, den Präsidenten der Duma, auf, in ihrem Namen bei General Chabalow gegen das brutale Vorgehen des Militärs zu protestieren. Rodsjanko griff zum Hörer. »Euer Hochwohlgeboren«, begann er seine Frage an Chabalow, »warum wird geschossen, wozu dieses Blut?« Der General unterstrich in seiner Antwort die Notwendigkeit der ergriffenen Maßnahmen und verwies auf die Gewalttaten der Demonstranten.[60]

Rodsjanko, alles andere als ein Revolutionär, aber ein Mann nicht frei von Eitelkeiten und Geltungssucht[61], sah den Moment gekommen, »bei Russlands Übergang zum ungeschmälerten Konstitutionalismus Pate zu stehen«.[62] Er schickte ein Telegramm an Nikolaus, in dem er dem Zaren die Situation in der Hauptstadt den Tatsachen durchaus entsprechend als dramatisch beschrieb. Gleichzeitig führte er dem Monarchen die Bildung einer neuen Regierung als einzig wirksames Mittel vor Augen, um eine Katastrophe abzuwenden. Dass er mit der »Person, die das Vertrauen des Landes genießt« und die mit der Regierungsbildung beauftragt werden sollte, sich selbst meinte, liegt auf der Hand. Ein Neubeginn, so Rodsjanko weiter, sei vonnöten, keinen Augenblick mehr dürfe gezögert werden.

Die Reaktion des Zaren auf die beschwörenden Worte des Parlamentspräsidenten war ein Beweis für das vollständige Fehlen von Vernunft und Einsicht. Der »dicke Rodsjanko« habe ihm schon wieder Unsinn geschrieben, meinte Nikolaus, und kündigte seinen Beratern an, das Telegramm unbeantwortet zu lassen.[63]

Während der Parlamentspräsident sich Hoffnungen auf ein Entgegenkommen des Zaren machte, waren die entscheidenden Gespräche bereits geführt worden, um die Duma per Dekret aufzulösen. Es war nicht das erste Mal in der kurzen Geschichte des Parlaments, dass seine Abgeordneten in Zwangsurlaub geschickt wurden. Innenminister Protopopow war eines jener Regierungsmitglieder gewesen, die sich den Forderungen der Duma strikt verweigerten. Er war nicht gewillt, seinen Posten freiwillig zu räumen. Es musste von Rodsjanko nicht extra erwähnt werden, dass der amtierende Innenminister einer vom Parlament geforderten »Regierung des Vertrauens« sicher nicht angehören würde.[64] So oder so, zu diesem Zeitpunkt waren die letzten Stunden von Protopopows Karriere als Minister bereits angebrochen.

Schon am nächsten Tag, dem 27. Februar, musste er demissionieren. Aus »gesundheitlichen Gründen«, wie es offiziell hieß. Kaum jemand bedauerte den Rücktritt des Innenministers. Selbst seine Ministerkollegen waren erleichtert. Die aufgebrachten Menschen auf der Straße konnte der Abgang des verhassten Protopopow jedoch nicht besänftigen. Am Abend wurde seine Wohnung im Stadtzentrum in Brand gesteckt. Frau Protopopowa konnte gerade noch von einem Diener gerettet werden. Der Ex-Innenminister trug sich angesichts der schier aussichtslosen Situation, in der er sich befand, mit Selbstmordgedanken. Zwar entzog er sich dem Leben nicht, wohl aber der Verantwortung. Nur wenige Wochen nach dem Sturz des Regimes, als bereits eine Provisorische Regierung die Geschicke des Landes lenkte, verlor Protopopow das Gedächtnis. Sein Erinnerungsvermögen hatte er rechtzeitig zu Beginn seiner Vernehmung durch eine von der neuen Regierung ins Leben gerufenen Untersuchungskommission eingebüßt.[65]

Anders als der ehemalige Innenminister, der im Übrigen im Oktober 1918 von den Bolschewiki auf Grundlage »behördlichen Ermessens« ohne viel Aufhebens erschossen wurde[66], erwies sich General Chabalow bei seiner Befragung über die Ereignisse des Februar beziehungsweise März 1917 als relativ mitteilsam. An die Nacht vom 26. auf den 27. Februar konnte er sich besonders gut erinnern. Er habe, gab er zu Protokoll, die ganze Nacht nicht geschlafen.[67]

NACHT DER ENTSCHEIDUNG

Auch Timofej Kirpitschnikow hatte eine schlaflose Nacht vor sich, als er am Abend des 26. Februar gemeinsam mit den Soldaten des Wolhynischen Regiments in die Kaserne zurückkehrte.

Das, was sich an diesem Sonntag auf dem Snamenskij-Platz und dem Newskij-Prospekt ereignet hatte, lastete schwer auf ihm und vielen anderen, die bei dem Massaker dabei gewesen waren. Auf die eigenen Leute zu schießen, das war zu viel verlangt. Nicht nur er dachte so. Als er den Vorschlag machte, einen abermaligen Einsatz gegen die Demonstranten zu boykottieren, fand er in Michail Markow sofort einen Verbündeten. Dieser holte auf Kirpitschnikows Verlangen die übrigen Zugsführer herbei, um eine konzertierte Aktion zu beraten. Die Männer versammelten sich um die Schlafstätte Kirpitschnikows, und einer stand Schmiere, um das Herannahen eines Offiziers rechtzeitig melden zu können. »Ich«, sagte Kirpitschnikow, »werde morgen nicht da hinausgehen«. Die eigenen Väter und Mütter, Brüder und Schwestern töten, das könne er nicht tun. Es war, erzählte Kirpitschnikow später, als hätte er mit diesen Worten eine schwere Last von den Männern genommen. Auch sie waren sich einig: »Morgen werden wir nicht schießen!«

Timofej Iwanowitsch Kirpitschnikow

Schnell waren weitere Verschwörer gefunden, und nun war schließlich noch zu planen, was am Morgen konkret zu geschehen hatte. Wichtig war vor allem, die Soldaten nicht nur mit Gewehren, sondern auch mit genug Munition auszustatten. Es musste also sicher gestellt werden, dass diese in großer Menge und unbemerkt von den Dienst habenden Offizieren ausgegeben werden konnte. Kirpitschnikow gab die betreffenden Anweisungen. Vorhersagen, wie viele Männer sich der Meuterei tatsächlich anschließen würden, konnte er nicht. Würde die Sache schief gehen, dann wartete auf ihn und alle anderen »Aufrührer« der Galgen. Nochmals führte er sich vor Augen, dass es besser wäre zu sterben als am nächsten Tag wieder auf das eigene Volk zu schießen.

Inzwischen war es vier Uhr nachts. Einschlafen konnte Kirpitschnikow nicht. Und auch Markow lag wach. »Wir sind auf uns gestellt«, sagte dieser plötzlich. »Wir beginnen das alles ganz alleine.« Kirpitschnikow wusste nicht, wie er seinen Freund beruhigen sollte. »Wenn wir Pech haben«, meinte er, »dann hängen sie uns eben auf.« Irgendwie, fügte er hinzu, habe er aber so eine Vorahnung, dass »sich alle erheben werden«, weil das »eine Sache des ganzen Volks« sei.

Da hörten sie Schritte. Kirpitschnikow und Markow, die immer noch in ihren Uniformen dalagen, zogen die Bettdecken hoch. Der Diensthabende forderte Kirpitschnikow nun auf, zum Telefon zu kommen. Kirpitschnikow zuckte zusammen. Ein Anruf um diese Zeit – war das Komplott etwa aufgedeckt worden?

»Bin am Telefon«, sagte Kirpitschnikow. »Wer ist ich?«, fragte die Stimme am anderen Ende der Leitung. Kirpitschnikow sagte seinen Namen. »Schlafen alle?«, fragte die Stimme weiter. »Wer spricht?«, wollte nun Kirpitschnikow wissen. Es war der Kommandant, Laschkjewitsch. Kirpitschnikow befürchtete das Schlimmste. Laschkjewitsch wollte genau über die Anzahl der am Snamenskij-Platz verbrauchten Patronen Bescheid wissen. Sein Interesse galt aber offenbar auch der Frage, ob den Soldaten die noch vorhandene Munition abgenommen worden war. Es folgten misstrauische Fragen des Kommandanten, welche die für den Morgen geplante Aktion und vor allem die Ausgabe der Munition an die Meuterer zu gefährden schienen. Kirpitschnikow aber reagierte geschickt. Seine Antworten stellten den Kommandanten zufrieden. Noch war nichts verloren. Bevor er auflegte, ordnete Laschkjewitsch an: »Wecken morgen nicht um sechs, sondern um sieben. Antreten um zehn vor acht und auf mich warten.«

Kirpitschnikow stand um fünf Uhr auf. Um halb sieben wurden die Patronen an die Soldaten ausgegeben und die Maschinengewehre den Befehlen Kirpitschnikows gemäß aufgestellt.

Die Männer hatten bereits im Innern der Kaserne, entlang eines weitläufigen Korridors, Aufstellung genommen, als Kirpitschnikow sich an sie wandte. »Werdet ihr meinem Kommando gehorchen?«, fragte er. »Wir werden!«, riefen die Soldaten. »Es ist genug Blut geflossen!«, sprach Kirpitschnikow weiter. Den »Schmarotzern« und jenen, die obendrein Russland »an den Feind verraten« hätten, habe man sich lange genug gebeugt, nun sei es an der Zeit, das »Joch der Unterdrückung« abzuwerfen. »Ich hoffe«, fügte er hinzu, »dass uns andere Einheiten unterstützen werden.« Die »Sünde von gestern« jedenfalls werde man heute wieder gut machen. »Lasst euch nichts anmerken!«, sagte er am Ende seiner Rede. Den Subalternoffizieren sollte wie gewohnt auf deren Begrüßung geantwortet werden: »Wünschen Gesundheit, Hochwohlgeboren!« Aber dem Kommandanten, fuhr Kirpitschnikow fort, »antwortet nur mit einem lauten ›Hurra!‹«

Kaum hatte er zu Ende gesprochen, wurde die Ankunft der Offiziere gemeldet. Als Erster kam Fähnrich Kolokolow. Alles lief zunächst ab wie immer. Ein ganz normaler Morgenappell.

AM RUBIKON

Dieser 27. Februar, den manche für den Beginn der Revolution und viele für das Datum ihres Sieges halten, war so gesehen nicht nur ein Wendepunkt in der russischen Geschichte, sondern er war auch ein Tag, an dem sich das Leben des Feldwebels Timofej Kirpitschnikow grundlegend änderte.

Etwa vierhundert Mann standen ihm an diesem Montagmorgen gegenüber, als er den Soldaten noch einmal, kurz bevor Laschkjewitsch kam, Mut zuredete.

Sie grüßten den Fähnrich Kolokolow wie Kirpitschnikow es ihnen aufgetragen hatte. »Rührt euch!«, kommandierte der Fähnrich hierauf. Kirpitschnikow führte nun ein kurzes Gespräch mit Kolokolow. Die Soldaten hörten zu. Jetzt war klar: Auch an diesem Tag würde man von ihnen verlangen, auf die Demonstranten zu schießen. Kolokolow gab seiner Hoffnung Ausdruck, das Ausbildungskommando der »Wolhynier« möge noch »heroischer« vorgehen als am gestrigen Sonntag.

Es war nach acht Uhr, als der Kommandant vor die Truppe trat. »Guten Morgen, Kirpitschnikow«, sagte Laschkjewitsch. Und bevor Kirpitschnikow antworten konnte, ertönte – wie abgemacht – ein lautes »Hurra!« Laschkjewitsch schaute verwundert drein und lachte spöttisch. »Was soll das?«, fragte er. »Es ist genug Blut geflossen!«, schrie der Gefreite Orlow. Laschkjewitsch ließ seine Hand in die Hosentasche gleiten. Nicht nur Kirpitschnikow vermutete dort einen Revolver. Laschkjewitsch begann die Reihen abzuschreiten. Vierhundert

Augenpaare fixierten ihn und verfolgten jede seiner Bewegungen. Der Kommandant streckte seinen Hals nach vorne. Er schien nach dem Soldaten zu suchen, der gerufen hatte. Schließlich gab er auf. »Erklär mir, was das soll, dieses ›Hurra‹?«, wandte der Kommandant sich jetzt an Markow. Dieser wiederholte die Worte Orlows und setzte noch hinzu: »Wir wollen das Blut unserer Brüder nicht umsonst vergießen!« Laschkjewitsch stieß ein lautes »Was?« hervor. Markow nahm jetzt sein Gewehr, hielt es senkrecht, dann kippte er die Waffe leicht in Richtung Laschkjewitsch, dem nun die Klinge des Bajonetts entgegen blitzte. Der Kommandant wich zurück. Es war ihm anzusehen, dass er langsam nervös wurde. Da kamen Weljaminow-Woronzow und Tkatschura. Markow hatte indes sein Gewehr gesenkt. Er stand jetzt wieder Gewehr bei Fuß. Wie alle anderen auch. Kolokolow flüsterte den beiden Fähnrichen etwas zu. Jetzt wussten sie wohl auch Bescheid. Irgendetwas stimmte nicht. Die Männer waren aufsässig wie sonst nie.

Laschkjewitsch kündigte nun an, ein Telegramm des Zaren verlesen zu wollen. Ein Raunen ging durch die Reihen. »Truppen der Armee, ich ersuche euch, dem Aufstand des russischen Volkes, der unserer kämpfenden Armee Schaden zufügt, unverzüglich ein Ende zu bereiten«, trug Laschkjewitsch vor. Doch er konnte nicht fortsetzen. Einer der Soldaten stieß mit seinem Gewehrkolben gegen den Steinfußboden und schrie: »Hör auf und hau ab!« Die anderen machten es ihm nach. Ein bedrohliches Gepolter war die Folge: das Geräusch von vierhundert Gewehrkolben auf dem hallenden Steinboden. Der Fähnrich Kolokolow hatte bereits darum gebeten, sich entfernen zu dürfen. Er fühle sich, wie er Laschkjewitsch sagte, plötzlich unwohl. Der Fähnrich war schnell weggelaufen. Würde er die Meuterer verraten und Verstärkung rufen? Und nun: Wie würde Laschkjewitsch reagieren?

»Hau ab!«, riefen die Soldaten weiter. Der Lärm, den sie mit ihren Gewehrkolben machten, schwoll zu einem ohrenbetäubenden Getöse an. Der Kommandant erblasste. Was sollte er tun? Kirpitschnikow sagte zu ihm: »Geh!« Laschkjewitsch entfernte sich mit schnellen Schritten. Die Soldaten stürzten sich Richtung Fenster, öffneten sie und sahen, wie der Kommandant über den Hof lief. Schüsse fielen. Laschkjewitsch wurde in den Rücken getroffen. Die Wucht des Treffers war gewaltig. Laschkjewitsch fiel mit dem Gesicht nach unten in den Schnee.

Ein Offizier war getötet worden. Jetzt gab es kein Zurück mehr. Kirpitschnikow und seine Männer hatten den Rubikon überschritten. »Julius Cäsars Überschreitung des Flusses Rubikon«, heißt es im Lexikon, »führte 49 vor Christus den Bürgerkrieg herbei.«

Was aber hatte Kirpitschnikow ausgelöst?

WENDE

Die »entscheidende Stunde« der Revolution, meinte William Chamberlin, schlug am Morgen dieses 27. Februar, als der Aufruhr der Soldaten seinen Anfang nahm.[68] Ludovic Naudeau, Korrespondent der französischen Zeitung »Le Temps« schrieb: »Es hätte genügt, dass zwei oder drei Regimenter sich als regierungstreu erklärt und dem Aufruhr widerstanden hätten, um die kaiserliche Regierung zu retten. In der Nacht vom Sonntag zum Montag und in der Morgenstunde des Montag ist der Abfall der Armee endgültig geworden: das ist der einzige Punkt, dessen ich wirklich sicher bin.«[69]

Kirpitschnikow und seine Männer hingegen konnten an diesem Morgen alles andere als sicher sein, dass sie Erfolg haben würden. Sie wussten aber, dass es nun darum gehen musste, die Meuterei auf andere Regimenter zu übertragen. Wenn das misslang und die Erhebung der »Wolhynier« ein singuläres Ereignis blieb, dann war gegen die Übermacht der tausenden Soldaten, die in der Hauptstadt stationiert waren, wenig auszurichten.

Kirpitschnikow und seine Männer hatten jedoch Erfolg. Den »Wolhyniern« schlossen sich weitere Regimenter an. Aber die Unterstützung der Rebellen war bei weitem nicht überall einhellig erfolgt. Immer wieder kam es unter den Soldaten zu Schießereien. Hartnäckiger Widerstand begegnete den Meuterern beispielsweise, als sie auf Einheiten des Moskauer Regiments und auf das Radfahrer-Bataillon stießen.[70] Kirpitschnikow selbst berichtete später von Dutzenden Toten. Im Zuge der Gefechte kamen auch einige seiner Männer ums Leben.

Dennoch war auffallend, dass sich der Großteil der Offiziere erstaunlich passiv verhielt. In manchen Fällen wirkten sie wie Außenstehende, so als ob sie all das gar nichts angehen würde. Befehle von oben gab es nicht, und wenn, dann widersprachen sie sich oft. So konnte es geschehen, dass Offiziere zu den Soldaten nicht mehr sagten als: »Tut, was ihr für richtig haltet!«[71]

Dort und da kam es zu Verbrüderungen mit demonstrierenden Arbeitern, die den Aufruhr der Soldaten enthusiastisch begrüßten. Manche riefen: »Jetzt haben wir gewonnen!«[72]

Einige Arbeiter aber bemerkten sorgenvolle Gesichter unter den Rebellen. Immer noch galt: Bei einer erfolgreichen Niederringung des Aufstandes drohte ihnen die Todesstrafe. Es gab aber auch Soldaten, die außer sich vor Freude waren. Einige wiederum wirkten ernst und riefen voll Pathos: »Wir marschieren vorwärts ins Unbekannte!«[73]

Tatsächlich konnte niemand voraussagen, was weiter passieren würde. Hatte die Revolution gesiegt? Und wenn ja, welche eigentlich? Waren die Bauern, die man in Soldatenkleider gesteckt hatte, bereit, die Losungen der Arbeiter mitzutragen, wenn diese etwa nach dem Sturz der Autokratie riefen? Würden sie sich ihrer Herkunft entsinnen und, quasi die Gelegenheit ergreifend, das fordern, was ihren ureigensten Bedürfnissen entsprach: Land? Gab es ein prinzipielles Verständnis für die Duma mit ihren Wünschen nach einem Parlamentarismus ohne die Fesseln, die ihm Nikolaus angelegt hatte? Auch Michail Rodsjanko mussten derlei Fragen beschäftigen. »Völlig unerwartet für uns alle«, gestand er, »brach unter den Soldaten eine Meuterei aus, wie ich sie noch nie erlebt habe. Sie waren natürlich keine Soldaten, sondern Muschiks[74], die man vom Pflug weg eingezogen hatte und die jetzt den Zeitpunkt für gekommen sahen, ihre Forderungen als Bauern bekannt zu machen. Alles, was man aus der Menge vernehmen konnte, waren Rufe wie: ›Land und Freiheit!‹, ›Nieder mit der Dynastie!‹, ›Nieder mit den Romanows!‹ oder ›Nieder mit den Offizieren!‹ In vielen Einheiten«, so Rodsjanko, »wurden die Offiziere verprügelt. Diesem Treiben schlossen sich die Arbeiter an, und die Anarchie erreichte ihren Höhepunkt.«[75]

Die Anarchie, von der der Dumapräsident sprach, eröffnete ungeahnte Möglichkeiten. Ein Machtvakuum hatte sich aufgetan. Aber niemand wusste, wie lange dieser Zustand dauern würde. Die Abgeordneten der Duma, welche später für gewöhnlich das Etikett »widerwilliger Revolutionäre« umgehängt bekamen[76], waren von der Entwicklung, die am 23. Februar ihren Anfang genommen hatte, überrascht worden. Viele »Sozialisten-Revolutionäre«, Vertreter des russischen Agrarsozialismus, oder Menschewiki, »Minderheitler«, wie sie nach einer parteiinternen Niederlage auf der Londoner Konferenz der »Sozialdemokratischen Arbeiterpartei Russlands« 1903 im Unterschied zu den »Mehrheitlern«, den Bolschewiki unter Lenin, genannt wurden[77], gaben zu, dass es ihnen ähnlich ergangen war. Selbst Sergej Mstislawskij, ein Sozialist-Revolutionär, der später zu den Bolschewiki überging, äußerte sich in diesem Sinne. Die Frage war nur, wie und vor allem auch wie schnell auf die Gegebenheiten reagiert werden sollte. An diesem 27. Februar, an dem die Meuterer der Revolution vielleicht ihre erste reelle, womöglich aber auch ihre letzte Chance gaben, mussten jedenfalls Entscheidungen getroffen werden. Die aber, die sie zu treffen hatten, stellten keineswegs eine homogene Gruppe dar. So unterschiedlich jedoch die politischen Programme oder Visionen der einzelnen Parteien gewesen waren, alle wussten sie, dass sie die Soldaten auf ihre Seite ziehen mussten.[78] Denn diese hatten das Vakuum erst geschaffen, und sie waren es auch, die es in der Hand hatten, die Revolution wieder niederzuschlagen.

Aber es war nicht einfach, die Soldaten, von denen viele ziellos durch die Straßen liefen, im doppelten Sinne des Wortes zu »lenken«. Manche gingen überdies im Laufe des Nachmittags wieder zurück in die Kasernen, einfach um zu schlafen. Kirpitschnikow verlor den Großteil seiner Männer aus den Augen. Einige von ihnen hielten sich aber wohl gerade an den Ufern der Newa auf, als von den Transportflächen vorbeifahrender Lastwagen gerufen wurde: »Geht zum Taurischen Palais! Geht zur Duma!«[79] Dort wurden im Laufe des Tages weitreichende Beschlüsse gefasst. Es bildeten sich ein Provisorisches Dumakomitee und ein Provisorisches Exekutivkomitee des Arbeiterdeputiertenrates.

Beide Gremien konnten zu diesem Zeitpunkt, so schien es, allerdings kaum mehr tun als »das Chaos in Konfusion umwandeln«.

Kirpitschnikow ging im Unterschied zu Hunderten anderen an diesem Tag nicht zum Parlament. Auch andere »Wolhynier« statteten der Duma keinen Besuch ab, sondern machten sich gemeinsam mit Soldaten des Preobraschenskij-Regiments auf die Suche nach Innenminister Protopopow. Alexander Kerenskij, letzter Ministerpräsident der Provisorischen Regierung, bevor diese von den Bolschewiki im Oktober 1917 gestürzt wurde, notierte in seinen Memoiren: »Es stellte sich heraus, dass einige Soldaten des Preobraschenskij- und des Wolhynischen Regiments von sich aus Protopopow hatten festnehmen wollen, dass es ihm aber gelungen war, zu entkommen.«[80] Wie wir wissen, konnte Protopopow aber schon kurze Zeit später verhaftet werden. Diesmal aber auf Anordnungen hin, die aus dem Taurischen Palais kamen.

Kirpitschnikow und einige andere »Wolhynier« beteiligten sich offenbar auch an der Befreiung von Gefängnisinsassen. Auf diese Weise erlangten jedoch nicht nur politische Häftlinge, sondern auch Hunderte Kriminelle die Freiheit. Sie trugen nicht unwesentlich zur Eskalation der Gewalt bei.[81] Nicht immer aber lief die kriminelle Energie auf Mord und Totschlag hinaus. Schon in den vergangenen Tagen war beispielsweise ein eklatanter Zuwachs an Eigentumsdelikten zu verzeichnen gewesen. Wohnungen waren aufgebrochen und Geschäfte geplündert worden. Während die einen sich mit Wodka- oder Weinflaschen als Beute begnügten, transportierten andere Möbelstücke, wertvolle Gemälde oder Teppiche ab. Eines war nicht zu leugnen: Auf den Straßen der Hauptstadt herrschte das pure Chaos. Fest steht weiters, dass das Treiben eines »wild gewordenen Mobs« auch auf die Männer im Taurischen Palais einschüchternd wirkte. Dort musste man sich mit der Frage auseinander setzen, wie die Kontrolle über die Straße zu erlangen wäre. Hatte die Meuterei, so überlebenswichtig sie für die Revolution auch gewesen war, nicht auch jegliche Ordnung zerstört? Wladimir Nabokow, Vater des berühmten Schriftstellers, äußerte sich sinngemäß dahingehend, dass der Ursprung »künftiger

Anarchie und Auflösung« womöglich in diesen Tagen des Februar und März 1917 zu suchen sei.[82]

Einmal mehr gingen Polizeigebäude und andere administrative Einrichtungen in Flammen auf.[83] Die Straßen Petrograds waren auf diese Weise auch in der Nacht hell erleuchtet. Polizisten, die Angst hatten, von den aufgebrachten Menschen gelyncht zu werden, zogen ihre Uniformen aus. Andere verschafften sich Frauenkleider, um entkommen zu können. In manchen Bezirken war infolge nicht vorhandener Direktiven jegliche Gegenwehr seitens der Exekutive unterblieben. Die Polizisten sperrten dort die Dienstgebäude einfach zu und gingen nach Hause.[84]

Als Folge des Sturms von Soldaten und Arbeitern auf Waffenarsenale oder Munitionsfabriken waren außerdem tausende Gewehre, Revolver und andere Waffen in Umlauf.[85] Ein ausländischer Beobachter berichtete, dass Soldaten ebenso wie Arbeiter oder Studenten, junge Burschen, ja Kinder bis zu den Zähnen bewaffnet durch die Straßen liefen. Manche begnügten sich nicht einmal mit zwei Gewehren, sondern trugen außerdem noch Revolver und Säbel bei sich.[86]

Ungeachtet aller Exzesse und trotz der vielen Toten war nicht die Gewalt an sich das Neue an diesem Tag. Neu war ihre »Qualität« und damit etwas anderes: die Meuterei der Petrograder Garnison, die dem Kampf auf den Straßen eine völlig unerwartete Dimension gab und den Lauf der Dinge entscheidend beeinflusste. Wäre Timofej Kirpitschnikow gemeinsam mit den »Wolhyniern« an diesem Montagmorgen wie vorgesehen auf den Snamenskij-Platz gegangen, dann hätte wahrscheinlich die Loyalität der Garnison im Großen und Ganzen gewahrt werden können und die Armee wäre nach wie vor Garant für eine erfolgreiche Niederringung der Demonstranten und Streikenden gewesen. So aber war alles ins Wanken geraten. Doch es dauerte, bis der bereits verkündete »Sieg der Revolution« Gewissheit wurde. Den »Wolhyniern« hatten sich bis zum Abend des 27. Februar 66700 Soldaten angeschlossen. Aber ebenso viele und mehr galten immer noch als loyal oder schwankten und warteten lieber ab, was die folgenden Tage bringen würden.[87]

Kirpitschnikow und seine Männer hatten gemeutert, weil sie nicht länger auf das eigene Volk schießen wollten und schossen doch auf die »eigenen Brüder«. Als Rodsjanko in Kenntnis der Geschehnisse am frühen Nachmittag des 27. Februar ein weiteres Telegramm an den Zaren schickte, sprach er vom »Bürgerkrieg«, der soeben begonnen hatte.[88]

Ungefähr zur selben Zeit, als sich der Dumapräsident per Telegramm an Nikolaus wandte, setzte auch der Kriegsminister Beljajew eine dringende Nachricht an General Alexejew auf. Er telegraphierte ihm: »Die heute Morgen in einigen Truppenteilen begonnenen Unruhen werden von den restlichen pflichtgetreuen Kompanien und Bataillonen mit Härte und Energie unterdrückt. Zwar ist es bisher noch nicht gelungen, den Aufruhr zu unterdrücken, aber ich bin zutiefst vom baldigen Eintritt völliger Ruhe überzeugt, für deren Erreichung unerbittliche Maßnahmen zur Anwendung kommen.«[89]

Mit dieser Nachricht relativierte der Kriegsminister die Hilferufe des Generals Chabalow, der nicht imstande war, den Widerstand gegen die »Aufrührer« zu organisieren beziehungsweise zu koordinieren und sich endlich dazu aufgerafft hatte, entsprechende Verstärkung anzufordern. Jedenfalls trug Beljajews Telegramm nicht unwesentlich dazu bei, dass es bei der Umsetzung konkreter Maßnahmen zur Niederschlagung der Rebellion zu weiteren Verzögerungen kam.

Die Nervosität General Chabalows wuchs von Stunde zu Stunde. Er war kaum mehr in der Lage, seine Hände ruhig zu halten, als er dem angesichts der Situation auf den Straßen bereits schwer eingeschüchterten Ministerrat Bericht erstattete.[90] Auch General Kutjepow, der mit einer Einheit loyaler Soldaten gegen die Meuterer im Stadtzentrum vorgehen sollte, hatte bemerkt, dass Chabalows Unterkiefer zitterte, als er mit ihm die weiteren Schritte besprach.[91] Kutjepow, ein hochdekorierter Offizier, war fest entschlossen, die Meuterer zur Räson zu bringen und, falls nötig, »diesen ganzen Haufen zu erschießen«.[92] Die Disziplin der Truppe, die nun zum Einsatz kam, war jedenfalls besser als ursprünglich angenommen. Mit Soldaten, die sich weigerten, auf die Meuterer zu feuern, wurde kurzer Prozess gemacht. Im Großen und Ganzen aber waren die Mannschaften durchaus bereit, den Befehlen Folge zu leisten.[93] Sie zielten beispielsweise in eine Menschenmenge am Litejnij-Prospekt und schossen auf mit Arbeitern besetzte Lastwägen. Es gab mehrere Tote.[94] Für einige Stunden schien es, als wäre die »Säuberungsaktion« des Generals zumindest in Teilen des Stadtzentrums gelungen. Doch führten das Ausbleiben von Verstärkung und einige schwere strategische Fehler den kompletten Misserfolg der Aktion herbei. Am Ende liefen Kutjepovs Soldaten gewissermaßen aus Mangel an Alternativen zu den Meuterern über, und der General, der ohne Mannschaft dastand, zog sich zurück.[95]

Schließlich wurde das letzte zu dieser Zeit verfügbare Aufgebot an zarentreuen Truppen beim Winterpalast zusammengezogen. Als sich aber die Soldaten daran machten, innerhalb des Gebäudes ihr Lager aufzuschlagen, reagierte der Palastkommandant, General Komarow, ungehalten. Seine Sorge galt dem wertvollen Mobiliar. Schon jetzt hatten die Soldaten mit ihren Stiefeln die peinlich sauberen Böden verschmutzt. Wer weiß, was noch alles beschädigt würde? Die Stimmung unter den Männern, die spürten, dass sie nicht willkommen waren, trübte sich. Als Großfürst Michail, der Bruder des Zaren, gemeinsam mit dem Kriegsminister Beljajew im Winterpalast auftauchte, begrüßten sie jedoch den hohen Besuch regelrecht enthusiastisch. Doch Michail war nicht gekommen, um an der Seite der Soldaten die Meuterer zu bekämpfen oder aber um zumindest durch seine Anwesenheit die Männer zu motivieren. Nein. Er war lediglich hier, weil dies der sicherste Platz schien, um unbehelligt von den »Aufrührern« die Nacht zu verbringen. Komarow jedenfalls benutzte gleich die Gelegenheit, um dem Großfürsten von seinen Bedenken hinsichtlich der Unterbringung der Soldaten im Palast zu erzählen. Immerhin beherbergte das prunkvolle Gebäude neben dem einzigartigen Mobiliar eine Menge wertvoller Kunstgegenstände. Auch Michail kam offenbar zu dem Schluss, dass einfache Soldaten im Palast des Zaren nichts zu suchen hätten und befahl, die Truppen sofort wegzuschicken. Als die Soldaten, denen auch noch die Verpflegung vorenthalten worden war, von der bevorstehenden Verlegung in Kenntnis gesetzt wurden, war das Maß voll. Schon auf dem Weg in die neue Unterkunft machten sich viele aus dem Staub.[96]

Sich davonmachen wollten auch andere. Das Rücktrittsgesuch der zarischen Regierung wurde aber von Nikolaus abgelehnt.[97] Allerdings war der Wille des Zaren mittlerweile bedeutungslos geworden. Während die Duma die Regierung verhaften ließ, hoffte der Monarch auf den 66-jährigen General Iwanow, der zum verantwortlichen Militärbefehlshaber für Petrograd ernannt wurde. Nikolaus versuchte indes vergebens, die Hauptstadt zu erreichen. Sein Zug wurde umgeleitet. »Revolutionäre Eisenbahner«, die sich auf eindeutige Anweisungen »von oben« berufen konnten, hatten dafür gesorgt.

Viel ist über diese letzten Tage des Zarismus geschrieben worden. Das Ende kam jedenfalls schnell. So schnell, dass in den ersten Zeitungen, die nach den Ereignissen Ende Februar und Anfang März wieder erschienen, eingestanden wurde, wie sehr es noch an einer allgemeinen Orientierung mangelte, um das Geschehene überhaupt darstellen zu können.

Von all dem, was in den kommenden Monaten und Jahren noch auf Russland zukommen sollte, konnte und wollte der Zar, als seine Herrschaft bereits ihrem unrühmlichen Ende entgegensah, freilich nichts wissen. Damals, Ende Februar/Anfang März 1917, hoffte er noch auf die tatkräftige Unterstützung seiner Getreuen. Doch der Entsatz durch die Truppen des Generals Iwanow fand nicht statt. Mit größter Wahrscheinlichkeit lediglich deshalb, weil Nikolaus ihn angewiesen hatte, nichts bis zu seiner Ankunft in Zarskoje Selo, seiner Residenz in der Nähe der Hauptstadt, zu unternehmen.[98] Doch der Zar, dessen Zug nach Pskow umgeleitet worden war, kam nicht. Außerdem hatte Iwanow seine Truppen aus der Zarenresidenz zurückziehen müssen, da die Meuterei auch unter den Einheiten in Zarskoje Selo um sich gegriffen hatte. Der General wollte eine Konfrontation zwischen seinen nach wie vor loyalen und den vom Geist der Revolution erfassten Soldaten vermeiden. Er fürchtete offenbar, seine Männer könnten »angesteckt« werden.[99]

Eine gewichtige Rolle in diesem Finale spielte zudem der Generalstab, der lediglich eingeschränktes Interesse daran hatte, Nikolaus den Thron zu erhalten. Die Abschaffung der Monarchie hatten die Generäle kaum zum Ziel, ein Wechsel an der Spitze aber erschien ihnen im Sinne des Landes von Vorteil zu sein. Noch dazu wurden Signale aus Petrograd dahingehend interpretiert, dass die Monarchie trotz allem erhalten werden sollte. Außerdem waren die Militärs mit Rücksicht auf die Lage an der Front und in Anbetracht der drohenden Fortsetzung des Blutvergießens innerhalb der Armee sowie der kaum abzusehenden Größenordnung dieses Konflikts um Schadensbegrenzung bemüht. Immerhin hatte man bereits Nachrichten über die Ausbreitung der Revolution auf Moskau oder Kronstadt vernommen.[100] Der Generalstab war daher bereit, »das alte Regime dem übergeordneten Zweck der Aufrechterhaltung der nationalen Verteidigungsfähigkeit zu opfern und sich mit der Duma zu arrangieren«.[101]

Nikolaus musste abdanken. Er wollte sich bis zuletzt die eigene Verantwortung an seinem Sturz nicht bewusst machen. Verrat und Feigheit, meinte er, hätten ihn zu Fall gebracht. Der Zar hatte aber nicht nur das Ende seiner Herrschaft besiegelt, sondern, ohne es zu wissen, das Ende der Monarchie. Er weitete nämlich den Thronverzicht auch auf seinen einzigen Sohn, den bluterkranken Alexej, aus. Damit hatte er den Plan der liberalen Monarchisten, den unmündigen Zarewitsch unter Vormundschaft seines Onkels Michail zum neuen, konstitutionellen Herrscher auszurufen, vereitelt.

Michail schließlich bekam in Petrograd zu spüren, dass ihm das Volk, das in den vergangenen Tagen verschiedene Symbole und Insignien der Zarenherrschaft demonstrativ zerstört hatte[102], keine Sympathien entgegenbrachte. Auch ein Zar namens Michail würde offenbar nicht in der Lage sein, den Menschen das Vertrauen in die Monarchie und die Romanowdynastie zurückzugeben. Der Großfürst, für dessen Sicherheit niemand garantieren konnte, entschied sich, den Thron nur anzunehmen, falls dies der »Wille des ganzen Volkes« sei. Eine Verfassungsgebende Versammlung sollte laut Ankündigung der Provisorischen Regierung einberufen werden. Die Konstituante, so hieß es, nach allgemeinem, geheimem, direktem und gleichem Stimmrecht gewählt, werde diesen Willen zu ermitteln haben und über Russlands künftige Regierungsform befinden müssen. »Bekanntlich hat das Volk, das hier apostrophiert wird«, schreibt der Historiker Dietrich Geyer,

»nach der Monarchie nicht wieder gefragt.«[103] Am 3. März 1917 ging die über 300-jährige Herrschaft der Romanowdynastie in Russland zu Ende, und die Monarchie, die sich wohl zum größten Teil selbst alle Chancen auf ein Überleben genommen hatte, gehörte der Vergangenheit an.

FAST BERÜHMT

Am 2. März hatte sich eine Provisorische Regierung konstituiert, die bis zu ihrem Sturz durch die Bolschewiki mehrfach umgebildet wurde. Die vom Nebeneinander der bürgerlichen Regierung einerseits und der Sowjets, der Räte, andererseits geprägte Zeit vom März bis Oktober beziehungsweise November 1917 ist Gegenstand unzähliger Forschungen und Publikationen. In diesem Zusammenhang durchgesetzt hat sich das Bild von der so genannten »Doppelherrschaft«. Der Konsens zwischen Regierung und Sowjets wurde immer wieder auf eine harte Probe gestellt, die Erosion dieser Kompromissbeziehung schritt rasch voran. Die Revolution, die allein in der Hauptstadt mindestens 1443 Tote und Verwundete – möglich sind aber auch sehr viel höhere Zahlen[104] – gefordert hatte, erwies sich nicht als das Wundermittel, das viele in ihr gesehen hatten. Es war illusorisch zu glauben, dass die schwerwiegenden Probleme, denen sich die neuen Machthaber gegenübersahen, von einem auf den anderen Tag zu lösen waren. Aber Zeit war das, was man der Regierung am allerwenigsten zugestand.

In den Tagen nach dem 27. Februar blieb auch dem Feldwebel Timofej Kirpitschnikow kaum Gelegenheit zum Atemholen. Vier bis fünf Tage hatte er die Kommandogewalt über ein Bataillon der »Wolhynier« inne, bis er von einem Fähnrich namens Konitschenko abgelöst wurde. Der neue Kommandant war gewählt worden.[105] Die »Wolhynier« hatten offenbar sofort auf den berühmten Befehl Nr. 1 des Arbeiter- und Soldatenrates reagiert. Den in der Nacht vom 1. auf den 2. März ausgegebenen Bestimmungen zufolge war eine weitgehende »Demokratisierung« der Armee beschlossen worden.[106] Allerdings war diese nicht ohne eine verhängnisvolle Lockerung der Disziplin umzusetzen. Auch der Sowjet, der in einer Situation des totalen Zusammenbruchs militärischer Disziplin mit der Wahl der Offiziere wahrscheinlich genau das Gegenteil bewirken wollte, musste das schließlich begreifen. Doch hatte man kurzsichtig gehandelt. Konnten durch den Befehl Nr. 1 vielleicht momentan wieder ordentliche Befehlsstrukturen geschaffen werden, so hatte man mit dieser Bestimmung längerfristig eine Destabilisierung der gesamten militärischen Hierarchie und damit eine schwere Beeinträchtigung ihrer Funktionsfähigkeit herbeigeführt. In Friedenszeiten wären die Folgen wohl weniger dramatisch gewesen, aber Russland war ja immer noch im Krieg mit den Mittelmächten. Der Befehl Nr. 1 wurde daher gezwungenermaßen modifiziert. Doch die von neuem Kampfgeist erfüllte schlagkräftige Armee blieb auch so eine Wunschvorstellung.

Aufgehoben wurden und aufgehoben blieben übrigens die in der Zarenarmee übliche Diskriminierungen der einfachen Soldaten. Diese durften von nun an unter anderem die Straßenbahnen benützen, ohne lediglich auf die Trittbretter verwiesen zu werden, Restaurants aufsuchen und ohne Einwilligung der Offiziere Zeitungen lesen.[107]

Was sie in den Zeitungen zu lesen bekamen, hat manche wohl enttäuscht: Frieden brachte die Provisorische Regierung keinen. Der Krieg war im Frühjahr 1917 überdies das einzige wirklich verbindende Element zwischen der Regierung und den Räteparteien.[108] Doch die Vorstellungen über die Art des Krieges und erst recht über die Beschaffenheit des darauf folgenden Friedens gingen deutlich auseinander. Im April führte diese Diskrepanz zu einer ernsten Krise, deren Beilegung aber nur Fassade blieb. Wie sollte das Festhalten am »Siegfrieden« mit der Forderung nach einem Friedensschluss ohne »Annexionen und Kontributionen« zusammengehen? Und wie sollte man mit der an das »ausländische Proletariat« gerichteten Aufforderung zu einem »revolutionären Krieg« umgehen? Die so genannte »Aprilkrise« legte offen, dass sich eine nachrevolutionäre Politik auf der Basis vorrevolutionärer Programme schlecht in Einklang bringen ließ mit revolutionären Ansprüchen.[109] Darüber hinaus drohte die allgemeine Stimmung immer mehr in Richtung einer grundsätzlichen Infragestellung des Krieges zu kippen. Daraus und aus vielen Versäumnissen der Provisorischen Regierung schlugen wiederum die Bolschewiki Kapital. Ihr Führer, Wladimir Iljitsch Lenin, der mittlerweile aus seinem langjährigen Exil zurückgekehrt und in die Metropole an der Newa gekommen war, hielt mit seinen Ansichten über die Regierung nicht hinter dem Berg. Diese war seiner Meinung nach zu bekämpfen, wo immer es möglich war. In einer Zeitung der Menschewiki wurde ihm vorgeworfen, »die Fahne des Bürgerkrieges inmitten der revolutionären Demokratie« aufgepflanzt zu haben.[110]

Timofej Kirpitschnikow war von der Notwendigkeit, den Krieg fortzusetzen, überzeugt, und er war ein glühender Anhänger der Provisorischen Regierung, von der er sich das siegreiche Ende des Kampfes erhoffte. Zumindest im März 1917, als der Publizist Iwan Lukasch in der Kaserne des Wolhynischen Regiments auftauchte und den »Helden der Februarrevolution« über seine Erlebnisse in den Tagen des Umsturzes befragte. Man dürfe, meinte Kirpitschnikow, die Provisorische Regierung bei ihrer Arbeit nicht stören. Immerhin, setzte er fort, habe diese drei überaus wichtige und schwere Aufgaben übertragen bekommen: die Ordnung in Russland wieder herzustellen, den Sieg zu organisieren und die Verfassungsgebende Versammlung einzuberufen.[111] In Anbetracht der ernsten Lage, in der sich das Land befinde, müsse man »schnell die eigenen Verdienste vergessen« und vielmehr nur noch an die Bedürfnisse der Armee denken.[112]

Die Ordnung, von der Kirpitschnikow sprach, wurde nicht hergestellt, und die Verfassungsgebende Versammlung, die Konstituante, erlebte nur einen einzigen Sitzungstag. Was für den Soldaten Kirpitschnikow aber die größte Enttäuschung gewesen sein dürfte, war der Austritt Russlands aus dem Krieg im März 1918. Noch dazu, weil von einem Sieg keine Rede sein konnte. Dass nach einer Phase allgegenwärtiger Phobie vor deutschen Spionen, zu denen ja auch die Zarin gezählt worden war, nun mit dem ehemaligen »Erzfeind«, also mit Deutschland, ein für Russland höchst ungünstiger Frieden geschlossen wurde, muss regelrecht absurd auf Kirpitschnikow gewirkt haben. Er selbst hatte ja die Niederlagen der Armee mit den »Umtrieben germanophiler Verräter« in Verbindung gebracht. Die Meuterei der »Wolhynier« war schließlich auch im Zeichen einer Abrechnung mit solchen »Übeltätern« gestanden. Und jetzt streckte man die Waffen vor den Deutschen und machte ihnen weitreichende Zugeständnisse! Diese Kehrtwendung der Politik war nicht einfach zu verkraften. Viele Menschen im ehemaligen Zarenreich brachte erst der in Brest-Litowsk am 3. März 1918 geschlossene Friede gegen die Bolschewiki auf. Möglicherweise auch Timofej Kirpitschnikow. Obwohl es Hinweise gibt, wonach er bereits kurz nach der Oktoberrevolution gegen Lenin und seine Gefolgsleute aufbegehrte. Inwieweit diesen Angaben zu trauen ist, steht freilich auf einem anderen Blatt.[113] Es ist jedenfalls in Anbetracht der zur Verfügung stehenden Materialien nicht ganz einfach, die Haltung beziehungsweise Haltungsänderung Kirpitschnikows gegenüber den Bolschewiki nachzuvollziehen. Schließlich begleiten einem beim Versuch, eine biographische Skizze des »Helden der Februarrevolution« anzufertigen, ständig Ausdrücke wie »vielleicht« oder »möglicherweise«. Nicht wenige der mit dem Schicksal Kirpitschnikows verbundenen Fragen müssen deswegen unbeantwortet bleiben.

Aber kehren wir wieder zurück ins Jahr 1917, in die Zeit des Februarregimes. Kirpitschnikow vertraute auf die Politik der Provisorischen Regierung, die nicht zuletzt Männern wie ihm ihre Existenz zu verdanken hatte. Der junge Feldwebel wurde fast so etwas wie ein Star, und zwar schlagartig. Kirpitschnikow hatte gewissermaßen selbst dafür gesorgt. Am 28. Februar fand er sich offenbar gemeinsam mit Soldaten des Wolhynischen Regiments im Taurischen Palais ein. Dort riefen sie sofort die Neugier der Anwesenden hervor. Journalisten zückten Notizblock und Bleistift. Einer von ihnen war N. Pentschkowskij. Er bekam die Gelegenheit, die Ereignisse gleichsam taufrisch diktiert zu bekommen. Kirpitschnikow und einige andere »Wolhynier« erzählten nun den Hergang der Meuterei.[114] Die Zeitungen brachten auf diese Weise schon kurz nach dem Sieg der Revolution Interviews mit dem »ersten Helden des Aufstandes«.[115] In den Auslagen zahlreicher Geschäfte waren Fotoporträts des mit einem Mal berühmten »Wolhyniers« ausgestellt.[116]

In den Tagen der Revolution waren viele Zarendenkmäler und -bilder zerstört worden. Ein wahrer »Bildersturm« wurde beobachtet. Aber nicht nur in Petrograd tilgte man die Erinnerung an das alte Regime. Auch in der Provinz beeilte man sich, die in allen öffentlichen Gebäuden vorhandenen Porträts des Zaren zu entfernen. Das eine »Idol« wurde zunächst durch viele andere ersetzt. Der Februar hatte eine ganze Reihe unterschiedlicher »Helden« hervorgebracht. Kirpitschnikow war nur einer von ihnen, wenn auch einer der prominentesten. Sein »Höhenflug« dauerte gerade so lange, bis ein mit beträchtlicher Propaganda verbundener Personenkult um Figuren wie Alexander Kerenskij oder General Kornilow einsetzte und den Ruhm der »einfachen Helden« allmählich übertrumpfte.[117]

Noch aber war der junge Feldwebel in aller Munde. Timofej Iwanowitsch Kirpitschnikow, von Iwan Lukasch als schlanker großer Mann mit hoher Stirn und braunen Augen beschrieben, machte Karriere, wenn auch eine bescheidene und vor allem kurze. Er, der offenbar während der Aprilkrise für die Provisorische Regierung auf die Straße ging und eine »bewaffnete Demonstration« anführte[118], wurde zweimal befördert.[119] Überdies verlieh man ihm den St. Georgs-Orden 4. Klasse. Kirpitschnikow trug diese Auszeichnung voller Stolz. Es war das allererste Mal, dass der traditionsreiche St. Georgs-Orden mit einem roten Band versehen war.[120] Die Farbe der Revolution hatte sich der ehemaligen Zarenarmee bemächtigt. Der Kommandierende der Truppen des Petrograder Militärkreises und spätere Oberbefehlshaber der russischen Armee, General Kornilow, heftete Kirpitschnikow höchstpersönlich den Orden an die Brust.

Die von Kirpitschnikow im entscheidenden Moment beeinflusste Revolution hatte nicht nur dazu geführt, dass der Zar am Ende abdanken musste. Die Revolution hatte außerdem dafür gesorgt, dass eine für März geplante Ordensverleihung an den Zaren nicht mehr zustande kam. So geschah es also, dass der Bauernsohn aus dem Dorf Dimitrijewka im Gouvernement Pensa einen Orden erhielt, während dem Zaren der seine vorenthalten blieb.[121]

Kirpitschnikow drängte sich allerdings, will man jenen glauben, die ihn kannten, nie in den Vordergrund. Seine Beförderung kam auf Anregung der Soldaten des Wolhynischen Regiments zustande.[122] Iwan Lukasch, ein Sozialist-Revolutionär, der im Übrigen nach seiner Emigration im Jahr 1921 für eine russische monarchistische Zeitung tätig war und als Drehbuchautor in Frankreich arbeitete[123], bescheinigte dem jungen »Helden« große Bescheidenheit. Nie habe Kirpitschnikow versucht, so Lukasch, seine Rolle bei der Erhebung aufzubauschen. Er hatte sich selbst davon überzeugen können: Während des Interviews waren auch andere »Wolhynier« dabei gewesen, die Kirpitschnikows Schilderungen kaum einmal unterbrachen oder ihn berichtigten.[124]

Allerdings gab es auch solche, die den plötzlichen Ruhm Kirpitschnikows sowie den des Ausbildungskommandos des Wolhynischen Regiments als nicht ganz gerechtfertigt ansahen. Zum Beispiel die Soldaten des Pawlowskij-Regiments, die schon am 26. Februar rebelliert hatten. Als nämlich in einer Zeitung gefragt wurde, welches Regiment nun eigentlich verdiene, als das erste bezeichnet zu werden, das die Revolution zum Sieg geführt habe, beanspruchten sowohl »Pawlower« als auch »Wolhynier« diesen »Titel« für sich. Soldaten aus beiden Regimentern schrieben Leserbriefe und legten ihre Standpunkte dar. Es setzten sich aber offenbar die »Wolhynier« durch, die glaubhaft machen konnten, dass erst ihr Aufstand die massenhafte Meuterei der Petrograder Garnison ausgelöst habe.[125] Es ist zweifellos interessant zu sehen, dass »Pawlower« und »Wolhynier« hier um den »ersten Platz« eiferten. Noch vor kurzem mit der Perspektive konfrontiert, als Befehlsverweigerer und Vaterlandsverräter verdammt zu werden, hatte jetzt ein Wettlauf um die vorderen Reihen in der »Heldengalerie der Revolution« eingesetzt.

Auch Timofej Kirpitschnikow muss sich in der Rolle als Urheber der Meuterei schon sehr früh seiner Bedeutung bewusst gewesen sein. Bereits am 28. Februar, zu einem Zeitpunkt, als der Zar noch nicht abgedankt hatte, die Monarchie noch bestand und die Vorgehensweise der Männer in der Duma als Staatsstreich zu bezeichnen war, wurde er im Taurischen Palais als »Held« gefeiert. Die Frage ist aber, ob er sich damals »nur« als »Held« des Aufstandes empfand oder schon als »Lichtgestalt« der Revolution. Wie revolutionär oder in welchem Sinne revolutionär war dieser Kirpitschnikow, den offenbar vor allem die Empörung über das Dahinmetzeln der Demonstranten zum »Aufrührer« gemacht hatte? Es deutet alles darauf hin, dass er nicht zu jenen »Muschiks« in Uniform gehörte, von denen Rodsjanko schrieb. Kirpitschnikow fühlte sich wohl selbst als echter Soldat und nicht lediglich als Bauer im Heer.

Von seinen politischen Ansichten wissen wir wenig. Die Provisorische Regierung wollte er jedenfalls verteidigen und auch an der Idee einer Demokratie dürfte ihm etwas gelegen sein. Das Wichtigste aber, so scheint es, war für ihn der Krieg und der Sieg einer Armee, deren disziplinären Verfall er im Grunde mitverursacht hatte. Spätestens ab Mai 1917 schlug sich die Demoralisierung der Frontsoldaten in Massendesertionen nieder.[126] »Der Staat«, bemerkte der Schriftsteller Konstantin Paustowskij, »zerfiel wie ein Klumpen feuchten Lehms« und »an der Front schmolz die Armee unaufhaltsam hinweg«.[127] Der Sieg, von dem Kirpitschnikow träumte, rückte in weite Ferne.

Vielleicht tröstete ihn die Gewissheit, immerhin den Sturz der Autokratie mitverursacht zu haben. Aber nicht alle waren überzeugt davon, dass »der kleine Feldwebel« ganz allein so »Großes« tun hatte können. Manche zeigten sich misstrauisch in Hinblick auf den Part, den Kirpitschnikow laut Zeitungsberichten bei der Erhebung gespielt hatte. Zweifel an seiner »Hauptrolle« formulierten Zeitgenossen wie etwa Sergej Mstislawskij. Seiner Meinung nach war die Frage, wer nun die Rebellion angeführt hatte, ungeklärt. Vom »Republikanischen Offiziersverband« geleitete Nachforschungen kamen zu dem Ergebnis, dass sechs verschiedene Personen in Frage kamen. Unter ihnen war zwar auch Kirpitschnikow, doch Mstislawskij sah darin keinen eindeutigen Beweis für die federführende Rolle des damaligen Feldwebels.[128] Anderen Aussagen zufolge war ein gewisser Michail Owerjanowitsch Awdijenko an der Spitze der Meuterer gestanden; von Kirpitschnikow keine Rede.[129]

Ungeachtet solcher Meinungen gibt es bei Kenntnis der zur Verfügung stehenden Quellen keinen zwingenden Anhaltspunkt dafür, Timofej Kirpitschnikow seine Führerschaft der Meuterei abzusprechen.

Iwan Lukasch nennt als Resultat seiner Befragung der »Wolhynier« neben Kirpitschnikow auch die Namen anderer Männer, die offenbar wesentlich zum Gelingen der Rebellion beigetragen hatten; darunter auch Michail Markow oder einen nicht näher beschriebenen Miron Kirpitschnikow. Timofej Kirpitschnikows Rolle wird dadurch aber nicht beschnitten. Iwan Lukasch schrieb: »Inmitten all dieser leuchtet als helle Flamme der Name von Timofej Kirpitschnikow.«[130]

Allerdings sind es verschiedene Details, die in den Schilderungen des Aufstandes der »Wolhynier« dort und da Rätsel aufgeben. Einzelne Angaben bei Iwan Lukasch, der sich ja auf Kirpitschnikows Aussagen berufen konnte, stimmen beispielsweise nicht mit dem überein, was der »Held« der Revolution dem Journalisten Pentschkowskij erzählte oder dann im Frühjahr 1917 anderen Interessierten zu Protokoll gab. Da aber Kirpitschnikows Schilderungen in den wesentlichen Punkten gleich lautend wiedergegeben wurden, sind Ungereimtheiten wohl am ehesten auf Fehler in der Übertragung oder auf nachträglich vorgenommene Kürzungen oder Korrekturen zurückzuführen.

Richtig ist allerdings, dass bei aller Authentizität, die wir Kirpitschnikows Darstellungen über die Meuterei am 27. Februar zugestehen wollen, er sich der »Rhetorik einer erfolgreichen Revolution« bediente.[131] So wurde der Anspruch auf Anerkennung, wenn nicht gar Verehrung von Beginn an formuliert. Nicht außer Acht zu lassen ist aber, dass Kirpitschnikow seine Geschichte den Ausschmückungen erfahrener Publizisten überließ. Diese wiederum – denken wir nur an Iwan Lukaschs pathetische Huldigung Kirpitschnikows als »helle Flamme« – wussten genau, dass der Stoff, aus dem »Helden« gemacht werden, gleichsam als Rohdiamant vor ihnen lag. Jetzt bedurfte es nur noch eines geeigneten Schliffs.

Da die »Heldentat«, das heißt der Hergang der Rebellion, an sich im Mittelpunkt stand, sind in allen vorhandenen Darstellungen andere Aspekte, welche über die Beschreibung des Ereignisses hinausgehen, verhältnismäßig wenig ausgeleuchtet worden. Auf der Strecke bleiben etwa einige Fragen hinsichtlich der »Gedankenwelt« der Meuterer.

Zum Beispiel auch in Hinblick auf den Tod des Kommandanten. Es ist auffallend, dass der vielleicht wichtigste Abschnitt der Meuterei am 27. Februar, der Mord am Kommandanten Laschkjewitsch, in nur wenigen Sätzen abgehandelt wird. Es ist zu fragen, warum Kirpitschnikow den Kommandanten überhaupt gehen ließ, wenn bereits durch Fähnrich Kolokolows »Abgang« ein frühzeitiges Entdecken der Verschwörung zu befürchten war. Nicht geklärt ist außerdem, was mit den beiden anderen anwesenden Fähnrichen, Tkatschura und Weljaminow-Woronzow, passierte, die nach Pentschkowskijs Aufzeichnungen gemeinsam mit Laschkjewitsch weggeschickt wurden. Es ist schwer zu glauben, dass Kirpitschnikow Weljaminow-Woronzow, der ja mit seiner blindwütigen Knallerei am Snamenskij-Platz bei den Soldaten besondere Abscheu erzeugt hatte, ungeschoren davonkommen ließ. Wir wissen außerdem, dass Kirpitschnikow nicht übertrieben hatte, als er die »Schlächterei« des Offiziers schilderte. Zwei Augenzeugen, einer davon Dumaabgeordneter, hatten nämlich am 27. Februar von einem Hotelfenster aus den Snamenskij-Platz überblicken können und einen Offizier beobachtet, der einem Soldaten das Gewehr entriss und – so wie Kirpitschnikow es erzählte – einen Demonstranten nach dem anderen erschoss.[132] Auf diese Weise gewinnt Kirpitschnikows gesamte Darstellung der Ereignisse an Glaubwürdigkeit, denn die beiden Augenzeugen, deren Bericht seine Version bestätigten, wussten damals aller Wahrscheinlichkeit nach nichts von Kirpitschnikows Darlegungen. Eine bewusste Abstimmung mit Kirpitschnikows Erzählung scheint also ausgeschlossen. Außerdem: Welches Motiv hätten die beiden haben sollen, womöglich eine Falschaussage zu machen, nur um Kirpitschnikows Version zu stützen?

Dessen ungeachtet bleibt uns Kirpitschnikow einige Erklärungen schuldig. Aus den vorhandenen Schilderungen geht beispielsweise nicht hervor, ob jemand den Befehl gab, Laschkjewitsch zu erschießen. Falls doch, wurde er von Kirpitschnikow erteilt? Und schließlich: Wer feuerte auf den flüchtenden Kommandanten, der im Übrigen bei seinem Tod nur um ein Jahr älter als Kirpitschnikow gewesen war? Pentschkowskijs Darstellung zufolge waren es zwei Scharfschützen, die bereits vorsorglich so postiert worden waren, dass niemand über den Hof entkommen konnte. Jedenfalls war der Kommandant, so heißt es überall, auf der Stelle tot.[133] Aber es gibt verschiedene Versionen darüber, wer nun wirklich den Schuss auf Laschkjewitsch abgegeben hatte. Nicht zwei Scharfschützen seien es gewesen, sondern ein paar Soldaten, die nach dem Verschwinden des Kommandanten zu den Fenstern stürzten und das Feuer eröffneten. Andere wollten gesehen haben, dass Kirpitschnikow Laschkjewitsch mit einer Gewehrkugel niederstreckte. Die Frage, wer der Todesschütze gewesen war, ließ sich auch dann nicht klären, als in den Sechzigerjahren ehemalige »Wolhynier« zur Feder griffen, die Geschehnisse noch einmal aufrollten und ihre Erlebnisse, fünfzig Jahre danach, zu Papier brachten. Fast jeder erinnerte sich da an einen anderen Namen.[134]

Kirpitschnikow war jedenfalls bemüht, den Kommandanten in geradezu rechtfertigender Absicht als besonders brutal und gnadenlos vorzuführen. Bei Iwan Lukasch hieß es, der Stabskapitän Laschkjewitsch, den man aufgrund seiner goldgeränderten Augengläser, die er trug, »bebrillte Viper« nannte[135], sei »grausam, gehässig, grob« gewesen. Abgebrühtere Soldaten als die Neulinge, die im Ausbildungskommando auf den Einsatz an der Front vorbereitet wurden, hätte der Kommandant derart schikaniert, dass selbst diesen bereits erfahrenen Männern die Tränen in die Augen stiegen.[136] Kirpitschnikow ahnte vielleicht, dass es kein gutes Bild machen würde, einen Offizier, der noch dazu zwei Jahre in den vordersten Linien gekämpft hatte, von hinten erschossen zu haben. Vielleicht wurden deshalb die negativen Eigenschaften Laschkjewitschs bewusst hervorgehoben. Vielleicht aber waren Kirpitschnikows Charakterisierungen durchaus authentisch. Der »Held« der Revolution, der ihr mit seiner in der Nacht vom 26. auf den 27. Februar gefällten Entscheidung zur Meuterei vielleicht erst zum Durchbruch verhalf, hat in jedem Fall ein außergewöhnliches und bemerkenswertes Zeugnis über seine und die Rolle des Wolhynischen Regiments im Zuge dieser gewaltigen Volkserhebung hinterlassen.

Die Fotografien Timofej Kirpitschnikows, dessen Mütze offenbar immer ein bisschen locker und ein wenig zu schief saß, und dessen jungenhaftes Aussehen nicht zu seinen Taten zu passen scheint, verschwanden nach und nach aus den Schaufenstern. Der junge Unteroffizier profitierte nicht lange von seinem Ruhm. Das Februarregime wurde von den Bolschewiki zu Grabe getragen. Es ließ im Rückblick nur »gescheiterte Helden« zurück, und die Oktoberrevolution brachte ihre eigenen hervor.[137] Kirpitschnikow, der sich obendrein nicht als ein Anhänger der Bolschewiki und ihrer »kommunistischen Autokratie«[138] erwies, trug jetzt einen Orden, der in den Augen der neuen Machthaber nicht mehr als ein Stück Blech war. Es gab daher so gesehen keinen Grund, diesen »Helden« des Februar 1917 allzu sehr zu würdigen. Man hat Kirpitschnikow sicher nicht völlig verschwiegen, aber man hat offenbar auch nicht sehr viel mehr getan. Was sollte man im »proletarischen Paradies« mit dem »Helden« einer »bürgerlichen« Revolution anfangen, der noch dazu eindeutig Position gegen die Bolschewiki ergriffen hatte? Man konnte ihn höchstens als einen »Verirrten« darstellen, als jemanden, der wie alle Anhänger des Februarregimes »Verrat« an einer Revolution nach Vorstellung der Männer des Oktober 1917 begangen hatte.

Die sowjetische Historiographie war im Übrigen nie um eine Methode verlegen, wenn es um die Entfernung nicht genehmer Figuren aus den Geschichtsbüchern ging. Beginnend mit der Historiographie der Gorbatschow-Ära verschwanden derartige Berührungsängste mit den jahrzehntelang unerwünschten »Helden« der Vergangenheit. Kirpitschnikow aber, der ohnehin auf einer völlig anderen Ebene rangierte als etwa ein Leo Trotzki, der aus dem sowjetischen Geschichtsbild wegretuschiert worden war, blieb eine Randfigur und gewissermaßen ein Fall für die Experten. Heute kennen seinen Namen wohl nur Historiker, die sich der russischen Geschichte verschrieben haben, oder jene, die mit Alexander Solschenizyns Revolutionsroman »Das Rote Rad« vertraut sind.

Am 25. Oktober nach altem und am 7. November nach neuem Stil vollzog sich die Oktoberrevolution weniger nach dem Beispiel ihrer Vorgängerin als eher nach Art eines Putschs. »Die Bolschewiki hatten ein dreistes Husarenstück vollbracht, vorerst nicht mehr.«[139] Es war jedenfalls nicht abzusehen, ob Lenin und seine Gefolgsleute länger an der Spitze Russlands Platz nehmen würden als etwa Alexander Kerenskij.

Ihm hatten die Bolschewiki immer wieder vorgeworfen, dass er die Wahlen zur Verfassungsgebenden Versammlung hinauszögere.[140] Wie sollte aber die Parole »Alle Macht den Räten!« mit den Kompetenzen einer Konstituante in Einklang gebracht werden? Nun fanden also Wahlen statt, die eine Führung, welche demokratische Gepflogenheiten im Grunde als bürgerlichen Firlefanz betrachtete, gar nicht mehr brauchte. Das Ergebnis entsprach wohl den Befürchtungen der Bolschewiki. Als eindeutiger Sieger ging die Partei der Sozialisten-Revolutionäre hervor. In Petrograd und Moskau stellten zwar die Anhänger Lenins die stimmenstärkste Partei, doch änderte dieser Erfolg nichts am Gesamtergebnis.

Nun war sonnenklar, dass die Verfassungsgebende Versammlung das Oktoberregime, das im Grunde auch nicht mehr als eine provisorische Regierung war, nicht stützen würde.[141] Die Bolschewiki ihrerseits hatten schon im Vorfeld des Urnengangs zu erkennen gegeben, dass sie über den bei den Wahlen zum Ausdruck gebrachten »Willen des Volkes« im Falle einer nicht genehmen Entscheidung einfach hinweggehen würden. Jetzt begannen die Roten Garden damit, politische Gegner einfach zu verhaften und als »Volksfeinde« zu denunzieren. Die Sozialisten-Revolutionäre waren gewarnt. Aber in letzter Minute wurde die Idee eines bewaffneten Aufstandes fallen gelassen.[142]

Am 5. (18.) Januar 1918 fand die erste und einzige Sitzung der Konstituante statt. Die Bolschewiki forderten die vorbehaltlose Anerkennung der »Sowjetmacht«. Das kam einer Aufforderung zur Selbstauflösung der Konstituante gleich. Als die Abgeordneten tags darauf vor dem Taurischen Palais standen, verweigerten ihnen schwer bewaffnete Rotgardisten den Zutritt. Zwar gab es Demonstrationen, die sich gegen diese Verhöhnung der Demokratie und des Parlamentarismus wandten. Doch die Anzahl der Verteidiger der Konstituante, deren Ausschaltung Lenin als »die vollständige und offene Liquidation der Idee der Demokratie zugunsten des Gedankens der Diktatur« bezeichnete[143], war erschütternd gering.

Es darf immerhin vermutet werden, dass Timofej Kirpitschnikow zu diesen wenigen gehörte, die bereit waren, die Verfassungsgebende Versammlung zu schützen. So kam es offenbar im Januar 1918 unter seiner Mitwirkung zu einem Zusammenstoß zwischen Soldaten des Wolhynischen Regiments und Rotgardisten.[144] Es ist nicht auszuschließen, dass der Konflikt in Zusammenhang mit dem Vorgehen der Bolschewiki gegen die Konstituante entstanden war. Allerdings hatte der Vorfall keine Konsequenzen für Kirpitschnikows Stellung in der Armee. Und diese war noch dazu bereits seit Ende Januar 1918 im Begriff, eine »Rote« zu werden. Entweder wurde die Auseinandersetzung mit den Rotgardisten, beziehungsweise Rotarmisten, als Lappalie abgetan, oder aber Kirpitschnikow zehrte noch von seinem »Heldenstatus« und wurde deswegen amnestiert. Anders ist nicht zu erklären, warum er im Februar 1918 die Erlaubnis erhielt, eine eigene Abteilung unter seiner Führung zusammenzustellen. Insgesamt standen mehr als 300 Männer unter seinem Kommando – »Wolhynier« ebenso wie Soldaten aus anderen ehemals zarischen Regimentern, die nun, wie er selbst auch, zur Roten Armee gehörten. Glücklich war der frisch gebackene »Rotarmist« Kirpitschnikow allerdings nicht mit seiner neuen Stellung.[145]

Worauf aber gründet sich diese Vermutung? Die Zeitung »Prawda« hat 1927 ihre Leser anlässlich des 10. Jahrestages der Revolution aufgefordert, ihre Erlebnisse aus dieser Zeit zu Papier zu bringen. Ein gewisser Fjodor Udalenkow, ehemaliger Rotarmist, setzte sich nun hin, nahm ein altes Schulheft zur Hand und hielt seine Erinnerungen an die Oktoberrevolution fest. Er fand aber auch noch etwas Anderes erwähnenswert: seine Begegnung mit Timofej Kirpitschnikow.

Bis zum Februar 1918, als er ihn das erste Mal sah, kannte er ihn nur vom Hörensagen. Doch der »Organisator des Aufstandes«, wie er ihn nannte, war nicht der Mann, den er erwartet hatte. Kirpitschnikow, so Udalenkow, schien sich in seiner Haut nicht wohl zu fühlen. Geradezu verstörend empfand er es, dass Kirpitschnikow offenbar gar nicht stolz auf seine »Heldentaten« war. Udalenkow war enttäuscht. So hatte er sich Kirpitschnikow nicht vorgestellt. Außerdem spürte er bald, dass dieser »Held« der Februarrevolution wenig Interesse an einer näheren Bekanntschaft mit einem Bolschewiken hatte. Udalenkow beobachtete außerdem, dass Kirpitschnikow bei Versammlungen regelrecht beleidigt reagierte, wenn jemand anderer Meinung war als er selbst. Außerdem wollte der Rotarmist bemerkt haben, dass Kirpitschnikow »hochmütig« über die Arbeiterschaft sprach, und dass er sie offenbar für politisch ungebildet hielt.[146] Jedenfalls, so Udalenkow, neigte Kirpitschnikow dazu, die Rolle der Arbeiter bei der Februarrevolution zu Gunsten der Soldaten zu schmälern. Das passte nicht in das Bild, das der junge Bolschewik von der Revolution hatte. Für ihn stand fest, dass erst die Ziele der Arbeiterschaft dem Aufstand der Soldaten einen Sinn gegeben hatten.[147] Bei Udalenkow entstand überdies der Eindruck, dass Kirpitschnikow nichts Geringeres tat, als die »Notwendigkeit« der Oktoberrevolution in Zweifel zu ziehen.[148]

Er reagierte deshalb nicht überrascht, als er erfuhr, dass Kirpitschnikow angeblich in Verbindung mit »einigen konterrevolutionären Offizieren der Petrograder Garnison« stand. Noch dazu trafen in der Kaserne mysteriöse Waffenlieferungen ein, die in Zusammenhang mit Kirpitschnikows »konterrevolutionären« Kontakten zu stehen schienen. Udalenkows Vorgesetzte wurden darüber informiert.[149]

Schließlich, im April 1918, wurden laut Udalenkow telefonische Anweisungen aus dem Stab gegeben, denen zufolge in Hinkunft weitere Waffentransporte an Kirpitschnikow zu unterbinden seien. Ein Konflikt war vorprogrammiert. Doch Kirpitschnikow stand nicht alleine da. Als man seine Männer entwaffnen wollte, kam es zu einem Gefecht mit den anwesenden »Kameraden« der Roten Armee. In der Nacht wurde die Kaserne von Rotarmisten umstellt. Kirpitschnikows Männern drohte man mit Erschießung. Ihre Lage war aussichtslos. Sie ergaben sich und ließen sich die Gewehre abnehmen.[150] Kirpitschnikow aber war spurlos verschwunden.

Fjodor Udalenkow und seine Kameraden fanden in Kirpitschnikows Unterkunft einen großen Koffer. Er enthielt zu Udalenkows Überraschung vor allem eine große Anzahl Briefe; wie sich herausstellte, handelte es sich in der Hauptsache um »Fanpost«. Udalenkow bemerkte, dass viele der Absender Frauen waren. Einige nannten ihn »Held aller Helden«. Kirpitschnikow hatte anscheinend auf diese Weise Dutzende Liebeserklärungen bekommen. Andere Schreiber wiederum äußerten quasi postalisch ihre Befürchtung, wonach der »Held« der Februarrevolution vielleicht ein deutscher Spion gewesen sei und forderten Kirpitschnikow auf, ihren bitteren Verdacht zu widerlegen. Immerhin hatten nicht alle die Lage der Armee zur Jahreswende 1916/17 für aussichtslos gehalten. Im Gegenteil. Manche hatten sich sogar Chancen auf einen Sieg ausgerechnet.[151] Erst die von den »Wolhyniern« ausgelöste Militärrevolte hatte nach Einschätzung solcher Beobachter den Anfang vom Ende eingeleitet. Einige, die sich an Kirpitschnikow wandten, quälte demgegenüber weniger die Vermutung, er hätte im Auftrag des deutschen Generalstabs die »Zerrüttung« der russischen Armee herbeigeführt, sondern die Sorge, er sei am Ende »doch ein Bolschewik« geworden. Allerdings überwogen jene Zuschriften, in denen Kirpitschnikow Bewunderung und Anerkennung ausgesprochen wurde, behauptete Udalenkow, der meinte, Kirpitschnikow habe sich von all diesen »Schmeicheleien« den Kopf verdrehen lassen. Anders konnte er sich nicht erklären, wie aus dem »Helden« der Februarrevolution ein »Konterrevolutionär« geworden war.[152]

Wohin flüchtete Kirpitschnikow? War es ihm möglich, sich auf Dauer vor den Bolschewiki zu verbergen? Offenbar nicht. Es gibt Hinweise, denen zufolge er aufgrund seiner »konterrevolutionären Tätigkeit« am Ende doch verhaftet werden konnte. Allerdings wurde er kurze Zeit später wieder freigelassen. Auf seine Dienste als Rotarmist hat man aber verzichtet; Kirpitschnikow wurde demobilisiert.[153]

Stimmt diese Version? Bekanntlich gingen die Bolschewiki nicht eben zurückhaltend mit ihren Gegnern um. Das galt selbstverständlich nicht nur für unliebsame Politiker. »Renitente« Soldaten und Offiziere wurden auf Geheiß des Volkskommissars für militärische Angelegenheiten, Leo Trotzki, einfach an die Wand gestellt.[154] Ließen die Bolschewiki einen Mann, von dem sie annahmen, dass er gemeinsame Sache mit ihren Gegnern machte, einfach gehen? Schwer vorstellbar. Vielleicht aber scheute man einfach davor zurück, diesen »Helden« der Februarrevolution zu ermorden, weil man keinen Märtyrer aus ihm machen wollte.

Sicher ist eines: Hier verliert sich die Spur des Timofej Kirpitschnikow. Wir wissen jedenfalls nicht, wo er sich bis zu seinem Tod aufgehalten und was er in dieser Zeit getan hat. Alles, was wir wissen ist, dass jemand behauptet, seine Erschießung angeordnet zu haben.

Folgen wir den Aussagen dieses Jemand, dann hat Kirpitschnikow nach seiner Entlassung aus der Roten Armee versucht, gegen die Bolschewiki an der Seite der »Konterrevolutionäre« zu kämpfen. Doch die Gegner Lenins waren alles andere als einig. Verschiedene Strömungen waren hier vertreten, und es gab viele verschiedene Motivationen, sich gegen das Oktoberregime zu stellen. Kirpitschnikow hätte wahrscheinlich bei einigen antibolschewistischen Gruppierungen eine freundliche Aufnahme gefunden. Doch er geriet ausgerechnet an »weißgardistische« Kräfte um General Kutjepow, der am 27. Februar 1917 ins Zentrum Petrograds vorgedrungen war, um mit Soldaten vom Schlage eines Kirpitschnikow ein für alle Mal aufzuräumen.

Jedenfalls erschien Timofej Iwanowitsch eines Tages, im Jahr 1918, beim Stab des Generals und sprach dort vor. Kutjepow, der übrigens im Jahr 1930 in Paris von Agenten der sowjetischen Geheimpolizei entführt und ermordet wurde[155], widmete dieser »Episode« in seinen Aufzeichnungen einen kurzen Abschnitt. Kirpitschnikow sagte, so Kutjepow, ganz unumwunden, dass er gekommen sei, um sich der »Freiwilligenarmee« im Kampf gegen die Bolschewiki anzuschließen: Er habe sich entschlossen, für die »Freiheit des Volkes« zu kämpfen. Der General wollte nun in Erfahrung bringen, was der Freiwillige bisher getan hatte. Daraufhin setzte ihm der junge Mann auseinander, dass er bereits in Petrograd als einer der Ersten für die »Freiheit des

Volkes« sein Leben riskiert und gegen das alte Regime gekämpft habe. Als er merkte, dass Kutjepow noch immer nicht erkannt hatte, dass jener Soldat vor ihm stand, der im Februar 1917 als Urheber des Aufstands der »Wolhynier« eine »Massenmeuterei« ausgelöst hatte, die schließlich der Revolution zum Erfolg verhalf, nannte er seinen Namen. Außerdem zog er verschiedene Zeitungsausschnitte aus seinen Hosentaschen, um zu beweisen, dass er nicht irgendein Schwindler war. »Ach, Sie sind also der Unteroffizier, der seinen Vorgesetzten erschossen hat«, sagte daraufhin Kutjepow. Kirpitschnikow muss spätestens in diesem Moment gespürt haben, dass ein »Held« wie er hier nicht gefragt war. Er wollte gehen. Aber der General befahl ihm zu bleiben. Kirpitschnikow wurde leichenblass und wollte wissen, warum Kutjepow ihn festhielt. »Das werden Sie gleich sehen«, antwortete der General, ließ ein paar seiner Männer kommen und Timofej Kirpitschnikow erschießen.[156]

»Ein Missverständnis, das sich in Kürze aufklären wird«

Der Zwischenfall von Tscheljabinsk und der »Bürgerkrieg« in Russland

HINTERGRÜNDE

Kaum ein Russlandreisender, der sich über den Ural hinaus bis nach Sibirien vorgewagt hat, wird einen Besuch in Tscheljabinsk als ein »Muss« betrachtet haben. Die heute über eine Million Einwohner zählende, östlich des Ural gelegene Stadt hat nur wenige Sehenswürdigkeiten zu bieten. Touristen, die es in diesen Winkel Sibiriens verschlägt, werden dem Umstand, dass hier die – laut Infotexten über die Stadt – bekannten Katjuscha-Raketen und T-34 Panzer gefertigt wurden, wahrscheinlich eher verhaltenes Interesse entgegen bringen. Dass Tscheljabinsk ein Industrie-, Bildungs- und Kulturzentrum dieser Region ist, mag für Einheimische eine große Bedeutung haben. Reisende aber dürfte es vergleichsweise mehr interessieren, dass die Stadt als ein wichtiger Verkehrsknotenpunkt gilt – heute wie damals.

Und so war es nicht irgendeine Stelle in Tscheljabinsk, welche im Mai 1918 Schauplatz eines verhängnisvollen Vorfalls sein sollte, sondern es war der Bahnhof. Was sich dort am 14. Mai 1918 und in den darauf folgenden Tagen abspielte, muss allerdings in einem größeren Zusammenhang gesehen und begriffen werden – ansonsten, um es salopp auszudrücken, besteht die Gefahr, nichts anderes als »Bahnhof« zu verstehen.

Seit der Machtergreifung der Bolschewiki im Oktober beziehungsweise November 1917[1] beobachtete man sowohl in Russland als auch außerhalb der bröckelnden Grenzen des ehemaligen Romanowimperiums die Politik des Sowjetregimes mit stetig wachsender Skepsis. Grund hierfür hatten nicht zuletzt die ehemaligen Verbündeten Russlands. Nach jahrelanger Unterstützung zuerst des Zarenreiches und dann der Provisorischen Regierung standen sie im Frühjahr 1918 vor den Trümmern ihrer Russlandpolitik. Die neuen Machthaber hatten nämlich den sich bereits seit Ende 1917 abzeichnenden Kriegsaustritt vollzogen. Das Oktoberregime paktierte jetzt mit den ehemaligen Feinden. Als Folge hofften Franzosen ebenso wie Engländer oder Amerikaner im Kampf gegen die Hohenzollern- und Habsburgerarmeen vergeblich auf russische Soldaten.

Aber auch die Mittelmächte, die sich immer noch im Krieg gegen die Alliierten befanden, brachten den Volkskommissaren mit Wladimir Iljitsch Lenin an ihrer Spitze alles andere als Vertrauen entgegen. Die weltanschaulichen Gegensätze zwischen dem Deutschen Reich und der k. u. k. Monarchie auf der einen und dem revolutionären Räterussland auf der anderen Seite waren ohnehin unüberbrückbar. Hinzu kamen die territorialen Interessen Berlins, das sich bei Bedarf auch über die Regeln der Diplomatie und über bestehende Verträge hinwegsetzte. Obwohl die Mittelmächte am 9. Februar mit der Ukraine und am 3. März 1918 mit Sowjetrussland Frieden geschlossen hatten, kam die Ostfront nicht zur Ruhe.

Im Februar hatte der damalige Volkskommissar für auswärtige Angelegenheiten, Leo Trotzki, in Anbetracht der drückenden Bedingungen Deutschlands für den Friedensschluss mit der Losung »Weder Krieg noch Frieden« reagiert. Die einen sahen darin einen Ausdruck der Hilflosigkeit, die anderen wiederum wollten hier einen Geniestreich erkennen. Jedenfalls ließen sich die Generäle Kaiser Wilhelms von Wortspielen nicht beeindrucken. Um ihre Vorstellungen vom Frieden mit Sowjetrussland durchzusetzen, nahmen sie die Offensive gegen den früheren Kriegsgegner und nunmehrigen Verhandlungspartner wieder auf. Ende Februar waren die baltischen Länder besetzt. Im Norden machte die Hohenzollernarmee bei Narwa halt. Im Süden stießen die Deutschen von Polen aus in die Ukraine vor. Am 1. März fiel Kiew. Schließlich zogen die Soldaten des Deutschen Kaiserreichs sogar

Richtung Nordkaukasus weiter. Angesichts dieser Machtdemonstration des Hohenzollernreiches, das im Rahmen seiner Eroberungspläne auch Petrograd ins Visier genommen hatte, schrumpfte der Handlungsspielraum der Sowjetregierung auf ein Minimum. Diese verließ die ehemalige Zarenmetropole und übersiedelte in den Moskauer Kreml. Aber auch der geographische Wechsel in die alte russische Hauptstadt änderte nichts an der prekären Gesamtlage. Der so genannte »Diktatfrieden« von Brest-Litowsk wurde – wenn auch gegen den Willen einiger prominenter Bolschewiki – unterzeichnet. Russland verlor etwa 26 Prozent seiner Bevölkerung sowie 27 Prozent seiner Agrarfläche und hatte im Bereich der Eisenindustrie und des Kohleabbaus mehr als 70 Prozent Einbußen zu verkraften.[2]

Leo Trotzki

Hinzu kamen die Autonomiewünsche der Nationalitäten, die sich noch dazu auf das von den Bolschewiki proklamierte »Recht der Völker Russlands auf freie Selbstbestimmung bis zur Abtrennung und Bildung eines selbständigen Staates« berufen konnten.[3] Es zeigte sich aber bald, dass die Räteregierung in Moskau die Loslösung der Nationalitäten nicht ohne weiteres hinnehmen würde. »Das Ergebnis des nationalen Freiheitsstrebens«, so der Historiker Günther Stökl, »war schließlich dies, daß es in der Form staatlicher Unabhängigkeit nur dort von Moskau anerkannt wurde, wo es mit der Waffe erfolgreich gegen die Rote Armee verteidigt werden konnte; in allen anderen Fällen wurde der Wiederanschluß an das neue, sowjetische russische Imperium gewaltsam erzwungen.«[4]

Aber im Frühjahr 1918 lagen die Dinge noch anders. Zunächst konnte die Sowjetregierung nicht sehr viel mehr tun als zu akzeptieren, was passierte. Besonders schmerzhaft wurde der Verlust der Ukraine empfunden. Dort setzten die Deutschen unter dem Hetman Skoropadskij eine Marionettenregierung ein und ihre Expansionspolitik fort. Verschiedene Gruppierungen begehrten gegen das Regime Skoropadskijs

Tschechoslowakische Legionäre vor einem Eisenbahnwaggon

auf. Auch die ukrainischen Bolschewiki. Der Frieden, den Lenin in der Hoffnung auf eine Atempause eingegangen war, entpuppte sich als reine Farce. Trotzkis Losung »Weder Krieg noch Frieden« ließ sich nun in »Sowohl Krieg als auch Frieden« umformulieren.

Diese Situation hatte auch Einfluss auf das Schicksal hunderttausender österreichisch-ungarischer und deutscher Kriegsgefangener, die sich immer noch auf dem Territorium des untergegangenen Romanowimperiums befanden. Ihre in Brest-Litowsk auf eine vertragliche Grundlage gestellte Rückführung in die Heimat gestaltete sich überaus schwierig. Ausschlaggebend dafür war nicht nur die verworrene Situation an den Westrändern des ehemaligen Zarenreiches oder die Überlastung der Infrastruktur. Moskau hatte es nicht unbedingt eilig, den Mittelmächten ihre Soldaten zu überlassen, zumal die als Arbeitskräfte begehrten russischen Kriegsgefangenen in der Habsburgermonarchie und in Deutschland aufgrund ökonomischer Erwägungen an der Heimkehr gehindert wurden. Andererseits aber musste die Räteregierung die Heimkehr hunderttausender Männer, von denen nicht zu sagen war, wie sie sich gegenüber dem Oktoberregime positionieren würden, ohnehin als Risiko einstufen.[5]

Neben dem Deutschen Reich nahm es auch Sowjetrussland mit den getroffenen Abmachungen nicht allzu genau. Trotz des in Brest-Litowsk ausdrücklich vereinbarten Propagandaverbots und ungeachtet durchaus vorhandenen Misstrauens gegenüber den deutschen und österreichisch-ungarischen Kriegsgefangenen, versuchten die Bolschewiki ideologisch auf sie einzuwirken. Zum Teil mit Erfolg. Einige Tausend traten sogar in die Rote Armee ein und kämpften als so genannte Internationalisten an der Seite der Bolschewiki. Deren oft aggressive »Werbemethoden« riefen energische Proteste aus Berlin und Wien hervor, wo man einer Heimkehr zum Kommunismus »konvertierter« Soldaten mit Entsetzen entgegenblickte. Der deutsche Botschafter in Moskau, Graf Wilhelm von Mirbach-Harff, nahm sich kein Blatt vor den Mund. Doch seine gegenüber der Regierung in Moskau zum Ausdruck gebrachte Verärgerung bewog die Bolschewiki zu keiner dauernden Einstellung ihrer Propagandaaktivitäten. Mirbach wurde mit Lippenbekenntnissen abgefertigt.

Der Diplomat musste sich aber nicht nur um die als »weltanschauliche Verseuchung« empfundene Beeinflussung der eigenen Landsleute Sorgen machen, sondern auch um einstmalige k. u. k. Soldaten, deren Heimkehr die Alliierten ebenso wie die Bolschewiki beschäftigte.

Die vor allem aus Überläufern und Kriegsgefangenen zusammengesetzte Tschechoslowakische Legion, deren Ursprünge bereits in das erste Kriegsjahr datierten, stellte mit ihren ca. 40 000 Mann einen nicht zu unterschätzenden Machtfaktor dar. Das hatte bereits die Provisorische Regierung, die seit der Februarrevolution und bis zum Oktoberumsturz an Russlands Spitze gestanden war, begriffen und für sich genützt. Während die noch zur Zeit der Zarenherrschaft gebildeten tschechoslowakischen Einheiten beziehungsweise »Druschinen« in Anbetracht der Vorbehalte sowohl der russischen Regierung als auch der Armee eine lediglich untergeordnete Rolle spielten, erwarben sie sich im Zuge ihres Einsatzes bei Russlands letzter Offensive im Juni 1917 den Ruf hervorragender Soldaten. General Brusilow meinte: »Die Tschechoslowaken … schlugen sich so, dass alle vor ihnen auf die Knie fallen sollten.«[6] Allerdings waren die Umstände des Erfolges der Legion bei Zborów in Galizien in gewisser Weise tragisch gewesen. Tschechische Soldaten der österreichischen Infanterieregimenter Nr. 35 und Nr. 75 standen Landsleuten gegenüber, die in russischer Gefangenschaft die Seiten gewechselt hatten und nun gegen die Habsburgermonarchie, die in der Vergangenheit viele ihrer nationalen Forderungen nicht erfüllt hatte, zu Felde zogen. Wahrscheinlich ist der Sieg bei Zborów nicht alleine auf die Tapferkeit der Legionäre zurückzuführen. Der Kampfeswille der Tschechen in den k. u. k. Uniformen dürfte rasch nachgelassen haben, als sie im Nahkampf erkannten, dass ihre Gegner nicht Russen, sondern ebenfalls Tschechen waren. Große Teile der beiden österreichischen Regimenter ergaben sich nun ohne Gegenwehr.[7]

Für den Kriegsverlauf hatte das Gefecht bei Zborów keine Bedeutung. Wohl aber für die Exiltschechen, die in Paris bereits einen tschechoslowakischen Nationalrat geschaffen hatten. Thomas Masaryk, der etwa anderthalb Jahre nach der Schlacht erster Staatspräsident der Tschechoslowakei werden sollte, stilisierte ebenso wie viele andere Zeitgenossen Zborów zu einem »Heldenmythos« und schließlich zur Geburtsstunde der tschechoslowakischen Armee hoch. Wichtiger aber als das neu gewonnene Selbstbewusstsein war die Reaktion der Alliierten, von denen sich die Exiltschechen eine entsprechende Unterstützung ihres Separatismus erhofften. Franzosen und Engländern verlangte die Schlacht bei Zborów Respekt ab. Nicht zuletzt die Anerkennung der militärischen »Leistungen« der Legion ließ sie den Unabhängigkeitsbestrebungen der Tschechen etwas näher rücken.[8] Dennoch hatten sie vor allem die mit einer Zerschlagung des Habsburgerreiches verbundenen Risken vor Augen. Ein Machtvakuum im Donauraum als Folge einer in ihre Bestandteile zerfallenen k. u. k. Monarchie lag damals nicht im Interesse der Westmächte. Den Zielen Thomas Masaryks musste man daher trotz einer vorsichtigen Annäherung mit entsprechender Zurückhaltung begegnen. Als im Dezember 1917 durch die Unterschrift des französischen Präsidenten Poincaré der Tschechoslowakischen Legion der Status einer alliierten, autonomen Armee zugestanden wurde, wollte man damit keineswegs die Anerkennung der tschechischen Bewegung beziehungsweise ihrer Führung als unabhängige Nation oder verbündete Regierung zum Ausdruck bringen.[9]

Der Friedensschluss zwischen der Sowjetregierung und den Mittelmächten schuf eine völlig neue Situation für die Legion. Da ein Kampf gegen die Doppelmonarchie und das Deutsche Kaiserreich Schulter an Schulter mit russischen Soldaten nun nicht mehr gefragt war, sollten die Legionäre an die Westfront abtransportiert werden und dort gemeinsam mit den Franzosen gegen die Truppen Kaiser Wilhelms zum Einsatz kommen. Dennoch fanden noch im März 1918 in der Ukraine bewaffnete Zusammenstöße mit deutschen Einheiten statt. Das Auswärtige Amt in Berlin wurde folgendermaßen darüber informiert: »Auf Bahnstrecke Gomel-Bachmatsch wurde Feind als Tschechen festgestellt. Feind fühlt sich als französischer Truppenteil und gibt an, kein Interesse zu haben, mit uns in Russland zu kämpfen.«[10] Dass man deutscherseits überhaupt noch in Betracht zog, die Tschechen und Slowaken, die sich gegen Österreich-Ungarn gewandt hatten, als Mitstreiter zu gewinnen, war geradezu absurd. Beim Bündnispartner, also in der Donaumonarchie, galten die Legionäre als Hochverräter. Ihnen drohte die Todesstrafe durch den Strang beziehungsweise durch Erschießen.[11] Eine sang- und klanglose Wiedereingliederung in die Armee und damit eine kollektive Pardonierung der Legion schien ausgeschlossen.

Die Bolschewiki hingegen waren der Legion für das gegen Deutschland gerichtete Auftreten in der Ukraine durchaus dankbar.[12] Zumindest Sowjetkommandeur Wladimir Antonow-Owseenko sprach von der »brüderlichen Hilfe« der Tschechoslowaken, die sich, wie er meinte, »mit dem Proletariat gegen die imperialistischen Ausbeuter zusammengetan« und obendrein »als Zeichen ihrer Freundschaft den Rotgardisten Waffen überlassen« hatten.[13] Ein weiterer Militärführer der Rätemacht, Michail Bontsch-Brujewitsch, schlug hingegen ganz andere Töne an. Er sprach sich dafür aus, die Tschechoslowaken am besten im Dnjepr zu ersäufen. Schließlich aber rang man sich im Obersten Kriegsrat dazu durch, den Legionären »das Leben zu schenken«.[14] Die »Großzügigkeit« war allerdings nur ein Zugeständnis an die tatsächlich vorherrschenden Verhältnisse, die es dem Kreml schlichtweg nicht erlaubten, unter den Legionären ein Massaker anzurichten. Schließlich konnte nicht einmal die Order des Befehlshabers Michail Murawjow, die lediglich vorsah, die Legionäre zu entwaffnen, vollzogen werden. Murawjow, der im Übrigen ein Anhänger der mit den Bolschewiki auf Regierungsebene koalierenden Partei der Linken Sozialisten-Revolutionäre (PLSR) war, verfügte nicht über die hierfür notwendigen Streitkräfte.[15] Die Sowjetregierung, die gut beraten war, ihre Möglichkeiten, die ehemaligen k.u.k. Soldaten auf gewaltsame Art und Weise loszuwerden, nicht zu überschätzen, brachte daher zunächst keine Einwände gegen die Evakuierung der Legionäre via Wladiwostok vor. Dieser gigantische Umweg war nötig, da ja der direkte Weg nach Westen durch die Präsenz der deutschen Truppen versperrt war. Von Wladiwostok aus sollte die Einschiffung der Druschinisten beziehungsweise Legionäre in Richtung Frankreich erfolgen.

Die ersten Züge rollten bereits nach Sibirien, als sich im Kreml Bedenken hinsichtlich des Abtransports der Druschinisten regten. Man fürchtete mittlerweile, sie könnten sich mit dem antibolschewistischen Kosakenführer Semjonow verbünden. Nicht ausgeschlossen wurde auch eine Kooperation mit den Japanern, die Anfang April einige hundert Soldaten nach Wladiwostok verlegt hatten, um – wie es hieß – »das Leben und den Besitz« japanischer Staatsbürger vor Ort zu schützen.[16]

Trotz der militärischen Aktionen verschiedener antibolschewistischer Gruppierungen war die Lage der Bolschewiki nicht aussichtslos. Aber ein Schwenk von mehreren tausend gut ausgebildeten Soldaten auf die Seite der Gegner konnte die Gesamtlage in eine für die Sowjetregierung höchst ungünstige Richtung kippen.

Unklar war außerdem die Haltung der Alliierten, die eine aktive und mit Hilfe der Tschechoslowaken zu praktizierende antibolschewistische Politik vorläufig nur auf theoretischer Ebene abhandelten, aber jederzeit auf Konzepte über die »Beseitigung« der Räteregierung zurückgreifen konnten.[17] Allerdings plädierte Frankreichs Premier Georges Clemenceau für eine rasche Entsendung der Legionäre an die Westfront, während, wie Thomas Masaryk rückblickend schrieb, London »uns lieber in Russland oder eigentlich in Sibirien sehen« wollte.[18]

Eine Intervention, das heißt eine Entsendung militärischer Verbände auf das Territorium des ehemaligen Zarenimperiums, lag zumindest im Bereich des Möglichen. Und das, obgleich sowohl vor als auch nach dem Frieden von Brest-Litowsk darüber nachgedacht worden war, Räterussland wieder in ein antideutsches Bündnis einzugliedern. Auch die Bolschewiki »flirteten« damals angesichts des Vormarschs der Hohenzollerntruppen mit den ehemaligen Verbündeten.[19] Die Landung englischer Verbände in Murmansk im März 1918 erfolgte jedenfalls mit Billigung der Sowjetregierung. Paris, London und Washington hatten zu dieser Aktion gedrängt, um die in den Häfen des früheren Zarenreiches lagernden Waffen- und Munitionsvorräte nicht in die Hände der Mittelmächte fallen zu lassen.[20] Die Anwesenheit der ausländischen Truppen wurde von den Bolschewiki in der Folge als eine Art Verteidigungsmaßnahme sowohl gegen die Deutschen als auch gegen die »weißen« Finnen betrachtet.[21] Die Sowjets vor Ort fanden fürs erste anscheinend ein gutes Auslangen mit den mehr oder weniger auf Einladung gekommenen Invasoren. Allerdings stießen die Abmachungen Moskaus mit der Entente nicht überall auf Verständnis.[22] Nicht zu bestreiten war immerhin, dass das Doppelspiel des Kremls überaus riskant war.

Zwielichtig erschien den Bolschewiki das Verhalten der Tschechoslowaken. Obwohl diese ihre Nichteinmischung in die innerrussischen Verhältnisse erklärt hatten, beobachtete man in Moskau die Reise der Legionäre nach Wladiwostok mit wachsender Sorge. Es war nicht zu übersehen, dass die Tschechoslowaken Übereinkünfte betreffend die Abgabe ihrer Waffen oft nur teilweise und meist widerwillig befolgten.

Der Abtransport der Tschechoslowaken verlief alles andere als komplikationslos. Für Unstimmigkeiten sorgten auch Versuche der Bolschewiki, kommunistische Propaganda unter den Druschinisten zu betreiben. Vor allem in Pensa bemühten sich die Agitatoren mit Nachdruck, aus den Tschechoslowaken Internationalisten zu machen.[23]

Auffallend ist, dass Moskau – sei es aus purer Nervosität oder aber aus taktischen Beweggründen – während all dieser Zeit immer wieder neue Anweisungen an die lokalen Sowjets weitergab. Diese waren es, die den Legionären bei ihren Aufenthalten in den jeweiligen Bahnstationen die Waffen abnahmen und dafür sorgten, dass deren Weiterfahrt gewährleistet wurde oder eben nicht. Ursprünglich hatte man ja den Tschechen für ihre »Selbstverteidigung« 168 »herkömmliche« Gewehre und ein Maschinengewehr pro Zug konzediert. Doch gingen bei den Sowjets Telegramme aus dem Kreml ein, in denen sogar eine vollständige Entwaffnung der Legionäre gefordert wurde. Auch hinsichtlich des Transports der Tschechoslowaken hatte man es mit widersprüchlichen Meldungen aus der Hauptstadt zu tun. Mal sollten sie so rasch als möglich abgefertigt werden, dann war wiederum die Rede von Unterbrechungen, um die Druschinisten festzuhalten.[24] Schließlich kam es, was letztlich eher im Interesse Moskaus lag, zu Verzögerungen beim Weitertransport. Auf diese Weise war es offenbar auch gelungen, die Legion als »Korpus«, das heißt als geschlossene Einheit, zu schwächen. Im Laufe ihrer Reise mit der Transsibirischen Eisenbahn konnte sie nämlich angesichts vieler Zwischenstopps in verschiedene Gruppen gespalten werden. Nicht außer Acht zu lassen ist aber, dass den Ortssowjets daran gelegen war, die Legionäre, die mit oder ohne Waffen ein Sicherheitsrisiko darstellten, möglichst loszuwerden.[25] Die Politik des Kremls korrespondierte jedenfalls nicht immer mit den Anliegen der Bolschewiki vor Ort.

Als am 25. April ein erster Teil der tschechoslowakischen Verbände Wladiwostok erreichte, war der Transport weiterer Legionäre über diese Route bereits fraglich. Bolschewiki und Alliierte einigten sich schließlich dahingehend, die noch westlich von Omsk befindlichen Druschinisten in den Norden, nach Archangelsk, umzudirigieren, um sie von dort aus nach Frankreich zu überführen. Die Sowjetregierung war damit einverstanden und dachte sogar an einen eventuellen Einsatz der Tschechoslowaken gegen die Deutschen. Der Volkskommissar für militärische Angelegenheiten, Leo Trotzki, konnte sich gar eine Beteilung der Legionäre mit den in Archangelsk vorrätigen Waffen vorstellen.[26]

Die Nachrichten, welche die Tschechoslowaken über diese Pläne erhielten, waren allerdings missverständlich. Die Legionäre vermuteten ein falsches Spiel der Bolschewiki, denen man als eigentlichen Beweggrund für die Zustimmung zur Routenänderung die Zertrümmerung des Korpus unterstellte. Manche hatten außerdem den deutschen Botschafter Mirbach in Verdacht, im Hintergrund die Fäden zu ziehen. Vielleicht war die Änderung des Evakuierungsplans nichts anderes als eine Falle, um auf diese Weise die Legionäre den Deutschen entgegen zu treiben? Die Nerven der Tschechoslowaken lagen blank. Niemand hatte Lust, wieder in die Nähe des Machtbereiches der Mittelmächte zu gelangen. Überdies gab es Gerüchte, wonach die noch in Russland verbliebenen deutschen und österreichisch-ungarischen Kriegsgefangenen bewaffnet und gegen die Legionäre eingesetzt werden sollten. Die Gefangenen aus der Habsburgermonarchie und dem Hohenzollernreich waren immer wieder Gegenstand zum Teil abenteuerlicher Spekulationen der Tschechoslowaken ebenso wie der Alliierten. Allerdings war es ein Faktum, dass Kriegsgefangene in der Roten Armee dienten. Dieser Umstand bereitete nicht nur Deutschland und Österreich-Ungarn Sorge, sondern auch den Alliierten, die stets und auch in diesem Zusammenhang ein gegen sie gerichtetes Bündnis zwischen der Sowjetregierung und Berlin sowie Wien witterten.

Schon zu einem früheren Zeitpunkt war seitens der Legion die Befürchtung geäußert worden, dass die wiederholte Verzögerung ihrer Evakuierung und die etwa in Samara, Ufa, Omsk und Tschita artikulierte Forderung der Sowjets, weitere Waffen abzugeben, nur als »Vorspiel zur Auslieferung der Legion an die Österreicher« diene. Und diese, war man sicher, würden »mit den Tschechen als Verrätern und Deserteuren kurzen Prozess machen«.[27]

Hauptmann Radola Gajda, der 1917 den tschechischen Formationen beigetreten war, machte aus seinem Misstrauen gegenüber der

Moskauer Führung kein Hehl. Er unterhielt Kontakte zu antibolschewistischen Kreisen, und er war entschlossen, sich den Weg nach Osten, falls nötig, »frei zu schießen«.[28]

Vor diesen Hintergründen, die hier nur denkbar knapp geschildert werden konnten, ereignete sich am 14. Mai 1918 der Zwischenfall von Tscheljabinsk.

»ICH HABE FOLGENDE SITUATION VORGEFUNDEN«

Am 6. April 1923 erschien in der Morgenausgabe der österreichischen »Arbeiter-Zeitung« ein Artikel über den Zwischenfall von Tscheljabinsk. »Dazu«, hieß es, »teilt uns nun Genosse Adalbert Nowotny aus Ottakring, der bei jenem Zwischenfall im Transport der österreichischen Gefangenen zugegen war, mit, dass der Schuldige nicht ein Ungar, sondern ein Tscheche namens Josef Milik, ein lediger Maurer war, der im Frieden mit seiner Mutter in einem Dorfe bei Pilsen lebte.«[29]

Schon dieser kurze Auszug aus dem Zeitungsbericht verdeutlicht, dass nicht nur die Vorgeschichte und die Hintergründe des Zwischenfalls von außerordentlicher und nicht leicht zu durchschauender Komplexität sind, sondern dass offenbar der Hergang des Zwischenfalls selbst umstritten, wenn nicht unklar geblieben war. Der »Schuldige«, von dem hier gesprochen wird, ist in all den Darstellungen über den Zwischenfall von Tscheljabinsk mal ein Ungar, mal ein Deutscher und dann, wie Adalbert Nowotny angibt, ein Tscheche. Auch zu anderen Details, ob es nun um die Zahl der bei dem Zwischenfall Verletzten oder Getöteten geht oder um das Verhalten der Legionäre sowie der Gefangenen, liegen verschiedene Versionen vor.

In wenigen Sätzen kann der Zwischenfall folgendermaßen dargelegt werden: Am Bahnhof von Tscheljabinsk traf ein Heimkehrertransport mit Kriegsgefangenen, der Richtung Westen unterwegs war, auf Legionäre, die hier auf ihre Weiterreise gen Osten warteten. Als die Gefangenen, wahrscheinlich ausschließlich Soldaten der österreichisch-ungarischen Armee, abfuhren, geschah ein Unglück. Absichtlich oder zufällig traf ein aus einem Waggon geworfener Gegenstand – die einen sagen, ein Stück eines Ofenrohrs, die anderen sprechen von einem Messer, vom Nagel einer Eisenbahnschiene oder einem nicht näher bezeichneten »Stück Eisen« – einen Legionär und verletzte ihn nach einer Version schwer, nach einer anderen tödlich. Die aufgebrachten Tschechoslowaken stoppten jedenfalls den Zug und forderten die Herausgabe des »Schuldigen«. Als sich die Kriegsgefangenen weigerten, kam es zu einer Auseinandersetzung, in deren Verlauf der »Schuldige«, ein Deutscher, Ungar oder Tscheche, der Malik oder Milik hieß, gelyncht wurde. Daraufhin verhafteten die lokalen Sowjetrepräsentanten, die zur Klärung der Vorkommnisse sogar eine Untersuchungskommission einrichteten, zehn an dem Zwischenfall beteiligte Legionäre.[30]

An diesem Punkt der Geschichte wollen wir zunächst Halt machen und uns den Angaben eines weiteren Augenzeugen widmen, der ebenso wie der aus dem 16. Wiener Gemeindebezirk stammende Adalbert Nowotny am 14. Mai 1918 beobachten konnte, was sich am Bahnhof abspielte. Allerdings stand er bei diesem Konflikt auf der anderen Seite. Fähnrich Číla war ein Legionär. Seinem Bericht zufolge kam es zu dem Zusammenstoß um etwa 11 Uhr vormittags. Es hatte sich unter den anwesenden Druschinisten schnell herumgesprochen, dass ein Kriegsgefangener den Legionär František Duchaček schwer verletzt hatte. Da dieser von dem aus dem Zug geschleuderten ominösen Gegenstand am Kopf beziehungsweise im Gesicht getroffen worden war und das Bewusstsein verlor, glaubten ihn viele seiner Kameraden tot. Umso empörter forderten sie nun von den Gefangenen die Auslieferung des Täters, um diesen, wie sie erklärten, einer »gesetzesmäßigen Bestrafung« zuzuführen. Doch die Gefangenen machten sich über ihre ehemaligen Kameraden aus dem österreichisch-ungarischen Heer lustig und verkannten wohl den Ernst der Lage. Ein tschechoslowakischer Offizier wandte sich nun an den »Sprecher« der Kriegsgefangenen und wies ihn an, als Übersetzer zu fungieren. Dieser trug die Forderung der Tschechoslowaken daraufhin in ungarischer, deutscher und rumänischer Sprache vor. Doch auch jetzt änderte sich nichts an der Haltung der Gefangenen. Schließlich wurden sie aufgefordert, die Waggons zu verlassen und entlang der Gleise Aufstellung zu nehmen. Der tschechische Offizier drohte ihnen, jeden Zehnten zu erschießen, sollten sie auch weiterhin darauf beharren, den »Schuldigen« zu schützen. Anderen Darstellungen zufolge war es jeder Fünfte, den die Legionäre exekutieren wollten, und Nowotny gab an, dass die Tschechoslowaken drohten, alle anwesenden Gefangenen niederzumachen. Trotz allem, so Číla, waren die Offiziere bemüht, die Situation zu entschärfen. Vergeblich. Ein Ungar goss Öl ins Feuer, der sich in seiner Muttersprache in den unflätigsten Schimpftiraden erging. Číla vermutete nun, diesem sei nicht bewusst gewesen, dass ihn die Legionäre verstanden. Immerhin hatten sie früher in der multinationalen Habsburgerarmee gedient und nicht wenige konnten schon deshalb ein bisschen Ungarisch – einmal ganz abgesehen von den aus der ungarischen Reichshälfte der Donaumonarchie stammenden Slowaken. Jetzt richtete sich der ganze Zorn der Druschinisten gegen den fluchenden Ungarn, und es begann eine wilde Schlägerei. Vielleicht war es dieser Gefangene, der jetzt aus Angst bereit war, den Gesuchten preiszugeben. Adalbert Nowotny machte folgende Angaben gegenüber der »Arbeiter-Zeitung«: »In seiner Angst ließ sich ein Ungar bewegen, den Schuldigen anzugeben. Er hat sich später die heftigsten Gewissensbisse gemacht.« Denn nun schlugen angeblich sechs Legionäre, die laut Číla nun alle schon viel zu erregt waren, um den Konflikt ohne Blutvergießen beizulegen, auf Milik ein und bearbeiteten ihn mit Messern, Stöcken, Knüppeln und Bajonetten. In nur zwei Minuten, so Nowotny, war von Milik nur mehr eine »breiige Masse« übrig.

Als Folge der Auseinandersetzung mit den Legionären wurden einige Kriegsgefangene leicht, andere schwer verletzt. Die Tschechoslowaken sorgten nun für deren medizinische Betreuung und holten Sanitäter herbei. Dass zwei Gefangene ein Grab für Milik ausheben mussten, geben sowohl Nowotny als auch Číla an. Letzterer wird in seinen Aufzeichnungen nicht müde zu betonen, dass das provokante Verhalten der Kriegsgefangenen zu der Tragödie geführt hatte. Vorherzusehen war sie seiner Ansicht nach nicht, da Legionäre und Gefangene zuvor regelrecht freundschaftlich miteinander umgegangen waren. Die Druschinisten, so der Fähnrich, hatten den Kriegsgefangenen sogar Tabak, Tee und Zucker überlassen. Allerdings dürfte gerade Milik im Unterschied dazu negative Erfahrungen gemacht haben. Adalbert Nowotny berichtete: »Milik hat, als er aus dem Gefangenenzug, der auf einem Ausweichgeleise stand, auf einen Augenblick hinausging, unter den Legionären zufällig einen Bekannten getroffen. Im Laufe des Gesprächs versuchte der Legionär Milik mit den Worten ›Du gehörst zu uns!‹ zu den Legionären anzuwerben. Milik erwiderte: ›Tu du, was du willst! Ich gehe heim zu meiner Mutter!‹ Darauf spuckte ihm der Legionär in das Gesicht und sie gingen bös auseinander.« Am nächsten Tag, erzählte Nowotny weiter, habe Milik dann in seiner Wut über den ihm »angetanen Schimpf ein Stück Eisen« aus dem Waggonfenster geworfen, just als eine Abteilung Legionäre am Zug vorbeiging. Nowotnys Schilderung bestätigte im Großen und Ganzen auch ein Kriegsgefangener namens Glück oder Klück, der aber in seinem Bericht aus Milik einen Malik machte. Er setzte außerdem noch hinzu, dass die Tschechoslowaken sogar zweimal versucht hatten, den Kriegsgefangenen zum Eintritt in die Legion zu bewegen. Laut Glück beziehungsweise Klück bespuckten Milik beziehungsweise Malik gleich mehrere Legionäre. Diese, so der Augenzeuge, hätten sich außerdem noch mit den Worten »Du wirst schon sehen, was passiert, wenn ihr wegfahrt« von ihm verabschiedet.

Der Zwischenfall von Tscheljabinsk wird von Historikern als jenes Ereignis gedeutet, das nach der einen Lesart den »Bürgerkrieg« in Russland erst auslöste, nach einer anderen dem »Bürgerkrieg« die entscheidende Wendung gab, beziehungsweise ihn in seine bedeutsamste Etappe führte. Für einige begann der »Bürgerkrieg« bereits mit der Februarrevolution, viele verorten seinen Beginn in der Zeit nach dem Oktoberumsturz. Aber unabhängig vom Problem der Periodisierung geht es auch darum zu fragen, ob die mehrere Jahre dauernden Auseinandersetzungen auf dem Territorium des ehemaligen Zarenreiches durchweg mit der Bezeichnung »Bürgerkrieg« umschrieben werden können.[31] Bei näherer Betrachtung lässt sich ein Mix an verschiedenen Konflikten ausmachen: »Rote« kämpften zunächst gegen »Weiße«, sie kämpften aber auch, so Manfred Hildermeier, »gegen andere Sozialisten und vor allem gegen nationale Separatisten; zwischen beiden standen ›Grüne‹ in Gestalt aufbegehrender Bauern, die sich gegen den Raub ihres letzten Getreides durch welche Armee auch immer wehrten. Hinzu kam die Intervention der Alliierten, die den Weltkrieg trotz des Separatfriedens gleichsam fortsetzte und das Problem der staatlichen Souveränität aufwarf. Erst die Verschmelzung all dieser Feuer zu einem Flächenbrand«[32] machte den so genannten »Bürgerkrieg« in Russland aus; so genannt und in Anführungszeichen deshalb, weil bei der Verwendung dieses Begriffs stets die oben angesprochene Vielschichtigkeit und auch die Problematik der Periodisierung dieses Konflikts mit seinen vielen »Anfängen« zu berücksichtigen sind.

Bei all dem stellt sich nun die Frage, auf welche Weise ein, wenn auch blutig zu Ende gegangener Streit zwischen Männern, die noch dazu alle aus dem Habsburgerreich stammten, einen so gewaltigen Einfluss auf die innerrussischen Verhältnisse nehmen konnte. Wie war es möglich, dass der von den Soldaten der k. u. k. Armee in die russische Kriegsgefangenschaft mitgenommene Nationalitätenkonflikt so fatale Folgen für die Bevölkerung des ehemaligen Romanowimperiums haben konnte?

Ein Zwischenfall, so wie er sich in Tscheljabinsk ereignete, war überdies keine Besonderheit. Immer wieder wurden dort, wo Gruppen heimkehrender Kriegsgefangener auf Soldaten der Tschechoslowakischen Legion stießen, Auseinandersetzungen registriert, und nicht in allen Fällen blieb es bei ein paar Verletzten und »nur« einem Toten. Dass der Zwischenfall von Tscheljabinsk zu einem Schlüsselereignis werden konnte, hat viel mit dem zu tun, was hier bereits unter »Hintergründe« abgehandelt wurde. Wesentlichen Anteil an dem, was als Folge der Geschehnisse am Bahnhof passierte, hatte aber zunächst der Sowjet von Tscheljabinsk.

Dabei war es gerade seine Abwesenheit, die nach Meinung der tschechoslowakischen Offiziere die Situation am Bahnhof hatte außer Kontrolle geraten lassen. Letztere beschwerten sich darüber, dass die Kriegsgefangenen völlig unbeaufsichtigt geblieben waren. Allerdings beschuldigten die Sowjetfunktionäre nun ihrerseits die Offiziere der Legion, sie wären nicht energisch genug vorgegangen, um den Gewaltexzess zu verhindern. Adalbert Nowotny erinnerte sich auch daran: »Zwei Sowjetkommissäre, die telephonisch herbeigerufen wurden, machten den tschechischen Offizieren Vorwürfe, wie sie so etwas dulden konnten; die erwiderten, dass sie die Situation nicht mehr hätten beherrschen können, sie seien von ihren Soldaten beschimpft worden, als sie sie zurückhalten wollten.« Laut Číla kam ein Rotgardist, noch während der Streit zwischen Gefangenen und Legionären im Gange war, vorbei. Er mengte sich ein und geriet dabei in Konflikt mit den Druschinisten. Es war das Verdienst eines tschechischen Offiziers, so Číla, dass der Rotgardist rechtzeitig die »Gefahrenzone« verlassen konnte. Wäre er länger geblieben, hätten die Legionäre in ihrer Wut auch ihn tätlich angegriffen.

Der Sowjet, der sich der Kriegsgefangenen nach dem Zwischenfall annahm, bildete nun die erwähnte Untersuchungskommission, um zu klären, wie es zu dem Unglück gekommen war, und wer verantwortlich gemacht werden konnte für den Mord an Malik, beziehungsweise Milik. Der Kommission, die sich mit der Protokollierung der Zeugenaussagen befasste, gehörten auch Internationalisten an. Letztere waren – wie schon erwähnt – vor allem bei der Führung der Tschechoslowaken alles andere als beliebt, zumal sie dort und da erfolgreich Soldaten für die Rote Armee abwarben. Die Legionäre leiteten nun eigene Untersuchungen ein und beauftragten Fähnrich Číla, diese zu koordinieren.

Schon am Abend dieses 14. Mai zeigte sich deutlich, dass der Sowjet von Tscheljabinsk nicht bereit war, die Angelegenheit ad acta zu legen. Als nämlich ungeachtet des Zwischenfalls in dem Bahnhofsgebäude ein von den Legionären organisiertes Konzert planmäßig stattfand, wurde dort im Namen der Untersuchungskommission des Sowjets das vorläufige Verbot für weitere derartige Veranstaltungen verkündet. So manchem kam nun erst zu Bewusstsein, dass der Zwischenfall möglicherweise einige »Unannehmlichkeiten« nach sich ziehen würde.

Am 17. Mai wurden im Auftrag der Untersuchungskommission,

wie bereits angeführt, zehn Legionäre wegen Mordverdachts festgenommen. Ihre Kameraden forderten mit Nachdruck deren Freilassung.[33] Über die folgenden Ereignisse existieren einmal mehr unterschiedliche Versionen. Wahrscheinlich ist, dass der Sowjet angesichts der zahlenmäßigen Überlegenheit der Tschechoslowaken einlenken musste. Zwar war angeblich nach einer Version nur die Hälfte der in Tscheljabinsk befindlichen 5000 Tschechoslowaken bewaffnet[34], nach einer anderen verfügten 6000 Legionäre über 1600 Gewehre[35], aber offenbar waren erst vor kurzem 1800 Rotarmisten aus der Stadt an die Orenburger Front beordert worden, wo die Bolschewiki einen Kampf gegen die Kosaken führten.[36] Ein Nachgeben drängte sich aus der Sicht des Ortssowjets also auf; erst recht nach der Verhaftung einer dreiköpfigen tschechischen Delegation, welche die Befreiung ihrer Legionskameraden gefordert hatte.[37] Die Rätefunktionäre, die angesichts ihrer Machtlosigkeit den Kreml um eine rasche Evakuierung der Legion ersuchten[38], entschuldigten sich nun sogar bei den Tschechoslowaken und erfüllten deren Forderungen. Zuvor aber entwaffneten die Legionäre einige Rotarmisten, bemächtigten sich der Bahnhofsgebäude, kontrollierten auf diese Weise auch die Telegraphenverbindung und brachen einigen Schilderungen zufolge überdies das Waffendepot auf.[39] Allerdings ist davon auszugehen, dass die Druschinisten, die erst am 26. und 27. Mai die völlige Kontrolle über die Stadt erlangten, das Arsenal damals noch nicht zur Gänze plünderten. Vielmehr ist anzunehmen, dass sie sich erst im Zuge der »Eroberung« von Tscheljabinsk sämtliche dort vorhandenen Waffen- und Munitionsvorräte aneignen konnten. Obwohl also von einer völligen Übernahme der Stadt noch nicht die Rede sein konnte, meldete ein Legionär am 18. Mai 1918 nach Pensa: »Ich kam gestern um 11 Uhr abends nach Tscheljabinsk und habe folgende Situation vorgefunden: Tscheljabinsk ist von unserer Armee besetzt.«[40]

Der Konflikt zwischen Tschechoslowaken und Bolschewiki hatte zwar keine Opfer gefordert, aber er zeigte eines ganz klar: Mit dem auf beiden Seiten vorhandenen Misstrauen gegenüber dem jeweils anderen würde es schwer sein, in Hinkunft Zusammenstöße ernsthafterer Natur hintanzuhalten. Immerhin war als Folge des Zwischenfalls von

Tscheljabinsk weniger denn je damit zu rechnen, dass die Legionäre einem Abtransport via Archangelsk zustimmen würden.

Ungeachtet dessen blieb der Ortssowjet noch in Amt und Würden, und die Kommandanten der Legion, die befürchten mussten, mit ihrer Aktion zu weit gegangen zu sein, zogen vorläufig ihre Männer aus der Stadt zurück. Der Bahnhof aber blieb unter der Kontrolle der Legionäre.[41] Die Bewohner von Tscheljabinsk hofften, dass nun – soweit das in diesen unsicheren Zeiten überhaupt möglich war – wieder Ruhe in die Stadt einkehren würde.

»INITIALZÜNDUNG«

Die Einwohner von Tscheljabinsk hofften vergebens. Die Tschechoslowakische Legion, die kein Vertrauen mehr in die von den Bolschewiki überwachte Evakuierung hatte, unterstützte, die Befürchtungen des Kremls bestätigend, schließlich antibolschewistische Kräfte in Sibirien. Die Druschinisten eroberten innerhalb nur weniger Wochen die mittlere Wolgaregion, den südlichen Ural, Südwestsibirien und die gesamte Bahntrasse bis Wladiwostok. Lediglich Irkutsk konnte nicht genommen werden.[42] Die Legion stärkte einen aus unterschiedlichen Gründen bis dahin wenig durchschlagskräftigen Widerstand gegen das Oktoberregime entscheidend, und sie war bei all dem derart erfolgreich, dass nun auch die Alliierten konkrete Schritte in Richtung Intervention setzten. Das untergegangene Zarenreich versank auf Jahre in Blut und bitterster Not.

Die Bolschewiki witterten hinter dieser Entwicklung einen schon lange vorbereiteten Plan von Alliierten und Tschechoslowaken. Der Zwischenfall von Tscheljabinsk, der sich als Initialzündung für den so vielschichtigen »Bürgerkrieg« erwies, hinterließ aufgrund der enormen Tragweite seiner Folgen – zumindest zur Zeit des Kalten Krieges – einige heiß diskutierte Fragen. Eine davon ist, ob der im Russischen »Inzident« genannte Zwischenfall lediglich ein Zufall war oder bewusst herbeigeführt wurde, um den Tschechoslowaken einen Anlass für ihren Aufstand gegen die Bolschewiki zu geben. In der sowjetischen Historiographie wurde die Meinung vertreten, dass, wenn nicht sogar der »Inzident« selbst, dann zumindest der Aufstand im Gefolge des Zwischenfalls inszeniert worden war. Im Westen distanzierte man sich von einer solchen Darstellung. Dort wandte man sich vor allem gegen die Behauptung, die Alliierten hätten die Legion als Vorhut für ihre eigene Intervention betrachtet und deren Aufstand befohlen.[43] Ebenso in Abrede stellte man die Behauptung, die Alliierten hätten die Tschechoslowaken »gekauft«, also ihnen die Rebellion gegen die Bolschewiki mit der Überlassung von hohen Geldsummen schmackhaft gemacht.

Man kann im Zwischenfall von Tscheljabinsk einen, wie es im Russischen heißt, »Detonator« für die »Entfaltung des russischen Bürgerkriegs« erblicken.[44] Auch der hier schon verwendete Begriff »Initialzündung« ist zulässig. Dieter Ruloff hat in seinem Buch »Wie Kriege beginnen« folgende Erklärungen zum Thema »Initialzündung« parat: »Der Griff zu den Waffen war immer eine einschneidende Entscheidung, die mit Ausnahme ausgeprägter Duellkriege [...] selten ohne äußere Anstöße oder Anlässe zustande kam. Ihre Funktion ist dabei eine doppelte: Als äußere Impulse bringen sie Entscheidungs- und Mobilisierungsprozesse in Gang [...]. Die meisten dieser Ereignisse waren keine Zufälle, sondern wurden provoziert, einige sogar in voller Absicht inszeniert. Von einer katalytischen Wirkung kann dann gesprochen werden, wenn das infrage kommende Ereignis in der gegebenen Lage eine zwangsläufige, quasi chemische Reaktion auslöst und dabei die neue Substanz ›Krieg‹ erzeugt; man kann also inszenierte Zwischenfälle als katalytisch gelten lassen, denn wären sie für den Beginn eines Krieges überflüssig, dann hätten sich die Verantwortlichen kaum die Mühe gemacht, solche zu arrangieren. Die Geschwindigkeit des Vorgangs variiert. Auf der einen Seite gibt es den Funken im Pulverfass, auf der anderen Seite den Funken, der die mehr oder weniger lange Lunte am Pulverfass in Brand setzt. Die Wirkung«, schließt Ruloff seine Gedanken hierzu ab, »ist in beiden Fällen letztlich dieselbe«.[45]

Bei aller Offenheit gegenüber »unorthodoxen« Betrachtungsweisen des Zwischenfalls von Tscheljabinsk, scheint, abseits einer Rhetorik des Kalten Krieges, kaum etwas dagegen zu sprechen, dass die Auseinandersetzung zwischen Kriegsgefangenen und Tschechoslowaken ohne Zutun Dritter, ohne Plan und Vorbereitungen ganz einfach passierte. So gesehen kann auch folgende Aussage getroffen werden: Dass den Tschechoslowaken, wenn auch nur vorübergehend, eine solche Bedeutung im russischen »Bürgerkrieg« zukam, »gehört zu den Zufällen der Geschichte«.[46]

Der »Inzident« von Tscheljabinsk, der am Anfang der so genannten »Anabasis« der tschechoslowakischen Legion in Sibirien stand, ist jedoch in mehrere Phasen einzuteilen. Nach dem Zwischenfall am Bahnhof und den Ereignissen des 17. Mai wurde – wenn wir dem Bild von Dieter Ruloff folgen – die Lunte gefährlich kurz, als am 20. Mai der »Kongress des tschechoslowakischen militärischen Heeres« in Tscheljabinsk eröffnet wurde. Die Delegierten zeigten sich mit der Politik der von Prokop Maxa geleiteten russischen Zweigstelle des Nationalrates unzufrieden. Knackpunkt war die plötzlich gefährdete Weiterreise nach Wladiwostok. Die Militärs kündigten an, ohne Rücksicht auf die politische Führung und deren Entscheidungen die Fahrt in den Osten fortzusetzen. Am Nachmittag wurde ein provisorischer Vollzugsausschuss gebildet, der die Durchführung des Transportes nach Wladiwostok mit allen zur Verfügung stehenden Mitteln betreiben sollte.[47] Als Vertreter des Offizierskorps fungierten Radola Gajda, Stanislav Čeček und Sergej Vojčechovský.

Mittlerweile hatten die Nachrichten über den Zwischenfall von Tscheljabinsk auch Moskau erreicht. Dort wurden Prokop Maxa und ein weiterer Vertreter des Nationalrates, Bohumil Čermák, als Geiseln genommen. Sie sollten nun auf Weisung Trotzkis auf die Legionäre einwirken und die Abgabe aller Waffen an die Sowjetorgane vor Ort veranlassen.[48] Doch in Tscheljabinsk waren die Würfel bereits gefallen. Von einer vollständigen Desarmierung wollte hier niemand etwas wissen. Der Sowjetregierung gab man zu verstehen, dass derlei Forderungen ins Leere gehen würden. Man empfinde, hieß es, »Sympathie mit der revolutionären Nation in ihrem schweren Kampf um die Festigung der Revolution«, aber man war offenbar nicht bereit, das eigene Schicksal in die Hände der Führung dieses mit Problemen randvollen

Russland zu legen. Ganz ohne feindselige Töne anzuschlagen, aber mit Bestimmtheit, versuchten die Legionäre, ihre Sicht der Dinge zu vermitteln, und drahteten daher dem Kreml: »Der Kongreß ist […] überzeugt, dass die Sowjetregierung nicht imstande ist, unserer Armee die freie und sichere Durchfahrt nach Wladiwostok zu gewährleisten.«[49] Aus diesem Grund, hieß es weiter, könne der Forderung nach Entwaffnung der Druschinisten nicht Folge geleistet werden.[50]

Aber in Moskau machten Erklärungen wie diese keinen Eindruck. Dort hatte man sich, wie es schien, ohnehin bereits für die Auflösung der Legion entschieden. S. I. Aralow, Leiter der Operativen Abteilung im Volkskommissariat für militärische Angelegenheiten, wandte sich nämlich im Namen Trotzkis per Telegramm an die Ortssowjets in Pensa, Samara, Ufa, Tscheljabinsk, Omsk, Kurgan, Petropawlowsk und Irkutsk. Darin hieß es, dass den Tschechoslowaken ihre Entwaffnung als Voraussetzung für die Vermeidung weiterer Konflikte plausibel gemacht werden solle. Die Sowjets wurden angewiesen, den Legionären vorzuschlagen, in genossenschaftliche Arbeiterorganisationen oder in die Rote Armee einzutreten.[51] Während dieses Telegramm in der sowjetischen Historiographie als Beweis für das Entgegenkommen Moskaus gegenüber den Tschechoslowaken betrachtet wurde[52], interpretierte man es im Westen und zum Teil auch in der jüngeren russischen Geschichtsschreibung als pure Provokation.[53] Kurze Zeit später nahm ein weiteres Telegramm Trotzkis, das sich an die Sowjets richtete, einer friedlichen Beilegung des Konflikts so gut wie jede Chance. »Alle Sowjets auf den Eisenbahnstrecken«, schrieb Trotzki, »werden bei Androhung schwerer Verantwortlichkeit verpflichtet, die Tschechoslowaken zu entwaffnen. Jeder Tschechoslowake, der mit der Waffe auf der Eisenbahnlinie angetroffen wird, wird auf der Stelle erschossen. Jeder Echelon, in dem sich auch nur ein einziger Bewaffneter zeigt, muss vom Transport ausgeschlossen und ins Gefangenenlager eingesperrt werden. Die örtlichen Armeekommissare werden verpflichtet, diesen Befehl augenblicklich durchzuführen. Jede Lässigkeit kommt ehrlosem Verrat gleich und bringt dem Schuldigen harte Bestrafung.«[54] Trotzki ordnete außerdem nachdrücklich an, keinen einzigen Waggon mit Tschechoslowaken in den Osten zu lassen.[55]

Es bleibt zu diskutieren, ob es tatsächlich dieses Telegramm war, das den Aufstand der Tschechoslowaken erst hervorrief.[56] Der »Inzident« vom 14. Mai hatte gleichsam eine Lawine an Folgeereignissen ausgelöst. Trotzkis Telegramm war eines davon. Jedenfalls stellte es einen wesentlichen, wenn nicht den wesentlichen Faktor für die Entscheidung der Legionäre zum Aufstand dar. Letztere nämlich konnten, da sie in Tscheljabinsk den Telegraphen kontrollierten, die Nachricht des Volkskommissars abfangen. Auf diese Weise waren sie schon vorzeitig über den harten Kurs der Bolschewiki informiert. Eine Konfrontation zwischen Legionären und Bolschewiki war jetzt nahezu unausweichlich.

MOTIVE

Trotzkis Drohungen den eigenen Leuten gegenüber kamen nicht von ungefähr. Die Repräsentanten der Sowjetmacht vor Ort waren nicht gerade erpicht darauf, einen von Beginn an äußerst waghalsig erscheinenden Konflikt mit den Legionären vom Zaun zu brechen. Im Gegenteil. Sie waren es gewesen, die bereits miterlebt hatten, dass die Anwesenheit der »Fremden« manchmal erhebliche Probleme schuf.[57]

In der Nachbetrachtung scheint es, als ob Trotzki Amok gelaufen sei. Alles, was er im Zusammenhang mit dem Zwischenfall von Tscheljabinsk tat, war dazu geeignet, die Lunte, die zum Pulverfass führte, nicht nur zu verkürzen, sondern sie auch anzuzünden. Was trieb den Volkskommissar dazu, die ganze Angelegenheit auf die Spitze zu treiben?[58]

Trotzkis Verhalten führt uns noch einmal zu der Frage nach Zufall oder Provokation. Jetzt aber geht es weniger um den »Inzident« selbst als darum, was danach folgte und wie der Zwischenfall instrumentalisiert wurde beziehungsweise werden konnte. Der eine oder andere wagt sich in diesem Zusammenhang sogar auf das Terrain der kontrafaktischen Geschichte vor und widmet sich der auf den ersten Blick vielleicht völlig abwegig erscheinenden Frage, ob es nicht die Bolschewiki selbst waren, die eine Eskalation provozierten. Eine Inszenierung des Zwischenfalls am Bahnhof war hierfür aber nicht nötig. Es genügte, so die Theorie, ihn zu benützen.

Dass speziell die russische Geschichtsschreibung im Zusammenhang mit dem »Inzident« von Tscheljabinsk jahrzehntelang gültige Narrative hinterfragte und im Zuge kontrafaktischer Überlegungen anregte, dort und da nach neuen Zugängen zu suchen oder größere Forschungsprojekte anzustrengen, um unter Beteiligung von Historikern aus allen damals involvierten Staaten einen minutiösen Ablauf der Geschehnisse zu rekonstruieren, ist durchaus legitim.

Die Fragen, die demnach zu stellen wären und die hier zum Teil aufgegriffen werden, um die Herausforderungen einer »offenen Geschichte« ebenso zu verdeutlichen wie ihre Grenzen aufzuzeigen, beziehen sich unter anderem auf die Motive Leo Trotzkis, der die Tschechoslowaken mit seinen Befehlen – so scheint es – regelrecht vor den Kopf stoßen wollte. Noch dazu war er offenbar auffallend wenig an einer Deeskalation interessiert. Er sperrte sich nämlich auch gegen weitere Vermittlungsversuche von Prokop Maxa, der zwar mit seiner ersten Aktion gescheitert war, aber immer noch darauf hinarbeitete, die Legionäre zum Einlenken zu bewegen.[59] Die »Überreaktion« des Volkskommissars auf den Zwischenfall beziehungsweise die Zwischenfälle von Tscheljabinsk, also die Ereignisse vom 14. und 17. Mai 1918, schuf in der Folge eine »feindliche Armee im Herzen von Sowjetrussland«.[60]

Wie ist nun Trotzkis Haltung und damit auch die der Bolschewiki erklärbar? War es wirklich eine Überreaktion oder einfach der Mut der Verzweiflung? Wollte man durch eine wenn auch wenig erfolgversprechende Entwaffnung der Legionäre den drohenden Aufstand abwenden – nach dem Motto: »Man kann es ja wenigstens versuchen«? Vielleicht, meinen manche, waren es die Deutschen, die Trotzki keine Wahl ließen. Immerhin gab es offenbar Proteste aus dem Hohenzollernreich betreffend die Anwesenheit englischer Truppen im Norden. Keine Freude konnte man in Berlin außerdem mit dem Umstand haben, dass unter Mitwirkung der Bolschewiki tausende Tschechoslowaken mehr oder weniger ungehindert durch das Land reisten, um anschließend daran nach Frankreich an die Westfront gebracht zu werden. Trotzki war demnach genötigt, drastische Schritte zu setzen, um Berlin zu besänftigen.[61]

Karl von Bothmer, damals Vertreter der Obersten Heeresleitung bei der deutschen diplomatischen Mission in Moskau, beurteilte die Situation Ende Mai 1918 im Übrigen folgendermaßen: »Die Tschechoslowaken haben im östlichen Wolgagebiet und in Sibirien große Teile des Landes in der Hand, bilden eine achtungsgebietende bewaffnete Macht und stellen Forderungen, die die Kremlregierung nicht erfüllen kann. Heimkehr in geschlossenen Körpern mit Waffen ist nach Westen ausgeschlossen, da dort die Mittelmächte stehen, über den fernen Osten anscheinend auch, da dort die Macht der Räteregierung nicht hinreicht, die Entente aber wohl nur Schiffsraum für Verbände geben wird, die bereit sind, Kanonenfutter in Frankreich zu spielen. Es scheint, dass die Tschechoslowaken vorziehen, in Russland ein Landsknechtleben auf eigene Rechnung zu führen. Sichere Anzeichen sprechen dafür, dass die Entente diese Bewegung ausnützen will. Das ist sowohl gegen die Bolschewiki möglich, wie auch eventuell gegen Finnland, Ukraine und zur Verhinderung des Heimtransportes unserer Gefangenen.«[62]

Aber wie schätzten die Bolschewiki die Lage ein? Sie wussten, dass Radola Gajda Anfang Mai, als erste Gerüchte über eine Umdirigierung nach Archangelsk aufgetaucht waren, einen Plan für eine eventuelle kriegerische Auseinandersetzung mit den Bolschewiki ausgearbeitet hatte. Trotzki musste sich daher darüber im Klaren sein, dass die Tschechoslowaken ohne Verzögerung losschlagen würden, sollten sich ihnen die Sowjetbehörden in den Weg stellen. Im Kreml war man noch dazu auch darüber informiert, dass Gajda eine Zusammenarbeit mit antibolschewistischen Kräften in Betracht zog, um die Sowjetregierung zu stürzen.[63] Von wem ging nun die größere Gefahr aus, von den Deutschen oder den Tschechoslowaken? Nach Meinung Trotzkis waren es offenbar die Deutschen. Letztere saßen der Sowjetregierung regelrecht im Nacken, während das, was sich hinter dem Ural abspielte, zumindest in Kilometern gerechnet, weiter entfernt war. So war also, einfach gesagt, den Bolschewiki das Hemd näher als der Rock. Sie ließen es auf eine Auseinandersetzung mit der Legion ankommen, um nicht noch einmal das zu erleben, was im Februar passiert war, nämlich: deutsche Soldaten vor der Haustüre. So könnte es gewesen sein, und so ließe sich das Verhalten Trotzkis, dem in Anbetracht seiner Kompromisslosigkeit gegenüber der Legion nicht wenige völligen Realitätsverlust nachsagten, erklären.[64] Trotzki nahm also das Risiko eines Konfliktes mit der Legion in Kauf. Aber musste er nicht zwangsläufig damit rechnen, dass sich nun auch die Alliierten einschalten würden? Wie wir wissen, schickten sie als Folge des Zwischenfalls von Tscheljabinsk Interventionstruppen. Spätestens im Sommer 1918 drohte sich eine für die Bolschewiki zwar prekäre, aber nicht völlig aussichtslose Gesamtlage in Richtung einer Katastrophe zu entwickeln: Tschechoslowaken, Interventen und verschiedene antibolschewistische Gruppen standen nun einer immer noch äußerst fragilen Rätemacht gegenüber.[65]

Wenn also, was nicht bewiesen ist und ohnehin wahrscheinlich nur schwer zu beweisen wäre, die Bolschewiki selbst den Aufstand der Tschechoslowaken provozierten und damit vielleicht auch eine alliierte Intervention einkalkulierten, was versprachen sie sich dann von diesem »Ritt in den Abgrund«? Diese Frage führt uns auf das Feld ideologisch motivierter Strategien zum Zwecke des Ausbruchs einer »Weltrevolution« beziehungsweise eines »Weltbürgerkriegs«. So gesehen konnte der Aufstand der Legion als Katalysator für die explosionsartige Ausbreitung der Revolution beziehungsweise des »Bürgerkriegs« dienen. Ging es den Bolschewiki also darum?

Von Lenin wissen wir jedoch, dass er bereits im Rahmen der Brester Friedensverhandlungen gegen derartige »Gelüste« einiger seiner Parteikollegen auftrat, und Trotzki blickte abschätzig auf die »Apostel« des zu exportierenden »revolutionären Krieges« in den eigenen Reihen herab.[66] Falls die Bolschewiki dennoch den »Aufruhr« der Legionäre tatsächlich bewusst herbeiführten, was lag dieser Vorgehensweise dann zugrunde, was könnte man als Motiv anführen? Selbst wenn sich der Kreml in diesem Zusammenhang von der Idee eines »Weltbürgerkrieges« distanzierte und sich mit einem »Bürgerkrieg« im eigenen Land »begnügte« – es gab weit und breit keine Garantie dafür, dass eintreten würde, was eintrat: der Sieg der Bolschewiki. Die

Planspiele einer kontrafaktischen Geschichtsbetrachtung liefern uns hier keinen Erkenntnisgewinn, sondern führen uns, wie es scheint, in dieser Frage zielsicher in eine Sackgasse.

Die Sitzungsprotokolle des Rates der Volkskommissare von Ende Mai bis etwa Anfang Juni 1918 zeigen, dass das Regime noch keine wirkliche Vorstellung davon hatte, ja haben konnte, was mit dem Aufstand der Legion auf Russland zukommen würde. Mit der Gefahr einer alliierten Intervention lebte man ohnehin schon die längste Zeit, und man hatte viel zu viel zu tun mit der Bewältigung anderer Probleme, als dass das ferne Tscheljabinsk bis zum Sommer 1918 so wichtig hätte werden können. Lenin, so behauptet sein Biograph Robert Service, unterschätzte die Gefahr, die von der Tschechoslowakischen Legion ausging, zunächst völlig.[67] Ist das die Erklärung dafür, dass mit den Tschechoslowaken so verfahren wurde?

Die sowjetische Historiographie hatte in diesem Zusammenhang allerdings noch eine andere Theorie anzubieten: Leo Trotzki, schon ab den Zwanzigerjahren zum »Renegaten« und »Verräter« gestempelt, war nach dieser Lesart ein »Agent der Alliierten« gewesen und hatte, Lenin überspielend, eigenmächtig gehandelt, als er den Aufstand der Tschechoslowaken provozierte.[68]

War also Trotzki ein »Einzeltäter«? Oder war es doch die gesamte »bolschewistische Elite«, die hinter dem Vorgehen Trotzkis stand? Aus unliebsamen Personen im Nachhinein Spione zu machen, entsprach jedenfalls der gängigen Praxis sowjetischer Verleumdungsfeldzüge.

Nun gibt es auch Stimmen, die zu bedenken geben, dass Lenin und seine Weggefährten zu dieser Zeit alles taten, um Chaos zu erzeugen. Kompromisse wurden keine geschlossen. Anstatt sich Verbündete zu schaffen oder zu erhalten, griff man in nahezu allen Bereichen zu Maßnahmen, welche dazu angetan waren, die Zahl der Gegner zu vergrößern.[69] Die Führung der Bolschewiki, so lautet der Verdacht, erblickte schließlich ihre einzige Rettung in einem »Bürgerkrieg«, wobei die Schuld hierfür den »Feinden« in die Schuhe geschoben werden sollte.[70] Soweit diese Theorie, für deren Untermauerung Leo Trotzki selbst als Zeuge aufgerufen wird. Der tschechoslowakische Aufstand hätte, so schrieb er nämlich später, die Partei aus jenem »Zustand der Unterdrückung«, in dem sie sich seit dem Frieden von Brest-Litowsk befand, entlassen. Damals erst, so Trotzki sinngemäß, hätten sich die »Roten« richtiggehend herausgebildet.[71] Die Tschechoslowaken waren also insoferne »nützlich«, als durch sie, die ja in der Folge eine Vielzahl an antibolschewistischen Kräften mobilisierten, die Oktoberrevolution auch dort »vollzogen« werden konnte, wo eine scharfe Auseinandersetzung zwischen Befürwortern und Gegnern des Regimes noch ausgeblieben war. Besonders eine im September 1918 getätigte Aussage des Volkskommissars nährt Vermutungen, wonach er das, was in Tscheljabinsk passierte, wohlüberlegt zum Anlass nahm, um einen »Bürgerkrieg« zu entfachen. So meinte er: »Wenn es die Tschechoslowaken nicht gegeben hätte, dann hätte man sie erfinden müssen.«[72]

Doch schon bei oberflächlicher Beschäftigung mit Trotzkis Persönlichkeit wird niemand ausschließen können, dass dieser keine Hemmungen hatte, in der Rückschau einen taktischen Fehler oder einen unter Druck zustande gekommenen Entschluss zu seinem Verdienst zu stilisieren oder einen positiven Effekt seiner Handlungen einfach herbeizureden. Möglicherweise trat er aber auch nur deswegen so vollmundig auf, weil die Rote Armee damals, im Herbst 1918, gerade einige bemerkenswerte Erfolge an der Wolgafront und im Süden errungen hatte.[73] Ein Schuldeingeständnis oder eine Selbstentlarvung sind Trotzkis Aussagen über die Rolle der Legion für die Etablierung der Sowjetmacht nicht.

Dass die Alliierten den auf den Zwischenfall von Tscheljabinsk folgenden »Aufruhr« der Legion anordneten, kann mit an Sicherheit grenzender Wahrscheinlichkeit ausgeschlossen werden. Dass aber die Legion im Zusammenhang mit einer schon vor Mitte Mai immerhin ins Auge gefassten Intervention der Alliierten eine Rolle spielte, ist nicht zu leugnen.[74] Hinsichtlich des britischen Standpunktes betreffend die Verwendung der Legion war deren Aufstand, so die Einschätzung des Historikers J. F. N. Bradley, schließlich gar ein »Geschenk des Himmels«.[75] Es muss aber berücksichtigt werden, dass – wie bereits angedeutet – Paris, London und Washington jeweils eigene Ansichten bezüglich der Art dieser Intervention hatten. Diese war überdies ursprünglich eher als eine antideutsche Aktion denn als ein gegen die Sowjetregierung gerichtetes Eingreifen im Gespräch gewesen. Mehr als die Herrschaft Lenins störte die Alliierten zunächst nämlich die Anwesenheit hunderttausender ehemaliger Kriegsgefangener aus dem Deutschen Kaiserreich und der Habsburgermonarchie, die – wie schon erwähnt – gerüchteweise auf Anweisung Berlins bewaffnet und gegen die Alliierten zum Einsatz kommen sollten. Die Tschechoslowaken – auch darauf wurde schon hingewiesen – fürchteten ja schon die längste Zeit einen Konflikt mit den Kriegsgefangenen, in denen man Vollstrecker des Habsburgerreichs vermutete, die gegen die »Verräter« mobilisiert werden sollten. Aber weder Deutschland noch die k.u.k. Monarchie hielten schließlich eine Bewaffnung der Kriegsgefangenen für sinnvoll. Als die Präsenz der Legion in Sibirien tausenden Gefangenen die Chance auf eine Heimkehr nahm, wurde zwar im Armeeoberkommando in Baden bei Wien der abenteuerlich anmutende Plan ventiliert, k.u.k. Truppen mit der Eisenbahn in das Krisengebiet zu transportieren, um die Kriegsgefangenen zu befreien und anschließend zu repatriieren, doch es blieb bei Willensbekundungen.[76] Es waren überdies allem Anschein nach die Bolschewiki selbst gewesen, die an Deutschland herangetreten waren, um eine von den Alliierten befürchtete Bewaffnung der Gefangenen zu erwirken. In Berlin ließ man sich jedoch nicht darauf ein.[77]

Vor allem die USA, die allerdings nur oberflächlich über die Lage in Sibirien informiert waren, zögerten, sich hier militärisch zu engagieren. Andererseits musste aber bereits die Landung der Japaner im April 1918 nachdenklich stimmen. Denn obwohl Japan zu den alliierten Staaten zählte, galt es im pazifischen Raum als Konkurrent Amerikas. Die Präsenz von US-Truppen war allein unter diesem Gesichtspunkt überlegenswert. Während aber Präsident Wilson einer Intervention lediglich im Sinne einer Unterstützung der Legionäre gegen angeblich bewaffnete Kriegsgefangene zustimmen wollte, hielt man in Paris und London sowohl an mittlerweile deklariert antibolschewistischen Strategien sowie an Plänen zur Wiedererrichtung der Ostfront fest.[78] Hatte Frankreich bisher mit Nachdruck den raschen Abtransport der Tschechoslowaken an die Westfront verfolgt, sollten die Druschinisten nun selbst aus Sicht der französischen Regierung dort bleiben, wo sie waren und Kosaken beziehungsweise »sibirische Widerstandszentren um sich scharen«.[79] Der Bedarf an tschechoslowakischen Freiwilligen war zudem seit kurzem nicht mehr ganz so akut. Nach der gescheiterten Junioffensive der k. u. k. Armee gegen die Italiener gab es auch keine Notwendigkeit mehr, gegen das nachhaltig geschwächte Habsburgerreich amerikanische Truppen an diesen Kriegsschauplatz zu verlegen. Alle Kontingente der US-Expeditionary Force sollten jetzt nach Frankreich transferiert werden.[80]

Die Russlandpolitik der Briten, die im Übrigen wie die Amerikaner den Japanern mit Misstrauen begegneten, war bereits in den vorangegangenen Monaten eine aktivere gewesen. Man müsse alles tun, »um zu verhindern, dass Deutschland und Österreich Hilfe von den Sowjets erhalten«, formulierte Premierminister Lloyd George die Ziele der englischen Politik. Schon deshalb, so der Premier weiter, »wäre ein Bürgerkrieg oder auch nur die bloße Fortsetzung des Chaos für uns ein Vorteil«.[81] Solche Aussagen wurden später von der sowjetischen Historiographie als Beweis für das »Intrigenspiel« der Alliierten rund um den Zwischenfall von Tscheljabinsk angeführt.

Großbritanniens Außenminister Arthur J. Balfour kam damals jedenfalls zu dem Schluss: Ein Kampf gegen die Bolschewiki musste bei derartigen Zielsetzungen ebenso in Betracht gezogen werden wie ein Bündnis mit ihnen.[82] »Euer Lloyd George«, äußerte sich Leo Trotzki über die Flexibilität des Premiers gegenüber einem Diplomaten des Empire, »gleicht einem Roulettespieler, der seine Chips auf sämtliche Nummern streut.«[83] Die Briten entschieden sich schließlich für »eine Nummer«, wobei die Legion in diesem Spiel erst nach dem »Inzident« eine wirklich bedeutende Rolle erhielt. Dass die Tschechoslowaken im März in der Ukraine mehr oder weniger auf der Seite der Bolschewiki gegen die Deutschen gekämpft hatten, ließ nämlich einige Zweifel an ihrer Zuverlässigkeit aufkommen. Ihnen im Rahmen einer gegen die Sowjetmacht gerichteten Aktion allzu großen Spielraum zuzugestehen, schien daher nicht ungefährlich. Doch stellten die Druschinisten bald unter Beweis, dass sie durchaus bereit waren, ihre Waffen gegen die Bolschewiki oder auch gegen Unterstützer des Oktoberregimes in Gestalt von Internationalisten zu richten. Bei Pensa standen die Legionäre sogar Landsleuten gegenüber. Dort trafen 5000 Druschinisten auf etwa 1900 Rotarmisten, unter ihnen auch Tschechoslowaken.[84]

Als am 6. Juli 1918 der deutsche Botschafter Graf Mirbach von linken Sozialisten-Revolutionären erschossen wurde, schien die Herrschaft Lenins endgültig gebrochen. Wie würde Berlin, das in der Vergangenheit immer wieder mal für ein »Muskelspiel« gegenüber der Sowjetregierung zu haben war, auf den Mord reagieren? Schon seit Wochen schauten etwa diplomatische Vertreter der Habsburgermonarchie in Russland auf das Regime wie auf ein »verendendes Tier«. War es nun soweit? Mussten Lenin und seine Gefolgsleute endgültig abtreten?

Die Partei der linken Sozialisten-Revolutionäre (PLSR), deren Vertreter noch vor kurzem mit den Bolschewiki gemeinsam in der Regierung gesessen waren, wollte mit der Ermordung Mirbachs den Brester Frieden »sprengen« und als Konsequenz erneut einen Krieg gegen das Hohenzollernreich führen. Doch Deutschland ließ sich nicht provozieren, und der Aufstand der linken Sozialisten-Revolutionäre, der nach dem Tod des Botschafters ausbrach, wurde von den Bolschewiki blutig niedergeschlagen. Daran änderte auch ein Vorstoß Michail Murawjows von der PLSR nichts mehr. Dieser, vor knapp einem Monat zum Kommandeur der neu gebildeten Front gegen die Tschechoslowaken ernannt, wollte nun mit den Legionären Frieden schließen und gegen die Deutschen zu Felde ziehen. Doch der Plan scheiterte. Der ehrgeizige und charismatische Offizier wurde bei einem »Verhaftungsversuch« von den Bolschewiki erschossen.[85]

Es hatte sich einmal mehr gezeigt, dass die Tschechoslowaken im Kalkül verschiedenster Gruppierungen auf dem Gebiet des früheren Zarenreichs eine Rolle spielten. Allerdings war die Legion in Hinblick auf ihre politische Orientierung heterogen. Nicht nur militärisch-taktische Überlegungen oder die Einflussnahme der Alliierten waren schließlich verantwortlich dafür, dass die Druschinisten in Sibirien die unterschiedlichsten Lager unterstützten, darunter Agrarsozialisten so wie eher konservative und auch weit rechts stehende Kreise.

Die Tschechoslowakische Legion hatte ihre Neutralität in Bezug auf die russischen Verhältnisse abgestreift. Thomas Masaryk war darüber zunächst wohl nicht sehr erfreut gewesen. Der Nationalrat hatte ja bis zum Zwischenfall von Tscheljabinsk auf eine Politik der Nichteinmischung gesetzt. Es war fraglich, ob das Vorgehen der Druschinisten in Sibirien einen positiven Effekt für die Selbstständigkeitsbestrebungen haben würde. Außerdem hatte man bereits einige propagandistische Erfolge errungen, um die Alliierten für das Projekt eines tschechoslowakischen Nationalstaates zu gewinnen. Zwar fehlte es immer noch an der entscheidenden Unterstützung, aber man war immerhin auf dem Weg. »Sehr wirkungsvoll«, schrieb Masaryk später, »war die Beweisführung, dass Österreich am Krieg mitschuldig sei. [...] Wir bewiesen, dass auch Österreich große Schuld treffe.«[86]

Masaryk zeigte sich indessen erstaunt über das Echo, das die »Anabasis« der Legion in den Vereinigten Staaten auslöste. »Auf einmal«, schrieb er, »waren die Tschechen, die Tschechoslowaken, jedermann bekannt; unsere Armee in Russland und in Sibirien wurde Gegenstand des allgemeinen Interesses, ihr Vormarsch rief geradezu Begeisterung hervor.«[87]

Doch der Kampfgeist der Druschinisten war enden wollend. Nicht einmal die mannigfaltigen Hilfeleistungen der Alliierten konnten daran etwas ändern. In den Augen der meisten Legionäre war der Aufstand lediglich deshalb begonnen worden, weil man einen raschen Abtransport wünschte und sich gegen die als Willkür empfundenen Anweisungen der Bolschewiki wehren wollte. Die Suche nach anderen Motiven führt uns unweigerlich wieder auf die Ebene von Vermutungen und Wahrscheinlichkeiten. So wäre beispielsweise zu fragen, ob Karl von Bothmer mit seiner Einschätzung recht hatte, wonach die Legionäre in Russland blieben, weil sie gar kein Interesse an einer Abreise hatten. Laut Bothmer erschien ihnen die Perspektive, womöglich nur zusätzliches »Kanonenfutter« an der Westfront abzugeben, wenig reizvoll.[88] So oder so: Es liegt auf der Hand, dass Ende 1918, als der Traum vom eigenen Staat, der nicht zuletzt infolge der alliierten Anerkennung für den Kampf der Legion in Russland in Erfüllung gegangen war, der Wunsch nach Heimkehr bei der überwiegenden Mehrheit der Legionäre größer war als das Bedürfnis nach einem wie auch immer gearteten Engagement in Sibirien.

Ende Juni 1918 hatte Frankreich seine volle Anerkennung des tschechoslowakischen Nationalrates und der Armee, das heißt auch der Legion in Russland, ausgesprochen. Großbritannien und die USA folgten. In der Erklärung Amerikas hieß es: »Weil die Tschechoslowaken zur Unterstützung ihrer Bestrebungen nach Selbständigkeit in diesem Kriege die souveräne politische Macht dem tschechoslowakischen Nationalrate anvertraut haben, anerkennt die Regierung der Vereinigten Staaten, dass der Kriegszustand zwischen den so organisierten Tschechoslowaken und dem deutschen und dem österreichisch-ungarischen Kaiserreich besteht.«[89] Am 14. Oktober 1918 gab Masaryk dann die Bildung einer provisorischen Regierung der »Tschecho-Slowakei« mit dem vorläufigen Sitz in Paris bekannt. Sie wurde am 15. von Frankreich, am 19. von den USA, am 21. von Italien und am 23. von Großbritannien anerkannt. Die Sowjetregierung hatte diesen Schritt schon am 17. Oktober gesetzt. Auf diese Weise hoffte man wohl, die Legionäre schneller loszuwerden.[90] Doch es dauerte noch geraume Zeit, bis deren Repatriierung erfolgte.

Im August 1919 traf eine Delegation aus der Tschechoslowakischen Republik in Sibirien ein. Dort wurde den Legionären eine Botschaft Präsident Masaryks überreicht. Darin hieß es unter anderem: »Zu Euch kommen Bürger unserer freien Republik, die auch mit Euren Anstrengungen, Eurem Blute und dem Leben Eurer Freunde und Brüder erkämpft wurde. Ich weiß, dass Euch nur der eine Gedanke beherrscht: die Heimkehr. [...] Wir wünschen und bemühen uns darum, dass Ihr alle möglichst bald heimkehren könnt. [...] Ich hoffe, dass Eure Rückkehr nur noch eine Frage der Organisation ist. Deshalb ... müsst Ihr und müssen Eure Verwandten ... noch Geduld haben. Was die Politik betrifft, so wäre ich glücklich, wenn Ihr in allen Beziehungen zu den Russen volle Neutralität übtet.«[91]

Der Abtransport der Legionäre in großem Rahmen begann erst im Winter 1919/20. Vorher war es den Alliierten nicht gelungen, für ausreichenden Schiffsraum zu sorgen.[92]

Was aber war inzwischen in Tscheljabinsk geschehen?

DIE »FREMDEN BESATZER« UND DAS RUSSISCHE »VOLK«

Im Jahr 1918 zählte die Stadt ungefähr 70000 Einwohner. Kaum einer hätte wohl daran geglaubt, dass eines Tages Tschechen und Slowaken den Ort beherrschen würden. Doch in der Nacht vom 26. auf den 27. Mai geschah das Unvorhergesehene. Die Legionäre hatten leichtes Spiel. Es waren nur wenige Rotarmisten zugegen. Man entwaffnete sie ohne große Probleme und kontrollierte binnen weniger Stunden ganz Tscheljabinsk.[93] Erbeutet wurden 12000 Gewehre, dreißig Kanonen und jede Menge Munition.[94]

Der Machtwechsel hatte sich in geradezu gespenstischer Art und Weise vollzogen. So unauffällig, dass manche erst von Dritten darauf hingewiesen werden mussten, was passiert war. Ein Beamter zum Beispiel erfuhr erst vom Hausmeister jenes Amtsgebäudes, in dem er seinen Dienst versah, dass »bei uns jetzt die Tschechen das Sagen haben«.[95]

Während in der lokalen Presse die Tschechoslowaken der Bevölkerung klar zu machen versuchten, dass sie lediglich einen raschen Abtransport nach Frankreich wünschten, konnte auch der noch einige Tage existierende Sowjet in einer Zeitungsmeldung vom bewaffneten Aufstand der Tschechoslowaken berichten und die Menschen vor antibolschewistischen Aktionen warnen. Die Einheimischen waren zum Großteil immer noch der Meinung, dass das, was sich in Tscheljabinsk ereignet hatte, nichts weiter als »ein Missverständnis« sei, »das sich in Kürze aufklären wird«.[96]

Schon am 28. Mai aber begannen einige Stadtbewohner angesichts der Anwesenheit der Legionäre die Chance zu erblicken, die bolschewistische Herrschaft abzuschütteln. In den Straßen von Tscheljabinsk versammelten sich Menschen, die die »Besatzer« zum Eingreifen aufforderten. Da hieß es dann, berichteten Augenzeugen: »Genosse Tscheche – verhaften Sie diesen oder jenen, das ist ein Bolschewik!«[97] Die Tschechoslowaken, so schien es, wurden unabhängig von den Absichten eines Radola Gajda, der bereits in Fühlung mit antibolschewistischen Kräften stand, dazu ermuntert, sich einzumischen.

Der Sowjet von Tscheljabinsk wurde schließlich von den Legionären »entfernt«, da sich Gerüchte über eine gegen die »Besatzer« gerichtete bewaffnete Streikaktion verdichtet hatten.[98] Am 3. Juni dann konstituierte sich ein »Komitee der Volksmacht«.[99] Das »Volk« allerdings konnte sich seiner »Macht« nicht lange erfreuen. Weder in Tscheljabinsk noch sonst wo in Russland. Die Haltung gegenüber den Tschechoslowaken, die zum Teil als »Befreier« begrüßt worden waren, schlug überdies dort in Feindschaft um, wo sie im Zuge der Kampfhandlungen, aber auch durch ihr Verhalten gegenüber der Zivilbevölkerung dann doch als wenig zimperliche »Besatzer« empfunden wurden. Geschunden von »rotem« wie »weißem« Terror, durchlebte das »Volk« eine Katastrophe[100], die auch mit dem Ende des »Bürgerkriegs« nicht mehr völlig verschwinden sollte.

»Das war der Funke, der ins Pulverfaß fliegen mußte«

Der Kieler Aufstand und die deutsche Revolution

REISE INS UNGEWISSE

Die Arbeitswoche begann hektisch. Am Montag, dem 4. November 1918, brachte der Chef des Reichsmarineamtes, Admiral Ritter von Mann, einen Stoß von Telegrammen mit in die Sitzung der deutschen Regierung.[1] Von Mann kam verspätet und »in größter Erregung«. Aus dem Ostseehafen Kiel erhielt er für ihn beunruhigende Meldungen: Aufruhr unter den Matrosen, »extremste Forderungen«, Festnahmen misslungen. »Bitte, wenn irgend möglich, hervorragenden sozialdemokratischen Abgeordneten hierher zu schicken, um im Sinne der Vermeidung von Revolution und Revolte zu sprechen«, hieß es in einem Fernschreiben vom 3. November.[2] Die militärische Führung vor Ort schien überfordert. Unabhängig davon zeigte sich auch der lokale SPD-Vorstand besorgt. In den Straßen »patrouillieren Militärabteilungen mit geladenen Gewehren«, berichtete dieser der Staatspolizei, von der man umgehend die »Abstellung der aufreizenden Maßnahmen« erbat.[3] Heinrich Kürbis, SP-Sekretär für Schleswig-Holstein, ließ es dabei nicht bewenden. Aus eigener Initiative reiste er nach Berlin. Kürbis, der Zeuge von Schießereien geworden war, meldete sich beim Parteigenossen Philipp Scheidemann, seit kurzem Mitglied der Reichsregierung. Scheidemann erfuhr dadurch von drohenden Streikaktionen der Werftarbeiter; die Möglichkeit einer Revolution wurde allerdings nicht angedeutet.[4]

Marinekreise hingegen sprachen offen die ernsthaftesten Konsequenzen an. Admiral von Mann hatte guten Grund, bei der Kabinettssitzung am 4. November Nerven zu zeigen. Nicht viel anders will Scheidemann empfunden haben, der wenige Jahre danach schrieb: Von Mann »setzte sich neben mich und übergab mir einige Depeschen aus Kiel … Kein Zweifel war mehr möglich – das war der Funke, der ins Pulverfaß fliegen mußte«.[5] Den Staatssekretären – die Bismarck-

Schauplatz Kiel: Ein Stadtplan aus dem Jahr 1912

sche Verfassung kannte neben dem Kanzler keine eigentlichen Minister – blieb das Ungeheuerliche zunächst verborgen. Zu viele Probleme waren in einem von vier Jahren Krieg erschöpften Hohenzollernreich zu bewältigen.[6]

Scheidemann verließ seine überlasteten Kollegen und nahm die Dinge selbst in die Hand. Schließlich, so seine Erinnerungen, gab es noch einen Hoffnungsschimmer: Ein »energischer Mann« der Reichstagsmehrheit müsse ins Zentrum der Unruhen entsandt werden.[7] Nach einem Rückruf beim Parteivorsitzenden der deutschen Sozialdemokraten, Friedrich Ebert, fiel die Entscheidung: Gustav Noske, Wehrexperte der SPD-Reichstagsfraktion, sollte den Auftrag übernehmen.[8] Mit Flottenangelegenheiten seit längerem befasst, galt der fünfzigjährige Brandenburger als »Mann fürs Grobe«.[9] Der derbe, leicht vornübergebeugte Hüne mit herabhängendem Schnurrbart wirkte auf seine Zeitgenossen, so der französische Historiker Gentizon, wie der Urtyp »jener alten Germanen, von denen Tacitus berichtet, dass sie mit Tierfellen bekleidet waren und jedem Streit allein mit ihrer starken Faust ein Ende bereiteten«.[10] Noske, früher einmal Holzarbeiter, ging in den Augen vieler Beobachter der Anarchie mit Axtschlägen zu Leibe. Zwar niemals der »Unteroffiziersperspektive« entwachsen, wie auch Sozialisten später urteilten, galt der Riese mit Tatkraft und Durchsetzungsvermögen als Verkörperung von Ruhe und Ordnung.[11] Für die Kieler Mission schien er wie geschaffen. Mit dem Hinweis auf seine Marineerfahrungen brachte ihn Philipp Scheidemann während der Kabinettssitzung in Vorschlag.[12]

Gustav Noske

Die Regierung war einverstanden, stellte ihm aber Conrad Haußmann, Staatssekretär, Abgeordneter der linksliberalen Fortschrittlichen Volkspartei und Reichstagsmitglied seit 1890, zur Seite. Haußmann, ein Mann »anderer Couleur«, sollte mit Noske gemeinsam zunächst »unter der Hand aufklärend« wirken. Die meisten Staatssekretäre rechneten noch keineswegs mit dem Schlimmsten. Die Lage war vor allem undurchsichtig. Länger als einen Tag würden die Emissäre vielleicht nicht wegbleiben müssen, vermutete Scheidemann.[13] Dieser ging, im Gegensatz zu seinen späteren Aufzeichnungen, lediglich von Arbeitsniederlegungen und »anderen Verwicklungen« aus.[14] Einen Werftstreik verhindern zu müssen, glaubte deshalb auch Gustav Noske, der dazu 1920 notierte: »Die Regierung hatte zu der Stunde, wie sich zeigte, von den Kieler Vorkommnissen eine ganz unklare, unzutreffende Vorstellung«.[15]

Um Gewissheit zu erlangen, war jedenfalls Eile geboten. Noske, der als Repräsentant der Sozialdemokratie abreiste, blieb nach eigenen Worten gerade so viel Zeit, um in die »Wohnung eilen und für einen Tag ein paar Sachen zusammenraffen zu können«.[16] Gemeinsam mit Conrad Haußmann, der die Regierung zu vertreten hatte, stieg der SP-Mann in den Zug. Zu ihnen gesellte sich Heinrich Kürbis, der den beiden Abgeordneten seine Sicht der Dinge schilderte. Noskes Parteikollege konnte sich dabei auf das Wesentliche konzentrieren. Den erfahrenen Politikern musste er die Bedeutung Kiels als Stützpunkt der deutschen Seestreitkräfte nicht erst erklären.[17]

DER REICHSKRIEGSHAFEN

Preußen hatte gerade siegreich gegen Dänemark gekämpft, als es 1865 seine Marinestation in der Ostsee von Danzig nach Kiel verlegte. Mit der Gründung des deutschen Reiches 1871 wurde Kiel dann Reichskriegshafen, in seiner Bedeutung nur noch mit Wilhelmshaven vergleichbar. Die Konsequenzen dieses Beschlusses waren unübersehbar. Die Bevölkerungszahl stieg von rund 32000 Einwohnern im Jahr 1871 auf ungefähr 250000 im Jahr 1918. Eingemeindungen vergrößerten das Siedlungsareal. Das Dorf Brunswik verwandelte sich in eine kleine Marinestadt mit Stationsgebäude, Kasernen, Offizierswohnungen, Lazarett, Arrest- und Gerichtsgebäude. Bis zur Jahrhundertwende folgten weitere Anlagen, in den Ortsteilen Wik und Gaarden errichtete man schwerpunktmäßig Kasernen und einen Torpedobootshafen. Hinzu kamen die Marine-Akademie, ein Arsenal und Schießstände. Kiel war von nun an völlig vom Militär beherrscht.[18]

Durch den expandierenden Schiffsbau und die damit verbundene Zulieferindustrie vergrößerte sich zugleich der Anteil der Arbeiterschaft. Ihr gehörten 1918 etwa 70000 von ungefähr 100000 Erwerbstätigen an. Vorwiegend in der Werftindustrie tätig, stellte sie damit auch ein bedeutendes politisches Potenzial dar. Anders als bei den Reichstagswahlen, ließen das preußische Dreiklassenwahlrecht und das kommunale Zensuswahlrecht eine demokratische Willensbildung auf lokaler Ebene allerdings nicht zu. Die Sozialdemokratie vergrößerte zwar ihren Wähleranteil, im Magistrat aber hatten die bürgerlichen Abgeordneten das Sagen. Sie stellten die Bürgermeister und besoldeten Stadträte, ein Kräfteverhältnis, das die sozialen und politischen Widersprüche nur noch verdeutlichte.[19]

Verstärkt wurden die Gegensätze zudem durch die Befugnisse der Marinestation. Als oberste Verwaltungsbehörde waren ihre Kompetenzen schon in Friedenszeiten großzügig ausgelegt worden. Auf der Grundlage des preußischen Belagerungsgesetzes von 1851 in Verbindung mit der Reichsverfassung von 1871 verfügten die Militärs nach Kriegsbeginn 1914 über eine halbabsolutistische Machtstellung. Der Chef der Kieler Marinestation wurde nun zum Gouverneur ernannt. Er war damit einer von über 60 Militärbefehlshabern im Reichsgebiet, deren Anordnungen die örtliche Zivilverwaltung Folge zu leisten hatte. Konkret bedeutete das einen weitreichenden Eingriff in das Vereins- und Versammlungswesen, strenge Zensur und administrative Bestimmungen, die bis zu Verordnungen über den Ausschank von Spirituosen, zur Festsetzung von Miethöchstpreisen und der Anwerbung von Arbeitskräften reichten.[20]

Während der Gouverneur unter diesen Bedingungen die städtischen Behörden zu Erfüllungsgehilfen herabdrückte, verließ er sich bei der »Aufrechterhaltung von Ruhe und Ordnung im erweiterten Befehlsbereich«, so die entsprechende Formulierung, auf den zum Militärpolizeimeister ernannten Polizeipräsidenten. Auf diesen kamen in der Folge eine Reihe von Aufgaben zu. Kiel wurde in gewisser Weise zum Gradmesser für die steigende Unzufriedenheit im Hohenzollernreich. Die angespannte Versorgungslage führte Anfang April 1917 zu einer reichsweiten Streikwelle, die in Kiel bereits Ende März über 17000 Personen auf die Straßen gebracht hatte. Der Ostseehafen ging voran, 1917 ebenso wie 1918, als die Januarstreiks infolge der russischen Revolution und der Friedensverhandlungen am östlichen Kriegsschauplatz eine deutlich politischere Färbung annahmen.[21] Vizeadmiral Gustav Bachmann fürchtete als Stationschef und Gouverneur um die Disziplin in der Marinebasis. »Ich verkenne durchaus nicht die schwierigen Verhältnisse, die der Erhaltung eines guten Geistes und einer straffen Manneszucht entgegenstehen«, ließ Bachmann am 18. Oktober 1918 verlautbaren. Die Kompanieführer, ordnete er an, müssten deshalb wachsam sein, streng aber gerecht und »wohlwollend außer Dienst«. Von den Abteilungs- und Divisionskommandeuren erwarte die militärische Führung darüber hinaus, dass sie sich täglich über »die richtige Handhabung des praktischen Dienstes informieren«.[22] Die Marinestation der Ostsee, kurz Station Ost, befürchtete ein Übergreifen der Unruhen auf die Flotte. Schon im April 1918 hatte sie in diesem Zusammenhang einige Agitatoren ins Visier genommen, darunter Karl Artelt, einen Werftarbeiter, der als Streikführer zu sechs Monaten Haft verurteilt und danach zum Militär eingezogen worden war.[23] Artelt, der schließlich zur I. Torpedo-Division abkommandiert wurde, galt nach Meinung der Exekutive als einer der »Haupthetzer«. So habe er sich, berichtete der Militärpolizeimeister, bei einer Versammlung im Kieler Gewerkschaftshaus hervorgetan, an der sich nicht weniger als 25–30 Maate und Obermaate in Uniform beteiligt hätten. Diese, hieß es weiter, seien wiederum »durch Zurufe für die sozialdemokratische Minderheit unangenehm« aufgefallen.[24]

Gemeint war damit die Fraktionsopposition gegen die von der SP-Mehrheit bewilligten Kriegskredite, aus der im April 1917 die »Unabhängige Sozialdemokratische Partei Deutschlands« (USPD) hervorgegangen war.[25] Auf sie konzentrierten sich die Maßnahmen der Sicherheitsorgane im Besonderen. Nach mehreren Verhaftungen stand es um die Kieler USPD nun schlecht.[26] Ihr damaliger Leiter, Lothar Popp, ein »fliegender Händler«, der 1917 aus Hamburg gekommen war, brachte die schwierige Lage sehr unverblümt zum Ausdruck. An Ort und Stelle, erklärte er in einer von der Polizei observierten Vertrauensmännersitzung am 28. Oktober 1918, sei »zur Zeit die Anhängerschaft der Unabhängigen eine noch viel zu geringe, um öffentlich hervorzutreten«.[27]

Für die Marineoffiziere gab es dennoch keinen Grund zur Entwarnung. Befehlsverweigerungen in Wilhelmshaven während des vorangegangenen Jahres führten sie auf die Machenschaften der USPD zurück. Als nach der Hinrichtung von zwei Matrosen und der Verhängung langer Freiheitsstrafen gegen Seeleute und Funktionäre der Unabhängigen äußerlich wieder Ruhe einkehrte, machte sich niemand die Mühe, Missstände innerhalb der kaiserlichen Seestreitkräfte unter die Lupe zu nehmen.[28] Dabei herrschte selbst innerhalb des Führungspersonals der Marine alles andere als Eintracht. Ein strenges Kastensystem trennte Befehlsebenen und Zuständigkeiten. Das Elitekorps der Flotte, die Seeoffiziere, verbaten sich jede Fraternisierung mit den unteren Rängen. Marine-Ingenieure und Fach-, also Feuerwerks- und Torpedooffiziere, bekamen ihr Prestigedenken gleichermaßen zu spüren wie die Deckoffiziere, die zwar so hießen, aber etwa als Steuerleute keinen Offiziersrang besaßen.[29] Noch viel schlimmer stand es um das Verhältnis zur Mannschaft, die, schlechter versorgt, vor allem auf den Großkampfschiffen auf engstem Raum mit ihren Vorgesetzten zusammenlebten und bisweilen die empörendsten Auswüchse des Militarismus zu ertragen hatten.[30]

Der aufreibende, vielfach jedoch ebenso öde Dienst wurde indes auch aus einem anderen Grund zum Problem. Oft zur Untätigkeit verurteilt, würden sich die Matrosen mit Not und »Unregelmäßigkeiten« umso intensiver auseinandersetzen können, meinten Politiker wie Gustav Noske, der die »Blaujacken« im Unterschied zu den Landsoldaten für »weniger verbraucht« und »unternehmungslustiger« hielt.[31] »Wer nichts zu tun hat, kommt auf dumme Gedanken«, meinte denn auch das Kieler Handelskammer-Mitglied Dr. Grosse. Es sei kein Geheimnis, dass auf der »Kaiserlichen Werft« möglichst wenig gearbeitet und möglichst viel gefaulenzt beziehungsweise getrödelt werde.[32] Trotzdem, erklärte Grosse weiter, stehe die Bevölkerung nicht bloß Arbeitern und Marinemannschaften reserviert gegenüber. Vielmehr bringe sie seit längerem die »himmelschreiende« Ungerechtigkeit in der Lebensmittelversorgung gegen das Regierungssystem auf.[33] Als »Privilegienritter« empfanden die Bewohner der Ostseestadt vor allem die Offiziere der Flotte. Selbst von betont nationaler Seite blieb die Kritik nicht aus. Hochschulprofessor Birk meinte in der Burschenschafter-Zeitschrift »Derandingia«: »Ich erwähne nur, daß im Offizierskasino […] fast allabendlich fröhliche Feste mit Musik gefeiert wurden, ohne Rücksicht auf die Stimmung im Volke und auf die Notlage in der Stadt«.[34] Birks Darstellung war nicht aus der Luft gegriffen. Am 11. Oktober 1918 rügte niemand Geringerer als Gouverneur Gustav Bachmann das schlechte Benehmen vorwiegend jüngerer Seeoffiziere, die beim Verlassen des Kasinos alkoholisiert gewesen seien und grölend Kommandos gegeben hätten. »Zudem sollen sich«, wie Bachmann bemerkte, »in der Nähe des Kasino-Ausgangs an der Feldstraße häufig zweifelhafte Frauenzimmer abends herumtreiben, was auch nur auf ein entsprechendes Benehmen von Kasinomitgliedern zurückgeführt werden kann«.[35] Die Marinestation erhielt eine Reihe von Anzeigen. Der Verärgerung unter den Stadtbewohnern begegnete Bachmann mit Ermahnungen seines Führungskorps, während sich bei vielen Zivilisten und Marineangehörigen eine grundlegende Abneigung gegen die herrschenden Verhältnisse ausbreitete. Dem Krieg selbst und den damit geschaffenen Machtverhältnissen wurde der Kampf angesagt. »Friede in Sicht«, lautete die Formel, mit der ein Matrose die Stimmung der Zeit traf.[36]

VOR DEM WAFFENSTILLSTAND

Nach dem Friedensvertrag mit dem revolutionären Russland verlagerte das Deutsche Reich Kampfverbände an die Westfront. Bei annähernd gleicher Truppenstärke zwischen den Gegnern gab die Oberste Heeresleitung den Angriffsbefehl. Die große Offensive brachte die feindlichen Stellungen ins Wanken, lief sich dann aber einmal mehr fest. Der »strategische Durchbruch«, ein Zauberwort in den Armeestäben seit 1914, misslang erneut. Erfolgreicher agierten nun jedoch die Westalliierten. Ihr Gegenstoß gewann mit amerikanischer Unterstützung von Woche zu Woche an Stärke.[37]

Unter den Soldaten des Hohenzollernreiches gärte es. Seit dem Spätsommer 1918 verließen Mannschaften die Unterstände. Leichtverwundete marschierten zu Tausenden auf eigene Faust in die Etappe. Viele gingen freiwillig in Kriegsgefangenschaft. Bis zu einer Million Deserteure setzten sich heimlich nach Osten ab. Auf die Armee sei kein Verlass mehr, konstatierte die OHL.[38]

Auf ihren starken Mann, Generalquartiermeister Erich Ludendorff, warteten neue Hiobsbotschaften. Bulgarien hatte am 25. September 1918 um einen Waffenstillstand gebeten. Die Verbindung zur Türkei, einem weiteren Bündnispartner der Mittelmächte, war dadurch unterbrochen, die lebenswichtige Zufuhr von rumänischem Öl zudem gefährdet. Wenig später schlugen die Alliierten in Flandern und in der Champagne tiefe Breschen in die deutschen Verteidigungslinien.[39]

Der militärische Zusammenbruch zeichnete sich ab. Erich Ludendorff ließ durch seine Stabsoffiziere die zivile Führung vom kommenden Debakel informieren. Waffenstillstandsverhandlungen müssten eröffnet werden, gleichzeitig sei im Reich die »Parlamentarisierung« anzustreben, also die Regierungsbeteiligung jener Mitte-Links-Parteien, die zwar die Mehrheit im Reichstag besaßen, von höchsten Staatsfunktionen jedoch bislang ferngehalten worden waren. Das widerwillige Zugeständnis der Generalität erfolgte nicht ohne Hintergedanken. Ludendorff beabsichtigte, den von ihm verabscheuten Volksvertretern das Odium der Niederlage anzuheften.[40]

Die Taktik des Generalquartiermeisters war nicht unbemerkt geblieben. Philipp Scheidemann erkannte den Versuch, die Sozialdemokraten für die Entscheidungen anderer verantwortlich zu machen. Friedrich Ebert aber sprach von »nationalen Interessen«. Er führte seine Fraktion damit in eine Regierung, zu der unter dem Vorsitz des liberalen Reform-Monarchisten Prinz Max von Baden neben sieben Vertretern der Reichstagsmehrheit immer noch elf Beamte der alten konservativen Eliten zählten. Neben Scheidemann gehörte mit Gustav Bauer, der das neu geschaffene Reichsarbeitsamt übernahm, dem neuen Kabinett nur noch ein weiterer SPD-Repräsentant an.[41] Die letztlich doch einigermaßen vorsichtige Machtverschiebung wurde am 26. Oktober 1918 durch eine Verfassungsreform ergänzt. Sie machte die Amtsführung des Reichskanzlers vom Vertrauen der Volksvertreter abhängig und unterstellte die kaiserliche Kommandogewalt dem Parlament.[42]

US-Präsident Woodrow Wilson, an den sich Deutschland in der Nacht vom 3. zum 4. Oktober mit der Bitte »um Herstellung des Friedens« gewandt hatte, hegte dennoch Zweifel. Waren, fragte sich Wilson, die Veränderungen des politischen Systems im Hohenzollernreich nicht auf Anleitung und unter Aufsicht der OHL erfolgt?[43] Washington jedenfalls stand der vermeintlichen Zäsur ebenso distanziert gegenüber wie die Mehrheit der Deutschen. Schließlich hatte sich für sie nicht viel geändert. Noch immer herrschte Belagerungszustand, entschieden die Militärs nach Gutdünken über Zensurmaßnahmen und Versammlungsverbote.[44] Während es neue Verhaftungen von Kriegsgegnern gab, versprach das Kabinett von Prinz Max der OHL eine weitere halbe Million Soldaten. Am 26. Oktober hatte die Habsburgermonarchie um Waffenstillstand und wenige Stunden später sogar um einen Separatfrieden angesucht. Diese Bedrohung der deutschen Südgrenze hatte die neuerliche Einberufung bewirkt und nährte zusätzlich den ohnehin schwelenden Verdacht, dass »auf unabsehbare Zeit weitergekämpft werden müsse«.[45]

Wilsons Antwortnoten auf das deutsche Friedensersuchen bezeichneten indes die »militärischen Beherrscher und monarchischen Autokraten« des Hohenzollernreichs immer unmissverständlicher als Verhandlungshindernis. Von der Abdankung des Kaisers redeten nun die einen, während die anderen von unannehmbaren Forderungen sprachen. Zu Letzteren gehörten vor allem die Kommandospitzen der Streitkräfte, die unter solchen Bedingungen den »Kampf bis zum Äußersten« vorzogen.[46] Ludendorff und Generalstabschef Paul von Hindenburg, die lieber mit wehenden Fahnen untergehen wollten und sich am 24. Oktober mit einem entsprechenden Aufruf an die Armee wandten, übergingen die zivile Reichsleitung. An die Machtfülle der vergangenen Jahre gewöhnt, ließen sie es auf eine Kraftprobe ankommen und stellten Wilhelm II. vor die Entscheidung, entweder die OHL oder den Kanzler zu entlassen. Eine Audienz bei Wilhelm brachte dann den Rücktritt Ludendorffs.[47] Hindenburg aber blieb. Indirekt forderte er wenig später den Kaiser auf, ins Hauptquartier nach Spa zu kommen.[48]

Tatsächlich entzog sich der Monarch den anschwellenden Abdankungsforderungen, als er am 29. Oktober zur OHL aufbrach.[49] Berlin als Machtzentrum wurde dadurch fraglos geschwächt. Das Experiment einer parlamentarischen Monarchie war innerhalb weniger Tage gescheitert.[50] Krone und Militärgewalt entzogen sich im entscheidenden Augenblick der neuen Regierung. Ludendorff floh unterdessen mit falschem Pass und blauer Brille nach Schweden.[51] Seine Durchhalteparolen hallten in den Stäben noch nach, als er am 31. Oktober schrieb: »Eine Festung, die sich ergibt, bevor das Letzte hergegeben ist, steht unter dem Fluch der Unehre. Ein Volk, das Demütigungen hinnimmt und sich Bedingungen aufzwingen läßt, die seine Existenz vernichten, ohne das Letzte eingesetzt zu haben, ist dem Untergang verfallen.«[52] Der selbstmörderische Wertekanon war nicht allein dem entlassenen Generalquartiermeister zu eigen. Der deutschen Oberschicht und nicht zuletzt dem Offizierkorps saß ein Ehrbegriff in den Knochen, der den Tod der Schande vorzog und das Sterben der Mannschaften gleich mitdekretierte.[53]

Die Heeresführung dachte dabei nicht anders als die Marine. Ihr hatte Ludendorff Anfang Oktober eröffnet, dass sie einer eventuellen Forderung Englands um Auslieferung der deutschen Flotte nachkommen und »wohl in der Hauptsache die Zeche bezahlen müsse«.[54] Als sich die am 11. August geschaffene Seekriegsleitung (SKL) unter Admiral Reinhard Scheer mit der Weiterführung des uneingeschränkten U-Boot-Krieges gegen die Einwände der Reichsleitung nicht durchsetzen konnte, reagierte sie auffällig ruhig. Scheer, der mit der SKL eine zentrale Kommandoinstanz gegenüber den anderen, direkt dem Kaiser unterstellten Marinebehörden einrichten wollte, sicherte Prinz Max von Baden seine volle Loyalität zu, erwähnte aber, wie schon zuvor beim Thronvortrag gegenüber dem Kaiser, die wiedergewonnene »operative Freiheit« der Hochseeflotte durch die Aufgabe des U-Boot-Krieges.[55] Die Ausführungen des SKL-Chefs entsprachen den Ansichten des Stabschefs des Hochseekommandos, Konteradmiral Adolf von Trotha. Am 6. Oktober verfasste dieser seine »Überlegungen in ernster Stunde«, in denen es unter anderem hieß: Der Einsatz der Hochseestreitkräfte »kommt nur in Frage«, wenn »der U-Boot-Krieg völlig aufgegeben wird« und »unsere Flotte sonst einem schmachvollen Ende entgegengeht«. Aus »einem ehrenvollen Kampf, auch wenn er ein Todeskampf wird in diesem Kriege, wird – wenn unser Volk nicht überhaupt national versagt – eine neue deutsche Zukunfts-Flotte hervorwachsen«.[56]

Trotha, Scheer und dessen Stabschef, Kapitän Magnus von Levetzow, ging es allein um Ehrbegriffe und Zukunftsperspektiven ihrer Waffengattung. Dieser starke Ressortegoismus gipfelte im Glauben, dass die Marine keinen Waffenstillstand benötige, als ob es Siege oder Niederlagen für einzelne Teilstreitkräfte gäbe.[57] Trothas Ausführungen fanden am 7. Oktober die Billigung des Flottenchefs, Admiral Franz Ritter von Hipper.[58] Tags darauf wurden sie der Seekriegsleitung übersandt. Inzwischen bereitete Trotha die Schlacht gegen die Kriegsmarine des britischen Empires vor. »Ein Plan, der sich gegen den englischen Kanal richtete, erhielt den Vorzug und meine Zustimmung«, vermerkte Admiral Scheer 1919.[59] Das Vorhaben wurde später als bloße Hilfsaktion für die bedrängte Landfront hingestellt. Das Heer aber hatte keine Hilfe angefordert, einfach weil sie, strategisch gesehen, ganz sinnlos gewesen wäre.[60] Nicht wenige Offiziere wollten dem Flottenvorstoß trotz allem aus militärischer Sicht etwas abgewinnen. Eines aber war klar: Die Marine suchte ein entscheidendes Kräftemessen, das freilich selbst im unwahrscheinlichen Fall eines Sieges das Kriegsglück nicht mehr wenden konnte.[61]

MEUTEREI

Die Seeoffiziere sorgten sich um ihr Ansehen, speziell in der Zeit nach dem Waffenstillstand. Ihre Bereitschaft zu einem letzten Gefecht schlug der auf Verhandlungen mit den Alliierten ausgerichteten Regierungspolitik direkt ins Gesicht.[62] Unter strengster Geheimhaltung waren die Admiräle zur »Insubordination« größten Stils bereit. Am 16. Oktober 1918 legte Konteradmiral von Trotha seinen Operationsplan der Seekriegsleitung vor.[63] Nachdem Scheer die Einstellung des uneingeschränkten U-Boot-Krieges nicht hatte verhindern können, fuhr sein Stabschef von Levetzow zum Flottenkommando, um den Angriffsbefehl der SKL zu übermitteln.[64] Franz von Hipper ließ daraufhin eine gewaltige Streitmacht von drei Geschwadern mit rund 60000 Mann Besatzung zusammenrufen. Am 29. Oktober gab er der vor Wilhelmshaven stationierten Armada den »Seeklar«-Befehl.[65]

Die Offiziere aber hatten ihre Rechnung ohne die Mannschaften gemacht. Gewohnt an die militärische Gehorsamspflicht, ließen sie den Unmut der Matrosen außer acht, obwohl es auch nach der Meuterei im Jahr 1917 genug Anzeichen für die Unzufriedenheit an Bord gab. Eine »besonders glaubwürdige Stelle« brachte etwa am 30. Oktober 1918 dem Reichsmarineamt Näheres über Gespräche mit einem Marinesoldaten zur Kenntnis. Dieser erklärte, stand in der Aktennotiz zu lesen, dass die Flotte »nicht mehr mitmache« und in den nächsten Tagen einen »Gewaltstreich« gegen Wilhelmshaven plane. »Es wird«, hieß es abschließend, »einen schönen Schutthaufen geben«.[66] Ähnlich unverblümt äußerte sich ein Matrose schon Ende September. Einem Bekannten gegenüber sagte er, dass die Mannschaften der »Kaiserlichen Marine von Kiel, Wilhelmshaven und Friedrichsort am 12. oder 18. Oktober 1918 sämtlich die Schiffe verlassen wollen, wenn bis dahin nicht ›Schluss‹ sei«.[67]

Friedenssehnsucht und Widerspenstigkeit der Untergebenen veranlassten die Flottenleitung zu einer List. Sie beschloss, Übungen vorzutäuschen, um etwaigen Protesten der Seeleute beim Auslaufen der Schiffe vorzubeugen.[68] Ein Matrose berichtete darüber seinem Vater am 2. November: »Jetzt wollten sie es so hinstellen, als sei nur ein harmloses Manöver beabsichtigt gewesen. Daß dies aber nicht der Fall war, will ich Dir im einzelnen beweisen: Zunächst! Auf dem Panzerkreuzer Derflinger haben die Offiziere ihre ganzen Privatsachen ans Land gebracht, ferner hat ein Offizier einen Abschiedsbrief an seine Eltern geschrieben, in dem u. a. stand: ›Diese Schmach wollen wir nicht mitmachen, wir sterben lieber den Heldentod‹. [...] Der Panzerkreuzer Moltke hatte in der Nacht, in der es um 3 Uhr abgehen sollte, seinen hinteren Schornstein rot angemalt. Das ist das sicherste Zeichen, daß wir kein Manöver vorhatten. Als aber die Besatzung, besonders die Heizer, es gemerkt hatten, wurde auf den Befehl zum Auslaufen der Gehorsam verweigert.«[69]

Versuche des Flottenchefs, die Aktion zu verschieben, missglückten. In der Nacht zum 31. Oktober demolierten »unbotmäßige Seemänner« auf der »Thüringen« die Ankerwinden. Die Kollegen auf der »Helgoland« taten es ihnen gleich. Franz von Hipper beorderte die Torpedoboote »B 97« und »B 112« an Ort und Stelle: Rohre und Geschütze wurden auf die renitenten Schlachtschiffe gerichtet. In letzter Sekunde schwenkte jemand aus einem Bullauge der »Thüringen« die Rot-Kreuz-Flagge.[70] Die Matrosen ergaben sich. Widerstandslos ließen sie sich abführen. Sie hatten sich gegen die Fortsetzung der Kämpfe aufgelehnt. Totschießen, so ein Matrose, wollten sie sich nicht mehr lassen, weder vom Feind noch von den eigenen Leuten. Obwohl dem Offizierskorps die Stimmung ihrer Männer nicht unbekannt gewesen sein kann, waren sie vom Ausmaß der Befehlsverweigerungen überrascht.[71] Die Flottenleitung beschloss, die einzelnen Verbände auseinander zu ziehen, um einer Ausweitung der Unruhen in Wilhelmshaven vorzubeugen. Der Kommandant des III. Geschwaders, Vizeadmiral Hugo Kraft, stellte indessen Vermutungen über die Ursachen der Meutereien an. Er erblickte in der langen Abwesenheit von Kiel den »Hauptgrund der Mißstimmung«. Mit Genehmigung Hippers nahm sein Verband daher noch am 31. Oktober Kurs auf den Kaiser-Wilhelms-Kanal, die Verbindung zwischen Nord- und Ostsee.[72]

Unterwegs nach Kiel ließ Kraft 47 Besatzungsmitglieder als »Haupträdelsführer« von Widersetzlichkeiten auf einem seiner Schiffe, der »Markgraf«, festnehmen.[73] Eine solche Vorgangsweise konnte jedoch die Kluft zwischen Offizieren und Mannschaft nur noch vertiefen. Die Geschwaderleitung hingegen machte die Führungsschwäche der Schiffskommanden für die »Unregelmäßigkeiten« verantwortlich: Auf der »Markgraf«, hieß es, habe der Tagesdiensthabende nicht energisch einzuschreiten gewagt, der Erste Offizier es lediglich mit gütlichem Zureden versucht und der Kapitän keine weiteren Maßnahmen getroffen.[74]

Dass es auch auf den anderen Schiffen des III. Geschwaders nicht an Beispielen für den schwindenden Einfluss der militärischen Vorgesetzten fehlte, wurde offensichtlich. Beginnend mit dem 22. Oktober hatte man 6 Matrosen und 66 Heizer der »König« verhaftet. Die Vorgehensweise löste Proteste von Teilen der Besatzung aus. Auf der »Bayern« stand im Mannschaftsklosett mit Kreide geschrieben: »Hoch lebe die Revolution!«, und im Heizerdeck der »Großen Kurfürst« waren Zettel angeheftet worden, auf denen stand: »Ihr Heizer schmeisst die Arbeit! Wir wollen doch Frieden oder nicht! Oder sollen wir unseren Kameraden an der Westfront entgegenarbeiten. Nieder mit dem Krieg!« Als sich die Mannschaft auf der »Kronprinz Wilhelm« versammelte und nur durch »divisionsweises Antreten« beruhigt werden konnte, forderte sie Aufklärung über Gerüchte von Kameraden, denen zufolge die Opferung der Flotte beabsichtigt sei. Mit einer ähnlichen Situation sah sich nun auch der Kommandant der »Markgraf« konfrontiert, während zur gleichen Zeit, am 31. Oktober, der Geschwaderchef, Vizeadmiral Kraft, notierte: »Mannschaft glaubt, sie werde von Flottenleitung und Offizieren geopfert. Andere Lesart: Die Flotte plane einen Staatsstreich gegen die Regierung.«[75]

AUFSTAND

In Kiel war man über die Vorgänge bei den Hochseestreitkräften nur ungenau informiert. Vizeadmiral Wilhelm Souchon, seit wenigen Tagen als Nachfolger Bachmanns Gouverneur des Reichskriegshafens, fühlte sich von ersten Mitteilungen des III. Geschwaders regelrecht überrumpelt.[76] Eine Unterredung zwischen Souchon, dessen Stabschef, Konteradmiral Hans Küsel, und Geschwaderchef Kraft am Freitag, dem 1. November 1918, verlief einigermaßen frostig. Krafts Schiffe, erinnerte sich Souchon, hatten ohne Wissen des Stationskommandos bereits »beim Passieren der Holtenauer Schleuse einen Teil ihrer Beurlaubten an Land geschickt, wie das unter normalen Verhältnissen üblich gewesen war«.[77]

Von Normalität konnte aber keine Rede sein. Kraft schilderte die Meutereien, und das Gouvernement machte auf die »hohe Gefahr« aufmerksam, die mit der Anwesenheit »unsicherer Elemente« in der durch Truppen und Rüstungsarbeiter überfüllten Hafenstadt verbunden war. Krafts Argument, ein neuerliches Auslaufen seines Verbandes provoziere mit Sicherheit weitere Unruhen, akzeptierten schließlich Souchon und Küsel. Nach der Devise »Zuckerbrot und Peitsche« wurde der Mannschaft einerseits großzügig Landurlaub erteilt, während man andererseits verhaftete Meuterer in die Arrestanstalten überführte. Die drohende »Ansteckungsgefahr für die Landmarine«, nicht zuletzt vor dem Hintergrund möglicher Streikaktionen der Rüstungsarbeiter und politischer Unruhen im Zusammenhang mit dem Jahrestag der russischen Oktoberrevolution, veranlasste die Sicherheitskräfte außerdem, die Besatzungen des III. Geschwaders auch in der Stadt verstärkt zu überwachen.[78]

Die erhoffte Entspannung trat jedoch keineswegs ein. Polizisten waren noch ganz auf die Observierung der USPD-Mitglieder fixiert, als sie im Kieler Gewerkschaftshaus eine größere Zahl von Marineangehörigen antrafen. Was die Exekutivorgane zu hören bekamen, klang aus ihrer Warte alles andere als beruhigend. Etwa 250 Männer des III. Geschwaders besprachen die Fortsetzung der Gehorsamsverweigerung auf den Schiffen. Weiters verlangten sie die Freilassung ihrer inhaftierten Kameraden. »Sollten die Offiziere einschreiten wollen«, so der Lagebericht des Kriminalkommissariats, müsste man »sie mit Gewalt« beseitigen.[79] Der Versammlung, die mit Hochrufen auf die Bolschewiki endete, folgten weitere Kundgebungen. Diese fanden nun aber im Freien statt, nachdem das Stationskommando das Gewerkschaftshaus für die Schiffsmannschaften hatte schließen lassen. Die Protestbewegung wuchs von Stunde zu Stunde. Am 2. November kamen bereits doppelt so viele Menschen zusammen. Durch die Straßen der Hafenstadt konnten sie fast unbehelligt ziehen, nachdem auch Landmarineteile wenig Neigung verspürten, gegen die Matrosen vorzugehen.[80] Letztere, beobachtete ein Vertrauensmann von Vizeadmiral Kraft, hatte »eine Kompagnie des Seebataillons gestellt«. Aus deren Reihen jedoch seien plötzlich Rufe zu hören gewesen: »›Lauft davon, wir sollen euch fangen!‹ Die Mehrzahl der Leute«, heißt es im Bericht weiter, »entkommt ohne angehalten zu sein; etwa 70 Mann werden von der Kompagnie in die Mitte genommen, aber auch diese entweichen ausnahmslos«.[81]

Die meisten, die sich dem Zugriff der Sicherheitskräfte entziehen konnten, hatten im Übrigen kurz zuvor auf dem großen Exerzierplatz an einer von rund 500–600 Personen besuchten Versammlung teilgenommen. Die Anwesenden, bezeichnenderweise nicht mehr nur Angehörige des III. Geschwaders, sondern auch Werftarbeiter, Leute der Stammkompanien, von U- und Torpedobooten, von der Matrosen-Divison (M-D) sowie von der Werft-Division (W-D), wurden über die Verhaftungen an Bord durch mehrere Redner informiert.[82] Einer von ihnen, der den lokalen Behörden bereits bekannte Mitarbeiter der Torpedowerkstatt in Friedrichsort, Karl Artelt, brachte bei dieser Gelegenheit überdies explizit politische Ansichten vor.[83] Neben der »Verweigerung des Dienstes«, wie der als Matrose verkleidete Kriminalschutzmann Hager hörte, verlangte Artelt den »sofortigen Frieden«, die »Niederkämpfung des Militarismus« und die »Beseitigung der herrschenden Klassen«. Zuletzt beschloss die Kundgebung eine weitere, noch größere Versammlung am Exerzierplatz für den kommenden Tag. Hager blieb noch eine Weile, nachdem der auffallendste »Agitator« sein besonderes Interesse geweckt hatte. Dabei beobachtete er das Zusammentreffen des Redners mit Vertrauensmännern der Unabhängigen Sozialdemokraten. Der Matrose, notierte der Schutzmann in seinem Bericht, stellte sein »Erscheinen im Büro der Partei noch für denselben Abend zwecks weiterer Verabredungen bestimmt in Aussicht«.[84] Artelt, den Hager in dem Schreiben gemeint hatte, bestätigte dessen Aussagen später und fügte in seinen Erinnerungen hinzu: »In der darauffolgenden Nacht wurden von uns im Parteibüro der USPD Handzettel hergestellt, die die Bevölkerung« zur Kundgebung am folgenden Tag einluden. »Die Vertrauensmänner hatten die Aufgabe, die Schiffsbesatzungen und die Belegschaften der Marinekasernen aufzufordern, schon am Morgen des 3. November gleich nach dem Wecken« ihre Unterkünfte zu verlassen.[85]

»Das alles haben wir den Unabhängigen zu verdanken«, notierte denn auch der Vizeadmiral Kraft. Dass es der parteipolitischen Aktivitäten »von außen« gar nicht mehr bedurfte und die Matrosenmeuterei im Begriff war, sich in eine Massenbewegung zu verwandeln, wollten die Verantwortlichen nicht so recht wahrhaben. Konteradmiral Hans Küsel als Stabschef der Marinestation und Kapitän Wilhelm Heine als Kieler Stadtkommandant bekamen zwar Informationen der Polizeibeamten, die drohende Gefahr allerdings unterschätzten sie. Bei einer Sitzung in Küsels Wohnung am 2. 11. um 23 Uhr wurde keine generelle Urlaubssperre ausgesprochen; über die zu treffenden Maßnahmen sei »alsdann die Entscheidung des Gouverneurs« einzuholen. Wilhelm Souchon war bei dem Treffen also nicht anwesend. Erst seit drei Tagen im Amt und immer noch in einem Hotel untergebracht, musste er sich weitgehend auf seinen Stabschef verlassen.[86]

Die Beratungen der Kieler Marineführung wurden dann am nächsten Morgen, am Sonntag, dem 3. November 1918, fortgesetzt. Fregattenkapitän Hugo von Waldeyer-Hartz dazu: »In der Früh wurde ich zu einer Sitzung beim Gouverneur befohlen«, welcher »nicht nur wegen der Kürze der Zeit, die er den neuen Posten bekleidete, unsicher war«. Vielmehr, so Waldeyer-Hartz, schien er»mir auch persönlich den kommenden Ereignissen gegenüber keine feste Stellung gewonnen zu haben«.[87] Einen ähnlichen Eindruck machte auf manche Inspekteure und Kommandanten Stabschef Küsel, weil er von Gewaltanwendung nichts wissen wollte. Der Befehl, an die Mannschaften weder Waffen noch Munition auszuteilen, rief zusätzlich Unsicherheit hervor. Zwischen Milde und Strenge pendelnd, glaubten letztlich die meisten Offiziere immer noch, sich auf ihre Verbände verlassen zu können.[88] Einige blieben wider besseren Wissens bei dieser Fehleinschätzung. Der Befehl des Stadtkommandanten Heine etwa, weitere Matrosen und Heizer von der »Markgraf« zu verhaften, musste gegen neuerliche Widerstände der Marineangehörigen durchgesetzt werden. Bei den Besprechungen im Stationsgebäude verlor Heine darüber kein Wort. Nur im Kriegstagebuch seiner Dienststelle vermerkte man die eigene Ohnmacht. »Besondere Maßnahmen«, hieß es hier, sind »gegen die Renitenten nicht veranlaßt«.[89] Beschlossen wurde schließlich ein »Stadtalarm mit Trommel und Horn« für 16 Uhr, um die Mannschaften von der Teilnahme an der geplanten Versammlung abzuhalten.[90]

Gerade dadurch erfuhren nun allerdings viele Matrosen von der bevorstehenden Demonstration. Karl Artelt erinnert sich: »Hornisten und Alarmpatrouillen durchzogen die Straßen Kiels und forderten alle Marineangehörigen auf, zu ihren Truppenteilen zurückzukehren. Wir nutzten das für unsere Zwecke aus, indem wir kurz nach den Hornisten ebenfalls durch die Straßen zogen und die Soldaten aufforderten, sich an der Volkskundgebung zu beteiligen. Viele Soldaten und Einwohner strömten zur Kundgebung. Der Exerzierplatz auf der Waldwiese war voller Menschen.«[91] Etwa 5000 bis 6000 Menschen, darunter, so das Polizeiprotokoll, sehr viele männliche und weibliche Zivilpersonen, hatten sich zusammengefunden, um vornehmlich die Herausgabe der festgenommenen Matrosen zu verlangen.[92]

Bei Forderungen dieser Art blieb es jedoch nicht. »Schlagt sie tot, schlagt sie mit dem Kolben auf den Schädel«, hörten anwesende Polizisten einige Demonstranten gegen die Offiziere wettern.[93] Die Menge entschied, selbst die Initiative zu übernehmen. In einer nahe gelegenen Kaserne holten sie sich Waffen, ohne von Dienst habenden Sicherheitstrupps daran gehindert werden zu können.[94] Dann ging es zur Arrestanstalt in der Feldstraße. Die Gefangenen sollten befreit werden. Am Bahnhof forderte ein Handgemenge ein Todesopfer. Eine Frau wurde unter die Straßenbahn gedrückt.[95] Die meisten merkten davon nichts und zogen weiter. Nur einige wenige bekamen es mit der Angst zu tun. »Dicke Luft, nun haut ab!«, riefen sie den Umstehenden zu.[96] Professor Birk, Zeuge der Geschehnisse, gehörte zu jenen, die das Weite suchten: »An der Hospitalstraße schlüpfte ich durch die Reihen hindurch, zum Glück, denn schon an der nächsten Straßenecke kam es zum Konflikt.«[97]

Im Polizeibericht des folgenden Tages hieß es weiter: »Beim ›Kaiser Café‹, Ecke Karlstrasse, versuchten die Demonstranten die dort befindliche Absperrung mit Gewalt zu durchbrechen.« Das wurde vom

»Absperrungskommando« durch Schüsse verhindert.[98] Die Führung des aus Rekruten bestehenden Kommandos lag in den Händen des Reserveleutnants Steinhäuser. Er war mit den übrigen loyalen Truppen vom alarmierten Gouvernement beauftragt worden, rücksichtslos von der Waffe Gebrauch zu machen.[99] Steinhäusers Aussagen wurden am 20. Januar 1919 wie folgt protokolliert: »Der Zug versuchte dann in die Karlstrasse einzudringen und durchbrach eine vorgelagerte Schutzmannskette.« Steinhäuser erklärte, dass er den Befehl habe, mit der Waffe vorzugehen. »Aufreizende Reden übelster Art« hätten ihn dann zur Eröffnung des Feuers gezwungen, worauf man ihm »von hinten einen Schlag mit einem Stock oder einem anderen harten Gegenstand« versetzte und ihn »zur Seite nach einem Hauseingang« riss. Die Demonstranten wichen daraufhin zurück, die erste Salve aber war, wie Steinhäuser feststellte, »ohne Befehl in die Luft abgegeben worden«.[100] Erst beim zweiten Mal, nachdem die Menschen erneut zum »Vorgehen gereizt« worden waren, richteten die Soldaten ihre Gewehre »in die Menge«. Über die Folgen des zweiten Schießbefehls heißt es im Protokoll aus dem Jahr 1919: »Ltn. St. erhielt erneut einen Schlag«, wurde »von hinten gefasst, zu Boden gerissen, mit Stöcken und Fußtritten mißhandelt. Er richtete sich trotzdem wieder auf und stand dann einem Matrosen gegenüber, der aus einer Pistole zweimal auf ihn schoß«.[101]

Karl Weiss, Leutnant der Torpedoboot-Flottille »Flandern« war in diesem Augenblick am Schauplatz des Geschehens. Er sah Steinhäuser bewusstlos am Boden liegen. Beim Versuch, dem Verletzten »beizuspringen«, geriet er in den Tumult. »Von allen Seiten hieb man auf uns ein«, schrieb Weiss am 28. November 1918: »Durch einen ›Pistolenschuss‹ war ich dann zusammengebrochen, konnte mich nicht mehr rühren, blieb jedoch bei voller Besinnung. Man riß mir den Dolch von der Seite, den Mantel vollkommen auf und in Stücke und die Kriegsauszeichnungen [...] von der Brust. Man schleifte mich zirka drei bis vier Meter über die Straße zurück und hieb auf mich ein, trotzdem ich in vollkommen wehrlosem Zustand war«. Eine Frau aus der Menge holte dann »zwei Matrosen, welche mich unter faßten und mich in das Kaiser-Café trugen«.[102] Die davongetragenen Wunden zählte der Torpedoboot-Offizier zum Abschluss seines Berichtes wie Orden für die geleistete Kameradenhilfe auf. Leutnant Steinhäuser, der mit Weiss und einem ebenfalls verletzten Polizeiwachtmeister ins Kieler Festungslazarett transportiert wurde, hob wiederum im Protokoll vom 20.1.1919 seinen Mut und seinen Gehorsam gegenüber den kaiserlichen Admirälen hervor. Dass die Verteidigung der alten Ordnung sieben Tote und 29 Verletzte forderte, stand auf einem anderen Blatt. Steinhäusers Feuerbefehl hatte kurzfristig eine regelrechte Straßenschlacht ausgelöst. Die Demonstranten hatten das Feuer erwidert. Der Obduktionsbericht eines Opfers lieferte den Beweis. Man fand ein Projektil mit dem Kaliber 7,65 mm. Da der Rekrutenzug Steinhäusers jedoch mit 9 mm-Geschossen ausgerüstet war, dürfte es sich um eine Gewehrkugel aus dem Demonstrationszug gehandelt haben.[103]

Noch während die Schüsse durch die Karlstraße peitschten, flüchtete die Menge, ebenso wie die Soldaten Steinhäusers, in alle Richtungen. Die vom Stadtkommandanten Heine herbeigerufene Feuerwehr und eine vom Bahnhof anrückende Kompanie trieben die Demonstranten endgültig auseinander. Die Offiziere des Stationskommandos glaubten bei einer Sitzung gegen Mitternacht, die »Bewegung« kontrollieren zu können. »Hoffe zuversichtlich, Herr der Lage zu bleiben«, telegraphierte Gouverneur Souchon an das Reichsmarineamt. Dennoch ließ er Berlin wissen: »Die Vorgänge zeigen Notwendigkeit der Entlastung Kiels.« Schon Stunden zuvor hatte sich Souchon um die Präsenz »sozialdemokratischer Abgeordneter« bemüht, um die »Revolte« zu vermeiden.[104] Innerhalb weniger Stunden war es zu den befürchteten Gewaltaktionen gekommen. Der ehemalige Deckoffizier Emil Alboldt, ein Anhänger der Sozialdemokraten, urteilte zehn Jahre später: Die Salve in der Karlstraße »löste in ihren Folgen die Revolution aus. Aber auch jetzt noch nicht etwa schlagartig, nichts irgendwie Revolutionäres erfolgte weiter an diesem Abend und in der daraufgehenden Nacht. Ruhe auch noch am andern – Montag, 4.11. – Vormittag«.[105] Die liberale »Kieler Zeitung« scheint Alboldts Darstellung zu bestätigen. »Um 8 Uhr«, informierte sie ihre Leser, »herrschte wieder Ordnung in den Straßen […]. Durch das Eingreifen des befehlenden Offiziers […], der leider schwer verwundet wurde, ist weitaus größeres Unheil verhütet worden, als unweigerlich eingetreten wäre, wenn die Demonstranten versucht hätten, die von einem starken Truppenaufgebot besetzte Arrest-Anstalt« zu nehmen.[106]

REVOLUTION

Journalisten des Lokalblattes irrten ebenso wie die Kommandanten der Marinestation. Die Menge hatte sich wohl zerstreut. Die Toten und Verletzten des 3. November aber änderten alles. »Wir trugen«, erzählt Karl Artelt mit revolutionärem Pathos, »unsere toten und verwundeten Brüder und Schwestern in das Kaiser-Café, wo wir die Verwundeten auf die Sofas und die Toten auf den Fußboden legten. Dann reichten wir uns alle die Hände und gelobten, mit unerbittlicher Härte gegen die Schuldigen an diesen Opfern und am räuberischen Kriege vorzugehen und nicht eher zu ruhen, bis ihnen für immer ihr schmutziges Handwerk gelegt ist. Die Stunde der Entscheidungsschlacht war herangerückt. Der Funken hatte das Pulverfaß zur Entzündung gebracht.«[107]

Anders als Artelt meint, gab es in der Karlstraße keine Frauen und Kinder unter den Toten und Verletzten. Ungeachtet dessen hatte sich die Verbitterung über das herrschende Regime ins Unermessliche gesteigert. In der Nacht zum 4. November soll es nach Aussagen sowohl von west- als auch von ostdeutschen Historikern auf den Schiffen und in den Kasernen zur Bildung von Soldatenräten gekommen sein.[108] Kronzeuge hierfür ist einmal mehr Karl Artelt, der über derartige nächtliche Aktivitäten der Mannschaften berichtete.[109] Dass vor allem im Hafen nicht viel geschlafen wurde, vermerkt das Kriegstagebuch der Stadtkommandantur um zwei Uhr nachts. »Auf allen Schiffen und Booten der Werft«, heißt es in einem Eintrag, »demonstrieren einige Lärmmacher und veranlassen durch den Ruf: ›rise, rise, das III. Geschwader beschießt sogleich die Werft‹ die Mehrzahl der Besatzungen, teilweise aus wirklicher Furcht, die Schiffe unerlaubt zu verlassen. Die Werftwache versagt, das Haupttor ist offen. Etwa 50 Prozent der Ausreißer kehren sofort zurück, die übrigen erst im Laufe der Morgenstunden.«[110]

Zu diesem Zeitpunkt befanden sich Angehörige der »Großen Kurfürst« an der Schwimmanstaltbrücke. Dort begrüßten sie eine von der »Markgraf« kommende Barkasse mit den Worten: »Willkommen, Kameraden Bolschewiki!« Das Vorbild der russischen Revolution, von der man freilich so gut wie gar keine Details kannte, zeigte Wirkung. Ein zielgerichtetes Vorgehen erwuchs daraus allerdings nicht. Die Männer von der »Großen Kurfürst« zogen zu jener Stelle, an der es am Vorabend zu den dramatischen Zusammenstößen zwischen den Demonstranten und der Patrouille Steinhäusers gekommen war. Nach der Schilderung des USPD-Repräsentanten Lothar Popp gedachten sie der Opfer und schworen Rache, traten dann aber nicht mehr in Erscheinung. Zu Einzelaktionen raffte sich auch eine Gruppe von 75 Matrosen auf. In den Kasernen beschafften sie sich Waffen. Dabei gelang es ihnen mit unterschiedlichem Erfolg, Kameraden verschiedener Einheiten zum Mitmachen zu bewegen. Trafen die Demonstranten allerdings auf Sicherungskräfte, ließen sie sich teilweise entwaffnen oder warfen von sich aus ihre Gewehre weg und begaben sich zurück in ihre Unterkünfte.[111]

Die unklare Lage am Vormittag des 4. November konnte dennoch nicht über die Tatsache hinwegtäuschen, dass die Unzufriedenheit nicht allein bei der Hochseeflotte offen zu Tage trat, »sondern auch die Landmarineteile erfasst hatte«. Wie hoffnungslos mittlerweile die Position der Marinestation geworden war, zeigte sich dann zu Mittag.[112] Um 12.30 Uhr traf eine Meldung von der 1. Torpedo-Division (T-D) ein. Darin wurde angekündigt, dass sich die Einheit der Bewegung anschließen werde. Im Ortsteil Kiel-Wik ging eine Abteilung nach der anderen zu den Aufständischen über. Der »T-D« folgten die Männer der U-Boot- und Werft-Division.[113] Zugleich übertrug sich die Empörung der Matrosen auf die Beschäftigten in der Germaniawerft und der Torpedowerkstatt. Letztere hatten bereits am Vormittag die Arbeit niedergelegt, warteten aber auf die Resultate einer Beratung ihrer Vertrauensleute im Gewerkschaftshaus.[114] Zum Handeln fühlten sich demgegenüber die Mannschaften »in der Wik« verpflichtet, erst recht, als bewaffnete W-D-Kompanien exerzierten und die Schulflottille um 15.45 Uhr auslaufen sollte, um sich dem »Aufruhr« zu entziehen.[115] Die Demonstranten schossen den auslaufenden Schiffen nach, von denen zwei in der Folge wieder die Mole ansteuern mussten. Unterdessen erklärte die Wache vom nahe gelegenen Arrestgebäude, bei Eintreffen der »Meuterer« keinesfalls Gewalt anwenden zu wollen. Die in dieser Wacheinheit zusammengefassten Deckoffiziere und Ingenieursanwärter verhielten sich neutral. Gemeinsam mit ihren Kollegen in den übrigen Stadtteilen unterstützten sie somit indirekt die Mannschaften.[116] Nachdem auch die Unteroffiziere keine Bereitschaft zeigten, dem bedrängten Stationskommando zur Hilfe zu eilen, die Regierung lediglich ein Flugblatt gegen die Gerüchte über eine letzte Schlacht der Seestreitkräfte im Talon hielt und eine Abteilung des Heeres vom Stellvertretenden Generalkommando Altona unter Verbrüderungsszenen entwaffnet worden war, befand sich Kiel gegen Abend des 4. November völlig in der Hand der Aufständischen.[117]

Dem Gouverneur war indes bereits nachmittags um 14 Uhr klar geworden, dass die »gut bewaffnete Menge nur mit starkem Blutvergießen niedergekämpft« werden konnte. Vizeadmiral Souchon lenkte unter diesen Bedingungen ein und erklärte sich zu Verhandlungen bereit.[118] Zwei Delegationen fuhren daraufhin zum Stationsgebäude, eine »aus der Wik«, geführt von Karl Artelt, und eine zweite vom Gewerkschaftshaus, bestehend aus drei Matrosen und jeweils zwei Angehörigen beider sozialdemokratischer Parteien.[119] Souchons Entgegenkommen glich einer Kapitulation. Dass ihn die Marinemannschaft nicht für abgesetzt erklärte, spricht für die Spontaneität der Massenbewegung.[120] Sie formulierte lediglich Nahziele: »Die Freilassung der Gemaßregelten des 3. Geschwaders, gerichtliche Untersuchung der blutigen Auseinandersetzungen am Vortag, Bestrafung der Schuldigen, Unterlassung des angeblich geplanten Vorstoßes der Flotte«.[121] Souchon aber wollte mit den Besprechungen vor allem Zeit gewinnen. Er wartete bis zum Eintreffen der von ihm herbeigebetenen Reichstagsabgeordneten. Inzwischen nahm er dem »Aufruhr« die Spitze, indem er einen Teil der Festgenommenen aus der Haft entließ. Die Marinestation war zur Untätigkeit verurteilt. Im Triumphzug zogen Matrosen zur Arrestanstalt in der Feldstraße.[122]

Hunderte ihrer Kameraden befanden sich zugleich am Hauptbahnhof, wo gegen 19.30 Uhr die speziell von Souchon und seinem Stab sehnlichst erwartete Berliner Regierungsdelegation eintraf.[123] Gustav Noske und Conrad Haußmann waren mit ihren Betrachtungen über die Situation in Kiel bis zu diesem Zeitpunkt nicht weit gekommen. Ihr Begleiter, der SP-Mann Heinrich Kürbis, hatte eine Fahrkarte 3. Klasse, saß mit den »hohen Herren« aus der Hauptstadt aber im Abteil 1. Klasse. Im Zug war die alte Hierarchie noch unberührt. Der Schaffner hielt Ordnung und duldete die Unkorrektheit keinen Moment. Am Zielort angelangt, wollte er den Sünder bestraft sehen. Auch Noske war in die »Causa« verwickelt. Noch mit der Fahrkarte von Kürbis befasst, verließ er den Waggon, als die Angelegenheit augenblicklich jede Bedeutung verlor.[124] »Jemand rief meinen Namen«, erinnerte sich der sozialdemokratische Abgesandte 1920: »Da erdröhnte die Halle von brausendem Hurra und hundert Hände streckten sich mir entgegen. […] Ohne Überlegung, was ich von ihrem Verhalten denken könnte, nahmen sie mich als ihren Wortführer in Beschlag.«[125] Von der Menge wurde Noske dann auf den überfüllten Platz vor dem Bahnhof geführt und zu einem Auto geleitet. Unter den fünf oder sechs Insassen befand sich auch Karl Artelt, der Bericht erstattete: »Im Laufe des Tages hätten sich Tausende von Marinemannschaften bewaffnet, die Offiziere seien absolut machtlos. Ein Zurück gebe es nicht mehr.«[126]

Für den Wehrexperten der SPD aber waren »unbotmäßige« Soldaten alles andere als ein erfreulicher Anblick. Im Laufe des Abends und der Nacht erkannte er jedoch mit sicherem Instinkt die Machtverhältnisse. Militärische Gegenaktionen schienen aussichtslos. Schon Gouverneur Souchon lehnte nach seinen Verhandlungen mit den Matrosen weitere Truppenkontingente, die der preußische Kriegsminister Heinrich Scheüch zu schicken bereit war, ab. Scheüch und die Marineführung wollten von Nachgeben allerdings nichts wissen.[127] Obwohl der bereits am 5. November nach Berlin zurückgekehrte Regierungsbeauftragte Conrad Haußmann sich für die Amnestieforderungen der Matrosen einsetzte, von Gewaltmaßnahmen abriet und darin von Noske telefonisch unterstützt wurde, befahl die Seekriegsleitung die Absperrung Kiels und die Bekämpfung von Schiffen mit der roten Flagge.[128] Trotz eines gegenteiligen Kabinettsbeschlusses stellte sich das Reichsmarineamt hinter die Order der SKL.

Einmal mehr zeigten die Seeoffiziere keinerlei Interesse, das Einvernehmen mit der Regierung zu suchen. Admiral Scheer holte sich schließlich noch das Plazet des Kaisers für den Einsatz einer Brigade gegen den aufständischen Ostseehafen, obgleich seit der Oktoberverfassung die Mitzeichnung des Reichskanzlers bei derartigen Befehlen notwendig war. Dass ein Blutbad schließlich doch vermieden werden konnte, lag hauptsächlich an der Unmöglichkeit, die erforderlichen Einheiten aufzutreiben.[129]

Statt die »Bewegung« zu unterdrücken, galt es, wie Gustav Noske nun erkannte, sie zu führen und zu lenken. Das Vertrauen, das Arbeiter und Matrosen der Sozialdemokratie entgegenbrachten, half ihm dabei ebenso wie die Unkoordiniertheit und Nachgiebigkeit der Aufständischen. Bei einer längeren Sitzung im Kieler Stationsgebäude beispielsweise stellte Lothar Popp von der USPD zwar weitreichende Forderungen, wie die »Beseitigung der Krone«, die »freie Volksrepublik« und ein »gerechtes Wahlrecht«, das auch für die Frauen gelten sollte.[130] Conrad Haußmann als Regierungsvertreter fühlte sich für derartige Zugeständnisse jedoch nicht kompetent genug. Die letztlich mageren Ergebnisse der nächtlichen Unterredungen brachte die Matrosendelegation der Bevölkerung in einem Flugblatt zur Kenntnis. Von politischen Forderungen war darin überhaupt nicht die Rede. Wiederum ging es den Marineangehörigen um die Freilassung der verhafteten Kameraden, um die Verhinderung des Flottenvorstoßes gegen England und den Abbruch aller gegen die »Bewegung« gerichteten militärischen Maßnahmen.[131] Ein zur selben Zeit im Gewerkschaftshaus gebildeter Soldatenrat für die gesamte Garnison beschränkte sich mit seinem 14 Punkte umfassenden Programm gleichfalls auf momentane Bedürfnisse. Die Anliegen Popps fanden in der Liste keine Erwähnung. Mit Ausnahme von dem maßvollen Verlangen nach freier Meinungsäußerung und Aufhebung der Briefzensur ging es in erster Linie um innerdienstliche Veränderungen.[132]

Bei alldem erweckte der gerade geschaffene Soldatenrat nicht eben den Eindruck einer straff geführten Kommandozentrale der »neuen Ordnung«. Neben dem in der gleichen Nacht unter dem Einfluss der beiden sozialdemokratischen Parteien eingerichteten Arbeiterrat schien es ihm an Konturen zu mangeln.[133] Im Gewerkschaftshaus »summte und schwirrte es durcheinander wie in einem riesigen Bienenstock. Hunderte Menschen wollten Auskunft haben. Niemand wusste Bescheid zu geben«, notierte Gustav Noske, der sich auf die Suche nach dem Soldatenrat gemacht hatte.[134] Dessen Leitung übernahm jetzt, am 5. November 1918, der SPD-Parlamentarier, ohne dabei auch nur auf den leisesten Widerspruch zu stoßen.[135] Unter den politisch wenig erfahrenen Matrosen verfügte er aufgrund seiner Parteizugehörigkeit über einen beträchtlichen Vertrauensbonus. Selbst Karl Artelt, in den vergangenen Tagen eine der wichtigsten Triebfedern der Aufstandbewegung, fügte sich.[136] Ohne großes Aufsehen stellte Noske den Rat daraufhin neu zusammen. Außer Artelt war kein einziger von jenen Matrosen dabei, die am Vortag mit dem Gouverneur verhandelt hatten. Dem umbesetzten Gremium konnte nun nicht einmal eine indirekte Legitimation zugesprochen werden.[137]

In der allgemein herrschenden Unsicherheit spielte dieser Umstand allerdings keine große Rolle. Noske gab klare Anweisungen, verschaffte sich Respekt, selbst unter den Offizieren, die seine zupackende Art schätzten. Als er sich zwei Tage später, am 7. November, vom Soldatenrat den Gouverneursposten anvertrauen ließ, räumte Admiral Souchon widerspruchslos seinen Stuhl. USPD-Mann Lothar Popp wähnte sich nun als neuer Soldatenratsvorsitzender im Zentrum des Geschehens.[138] Die Macht aber hielt weiterhin Noske in Händen. Der Zivilist an der Spitze der Marinestation machte den Ausschreitungen und Übergriffen ein Ende: Noch am 5. November waren bei Schießereien 10 Tote zu beklagen gewesen, darunter der Stadtkommandant Heine, der sich seiner Festnahme durch eine Patrouille widersetzt hatte.[139] In den darauf folgenden Tagen aber entschärfte sich die Lage in Kiel schnell. Noske suchte die Zusammenarbeit mit den Offizieren. Zugleich gelang es ihm, die Mannschaften bei der Stange zu halten. Die Bereitschaft zur Verteidigung gegen etwaige englische Angriffe verband die Kontrahenten der letzten Tage.[140] Noske, der auf den gewohnten Staatsapparat setzte und die schwächelnde Rätebewegung klein hielt, manövrierte Kiel aus dem Zentrum der reichsweiten Aufmerksamkeit.[141] »Er hat Übermenschliches geleistet, die Bewegung zurückgerollt«, konstatierte der Reichkanzler Prinz Max von Baden. Der sozialdemokratische Kommandant der Ostseestation fühlte sich durchaus richtig interpretiert. Voller Stolz erwähnte er die Worte des letzten kaiserlichen Regierungschefs in seinen Memoiren.[142]

Dennoch war Noskes Erfolg nicht vollständig. Die Lokalisierung der Erhebung misslang. Was als Meuterei in Wilhelmshaven begonnen hatte, entwickelte sich mit dem Kieler Aufstand rasch zum Flächenbrand. Die Matrosen mussten die Flucht nach vorne antreten, um sich selbst zu retten.[143] Die Ängste vor »loyalen Einheiten« bestimmten ihr Handeln. Mittels Funksprüchen forderten sie Schiffe und Häfen an den deutschen Küsten auf, sich dem Umsturz anzuschließen.[144] Das III. Geschwader, Ausgangspunkt der Empörung, hatte mit Ausnahme der »König« Kiel am 4. November verlassen, um, wie von der wankenden Marineleitung gewünscht, zur Entspannung der Situation beizutragen. Abgesehen von den rund tausend Mann des Verbandes, die an Land blieben, kam es aber auch an Bord der ausgelaufenen Schiffe zu Auseinandersetzungen.[145] Der Versuch der Offiziere, die Mannschaften auf See der Revolution zu entziehen, scheiterte.[146]

Inzwischen wurde eine Hafenstadt nach der anderen von der Bewegung erfasst.[147] Mit der Gefahr einer Einkreisung konfrontiert, schwärmten die »Rebellen« aus und fanden zu ihrer eigenen Überraschung den Boden für den Umsturz aufbereitet. Wohin auch immer die Matrosen kamen, schlossen sich ihnen Soldaten der Garnisonen und Arbeiter der Fabriken an, als ob sie auf sie gewartet hätten.[148] »Am 5. November hatte die Revolution Lübede und Brunsbüttelkoog erfasst, am 6. Hamburg, Bremen und Wilhelmshaven, am 7. Hannover, Oldenburg und Köln; am 8. hatte sie alle westdeutschen Großstädte unter ihre Kontrolle gebracht und in Leipzig und Magdeburg schon über die Elbe gegriffen.«[149] Vom dritten Tag an hatte es schon gar keiner Marinemannschaften mehr bedurft, um das bisherige Regime zu stürzen. Dennoch war die Meuterei bei der Flotte in aller Munde. Die Militärbehörden hatten zwar detaillierte Presseberichte verboten und lediglich die Informationen der Kieler Zeitungen vom 4. 11. freigegeben; aber sogar die wenigen veröffentlichten Zeilen trugen ihren Teil zur Verbreitung der Aufstandsbewegung bei.[150] Selbst im Süden des Hohenzollernreiches, wo der Widerstand gegen Krieg und Kaiser eigene Wurzeln hatte, fühlte sich die Opposition durch die Nachrichten von der Ostsee ermuntert.[151] Während überall im Land mit großer Eile Arbeiter- und Soldatenräte gegründet wurden, ging München schon einen Schritt weiter. Am Donnerstag, dem 7. November, brach nach siebeneinhalb Jahrhunderten die Herrschaft der Wittelsbacher zusammen. Bayern wurde Republik.[152] »Die Physiognomie der Revolution beginnt sich abzuzeichnen [...]. Allmähliche Inbesitznahme, [...] durch die meuternden Matrosen von der Küste aus. Sie isolieren Berlin, das bald nur noch eine Insel sein wird«, vermerkte der Diplomat Harry Graf Kessler zur selben Zeit in seinem Tagebuch. »Umgekehrt wie in Frankreich«, schrieb Kessler weiter, »revolutioniert die Provinz die Hauptstadt«.[153]

Am Samstag, den 9. November, fand sich dann tatsächlich in Berlin kein Verteidiger des alten Systems mehr. Dem ausgerufenen Generalstreik schlossen sich die Truppen der Garnison an. Prinz Max von Baden verkündete als Reichskanzler die Abdankung Wilhelms II.[154] Der uneinsichtige Monarch hatte dazu allerdings immer noch nicht seine Zustimmung gegeben. Als ihm auch die Generäle im Hauptquartier keine loyalen Truppen zur Verfügung stellen konnten, trat er die Flucht nach Holland an. Erst hier verzichtete er am 28. November 1918 auf den Thron.[155] Was immer aber der letzte Hohenzollernherrscher zu sagen hatte, die Entwicklungen waren über ihn hinweg gegangen, ebenso wie über das Modell einer parlamentarischen Monarchie. Als der SPD-Vorsitzende Friedrich Ebert erfuhr, dass sein Parteikollege Philipp Scheidemann die Republik ausgerufen hatte, geriet er in Rage. »Was aus Deutschland wird, das entscheidet eine Konstituante«, schrie er Scheidemann an.[156] Ebert, dem Prinz Max am selben Tag die Reichskanzlerschaft übertrug, erhielt seine Legitimation nicht von der Krone, sondern von der Revolution, die er nicht gewollt hatte. Ihrer musste er sich nun »wie eines mißratenen Kindes« annehmen.[157]

HANDLUNGSSPIELRÄUME

Berlin, 10. November 1918: Um fünf Uhr, die Dunkelheit senkte sich bereits über die Häuser, traten im Zirkus Busch zwei- bis dreitausend Menschen zusammen.[158] Das Treffen der in der Hauptstadt gewählten Arbeiter- und Soldatendeputierten bestätigte die provisorische Regierung, den Rat der Volksbeauftragten, gerade gebildet aus Vertretern der SPD und der USPD.[159] Der Einheitsgedanke innerhalb der Arbeiterschaft bestimmte den Verlauf der Sitzung. Männer wie Karl Liebknecht, die sich mit den Mehrheitssozialisten, den »Kompromiss- und Burgfriedenspolitikern«, nicht an einen Tisch setzen wollten, blieben in der Minderheit.[160]

Die Räte, die mehr als ein Monat später ihre Reichskonferenz abhielten, entschieden sich für die verfassungsgebende Nationalversammlung. Mehrheitlich zur Sozialdemokratie stehend, folgten sie dem Rat der Volksbeauftragten. Dessen Vorsitzender, Friedrich Ebert, traute dem Mandat, das ihm die revolutionäre Bewegung übertragen hatte, allerdings nicht so recht. Noch unter dem Eindruck der Reden im Zirkus Busch vereinbarte er die Zusammenarbeit mit General Wilhelm Groener von der Obersten Heeresleitung.[161] Ein Prozess wurde in Gang gesetzt, der auf die Polarisierung des innenpolitischen Kräftegefüges hinauslief. Ende Dezember zerbrach das Regierungsbündnis zwischen USPD und SPD. Eine zweite, gewalttätigere Phase der Revolution begann.[162] Die Unruhen in Berlin zur Jahreswende 1918/19, Streikaktionen in vielen Teilen der Landes, Besetzung von Betrieben, Zeitungshäusern und öffentlichen Gebäuden, kurzlebige Räterepubliken, besonders in Bremen und München, kennzeichneten den Bürgerkrieg, zu dem es im November nicht gekommen war. Vor allem der Januaraufstand 1919 in der Hauptstadt riss tiefe Gräben innerhalb der

Arbeiterschaft auf. Man hat ihn die »Marneschlacht der Revolution« genannt.[163] Liebknecht und Rosa Luxemburg als Anführer eines kleinen Häufleins, das sich zur noch schwachen KPD formierte, waren ermordet worden.[164] Die abscheuliche Tat hatte die Schattenseite der Allianz zwischen Ebert und Groener zu Tage gefördert. Die überall entstehenden Freikorps führten ihren Kampf weniger für die neue Ordnung, sondern vielmehr als Rachefeldzug gegen die »Novemberverbrecher« und die »Sendboten des Bolschewismus«.[165] Ebert und Gustav Noske, der sein Amt in Kiel niederlegte und in der Regierung das Militärressort übernahm, waren bei der Wahl ihrer Bündnispartner offensichtlich nicht zimperlich. Im Kampf gegen das befürchtete Chaos war Noske bereit, der »Bluthund« zu werden, wie er selbst sagte.[166]

Die von Regierung und Militär bedrängten Arbeiter reagierten mit Hass und Erbitterung. Eine antiparlamentarische Tendenz drückte sich in der Forderung nach einem »gestuften Rätesystem« aus.[167] Zum Teil dramatische Stimmenverluste der SPD bei Landtags- und Gemeindewahlen Anfang 1919 konnte eine innerlich gespaltene USPD jedoch kaum nutzen. Die Unkoordiniertheit der Massenbewegung und nicht zuletzt der Streikaktionen, die vielfach eher auf innerbetriebliche Veränderungen als auf eine gesamtgesellschaftliche Neuordnung abzielten, kamen der Regierung zu Hilfe.[168]

Friedrich Ebert und seine Gefolgsleute wiederum waren durch Allianzen mit den bürgerlichen Parteien und alten Eliten in ihren Möglichkeiten stark eingeschränkt.[169] Generäle und Prinzen, Beamte und Unternehmer, Kaisertreue und »Völkische« dankten es der kooperationsbereiten SPD mit der unhaltbaren Behauptung, dass die »sozialdemokratische Revolte die deutsche Niederlage verschuldet und die ›siegreiche Front von hinten erdolcht‹ habe«. Die »Dolchstoßlegende« als schwere Belastung des Weimarer Staates richtete sich schließlich gegen den Chef der provisorischen Regierung und späteren Präsidenten der Weimarer Republik selbst. Mit dem »vollkommen unbegründeten, aber unablässig wiederholten und gerichtlich sanktionierten Vorwurf des Landesverrates« wurde Ebert in den folgenden Jahren »buchstäblich zu Tode gehetzt«, schreibt Sebastian Haffner in seinem

1969 erschienenen Buch über die Ereignisse in den Jahren 1918 und 1919.[170] Eberts Standpunkt und Tragik sieht Haffner zudem im Licht der historischen Langzeitwirkung: »Noch heute«, so sein damaliges Resümee, »gibt es viele Ebert-Deutsche, die jede Revolution ›hassen wie die Sünde‹; noch heute gibt es viele, die die Revolution von 1918 verleugnen wie einen Schandfleck der nationalen Geschichte. Aber die Revolution ist kein Schandfleck. Sie war – besonders nach vier Jahren Hunger und Ausblutung – eine Ruhmestat. Ein Schandfleck ist der Verrat, der an ihr verübt wurde.«[171]

Hatten sich die Sozialdemokraten, wie Haffner urteilt, an der »Volksbewegung« von 1918 versündigt? Heinrich August Winkler, Professor für neueste Geschichte in Freiburg und Berlin, meint, dass »eine gesellschaftliche Totalumwälzung« in Deutschland zu diesem Zeitpunkt unmöglich war.[172] Einleuchtend erscheinen Winkler dabei die Argumente des sozialdemokratischen Marx-Kritikers Eduard Bernstein, der sich selbst eingehend mit dem Ende des Hohenzollernreiches und der Entstehung der Republik befasst hatte.[173] Bernstein kam zu dem Ergebnis, dass ein völliger Bruch mit der überkommenen Ordnung in überwiegend agrarischen Gesellschaften, wie etwa auch in Russland 1917, stattfänden. Im Deutschen Reich hingegen, das stark industrialisiert gewesen sei und schon ein beträchtliches Maß an Mitsprache zugelassen habe, verursachte der Gedanke an tief greifende Umwälzungen eine Art »Anti-Chaos-Reflex«, wie sich der 1991 verstorbene Politikwissenschaftler Richard Löwenthal ausdrückte.[174] Dennoch, ergänzt Heinrich August Winkler, hätten die Volksbeauftragten »erste Schritte tun können in Richtung auf eine Demokratisierung der Verwaltung, die Schaffung eines republikanischen Militärwesens« und »die öffentliche Kontrolle wirtschaftlicher Macht«.[175]

Schärfer als Winkler geht der amerikanische Historiker Richard N. Hunt mit der SPD-Spitze ins Gericht. »Die Massen«, stellt Hunt fest, widerstanden in der Mehrheit der »Anziehungskraft des Kommunismus und waren bereit, ihre Führer bei der Errichtung einer wirklichen demokratischen Regierung zu unterstützen. Aber ihre Führer besaßen nicht das Format, um die gewaltigen Aufgaben erfolgreich anzupacken, die man ihnen aufgebürdet hatte«. Hunts deutscher Kollege

Reinhard Rürup konstatiert lapidar: »Deutschland hatte seine siegreiche Revolution, die Chance einer wirklichen Demokratisierung – es hat sie nicht zu nützen verstanden.«[176]

Trotz regionaler Unterschiede entsprachen auch die Entwicklungen in Kiel diesem reichsweiten Trend. Für die dominierende Sozialdemokratie stellte die extreme Linke keine reale Bedrohung dar. Die spontane Massenbewegung verlor an Bedeutung.[177]

Noskes Kooperationspartner aus den Militärkreisen diskutierten indessen heftig über die Vermeidung der Revolution. Emil Alboldt, der frühere Deckoffizier, machte dem Kieler Stationskommando schwere Vorwürfe. »Es war geradezu sträflicher Leichtsinn oder absolute Wurstigkeit der leitenden Stellen gegenüber dem, was sich drohend anbahnte«, erklärte Alboldt und fuhr fort: »Und dann, als die Dämme gebrochen waren, für jeden, der es miterlebt hat, klar erkennbar, ja, sich aufdrängend: Nirgends eine Spur von Vorbereitung und Organisation, die ganze Bewegung ein einziger wirrer Haufen. Das ist sie auch geblieben, bis Kräfte der Ordnung diesen Haufen langsam, in mühseliger Arbeit wieder entwirrten. Und die Seeoffiziere […]? Ueberall das gleiche Bild: sang- und klanglos traten sie ab.«[178]

Von der Kritik herausgefordert, konterte der Stabschef von Gouverneur Souchon, Hans Küsel, am 31. März 1919: »Offiziere und Stationskommando haben ständig gearbeitet und waren auf der Hut. Vorwürfe unberechtigt.«[179] Versuchte man am 3. und 4. November eine friedliche Beilegung des Konfliktes zu erreichen und sich mittels Verhandlungen aus einer ausweglosen Situation zu retten, so betonten die militärischen Befehlshaber des ehemaligen kaiserlichen Gouvernements nun ihre Entschlossenheit: An das Büropersonal seien Waffen ausgegeben worden, den Kommandanten habe man eingeschärft, die Unruhen mit allen Mitteln zu unterdrücken.[180]

Härte zeigen, das war für viele Führer der Hohenzollernflotte vor und nach der Abdankung Wilhelms ein bestimmender Faktor. Andere gaben sich mit simpler Gewaltanwendung dennoch nicht zufrieden. »Würde das aufrührerische III. Geschwader statt von Kiel ferngehalten zu werden, nicht nach Kiel beordert sein, ausserdem die Mannschaften in Kiel nicht an Land beurlaubt worden sein, so wäre der Meuterei rechtzeitig vorzubeugen gewesen«, analysierte ein Kapitänleutnant schon am 4. November 1918 die Lage.[181] Eduard Adler von der lokalen SPD-Organisation äußerte sich nicht viel anders: »Wäre das III. Geschwader nicht nach Kiel gekommen, wäre man obendrein nicht mit der Verhaftung der Mannschaften von der ›Markgraf‹ gerade in Kiel vorgegangen, hätte man weiter nicht angesichts der plötzlich einsetzenden Matrosenversammlungen wenig glücklich operiert, so wäre jedenfalls die grosse Versammlung auf dem Exerzierplatz unterblieben, und dann wäre auch die Katastrophe des Tages nicht erfolgt«, resümierte Adler, um noch hinzuzufügen: »Irgend ein besonderer Anlass, dass gerade hier etwas geschehen musste, lag nicht vor. Ein Spiel des Zufalls allein ist es gewesen, dass gerade Kiel« zum Funken »dieser explosiblen Materie« wurde. Denn: »Die im ganzen Reiche vorhandene Häufung von Unordnung, Unlust und Erbitterung bereitete den Boden.«[182] Ein U-Boot-Kommandant, Kapitänleutnant Schultze, ergänzte dazu am 15. November 1919: »Im übrigen war die ganze Luft in Deutschland schon mit derartigem Zündstoff geladen, daß es nur eines kleinen Anstoßes bedurfte, denselben ins Rollen zu bringen. Daß die Bewegung von der Marine ausging, ist Zufall, da sie sonst sich etwas später bei der Armee genau so gezeitigt hätte.«[183]

Einmal abgesehen von dem Bemühen, die »entehrten« Seestreitkräfte gegenüber den Landeinheiten nicht allzu schlecht aussehen zu lassen, und der Unterschätzung Kiels als »Unruheherd« an der Schnittstelle zwischen Militär und Zivilbevölkerung, lag Schultze keineswegs völlig falsch. Die Vorgänge im Süden Deutschlands geben davon ein beredtes Zeugnis. Aufgrund der alliierten Waffenstillstandsbedingungen gegenüber der zerfallenden Donaumonarchie traf man im Münchner Kriegsministerium Maßnahmen zum Schutz der bayerischen Grenzen. Reichsdeutsche Truppen marschierten in Tirol und Salzburg ein.[184] Im Staatsrat der entstehenden deutschösterreichischen Republik erregten die Nachrichten außerordentliches Aufsehen. Beruhigung kehrte erst ein, als Berlin bekannt gab, dass auch Deutschland Gespräche über das Ende der Kampfhandlungen einleite.[185]

Wie wenig Verständnis in jenen Tagen selbst einer defensiven Militäroperation entgegengebracht wurde, glaubte die Wiener Presse erkennen zu können. »Gestern in den ersten Nachmittagsstunden«, lautete eine Meldung vom 8. November in der christlichsozialen »Reichspost«, gab es »in München große Kundgebungen republikanischer Natur. Große Massen von Arbeitern und Soldaten, die die Kaserne verlassen hatten und von Bauern, die aus der Umgebung gekommen waren, zogen unter Vorantragung roter Fahnen vor das Kriegsministerium, wo es zu stürmischen Kundgebungen gegen die Entsendung der bayerischen Truppen nach Österreich kam. Die Menge schrie: ›Wir wollen die Kriegsverlängerer nicht mehr! Nieder mit den Kriegsverlängerern! Es lebe die Republik!‹«[186] Die Empörung über die Monarchie war vor allem ein Bekenntnis zum Frieden. Nach jahrelangem Massenschlachten galt es, endlich »Schluss zu machen«. Die Wiener »Arbeiter-Zeitung« schrieb: »An der Waterkant hat die Bewegung begonnen: die Matrosen, erbittert über die Zumutung, um eines einzelnen Mannes willen den Krieg fortsetzen zu müssen, haben zuerst die rote Fahne gehisst. Dann sprang die Bewegung auf Bayern über. Bayern fühlt sich ja vom Süden, von Tirol her bedroht; als die Soldaten erfuhren, dass sie neuerlich marschieren, dem neuen Feinde im Süden entgegeneilen sollen, erhoben sie sich und proklamierten die Republik.«[187]

Den näherrückenden Waffenstillstand vor Augen, waren den militärischen Kommanden eigentlich schon die Hände gebunden. Die Marineleitung, fernab von der Realität und ohne Übereinstimmung mit der zivilen Führung, widersetzte sich jedoch dem Zug der Zeit. Statt sich, wie von Reichskanzler Prinz Max von Baden gebeten, »ins Unabänderliche zu fügen«, beschloss sie eine letzte »ehrenvolle« Schlacht und löste damit eine Revolte aus, die als Revolution in vieler Hinsicht stecken blieb.[188]

Die Führer der SPD aber können dafür nicht alleine verantwortlich gemacht werden. Schließlich hatten es die Soldaten eilig, nach Hause zu kommen.[189] Von den rund 50000 Militärpersonen, die sich beispielsweise in Kiel Anfang November 1918 aufhielten, reisten bis Weihnachten vier Fünftel ab.[190] Viele verschwanden schon in den ersten Tagen des Umsturzes aus der Ostseestadt, ohne eine geregelte Demobilmachung abzuwarten. Der Abgang der Matrosen belegt »die Begrenztheit ihrer politischen Ziele«, folgert daraus der Historiker Wolfram Wette: Ihre »Bereitschaft, sich nach dem weitgehend unblutig verlaufenen und dennoch erfolgreichen Novemberumsturz für ein Weitertreiben der Revolution zu engagieren, war mehrheitlich gering«.[191]

Als Konsequenz dieser Entwicklung verloren die Soldatenräte an Bedeutung.[192] Ihrem Niedergang stand auf der anderen Seite ein wiederbelebtes Machtbewusstsein der alten Eliten und nicht zuletzt der Offiziere gegenüber. Die wechselnden Kräfteverhältnisse schienen sich in Konteradmiral Adolf von Trotha zu versinnbildlichen. Ausgerechnet den geistigen Vater des missglückten Flottenvorstoßes vom Oktober 1918 machte die Republik zum neuen Chef der Admiralität. Trotha, ein überzeugter Monarchist, dankte es dem Weimarer Staat auf seine Weise. Das Reich wollte er sich nicht anders als eine Großmacht vorstellen. In seinem »völkischen« Programm, in dem die Marine als »Wahrzeichen deutscher Volkskraft« einen Altarplatz einnahm, gaben einmal mehr die Militärs den Ton an.[193]

TOTALE UND PANORAMA

Eine Nachbetrachtung

Knotenpunkte

Der historische Moment oder eine Geschichte der kurzen Dauer

VERDICHTUNGEN

»Nun, es gibt manchmal im Lauf der Welt besondere Augenblicke, wo es sich ergibt, daß alle Dinge und Wesen, bis zu den fernsten Sternen hinauf, in ganz einmaliger Weise zusammenwirken, so daß etwas geschehen kann, was weder vorher noch nachher je möglich wäre«, erklärt Magister Secundus Hora in Michael Endes tiefsinnigem Kinderbuch »Momo«.[1] Ende war nicht der einzige Autor, der seinen Figuren die Magie des Momentes vor Augen führte. »Du wirst auf die Sternenstunde warten, bis dir die irdische entflieht!«, treibt Illo in Schillers »Wallenstein« den Fürsten zum Handeln.[2] Die »Weltminute«, die es, wie auch Meister Hora meint, zu nützen gilt, hat Stefan Zweig zu den eingangs erwähnten historischen Miniaturen veranlasst. Die Bibliotheken sind reich an Beispielen für die Faszination der »Sekunden genialer Verkürzung«.[3] Schriftsteller und Journalisten wissen um die Macht des Augenblicks. Viele Momente erfüllen die aristotelische Forderung an den Stoff eines guten Dramas: Einheit des Ortes, der Zeit und der Handlung.[4] Alexander Solschenizyn sah darin eine Anregung für sein Vorhaben, eine umfassende literarische Darstellung der Russischen Revolution und ihrer Vorgeschichte anzustreben. Er bediente sich dabei der von ihm so bezeichneten »Knotenmethode«, das heißt, er wählte für jeden Band jeweils einen Zeitausschnitt von wenigen Wochen aus, in denen entweder besonders markante Ereignisse stattfanden oder die Weichen für kommende Ereignisse gestellt wurden.[5] Die

Vergangenheit nicht vorrangig in langfristigen Prozessen zu begreifen, betont in diesem Sinne auch der Altertumsforscher Alexander Demandt. Die Historie habe, so die Schlussfolgerung Demandts, eine »Knotenstruktur«, es komme immer wieder zu großen Entscheidungssituationen, in denen wichtige Determinanten der weiteren geschichtlichen Entwicklung festgelegt würden.[6]

Festzustellen, an welchen Punkten sich Handlungsstränge auf bedeutsame Weise verbinden und zur Verdichtung historischer Zeit führen, bereitete aber beispielsweise gerade Alexander Solschenizyn keine geringe Mühe. Lange, bemerkte er selbst, habe er geschwankt, ob er zwischen August vierzehn und November sechzehn noch einen Knoten knüpfen sollte, nämlich den an Kriegsereignissen reichen August fünfzehn. Er entschloss sich dann, dies nicht zu tun und statt dessen einiges Material in den vorliegenden zweiten Knoten einzubauen.[7]

Solschenizyn war bei der Strukturierung seines Werkes letztlich nicht bloß mit Fragen der künstlerischen Gestaltung befasst. Literaten und Wissenschaftler sehen sich gleichermaßen vor das Problem gestellt, das Material formen zu müssen, nachdem sie es in einem Zustand vorgefunden haben, der zunächst vor allem Verwirrung auslöst. Gewiss verfügt der Historiker durch die Kombination der Überlieferungsformen über eine gewisse Kontrolle.[8] Ein Übermaß an Zuversicht ist jedoch nicht angebracht, schreibt dazu Arnold Esch, der seinen Standpunkt anhand von Quellen des Hochmittelalters wie folgt präzisiert: »Die Chancen-Ungleichheit der Überlieferung prämiert also [...] den Grundbesitz und diskriminiert Handel und Gewerbe; sie begünstigt die Kirche und benachteiligt die Laien. Und sie tut noch etwas anderes: sie begünstigt das Unerhörte, das Ungewöhnliche, das Fatale und benachteiligt den Alltag, das Übliche, das Normale«. Denn: Der »Kaufmann, der gesund aus Indonesien zurückkehrt, hat für uns nie gelebt; stirbt der Kaufmann aber, dann ergeben sich Nachlaßprobleme, das erzeugt Quellen und hebt einen Fernhandel vor unsere Augen, dessen Existenz wir sonst verkannt, ja dessen Existenz wir [...] vielleicht sogar geleugnet hätten. Bei Wissenschaften, für die bisweilen einmal ›keinmal‹, zweimal aber schon ›immer‹ heißt, ist dieses Argument ein sehr delikates. Zwar ist es für den Historiker glücklicherweise nicht die Regel, daß er auf dem Grat zwischen einmal und zweimal balancieren müßte; aber es gibt – wie in dem genannten Beispiel – Überlieferungslagen, in denen nur noch der Tod oder die Katastrophe dieses Schweigen bricht.«[9]

Unter solchen Bedingungen jedenfalls verwandelt sich dann die Quellenüberlieferung in eine Art »Fernschreiber für Nachgeborene«, der unentwegt Kurzmeldungen ausspuckt und unreflektiert eine Kette von mehr oder minder Außergewöhnlichem zu Tage fördert. Dieses und jenes »verändert die Welt«, »schreibt Geschichte« – Redewendungen, die, inflationär gebraucht, jeglichen Inhaltes beraubt werden. »Königin Viktoria gestorben, Rasierklinge erobert die Welt, Steffi Graf beendet Tenniskarriere, Luftkrieg gegen Jugoslawien«, ohne Unterschied stürzen Datenmengen als »Momente des Jahrhunderts« auf die Leser ein.[10] Möbel »machen Geschichte«, in welcher Weise, als Reliquie oder Teil einer Handlungskette, vor allem aber in welchem Kontext, bleibt sekundär. Der Zufall, die menschliche Dummheit, wie immer man beides definieren möchte, schließlich Krankheiten und Witterungsverhältnisse: Alles »verändert die Welt«.[11]

Sicherlich. Aber was erfahren wir dabei über die Umstände, in denen das Spezifische zum Einflussfaktor für das Allgemeine, das »große Ganze«, werden konnte? Kann ein heftiges Sommergewitter Robespierres politische Karriere endgültig beenden, müssen wir nicht doch nach weiteren Erklärungen suchen und vor allem: Welchen Platz beansprucht das Ereignis innerhalb mittel- und längerfristiger Entwicklungen, im konkreten Fall innerhalb der Französischen Revolution als Groß- und Schlüsselereignis?[12]

Die *eine* Entdeckung, der *eine* Erklärungsversuch wird weitgehend losgelöst vom historischen Umfeld, die Perspektive verkürzt. Herausdestilliert aus der Vergangenheit macht die Quantität das Argument: Eine »Besonderheit« reiht sich an die andere, im Schnellflug über die Jahrhunderte und Jahrtausende hinweg, in einem Zeitraffer, der wenig Gelegenheit bietet für die Beschreibung historischer Komplexität. Die »großen Erfindungen« offenbaren das Dilemma. Das Wagenrad, der Pflug, die Dampflokomotive, das Repetiergewehr, die Rollschuhe, das

Klebeband, der Büstenhalter, der Computer, der Walkman, das Mobiltelefon – unterschiedslos werden sie aufgezählt. Aber, so fragt Stephen van Dulken, welche Neuerung hat sich in welcher Zeit als »marktfähig« erwiesen oder nicht?[13] Und welche Erkenntnisse und Errungenschaften, ergänzt Peter Fischer, soll man zuerst nennen? »Sind es die scheinbar schlichten Dinge wie der Einweckgummi, der die Konservierung von Lebensmitteln erleichterte? Ist Krieg wirklich ›der Vater aller Dinge‹, wie der griechische Philosoph Heraklith vor 2500 Jahren behauptete? Welche Rolle spielen die Religionen, die Kulturepochen? Manche meinen, das Alphabet und die Zahlen haben erst den Durchbruch gebracht. Andere schwören auf den Computer, der das Leben der Menschen in nie gekannter Geschwindigkeit verändert. Und wohin führt die Kunst des Klonens? Vielleicht sind wir sogar Zeitzeugen einer noch stärkeren Umwälzung. Oder ist es am Ende doch nur die Erfindung des Geldes, das zwar den Tauschhandel ablöste, aber nicht nur Kriege, Könige und Kreuzzüge finanzierte?«[14] Mit einer Fülle von Fragen konfrontiert, entschließt sich Fischer, Ordnung ins Chaos zu bringen. Über die Jahrtausende hinweg gliedert er Innovationen nach Weltbildern, Raumorientierung, Fortbewegungsmitteln, Metallverarbeitung, Mathematik, Nachrichtenübermittlung, Energieumwandlung, Agrar-, Bild- und Militärtechnik sowie nach den »Bausteinen der Erde und des Lebens«, Elementen, Atomen, Bakterien, Viren und Genetik.[15]

Für die Wissensbildung unter weltanschaulichen Rahmenbedingungen interessieren sich in diesem Zusammenhang besonders die Autoren eines Sammelbandes über »Historische Wendeprozesse«. Ideengeschichtliche Untersuchungen betonen demzufolge nicht herausragende Momente und spektakuläre Forschungsergebnisse, sondern präsentieren längerfristige Entwicklungen, die bestimmte Perspektiven überhaupt erst ermöglichen. So setzt, schreibt Christian Geulen, das Bild von den großen »narzisstischen Kränkungen« des Menschen, dessen Heimatplanet seit Kopernikus nicht als Mittelpunkt des Weltalls gilt, der nach darwinistischer Kritik kein Schöpfungsvorrecht besitzt und nach der Darstellung von Sigmund Freud nicht einmal Herr im eigenen Hause ist, erst einmal die »Tradition revolutionärer Wenden« als spezifische Denkweise voraus.[16] Gemeint sei damit, erklärt Geulen weiter, keine »Logik der alltäglichen Innovation«, wie sie für die »moderne Wissenschaft« charakteristisch ist, sondern eine Form der Offenbarung, eine »Wende von Dauer«.[17]

Die Hervorhebung der Scheidewege und Meilensteine, des Einzigartigen und Monumentalen, dient zudem der Begründung von Machtverhältnissen. Herausragende Leistungen der »großen Söhne« und bezeichnenderweise seltener der »großen Töchter« bestimmen das Gedächtnis der Nationen ebenso wie die Erinnerung an historische Augenblicke. »Defining Moments« nennt diese Ronald D. Gerste in einem Buch über »Amerikas Schicksalstage«. Dreiunddreißig hält Gerste für würdig, in seiner Arbeit genannt zu werden: In der Mehrzahl politische und militärische Begebenheiten, die Ermordung von Präsidenten, Kämpfe und »Denkwürdigkeiten« des Unabhängigkeits- und des Sezessionskrieges, Ereignisse im Zweiten Weltkrieg, im Korea- und Vietnamkrieg, aber auch die Leistungen der Flugpioniere und die Landung auf dem Mond finden Erwähnung.[18] Aussagekräftig sind die Gedenkstätten der Vereinigten Staaten: Der 8000-Seelen-Ort Gettysburg im Süden Pennsylvanias wirkt wie ein Freilichtmuseum. Nicht wenige dunkle Kapitel der US-Geschichte, vor allem über das Schicksal der Ureinwohner, erscheinen hingegen wie ausgelöscht. Gerste schreibt: »In ›Wounded Knee‹ in South Dakota«, wo ein Massaker von Regierungstruppen den letzten Widerstand der Indianer brach, »fehlt all das, was man von den Präsentationen der ›glorreichen‹ amerikanischen Geschichte kennt: Visitors Center, Gift Store, Touristenbusse, organisierte Touren. Ein verwitterter Gedenkstein, ein schmuckloser Friedhof – das ist alles, was an ein stolzes Naturvolk erinnert.«[19]

Holocaust, Nationalsozialismus und Weltkriegserfahrung bestimmen demgegenüber in Deutschland zumindest das offizielle Gedächtnis. Viermal im 20. Jahrhundert verdeutlicht hier der 9. November die Wendungen und Irrungen der eigenen Geschichte.[20] Das Ende der Monarchie 1918, Hitlers Putschversuch 1923, die »Reichskristallnacht« 1938 und der Fall der Berliner Mauer 1989 stehen dabei auch für die Diskussion über historische Alternativen. Diese, meint Heinrich August Winkler, »dürfen im Nachhinein nicht nur behauptet« werden, sondern »müssen auch, soweit das in der Geschichte geht, nachgewiesen werden. Das ist meist viel schwieriger, als es im Rückblick erscheint. Eine Entwicklung nachträglich als verhängnisvoll zu erkennen, ist eine Sache; eine andere ist, den Punkt zu bestimmen, an dem der Gang der Dinge aufgehalten werden konnte. Der Historiker muß nach solchen Punkten suchen, aber er darf sie nicht erfinden«.[21] Passend dazu konstatiert ein Kollege Winklers, der Historiker Fritz Stern: »Die Verzerrung der Ereignisse, die Verfälschung der Geschichte hat diesem Land viel Schaden zugefügt. Hiervon erzählen jene vier Novembertage – und sie erzählen auch davon, daß deutsche Geschichte nur im Kontext Europas gemacht wird und begriffen werden kann.«[22]

Der »alte Kontinent« freilich unterliegt selbst einem Wandlungsprozess, in dem der politische Integrationswille nach neuen Symbolen verlangt. Und wiederum müssen auch die großen Momente herhalten, aus denen sich die gemeinsame Klammer, die neue »Identität«, ableiten lassen soll. »Tage, die Europa veränderten«, betitelte der Wiener »Kurier« vom 1. Mai 2004 eine eigens gestaltete Seite, mit der der EU-Beitritt von zehn Staaten Ost- und Südosteuropas ins Bewusstsein gerufen wurde. 15 Daten bot man dem Leser an, darunter »Naheliegendes«, wie die Kaiserkrönung Karls des Großen, Martin Luthers 95 Thesen und den Beginn der Reformation, den Westfälischen Frieden, den Wiener Kongress und die Wende 1989. Sicherlich wird man darüber streiten können, ob die ebenfalls angeführten Weltkriege mit der Ermordung des österreichischen Thronfolgers in Sarajewo und dem Überfall Hitlers auf Polen begannen. Die Jahre 1914 und 1939 markierten freilich unzweifelhaft den Auftakt zweier europäischer Katastrophen. Ob aber der ergebnislose Wiener Gipfel zwischen Kennedy und Chruschtschow im Juni 1961 in der »erhabenen« Liste besonderer Augenblicke einen eigenen »Ehrenplatz« verdient, erscheint schon eher diskutabel.[23] Die schnell hingeworfenen Tage und Momente als veranschaulichte Geschichte führen zum Anfang aller historischen Betrachtung, zur Frage nach Auswahl und Gestaltung der »Urmaterie«. »Zirka« am 1. Mai 2004 vor Christus habe Zeus als Stier die Königstochter Europa nach Kreta entführt, weiß der »Kurier« schließlich noch zu berichten. Seine Anspielung auf Griechenland als »Wiege des Abendlandes« findet die Form einer zur Historizität gewandelten Mythologie. Eigentümlich verführerisches Hornvieh wird vor einen wackeligen Karren gespannt, der regelmäßig im Morast handfester nationaler Egoismen stecken zu bleiben droht. Den Divergenzen gewachsener Kulturen und unterschiedlicher Lebenswirklichkeiten rücken die Architekten des »europäischen Hauses« zu Leibe. Unter ihnen Historiker, die nur zu gut wissen, dass Gemeinschaft, Staat und Region gleichermaßen Konstrukte sind wie die Geschichte, die über sie geschrieben wird. Die Quellen, aber auch die Theorien und Methoden, ihrer habhaft zu werden, begrenzen zwar den »Traum«, so die Formulierung des französischen Historikers Georges Duby. Trotzdem gab sich Duby, so wenig wie die meisten seiner Kollegen, irgendwelchen Illusionen hin: Im Studium der Vergangenheit spiegelt sich die Gegenwart ihrer Erforscher.[24]

»DER GROSSE KRIEG«: DIMENSIONEN, WAHRNEHMUNGEN, BEURTEILUNGEN

Als der Historiker Fritz Fischer ab 1959 die Verantwortung des Hohenzollernreiches für den Ausbruch des Ersten Weltkriegs hervorhob, erreichte die internationale Krise in Berlin rund um den Mauerbau (1961) ihren Höhepunkt.[25] Fischer blieben die Zusammenhänge nicht verborgen. Seine Thesen verursachten nicht nur eine wissenschaftliche Kontroverse, sie konnten in den Nachbarländern auch als Rechtfertigung für die Teilung Deutschlands verstanden werden. Der Erste Weltkrieg, von den Geschehnissen zwischen 1939 und 1945 überschattet, rückte wieder ins Blickfeld der Öffentlichkeit.[26] Wesentlich unaufgeregter hielt die Diskussion über die Arbeiten von Fritz Fischer dann in den darauf folgenden Dekaden an. Einem überschaubaren Kreis von Forschern kam es nun darauf an, die Vorgänge in London und Paris, Wien und Sankt Petersburg genauer zu erfassen und die Entscheidungen der deutschen Reichsleitung nach den »Schüssen von Sarajewo« weniger isoliert zu betrachten.[27] Stellvertretend für viele andere

Regierungschefs verbanden indes Charles de Gaulle, Konrad Adenauer, François Mitterrand und Helmut Kohl das Schlachtfeld von Verdun mit dem Projekt der europäischen Einheit.[28] Politische Gesten und wissenschaftliche Detailinteressen dominierten, bis die Presse zu Beginn der Neunzigerjahre den Ersten Weltkrieg wieder aus jenem Antiquariatseck holte, in dem er sich aus der Perspektive der Bevölkerungsmehrheit bereits befand. George Kennans »Urkatastrophe«, vor dem Hintergrund einer möglichen atomaren Endkatastrophe im Kalten Krieg formuliert, war in aller Munde.[29] Der Zusammenbruch der Sowjetunion und der gewaltsame Zerfall Jugoslawiens provozierten historische Vergleiche in Fülle. Im populären Verständnis, schreibt Bernd Sösemann, »folgte aus dem Attentat auf Franz Ferdinand im Sommer 1914 der mehrjährige Weltkrieg, aus ihm der Vertrag von Versailles, aus ihm der Krieg Hitlers etc. etc.«[30] Diese Aufzählung, verbunden mit den aktuellen Analogiesetzungen der heutigen Medien, argumentiert Sösemann weiter, suggeriert »Übereinstimmungen, Notwendigkeiten und Zwangsläufigkeiten, die im historischen Ablauf höchstens als Ausnahmen auftreten. Entsprechendes gilt für den Begriff ›Zwischenkriegszeit‹ oder von der Annahme eines ›dreißigjährigen‹ Krieges, so der britische Premierminister am 8. Mai 1995, oder der Historiker Eric Hobsbawm [...], der rechnerisch genauer, aber nicht weniger fehlinterpretierend, von einem ›einunddreißigjährigen Krieg‹ spricht.«[31]

Während solcherart die Debatten über Bedeutung und Konsequenzen eines globalen Kräftemessens, einer vermeintlichen oder tatsächlichen »Urkatastrophe«, fortgesetzt werden, stellt sich die Frage nach dem »Ereignischarakter« der Geschehnisse von 1914 bis 1918 neu. Zwischen den Konstrukteuren der »großen Erzählungen« und den Vordenkern einer offenen Geschichte inmitten »zerklüfteter Lebenswelten« definiert sich der Weltkrieg dabei keineswegs bloß als eine von Kriegserklärungen und Friedenschlüssen umklammerte Datenhäufung. Vielmehr erweist sich der Unterschied zwischen dem »Vorher und Nachher« als soziales und mentales Phänomen.[32]

So haben Europas Eliten den entscheidenden Waffengang für eine

Befreiung aus auswegloser Situation und folglich für eine Zäsur gehalten. Der Krieg wurde dadurch prinzipiell denkbar. Großmachtstreben und Prestigedenken verknüpften sich mit dem für akzeptabel befundenen Wagnis eines gewaltsamen Kräftemessens, eines Duells als »Gottesentscheid«. Monarchen und Militärs, Diplomaten und Minister waren ebenso wenig auf Konfliktvermeidung ausgerichtet wie die Intellektuellen, die der »Fäulnis« unerträglich gewordener Stagnation mit »Stahlgewittern« beizukommen suchten.[33]

Dem »süßen Tod fürs Vaterland« stand die Ernüchterung des Fronterlebnisses gegenüber. Diese Erfahrung manifestierte sich im Erfolg des Schriftstellers Erich Maria Remarque. Über sein Werk »Im Westen nichts Neues« schrieb Ernst Toller 1929: »Einer hat für uns Alle gesprochen, für uns Muschkoten, die im Schützengraben lagen, die verlaust und verdreckt waren, die schossen und erschossen wurden, die den Krieg nicht aus der Perspektive der Generalstäbe, nicht aus Schreibstuben und Redaktionsbüros sahen, die ihn erlebten als Alltag, als furchtbaren und monotonen Alltag.«[34] Remarque hatte den schmerzenden Nerv der Zeit getroffen, das verdrängte und ungeklärte Kriegstrauma. Eineinhalb Jahre nach der Veröffentlichung des Buches gab es bereits 23 Übersetzungen. In einer Auflagenzahl von 440 000 Exemplaren erschien es in Frankreich, gefolgt von 410 000 in der Sowjetunion, 325 000 in den Vereinigten Staaten und 310 000 in Großbritannien.[35]

»Im Westen nichts Neues« wurde zum Sprachrohr des »unbekannten Soldaten« und all jener, die mit ihm litten und nach jahrelangen Kämpfen endlich Schluss machen wollten. Nicht zuletzt in Deutschland und Russland dominierte in den Jahren 1917 und 1918 der Friedenswille.[36] Mit ihm stürzten in Mittel- und Osteuropa die traditionellen Systeme. Monarchien und deren Repräsentanten wurden mit dem Massenschlachten und seiner Verlängerung aus guten Gründen identifiziert. Die Verantwortung und Diskreditierung der alten Führung markierten Anfang und Ende eines Ereignisses, aus dem gleichzeitig höchst konträre Lehren gezogen wurden. Bezeichnenderweise löste Erich Maria Remarque neben euphorischem Zuspruch mindestens ebenso emotionale Ablehnung aus. Kommunisten fehlte die Anklage des »kapitalistisch-imperialistischen Systems« als Wurzel allen Übels. Nationale und Konservative sahen sich um »Ehre« und Sinn des Frontopfers, um Kampf- und Volksgemeinschaft gebracht. Remarques »unpolitische« Absicht, mit dem Kriegserleben die »Geschichte selbst reden zu lassen«, kam im ideologisch aufgeladenen Klima der beginnenden Dreißigerjahre unter die Räder. Sogar in den stabileren Demokratien fürchtete man die wehrkraftzersetzende Wirkung seines Buches. Dort aber, wo der Faschismus an die Schalthebel der Macht gelangte, fand sich »Im Westen nicht Neues« umgehend auf den staatlichen Zensurlisten.[37]

Die Gegensätze hätten nicht größer sein können. Deutschlands »Zurüstung« zum nationalsozialistischen Feldlager verursachte 1939 kein Jubelgeschrei. Ein Jahr später, als Adolf Hitler als Sieger aus Paris zurückkam, erhielt das Regime dann den Applaus, der ihm zuvor verwehrt geblieben war. Hitler, der »andere unbekannte Soldat«, verkörperte die Überwindung der vielbeschworenen »Schmach« von 1918.[38]

Der Pazifismus stand auf tönernen Füßen. Das zeigte sich auch in Frankreich. Trauer und Erinnerung an die Gefallenen bewegten zwar die Republik, das Gedenkritual verkam jedoch zum Dekor. Die Friedenserhaltung, Ziel der großen französischen Veteranenbewegung, verlor als Gegengift zum »Geist von 1914« im Schatten des Versailler Vertrages an Wirkung.[39] Dass der »Knochenmühle von Verdun« zudem in den einzelnen sozialen Milieus unterschiedliche Bedeutung zugemessen wurde, hat etwa Benjamin Ziemann in seinen Vergleichsstudien zwischen Frankreich und Deutschland speziell am Beispiel des Weimarer Staates veranschaulichen können.[40]

Divergierende Wahrnehmungen und Werthaltungen, rivalisierende Gesellschaftsgruppen und Handlungsabläufe können dementsprechend lediglich unter dem Gesichtspunkt der Mehrdimensionalität betrachtet werden. Soweit sich die verschiedenen Entwicklungslinien dennoch zu einem »Knoten« der Geschichte verdichten lassen, verweisen Historiker immer wieder auf einen gewissen Beschleunigungseffekt: Für gewöhnlich langsam vor sich gehende Umschichtungsprozesse sind durch die Kriegssituation rascher abgelaufen, hatten jedoch die Richtung nicht verändert. Sozioökonomische Transformationsprozesse waren davon gleichermaßen betroffen wie die Entstehung und Verstärkung von Feindbildern.[41]

Eine Wende vollzog sich nicht zuletzt im militärischen Bereich. Die Schlacht etwa als Herz des Krieges, als eine in Zeit und Raum eng konzentrierte Entscheidung, war mit den Massenaufgeboten der Neuzeit in einen realitätsfremden Idealfall verwandelt worden. Nun dauerten die bewaffneten Auseinandersetzungen in der Regel wochen- und monatelang, bestanden vielfach aus einer Reihe von Gefechten und fanden, wie bei Gettysburg oder Tannenberg, in einer von keinem Feldherrnhügel mehr zu überblickenden »Schlachtenregion« statt.[42] Der Schützengraben, schon seit den Kämpfen auf der Krim Mitte des 19. Jahrhunderts ein bestimmender Faktor, verdrängte den einen, »alles verändernden« Schlagabtausch mit seinen Unwägbarkeiten und oft beschriebenen Zufallsaspekten. Die Generalstäbe hinter den erstarrten Fronten von 1914 konnten überdies ohne Mobilisierung der Zivilgesellschaft wenig ausrichten. Als zermürbendes Ringen um die größeren Ressourcen markierte der erste »totale Krieg« nicht nur den Höhepunkt, sondern auch das Ende traditioneller Strategien. Nun glaubte man zwar mit Panzer- und Luftwaffe der Ohnmacht des Stellungskrieges ein wirksames Mittel entgegen halten zu können – tatsächlich schienen die Entwicklungen zwischen 1939 und 1945 den Strategen in gewisser Weise Recht zu geben –; das Problem jedoch verlagerte sich auf eine andere Ebene: Der grelle Lichtblitz von Hiroshima löschte in zwei Minuten das eherne Prinzip aus, dass Krieg das letzte Instrument der Politik sei.[43] Im Streit zwischen den führenden Mächten wurde daher die Bedrohung durch Abschreckung ersetzt. Auf lange Sicht trat man außerdem mit »Satellitenerkundung, Tarnkappenbombern, sensorgesteuerten Raketen« und »Crackattacken im Internet auf die Konten feindlicher Politiker« den Marsch in eine militärische Zukunft an, die der Schlacht als Fixpunkt aller Überlegungen eine untergeordnete Position zuweist.[44]

Die »Urkatastrophe« von 1914 stellt in dieser Langzeitperspektive eine Wegmarke der neueren Geschichte dar. In kürzester Zeit wurden jahrhundertelang geltende Regeln der Konfliktlösung überwunden. Das »Zeitalter der Weltkriege« als Motor sozialer und technologischer Veränderungen beschleunigte damit allerdings nicht nur Prozesse. Handlungsstränge wurden durch den enormen Kräfteverschleiß lang andauernder industrieller Gewalteruptionen auch durchtrennt. Aus einem solchen Blickwinkel verstehen sich Bruch und Kontinuität nicht als gegensätzliche Pole, sondern als aufeinander verweisende Erscheinungsformen innerhalb komplexer gesellschaftlicher Verhältnisse. Das Jahr 1918 brachte das Ende der Hohenzollernherrschaft und den Zerfall des Habsburgerreiches. Systemwechsel und territoriale Desintegration sind unschwer als Konsequenzen vierjähriger Kriegsanstrengungen auszumachen. Dennoch werden längerfristige Entwicklungen erkennbar. Risse zeigten sich etwa innerhalb der deutschen Sozialdemokratie schon vor 1914; ebenso der Wille einer im wilhelminischen Staat bereits »angekommenen« SPD-Führung, als Ordnungsfaktor gegen die Revolution aufzutreten.[45]

Die Kollegen der österreichischen Schwesterpartei sahen die Dinge nicht viel anders, auch wenn die Aufrechterhaltung einer vom Nationalitätenstreit gezeichneten Donaumonarchie selbst ohne Krieg eine schwere Last darstellte. Anders als Eberts Gefolgschaft übernahm dann die Partei von Viktor Adler und Karl Renner keine Regierungsverantwortung auf dem sinkenden Staatsschiff. Letztlich wurde aber auch sie als »Konkursverwalter« zu einem Gegner der radikalen Umwälzung. Abseits sozialdemokratischer Mäßigung orientierten sich Konservative und »Völkische« währenddessen an autoritäreren Herrschaftsformen. Hier wie dort verband sich ihr Aufstieg mit dem Rückgriff auf die alte Ordnung. In Ungarn brachte der Reichsverweser Nikolaus Horthy die Kontinuität zum Ausdruck, in Österreich ein klerikaler Ständestaat, der den Schulterschluss mit den Habsburgern suchte. In enger Fühlung mit dem italienischen Faschismus vermengten sich gleichzeitig Tradition und Innovation. Der »Aufsteiger« Adolf Hitler, für die bürgerlich-aristokratischen Kräfte in Wien zunehmend eine Bedrohung, verkörperte die neue Mischung besser als jeder andere. »Hitlers Triumph war«, analysiert Heinrich August Winkler, »daß er an beides appellieren konnte: an die verbreiteten Ressentiments gegenüber dem angeblich von den Siegern des Ersten Weltkrieges oktroyierten und daher ›undeutschen‹ Parlamentarismus und an den verbrieften Anspruch der Massen auf politische Teilhabe«. Der »plebiszitär legitimierte ›Führerstaat‹« war der Schlüssel zu den nationalsozialistischen Wahlerfolgen, »und diese Erfolge waren nur zu erklären durch einen der Widersprüche des deutschen Modernisierungsprozesses: das Nebeneinander von Obrigkeitsstaat und allgemeinem Wahlrecht«.[46]

Auch wenn die Politiker und Generäle aus der Hohenzollernzeit im »braunen« Reichskanzler immer noch den »böhmischen Gefreiten« sehen mochten: Die nie verwundene Niederlage des Ersten Weltkriegs, das »Verdikt von Versailles« und die Aussicht auf Wiederherstellung der deutschen »Weltgeltung« rückte speziell die Militärkaste Preußens in die Nähe Hitlers.[47]

Selbst unter jenen, die später dem Widerstand angehörten, fehlte es 1933 nicht an Hingabe gegenüber dem neuen Regime. Die Jahre 1918 und 1939 waren eng miteinander verknüpft. Karl-Heinrich von Stülpnagel, von 1942 bis 1944 Militärbefehlshaber im besetzten Frankreich, gehörte zwar zu jenen, die, anders als viele Offizierskollegen, schon früh und wesentlich entschlossener gegen die Führung des Dritten Reiches vorzugehen bereit waren. Wie viele in seinem Umfeld aber war auch er von den Kämpfen zwischen 1914 und 1918 geprägt. Als einer der Männer des 20. Juli 1944 wurde er nach dem Scheitern des Stauffenberg-Attentates nach Berlin befohlen. Stülpnagel verabschiedete sich daraufhin »von seinen Mitarbeitern, bestieg den Wagen und ließ den Fahrer in der Nähe von Verdun, wo er im Ersten Weltkrieg gekämpft hatte, ein Stück weit vorausfahren. Die Höhe ›Toter Mann‹ vor Augen, stieg er die Böschung des Maas-Kanals hinunter, und gleich darauf hörten seine Begleiter einen Schuss«.[48] Der Versuch, sich das Leben zu nehmen, misslang jedoch. Der Berufssoldat zertrümmerte sich eine Gesichtshälfte und verlor das Augenlicht. In Berlin dennoch vor den Volksgerichtshof gebracht und zum Tode verurteilt, musste man den Erblindeten an der Hand zum Galgen führen.[49]

In Stülpnagels Tragik versinnbildlichten sich die Widersprüche und Gemeinsamkeiten einer Gesellschaft, deren soziales Gefüge erst die Zäsur von 1945 in Frage stellte. Ganz anders sah es demgegenüber in Russland aus. An der Isolation der »Autokratie«, der Kluft zwischen der »Gesellschaft von Besitz und Bildung« einerseits sowie der von Sozialdemokratie und Agrarsozialismus repräsentierten Arbeiterschaft und Landbevölkerung andererseits manifestierte sich eine ökonomische, soziale und politische Modernisierungskrise, die lange vor 1914 einsetzte. Dass sich die Intelligenz vom »Ancien Régime« abwendete, die Regierungsinstitutionen versagten und mit dem Ende der Zarenherrschaft das Land aus den Fugen geriet, war ohne Vorbedingungen eines innerrussischen Problemstaus nicht zu begreifen.[50]

Dennoch sind die Geschehnisse des Jahres 1917 ohne die militärischen Kraftanstrengungen und die Versorgungskrise des Ersten Weltkriegs nicht zu begreifen. Streiks und Proteste gegen die Lebensmittelknappheit verbanden sich schließlich mit dem Ungehorsam der Soldaten. Der Erste Weltkrieg verstärkte die Gegensätze nicht nur, er überspannte den Bogen. Als Einflussfaktor auf die weitere Entwicklung manifestierte er sich in der Friedenssehnsucht der Bevölkerung und in den Großmachtinteressen vor dem Hintergrund einer sich auflösenden Ostfront. Die Ankunft von Wladimir Iljitsch Uljanow in Petrograd, vom Hohenzollernreich überhaupt erst ermöglicht, konnte nur auf längere Sicht zu jener »Sternstunde« werden, die Stefan Zweig in ihr sehen wollte.[51] Zunächst blieb Uljanow, genannt Lenin, wenig mehr zu tun, als seine noch kleine Gefolgschaft, die Bolschewiki, auf Linie zu bringen. Die Möglichkeit, im turbulenten Revolutionsjahr der diskreditierten Kriegspolitik seiner Kontrahenten mit Hilfe der Räteinstitutionen und eines Militärrevolutionären Komitees zur Verteidigung Petrograds gegen die Deutschen den Todesstoß zu versetzen, nutzte Lenin in den darauf folgenden Monaten. Sein Vorgehen ließ sich im Nachhinein als gelungener Coup bezeichnen. An die Dauerhaftigkeit des entstehenden Sowjetregimes aber glaubten bisweilen nicht einmal die Bolschewiki, denen es vor allem in der russischen Agrargesellschaft an Rückhalt mangelte. Was den Oktober 1917 über den Gang der Ereignisse erhob, war seine Signalwirkung insbesondere für die destabilisierten Kriegsgesellschaften Europas und seine Konsequenzen für die Gebiete des untergegangenen Romanowimperiums. Die Frühgeschichte unter Lenin und die spätere Diktatur Stalins erscheinen dabei eher von Gemeinsamkeiten geprägt. Dafür stehen das Machtmonopol der Partei, die Autorität des Führers auf der Basis eines längerfristigen Herrschaftsverständnisses, die Stärkung der Staatsgewalt bis hin zur Ausprägung totalitärer Machtstrukturen und die zentrale Wirtschaftsplanung, die selbst in der Phase einer konzessionsbereiteren Politik gegenüber den Bauern aufrechterhalten wurde. Auch wenn Stalin im Widerspruch dazu Ende der Zwanzigerjahre »aus freien Stücken« mit der Zwangskollektivierung den »Krieg gegen das Dorf«, die »Revolution von oben«, begann, so dominieren dennoch die Übereinstimmungen.[52] Die Entwicklungen zwischen 1929 und 1933 gehören zum Oktoberumsturz, zu »Bürgerkrieg« und Intervention, Machterhaltung und -erweiterung der Bolschewiki. Die Zwangskollektivierung in der UdSSR bildete, schreibt Manfred Hildermeier, »den zweiten Akt, der dem ersten folgte. Revolutionen sind zwar definiert durch eine extreme Beschleunigung von Umbrüchen auf verschiedenen Ebenen der historischen Wirklichkeit«, so Hildermeier weiter, aber »das schließt ihren Prozeßcharakter nicht aus«.[53]

Der Erste Weltkrieg in seiner Wirkung auf Russland weist somit über den begrenzten Zeitrahmen von 1914 bis 1918 hinaus, wird sowohl zur Zäsur als auch zum Motor historischer Umschichtungen. Dass er auch für wesentlich langsamere Bewegungen steht, zeigt das amerikanische Beispiel. Schließlich hatte sich der Aufstieg der USA zur Großmacht über mehrere Jahrzehnte angekündigt, ohne dass sich daraus für Washington eindeutige außenpolitische Regeln ergaben.[54] Woodrow Wilson hatte nicht nur das Ende der Geheimdiplomatie und das Selbstbestimmungsrecht der Völker auf seine Fahnen geheftet, er verlieh dem vierjährigen Massenschlachten obendrein einen »höheren, einen beinahe religiösen Sinn […]: den ewigen Frieden, das messianische Reich des Rechts und der Humanität«, schreibt Stefan Zweig.[55] Die Hoffnungen »aller fünf Erdteile«, ergänzt Zweig, ruhten auf Wilson, aber sowohl die Pariser Vororteverträge als auch die Zurückhaltung seines eigenen Landes wiesen ihn in die Schranken. Die

Vereinigten Staaten waren nicht bereit, kraft ihres Einflusses internationale Verantwortung in der Völkergemeinschaft zu übernehmen. So blieb nach dem Rückzug der US-Truppen vor allem die Wirkung auf den Weltkrieg selbst, der mit amerikanischer Hilfe zugunsten der Entente entschieden worden war.[56]

Geradezu an der Schwelle von der »Urkatastrophe« zum »kurzen Zwanzigsten Jahrhundert« scheint demgegenüber das Hervortreten der Tschechoslowakischen Legion im untergegangenen Zarenreich angesiedelt zu sein. Die Freiwilligenverbände, die größtenteils aus in russische Gefangenschaft geratenen k. u. k. Soldaten gebildet worden waren, konnten in vielerlei Hinsicht Verwendung finden: Einerseits waren sie noch Teil von Weltkriegsstrategien der Entente und Ausdruck der nationalen Desintegration Österreich-Ungarns; andererseits konnten sie als Stütze der schwächelnden antibolschewistischen Bewegung in Russland gelten. Darüber hinaus ließen sie sich aber auch als Entscheidungsfaktor im Zuge der imperialen Expansionspolitik Tokyos in Ostasien und der japanisch-amerikanischen Rivalitäten im Pazifikraum oder als Exponenten der alliierten Interventionspolitik gegen Lenins Regime und frühes Instrument eines Jahrzehnte dauernden Ost-West-Konfliktes begreifen.

»Urkatastrophe«, Wende- und Höhepunkt, Ausdruck von Kontinuität und stetem Wandel, all das konnte der vierjährige Waffengang zu Beginn des 20. Jahrhunderts sein. Ob er Letzteres erst hervorbrachte oder nicht, hängt wesentlich von Standpunkt verschiedener Länder, Professionen, sozialer Gruppen und geschlechterspezifischer Positionen ab. Das zeigt beispielsweise die Änderung des Wahlrechts ab 1917/18, das den Frauen nach ihrem kriegswichtigen Einsatz an der »Heimatfront« in vielen Ländern die Beteiligung an der politischen Willensbildung zugestand, an der prinzipiellen Bevorzugung der Männer aber auf lange Sicht nichts änderte.[57] »Gleichwohl kam es nicht zu einem fortgesetzten Abbröckeln der Zäsurhypothese«, konstatiert Michael Prinz mit Blick auf die Multiperspektivität und »nüchternen Befunde« der Spezialliteratur. Den Grund dafür erblickt Prinz im Mangel an alternativen Ordnungsangeboten: »Überblicksdarstellungen gliedern ihr Material gleichsam ›automatisch‹ entlang der

Jahre 1914 respektive 1918 und akzentuieren damit, ohne es besonders zu reflektieren, diesen Einschnitt.«[58]

Anders als mit den »großen Erzählungen«, die durch Kontextualisierungen das »Hauptereignis« überhaupt erst hervorbringen, verhält es sich mit dem Alltag des »unbekannten Soldaten«, seiner Kameraden und Angehörigen. Ihr Kriegserlebnis präsentiert sich als unmittelbarer Erfahrungshorizont, wie ihn Erich Maria Remarque nachzeichnete. Dass sein Bild traf und doch nur Teil eines widersprüchlichen Aneignungsprozesses der Vergangenheit sein konnte, ist dabei weniger von Belang als die Möglichkeit, die Details der Erinnerungslandschaft unter die Lupe zu nehmen. Eine Epoche oder, wie im konkreten Fall, eine mehrjährige militärische Auseinandersetzung, zerfällt dabei ihrerseits in kurze Momente, in Verdichtungen von Handlungsabläufen, die als Grundlage aller abweichenden Interpretationen zunächst die Funktion von Fixpunkten erfüllen. Durch Vorbedingungen und Konsequenzen zum »Ereignis« gemacht, präsentieren sich einige als »Meilensteine« der Geschichte. Unter dem Mikroskop einer akribischen Wissenschaft lösen sie sich dann allerdings beinahe auf. Die Oktoberrevolution als »Opfergang der Massen« entsteht erst 1927 im Film von Sergej Eisenstein. Dem sowjetischen Gründungsmythos steht zehn Jahre zuvor die Wirklichkeit eines fast unscheinbaren Machtwechsels gegenüber. Die Drehbühne der Weltgeschichte hat sich zweifelfrei bewegt, aber für die Zeitzeugen ist wenig mehr zu sehen als ein paar zerbrochene Fensterscheiben im Petrograder Winterpalais. Fast ebenso unscheinbar wirken die Vorgänge in Tscheljabinsk, der Anfang bewaffneter Konflikte in weiten Teilen des ehemaligen Zarenreiches. Nichts Folgenschweres meinten die Akteure miterlebt zu haben, ebenso wie die auf Sommerurlaub eingestellten Europäer Ende Juni 1914.

Die Ermordung des österreichisch-ungarischen Thronfolgers und seiner Gemahlin in Sarajewo löste keinen Krieg aus.[59] Das Attentat wurde vielmehr bewusst instrumentalisiert, eine Vorgehensweise, bei der die Informationspolitik eine wesentliche Rolle spielte.

Bilder, visualisierte Zeugnisse von Ereignissen, sind dabei von besonderer Bedeutung – heute noch viel mehr als 1914. Dementsprechende Relevanz hat ihr Einsatz im Medienzeitalter. Ein aktuelles Beispiel, der Terrorakt vom 11. September 2001, dient dafür als Beleg: Der Vergeltungsschlag der USA gegen einen obskuren Gegner fand auch mit Blick auf eine verunsicherte Bevölkerung statt, die das Sterben von fast dreitausend Menschen in den einstürzenden Türmen des World Trade Centers an den TV-Geräten verfolgte. Die sozialpsychologischen Konsequenzen einer vermehrten Visualisierung des historischen Geschehens beeinflussen nachhaltig politisch-militärische Kalkulationen.[60] Mit der Ereignisflut der Presseagenturen rücken Inszenierung und Realität zusammen. Conrad Schumann, 1961 als Volksarmist der DDR beim Bau der Berliner Mauer eingesetzt, weiß davon zu berichten. Unzählige persönliche Tragödien mitansehend, entschloss er sich zur Flucht. »Ich hab' ziemlich nah am Stacheldraht gestanden, als mich auf westlicher Seite ein junger Mann fragte, ob ich fliehen wolle. Da hab' ich ja gesagt. Ein Polizist drüben hat ihn dann weggeholt. Und dann hat plötzlich ein Polizeiauto dagestanden, und Kameras wurden aufgebaut. Fotografen waren da und viele Menschen [...] – und dann hab' ich mir einen Ruck gegeben. [...] Ich bin losgerannt, gesprungen, und dann ins Auto rein.«[61]

Der Augenblick wurde in einem Foto festgehalten, das seitdem selbst Standardwerken der Geschichte als Titelblatt dient.[62] Als Symbol des Freiheitswillens gegenüber Unterdrückung wurde es zur »publizistischen Ikone«, ebenso »wertvoll« wie die nachgestellte Szene, die den Sturm auf das Winterpalais und damit die Entstehung der Sowjetunion anzeigt. Zuvor waren es unter anderem die Fotografien des Feldwebels Timofej Kirpitschnikow, die der revolutionären »Heldenverehrung« Vorschub leisteten. Als Schlüsselfigur jener Ereignisse, die zum Sturz des Zaren geführt hatten, prangte Kirpitschnikows Antlitz in vielen Schaufenstern, bevor er als »Unzeitgemäßer« von der Bildfläche verschwand.

Das Hervortreten eines vermeintlich unbedeutenden Unteroffiziers verweist auf einen weiteren Aspekt, einen inneren Zusammenhang zwischen den einzelnen Augenblicken des »großen Krieges«. War es 1914 ein kleiner Kreis von Monarchen, Ministern, Diplomaten und Generälen, der dem Geschehen seinen Stempel aufdrückte, so kamen 1917/18 Exponenten einer bislang anonymen Menge zum Zug. Feldzüge, die den Angreifer benachteiligten und den entscheidenden Durchbruch bei annähernd gleichen Kräften unwahrscheinlich machten, engten den Handlungsspielraum der Stabsoffiziere zunehmend ein. Widerstand gegen Not und Krieg machten mit Fortdauer der Kämpfe jeden Schritt der zivilen und militärischen Führung zum Wagnis. Soziale Protestbewegung und gesellschaftliche Umschichtung ließen allerdings ihrerseits nur bestimmte Handlungsweisen gelten. Dem Wesen des Kieler Aufstandes entsprechend, blieb wenig Platz für gesellschaftliche Experimente und eine radikale Neuorientierung. Die äußerste Linke hatte für ein bolschewistisches Unterfangen weit weniger Platz als die sozialdemokratische Führung und die alten kaiserlichen Eliten für ihre Ordnungsvorstellungen. Umgekehrt wurden in Russland mit der wachsenden Friedenssehnsucht und der ungelösten Agrarfrage die Kräfteverhältnisse nach dem Sturz des Zaren rasch auf den Kopf gestellt. Wer sich der allgemeinen Tendenz in den Weg stellte, wurde, wie Timofej Kirpitschnikow als Repräsentant des »Februarprovisoriums«, von den Ereignissen überrollt. Der historische Augenblick eines Feldwebels bezeichnet solcherart den Moment einer Abkehr von den Eliten und einer Hinwendung zur »Geschichte von unten«, markiert aber auch die begrenzten Möglichkeiten des Akteurs. Stefan Zweig könnte auch Kirpitschnikow im Auge gehabt haben, als er schrieb: »Manchmal aber, ganz selten in allen Zeiten, wirft« das Schicksal »in sonderbarer Laune irgendeinem Gleichgültigen sich hin. Manchmal […] fällt der Faden des Fatums für eine zuckende Minute in eines ganz Nichtigen Hand. Immer sind dann solche Menschen mehr erschreckt als beglückt von dem Sturm der Verantwortung, der sie in heroisches Weltspiel mengt, und fast immer lassen sie das zugeworfene Schicksal zitternd aus den Händen. Selten nur reißt einer die Gelegenheit mächtig empor und sich selber mit ihr. Denn bloß eine Sekunde lang gibt sich das Große hin an den Geringen; wer sie versäumt, den begnadet sie nie mehr ein zweites Mal.«[63]

Dem handelnden Individuum steht auf diese Weise nur eine Art Zeitfenster zur Verfügung, wie auch Hans-Ulrich Wehler betont, wenn er am Beispiel der Vereinigung beider deutscher Staaten zu folgenden Überlegungen gelangt: »Daß es realistische Alternativen zu dem rapiden Fusionsprozeß gegeben habe, wird jeder nüchterne, mit der Geschichte vertraute Beobachter verneinen, da die Chance erfolgreichen Handelns in solchen Krisenmomenten in aller Regel nur eine kurze Zeit lang existiert, ehe gegenläufige Machtinteressen den offenen Entscheidungshorizont wieder schließen.«[64]

Gerade darauf hatten auch die Akteure außergewöhnlicher Momente zwischen 1914 und 1918 zu achten. Die Instrumentalisierung von »Zwischenfällen« zur Auslösung größerer bewaffneter Konflikte trieb Politiker und Militärs zur Eile. Nur innerhalb einer verhältnismäßig kurzen Zeitspanne ließ sich der Ausbruch offener Gewalt mit dem beanspruchten Casus Belli, dem Thronfolgerattentat in Sarajewo, sinnvoll verbinden. Vor dem Hintergrund ständiger Aufrüstung hielten darüber hinaus speziell die Mittelmächte den Gegner lediglich in nächster Zukunft für bezwingbar. Dass der erhoffte rasche Triumph bereits unwahrscheinlich geworden war, zeigten jedoch die folgenden Monate: Die Operationen an der Marne standen von Anfang an im Zeichen effektiverer Defensivstrategien. Befehle der deutschen Obersten Heeresleitung sowie der »Wettlauf zum Meer« verweisen allerdings auch hier einige Wochen lang auf die Möglichkeit, die sich rasch verfestigende Front an der Flanke zu umgehen und den eingeplanten Blitzsieg im Westen zu erringen. Der Erfolg der meuternden »wolhynischen« Gardesoldaten in Petrograd stand und fiel wiederum mit dem Verhalten anderer Truppen. Im Detail zeigt sich, dass die Unsicherheit der »Aufrührer« begründet war und in den entscheidenden Stunden die Situation mehrmals auf des Messers Schneide stand. Zudem hing die weitere Entwicklung von der Versorgungslage in Petrograd und dem Verhalten der Regierung ab. Aus Kirpitschnikows Sicht handelten der Zar und seine Berater glücklicherweise nicht gerade geschickt, ebenso wenig wie die Flottenkommanden des Hohenzollernreiches vom Standpunkt der deutschen Matrosen. Das Ehrgefühl und der damit verbundene Offensivgeist der Seeoffiziere mussten im Angesicht des bevorstehenden Waffenstillstandes nicht nur als Missachtung des Friedenswillens, sondern auch als Rebellion, mindestens aber als Ungehorsam gegenüber der neuen verhandlungsbereiten Regierung aufgefasst werden. Die Erhebung in Kiel war vor allem ein Schlussakt, der dem Ersten Weltkrieg in gewisser Weise auch als soziales Phänomen ein mehr oder weniger einheitliches Profil verlieh.[65]

Zwar waren die Handlungen von Gruppen oder Individuen nicht allein durch kurzfristige gesellschaftliche Konstellationen, sondern auch durch soziale, wirtschaftliche, kulturelle und politische Rahmenbedingungen von längerer Dauer geprägt. Einen anderen Verlauf der Geschichte auszuschließen, wird bei Kenntnis der Details allerdings erheblich erschwert. »Weder war der Februar unausweichlich noch gar der Oktober«, kommentiert denn auch Manfred Hildermeier kurz und bündig die russische Entwicklung im Jahr 1917.[66]

Im kollektiven Gedächtnis, meint dazu Hans-Ulrich Wehler, besitzen die Ergebnisse der Geschichte »häufig eine Art von naturwüchsiger Unzweideutigkeit, zumal die Macht der ›Tatsachen‹ von Historikern gewöhnlich noch einmal wissenschaftlich untermauert wird. Den theoretisch interessierten Köpfen unter ihnen ist längst klar, daß es ihre erkenntnisleitenden Interessen sind, die den Lichtkegel der Forschung jeweils auf nur einen schmalen Ausschnitt aus der im Prinzip unendlich komplexen Vergangenheit lenken«. Demgegenüber, folgert Wehler, muss der »tatsächliche« Gang der Dinge noch einmal, »sorgfältiger als zuvor, identifiziert, beschrieben und erklärt werden, nachdem die gescheiterten oder unterdrückten Alternativen, die unterlegenen Kräfte und ausgeschöpften Möglichkeiten erneut gewürdigt und gewichtet worden sind«.[67]

Die Offenheit historischer Situationen erkundend, sind in den vorangegangenen Kapiteln fundamentale Entscheidungen zwischen 1914 und 1918 überprüft worden. Dass es sich um folgenreiche Weichenstellungen handelte, zeigte sich bei der Rekonstruktion jener Motivationen, die speziell die österreichische und deutsche Diplomatie nach dem Thronfolgerattentat in Sarajewo auf Kriegskurs brachten. Schon wenige Monate später musste mit dem Verlauf des Westfeldzuges in Berlin die Einsicht reifen, dass ein Sieg des Hohenzollernreiches zu den unwahrscheinlicheren Resultaten des Waffenganges zählen würde. Zwischen optimistischen und pessimistischen Zukunftsszenarien pendelnd, erhielt die »Fortsetzung der Politik mit anderen Mitteln« den Vorzug. Noch einmal wurde die Denkweise der zivilen und militärischen Führung vom Juli 1914 bestätigt. Das Kräftemessen als Ressourcenschlacht bis zur Zerreißprobe rief den Aufstand von unten auf den Plan, und zwar, wie es schien, an der schwächsten Stelle der Kette. Die Monarchien Mittel- und Osteuropas, von inneren Widersprüchen geschwächt, von sozialen Spannungen, ökonomischen Krisen und der drohenden militärischen Niederlage erschüttert, kamen zu Fall. Die Vorgänge in Kiel und Petrograd lösten »Ereignislawinen«, Flächenbrände, aus. Die »Dynamik der Masse« lässt sich an beiden Orten studieren, setzt dem Vergleich aber auch enge Grenzen. Die Konsequenzen hoben die nationalen Unterschiede hervor. Die revolutionären Botschaften aus der russischen Agrargesellschaft hatten beschränkte Wirkung. Gegenüber Lenins »Mission« verhielt sich selbst im untergegangenen Zarenreich die bäuerliche Bevölkerungsmehrheit reserviert. Außerhalb des sowjetischen Machtbereichs wollte man von einer grundlegenden gesellschaftlichen Neuordnung zumeist noch weniger wissen.

Die Protestbewegungen am Ende des Ersten Weltkriegs, ideologisch lange »als brüderlicher, solidarischer Aufstand der entrechteten Klassen« einerseits und als »bolschewistische Brandschatzung der europäischen Zivilisation« andererseits über einen Kamm geschoren, unterschieden sich bei genauerer Untersuchung beträchtlich von einander. Was aber brachte in den jeweils spezifischen Konfliktsituationen das Fass zum Überlaufen? Und welche Folgen hatte diese »Überschwemmung«? Der sprichwörtliche »Tropfen« mag in einem grundsätzlich offenen Geschichtsverlauf wie der »Flügelschlag des Schmetterlings in Japan« wirken, »der einen Orkan in der Karibik auslöst«. Im Sinne dieses berühmten Bildes aus den Natur- und Formalwissenschaften, schreibt Ludolf Herbst, Professor für Zeitgeschichte in Berlin, »könnte man meinen, daß jede Intervention in komplexe Systeme prinzipiell mit dem Risiko behaftet ist, einen chaotischen Prozeß auszulösen. Dies ist jedoch nicht der Fall. Vielmehr sind Gesellschaften [...] hiergegen relativ unempfindlich«, wenn ihre »Rückkopplungssysteme« funktionieren, also »das Gegeneinander von Kräften, die durch eine Rahmenordnung wie in einem Gehege eingegrenzt sind und sich gegenseitig in ihrer Dynamik begrenzen«.[68]

Derartige Systemtheorien setzen sich allerdings dem Vorwurf aus, das Individuum aus der Geschichte hinauszudrängen. Das weiß auch Herbst, hält im Widerspruch dazu aber fest: »Der Mensch ist ohne die Komplexität der systemischen Verhältnisse, in denen er lebt, nicht sichtbar zu machen. Den Menschen kann man überhaupt nur sichtbar machen, wenn man die anonymen ›Mächte‹ zeigt, denen er mitgestaltend ausgeliefert ist. Sie zu unterschätzen macht blind gegen den Ursprung der Inhumanität.«[69]

Davon aber kann gar keine Rede sein, betonen andererseits die Vertreter der »historischen Biographik«: Ihre Interpretationsmuster stünden in deutlichem Kontrast zu solchen Ansichten. Olaf Hähner präzisiert: »Richtig ist, daß biographische Geschichtsschreibung die historische Erkenntnisperspektive auf ein Individuum fokussiert und daß – trivial, aber wichtig – eine Biografie nicht alle Fragen lösen kann, die ein Historiker an eine Epoche oder ein historisches Phänomen stellen kann. Falsch ist, daß die Fokussierung notwendig mit der Überschätzung des Individuums einhergeht.«[70] Letzteres wird vielmehr in »Verhältnissen und Prozessen« geschildert, die dem Handeln des Einzelnen vorausgehen.[71]

Indem die Biographie zugleich die Frage der Willensfreiheit und der Entscheidungsmöglichkeit der Akteure zur Disposition stellt, kann sie gemeinsam mit der Geschichte der »Momente und Augenblicke« die bedeutende Funktion einer Kontrollinstanz gegenüber den »großen Erzählungen« einnehmen. Dabei steht nicht allein die Richtigkeit des Details in den Darstellungen von Strukturen beziehungsweise mittel- und langfristigen Entwicklungen auf dem Prüfstand. Vorrangig gilt es, die Anatomie der gesellschaftlichen Kräftekonstellationen in überschaubaren Zeitfeldern offen zu legen, um, falls nötig, größere Zusammenhänge neu zu deuten. Bei diesem Unterfangen gelangt die Beschäftigung mit »Ereignisknoten« und einzelnen Personen zu besonderen Einsichten. Woran liegt das?, fragt Olaf Hähner und kommt zu folgender Antwort: »Man kann sich das Individuum als einen Komplex aus historisch bedingten Elementen und anthropologischen Universalien vorstellen. Gerade diese Universalien, das Lieben und Hassen, Hoffen und Fürchten, Wollen, Beten, Kämpfen, welches sich auch bei unseren Ahnen findet, erleichtert die Annäherung an das Fremde.« Prestigedenken und Ehrbegriffe, wie sie die Diplomaten und Offiziere des Ersten Weltkriegs an den Tag legten, manifestieren demgemäß die Differenz zu den Nachgeborenen, während mit den Charaktereigenschaften der Marne-Generäle in einer spezifischen historischen Entscheidungssituation gleichermaßen das »Allgemeinmenschliche« betont wird. Davon ist auch die Rede, wenn Sebastian Haffner die Träger der deutschen Revolution 1918/19 einem Individuum gleich als Aktionseinheit beschreibt: »Was hier massenhaft hervorbrach und sich in Taten niederschlug, waren große und edle Eigenschaften: Mut, Entschlusskraft, Opfersinn, Einmütigkeit, Schwung, Initiative, ja Inspiration und instinktive Zielsicherheit, eben alles das, was Revolutionen Glorie verleiht; und das unter führungslosen Massen, und zwar deutschen Massen! Wenn immer gesagt worden ist, dass die Deutschen zur Revolution unfähig seien – man kennt Lenins spöttisches Wort, dass deutsche Revolutionäre keinen Bahnhof besetzen könnten, wenn der Schalter nicht offen sei, um Bahnsteigkarten zu lösen –, diese Novemberrevolution, immerhin, lässt sich zur Widerlegung anführen«. Tausende setzten ihr Leben ein, »wagten den Absprung ins Unbekannte, Unerprobte, Unübersehbare«. Die »revolutionäre Leistung der deutschen Massen in dieser Novemberwoche kann sich […] durchaus sehen lassen und steht hinter der revolutionären Leistung der russischen Massen in der Märzrevolution von 1917 nicht zurück.«[72]

Von deren Besonderheit spricht wiederum ein Augenzeuge, der

Schriftsteller Konstantin Paustowskij. »In wenigen Wochen«, heißt es bei Paustowskij, »sprach Rußland alles aus, worüber es ganze Jahrhunderte geschwiegen hatte. Vom Februar bis Herbst 1917 glich das Land Tag und Nacht einer pausenlosen, chaotischen Volksversammlung.«[73] Von Kundgebung zu Kundgebung wechselten die Kräfteverhältnisse, schuf die schwankende Situation neue Autoritäten. »Helden der ersten Stunden«, wie Timofej Kirpitschnikow, gerieten ins Hintertreffen: Als »ganzer« Soldat bereit für eine weitere militärische Kraftanstrengung, stand Kirpitschnikow jener Friedenssehnsucht im Weg, die sich Lenin zunutze machte. Als Kopf der »Februarmeuterei« wiederum sahen die erbitterten Gegner der Bolschewiki in dem jungen Unteroffizier fast so etwas wie einen »Zarenmörder«. Ein »weißgardistischer« Kommandeur machte angeblich kurzen Prozess mit ihm. Kirpitschnikow rückte damit in die Nähe jener Personen, die als Attentäter in die Annalen eingingen und über deren Taten die Nachwelt widersprüchliche Urteile fällt.[74]

Die Männer vom 20. Juli 1944, in denen die einen »Hoch- und Landesverräter« und die anderen moralische Vorbilder erblickten, sind hierfür ein signifikantes Beispiel. Zugleich manifestiert sich in diesem – neben einer Verdichtung der Handlungsstränge auf wenige entscheidende Momente – die für den Widerstand gegen das Regime bedeutsame Gewissensfrage, ein Aspekt, der das Individuum hervorhebt. Der Publizist Joachim Fest schreibt dazu: »Man hat später, in den generalisierenden Abrechnungen der nachhitlerschen Ära, das Bürgertum, das Militär, die Kirchen, den klassischen Bildungskanon und anderes mehr für das Versagen jener Jahre verantwortlich gemacht. Der Wahrheit näher kommt, daß keine Institution, kein Ideengrund von links und rechts, keine Tradition oder gesellschaftliche Schicht im ganzen zureichende Sicherungen oder Abwehrkräfte liehen. Das Widerstehen war ausschließlich eine Sache der Charaktere, im Bürgertum, in der Arbeiterschaft, im Militär. Die gesellschaftlichen Zusammenhänge oder ideellen Gerüste boten allenfalls einen Rückhalt gegen die gelegentlichen Zweifel und die Versuchungen der Resignation. Mit Recht hat man den Widerstand einen ›Aufstand des Gewissens‹ genannt.«[75]

»Es ist genug Blut geflossen«, konstatierten die Männer um Timofej Kirpitschnikow. Auch sie appellierten an das eigene Gewissen, ohne auf weltanschauliche Vorprägungen und soziale Sicherheiten bauen zu können. Ihr Widerspruch folgte den Gewaltszenen auf den Straßen Petrograds, verschob die Machtverhältnisse, schuf unklare Perspektiven inmitten eines Weltkriegs, der je nach Blickwinkel für Zäsur, Wandel oder Kontinuität steht und dessen Konsequenzen für die Zeitzeugen unbestimmt waren und für die Historiker strittig sind. Was »Hauptereignisse« oder »Urkatastrophen« kennzeichnet, gilt auch für Augenblicke und »Sternstunden«: Eine lineare Entwicklung vor und nach der einen bedeutenden Wende wird in kontrafaktischen Gedankenspielen gerne angenommen. Die Geschichte aber geht keinen geraden Weg, sie torkelt bisweilen in die nächste Seitenstraße. Es lohnt sich innerhalb eines knapp bemessenen Zeitraumes, eine Vielzahl jener Stunden und Tage zu suchen, von denen man sagt, dass sie die Welt verändert haben. Trotz unklarer Interpretationslage steht dabei fest: Die »Momente« sind die eigentlich menschliche Dimension der Historie. In ihnen tritt der Einzelne mit seinen Möglichkeiten und Grenzen, seiner Größe und seinen Irrtümern stärker zu Tage. Den komplexen Verhältnissen, denen er sich gegenüber sieht, entspricht keine Geschichtsforschung, die über Wahrheit und Lüge befindet. Die Offenheit jeder historischen Situation provoziert weder Beliebigkeit noch letzte Gewissheit. Sie verlangt nach akribischer Erforschung der Vielheit, des Zusammenwirkens der Phänomene und ihrer Konsequenzen, der »kurzen Dauer«, umgeben von langsamer Veränderung und »fast stationärer Zeit«. Inmitten des Getöses aus »Fakten und Argumenten« erschafft der geschichtlich Denkende und Interessierte eine Welt, die für ihn so begrenzt erfassbar ist wie für seine »Helden« gestaltbar. In der Rückschau zwischen Spuren und Interpretationen pendelt der Historiker zwischen Fähigkeit und Versagen, Selbstbewusstsein und Bescheidenheit. Statt Überheblichkeit gegenüber seiner Materie, seinen Lesern und Kollegen, mag er sich bei seinem Urteil an eine apokryphe Variante zur Genesis halten, die ihm gleichermaßen gewidmet ist wie dem historischen Akteur, dem seine Aufmerksamkeit gilt. Alexander Demandt hat sie an das Ende eines Textes über die »großen

Prozesse in der Geschichte« gestellt. Wir, die beiden Autoren, wollen es ihm gleichtun: »Wer Ohren hat, der höre!

Als am Abend des fünften Schöpfungstages die Welt fertig war und Gott daran dachte, nach seinem Bilde noch den Menschen zu schaffen, berief er die Engel zum Kronrat. Sie umstanden seinen Thron, und der Engel der Liebe sprach als erster: ›Herr tu's nicht! Der Mensch wird nur sich selber lieben, deine Liebe kann er nimmermehr erreichen.‹ Danach erhob der Engel der Wahrheit seine Stimme: ›Herr tu's nicht! Der Mensch wird der Lüge folgen; nur das, was ihm nützt, wird er erkennen wollen.‹ Als dritter warnte der Engel der Gerechtigkeit: ›Herr, tu's nicht! Der Mensch wird Macht vor Recht gehen lassen, deine Gerechtigkeit wird er verachten.‹ Nun aber kam der Teufel. Der war listig und wußte, daß der Mensch eher ihm als Gott gleichen würde. Er redete und sprach: ›Herr, du mußt den Menschen schaffen, denn sonst fehlt deiner Schöpfung die Krone.‹ Da bedachte sich Gott und beschloß: ›Gut, ich werde ihn schaffen. Aber als einziges aller Wesen soll er ewig unfertig bleiben. Immer soll er Liebe, Wahrheit und Gerechtigkeit als Bild von mir in sich tragen, nie wird er es verwirklichen.‹ Da ward aus Abend und Morgen der sechste Tag.«[76]

Wir danken ...

... den Mitarbeitern folgender Institutionen: Vojenský ústřední archiv (Prag), Rossijskij Gosudarstvennyj Archiv Social'no-Političeskoj Istorii (Moskau), Gosudarstvennyj Archiv Rossijskoj Federacii (Moskau), Bundesarchiv-Militärarchiv (Freiburg), Österreichisches Staatsarchiv (Wien), Gosudarstvennaja Istoričeskaja Biblioteka (Moskau) und Österreichische Nationalbibliothek (Wien).

... den russischen Kollegen: A. Nikolaev (St. Petersburg), R. Ciunčuk (Kasan), V. Iščenko (Moskau), E. Kotova (Moskau), I. Lukojanov (St. Petersburg), A. Vatlin (Moskau).

... den österreichischen Kollegen: Paulus Ebner und Karl Vocelka (Wien).

... und insbesondere Hans und Maria Leidinger sowie Sylvia Moritz.

Anmerkungen

»BEDIENUNGSANLEITUNG« – EIN VORWORT ALS ORIENTIERUNGSHILFE
Verena Moritz und Hannes Leidinger

1 Ullrich, Was wäre gewesen, wenn 51.

PANORAMA: HISTORISCHE ZEITEN – EINE EINLEITUNG
Hannes Leidinger

1 Zweig, Sternstunden der Menschheit. Fünf historische Miniaturen 1.
2 Ders., Sternstunden der Menschheit. Vierzehn historische Miniaturen 36, 66, 90, 108, 124, 237, 298–304.
3 Demandt, Sternstunden der Geschichte 14 f. und 21.
4 Ebd. 16, 23 und 25.
5 Ricoeur 142.
6 Rathmann 3.
7 Iggers 41.
8 Ginzburg 63.
9 Ebd. 66 f.
10 Raulff, Der unsichtbare Augenblick 15.
11 Iggers 46 f.
12 Zit. nach Ricoeur 155; vgl. Raulff, Der unsichtbare Augenblick 37.
13 Ferguson 77 f.
14 Duby/Lardreau 63.
15 Revel 164.
16 Ebd. 165.
17 Duby/Lardreau 165.
18 Revel 166.
19 Ricoeur 311 ff.
20 Ebd. 314 f. und 319.
21 Koselleck, Zeitschichten 329.
22 Ders., Darstellung, Ereignis und Struktur 117.
23 Ebd.
24 Müller, Das historische Jubiläum 15 f.

25 Ebd. 17f. und 51.
26 Ernst 2ff.; Lindner 11.
27 Müller, Das historische Jubiläum 52.
28 Koselleck, Zeitschichten 198.
29 Zit. nach Koselleck, Zeitschichten 198.
30 Koselleck, Zeitschichten 84.
31 Müller, Das historische Jubiläum 51ff.; Koselleck, Zeitschichten 198f.
32 Braudel 14.
33 Ebd. 13.
34 Raulff, Der unsichtbare Augenblick 23.
35 Zit. nach Raulff, Der unsichtbare Augenblick 33.
36 Iggers 55.
37 Raulff, Der unsichtbare Augenblick 44.
38 Dosse 523f.
39 Rathmann 10.
40 Ebd.
41 Dosse 454f.
42 Zit. nach Dosse 457.
43 Borst 537; Cramer 224.
44 Raulff, Der unsichtbare Augenblick 39.
45 Suter/Hettling 24f.; Rathmann 12f.
46 Rathmann 13.
47 Ricoeur 158 und 170; Rathmann 5f.
48 Veyne 18f.
49 Raulff, Der unsichtbare Augenblick 77.
50 Ebd. 59–66.
51 Zit. nach Raulff, Der unsichtbare Augenblick 70.
52 Raulff, Der unsichtbare Augenblick 71.
53 Zit. nach Raulff, Der unsichtbare Augenblick 75.
54 Veyne 39.
55 Cramer 223.
56 Koselleck, Zeitschichten 328.
57 Monaco 162.
58 Ebd. 178f. und 191.
59 Ginzburg 78.
60 Klein, Grundlagen der Biographik 10.
61 Zit. nach Ehalt 19.
62 Raulff, Das Leben – buchstäblich 66.
63 Ricoeur 146f.
64 Duby/Lardreau 38 und 44.
65 Veyne 44.
66 Flaig 183ff.
67 Ebd. 186ff.
68 Ebd. 189f.
69 Ebd. 183ff.
70 Raulff, Der unsichtbare Augenblick 45.
71 Flaig 184.
72 Raulff, Der unsichtbare Augenblick 45f.

73 Zit. nach Ferguson, Virtuelle Geschichte 14 f.
74 Ebd.
75 Ritter 26.
76 Ferguson, Virtuelle Geschichte 14 f.
77 Zit. nach Ferguson, Virtuelle Geschichte 89.
78 Ferguson, Virtuelle Geschichte 98 und 101.
79 Ebd. 107.
80 Ritter 35.
81 Ferguson, Virtuelle Geschichte 29.
82 Cowley, Einleitung 10 ff.
83 Ebd. 11.
84 Ritter 31.
85 Seifen 6 und 8.
86 Flaig 183.
87 Koselleck, Zeitschichten 331 f.

TOTALE: DER ERSTE WELTKRIEG – EIN HAUPTEREIGNIS IM BLICKFELD DER GESCHICHTSWISSENSCHAFT

Hannes Leidinger

1 Nagl-Docekal 23.
2 Diner 9 f.
3 Hobsbawm 17.
4 Ebd. 16 f.
5 Salewski, Der Erste Weltkrieg 1 und 3.
6 Ebd. 3.
7 Winter/Parker/Habeck 8.
8 Ebd. 7.
9 Diner 10.
10 Hobsbawm 17.
11 Leidinger, Wechselwirkungen 35 f.
12 Diner 66 ff.
13 Leidinger, Wechselwirkungen 35 f.; Diner 65 ff.
14 Diner 10 f.
15 Leidinger, Wechselwirkungen 36 f. und 42.
16 Hobsbawm 20.
17 Ebd. 21 f.
18 Wiegrefe 17.
19 Ebd. 15 f.
20 Ebd. 13.
21 Wehler, Der zweite Dreißigjährige Krieg 23.
22 Ebd.
23 Wiegrefe 13; Wehler, Deutsche Gesellschaftsgeschichte, Vierter Band 990.
24 Wehler, Deutsche Gesellschaftsgeschichte, Vierter Band 990; Ders., Der zweite Dreißigjährige Krieg 26 ff.
25 Wiegrefe 13.
26 Volkmann 858.

27 Wehler, Der zweite Dreißigjährige Krieg 25 f.
28 Audoin-Rouzeau/Becker 235.
29 Strachan, Der Erste Weltkrieg 394.
30 Ebd. 395.
31 Keegan 587.
32 Wehler, Der zweite Dreißigjährige Krieg 27 f.
33 Ebd. 28 f.
34 Burgdorff/Wiegrefe 11.
35 Zit. nach Wehler, Der zweite Dreißigjährige Krieg 23.
36 Hobsbawm 49 f.; Burgdorff/Wiegrefe 11; Wehler, Der zweite Dreißigjährige Krieg 27.
37 Heideking 272.
38 Ebd. 273 und 289.
39 Hobsbawm 56; Wehler, Der zweite Dreißigjährige Krieg 27.
40 Burgdorff/Wiegrefe 11.
41 Ferguson, Der falsche Krieg 8.
42 Salewski, Der Erste Weltkrieg 7.
43 Ebd.
44 Mai 159.
45 Rauchensteiner, Der Tod des Doppeladlers 101.
46 Hobsbawm 38 f.
47 Ebd. 40 f.
48 Leidinger, Transformationen 46; Keegan 586; Salewski, Der Erste Weltkrieg 552. Divergierende Angaben werden zu Österreich-Ungarn gemacht: Bei Salewski ist von 922 500 gefallenen k. u. k. Soldaten die Rede, bei Keegan von 1,5 Millionen.
49 Hirschfeld, Gerhard/Krumeich, Gerd/Renz, Irina (Hgg.): Enzyklopädie Erster Weltkrieg. Paderborn 2003.
50 Leidinger, Transformationen 50 f.
51 Diner 40.
52 Leidinger, Transformationen 51.
53 Thoß, Die Zeit der Weltkriege 15 f.
54 Wehler, Der zweite Dreißigjährige Krieg 24. Dazu auch: Winter/Parker/Habeck 4.
55 Wegner, Einführende Bemerkungen 136.
56 Leidinger, Transformationen 52.
57 Figes 287.
58 Ferguson, Der falsche Krieg 320.
59 Leidinger, Transformationen 53.
60 Ferguson, Der falsche Krieg 265.
61 Klenner 430; Pastor, Home Front in Hungary 128.
62 Haffner 45.
63 Mai 151 und 161.
64 Ebd. 161 f.
65 Mommsen, Der große Krieg und die Historiker 16 f.
66 Mai 163.
67 Ebd. 170.
68 Leidinger, Transformationen 54.
69 Ebd.

70 Salewski, Der Erste Weltkrieg 8.
71 Geyer, Gewalt und Gewalterfahrung 244; Leidinger, Transformationen 54.
72 Diner 35.
73 Ferguson, Der falsche Krieg 243; Diner 35 f.
74 Diner 38.
75 Stevenson, 1914–1918 596 f.
76 Ebd. 598; Winter/Parker/Habeck 3.
77 Heideking 265 f. und 269; Mosier XVI f.
78 Hobsbawm 47 f.
79 Wehler, Der zweite Dreißigjährige Krieg 34.
80 Krumeich, Einführende Bemerkungen 372.
81 Hájek/Mejdrová 178.
82 Ebd. 179.
83 Merz 27.
84 Ebd. 218.
85 Wippermann 8–11.
86 Weisbrod 40.
87 Wehler, Der zweite Dreißigjährige Krieg 23 f.
88 Strachan, Der Erste Weltkrieg 406.
89 Salewski, Der Erste Weltkrieg 6.
90 Ebd.
91 Diner 32 f.
92 Ebd. 33 ff.
93 Winter/Parker/Habeck 3; Mommsen, Der große Krieg und die Historiker 20; Mai 168.
94 Förster, Einführende Bemerkungen 34 f.; vgl. Howard, The First World War 1.
95 Förster, Einführende Bemerkungen 35.
96 Diner 26.
97 Ebd. 27; vgl. Förster, Einführende Bemerkungen 35.
98 Förster, Einführende Bemerkungen 35 und 38.
99 Thoß, Die Zeit der Weltkriege 14 f.
100 Ebd. 10.
101 Stevenson, 1914–1918 594 f.
102 Thoß, Die Zeit der Weltkriege 14.
103 Ziemann 73 und 78 f.
104 Horne 162 f.
105 Morgan 141 ff.
106 Procacci 183.
107 Volkmann 850 ff.
108 Ebd. 850 f. und 855.
109 Stevenson, 1914–1918 595.
110 Prinz 234 f.
111 Schumann 105.
112 Ziemann 51.
113 Ebd. 50 f.
114 Mosse 212.
115 Hildermeier, Die Oktoberrevolution in der russisch-sowjetischen Geschichte 189.

116 Diner 80 f.
117 Wiegrefe 21.
118 Veyne 42.
119 Hildermeier, Die Oktoberrevolution in der russisch-sowjetischen Geschichte 189.
120 Leidinger, Transformationen 50 und 55.
121 Verhey 25.
122 Ebd. 18.
123 Ferguson, Der falsche Krieg 155.
124 Figes 281.
125 Leidinger, Transformationen 157.
126 Ebd.; Ferguson, Der falsche Krieg 227.
127 Stevenson, 1914–1918 598; Ferguson, Der falsche Krieg 22 ff.
128 Ferguson, Der falsche Krieg 388.

NAHAUFNAHME: FÜNF MOMENTE

Alexander Hoyos und die Entfesselung des Ersten Weltkriegs

Verena Moritz

1 Ponting 71.
2 Über die »Entstehungsgeschichte« des so genannten Matscheko-Memorandums gibt Hoyos selbst Auskunft. Vgl. Fellner 412.
3 Diplomatische Aktenstücke, I. Teil, 21.
4 Vgl. Williamson 197; Keegan 84; Stevenson, The outbreak 8.
5 Ullrich, Die nervöse Großmacht 251 f.
6 Vgl. Mommsen, Der große Krieg und die Historiker 9.
7 Ullrich, Die große Täuschung 50.
8 Ebd.; vgl. Förster, Im Reich des Absurden 216.
9 Wenn auch sehr »mutig« in seinen Thesen vgl. jedenfalls: Ferguson, Der falsche Krieg.
10 Kießling 309 f.
11 Vgl. z.B. Kronenbitter.
12 Fellner 387 f.
13 Ebd. 388.
14 Jeřábek, Die österreichische Weltkriegsforschung 960 f.
15 Geiss, Deutschland und Österreich-Ungarn beim Kriegsausbruch 1914 377.
16 Vgl. Stevenson, The outbreak 42.
17 Förster, Wochen der Entscheidung 15.
18 Ebd.
19 Zit. nach Fellner 396.
20 Ebd. 395.
21 Ebd.
22 Ebd.
23 Ebd. 396.
24 Ebd.
25 Ebd.

26 Hoyos 83.
27 Ebd. 86.
28 Zit. nach Erdmann 183.
29 Ebd.
30 Lichnowsky 61.
31 Zit. nach Fellner 414.
32 Goldinger 50; Kronenbitter 163.
33 Zit. nach Jeřábek, Potiorek 93.
34 Rauchensteiner, Der Tod des Doppeladlers 68; vgl. Stone 211.
35 Österreich-Ungarns Aussenpolitik, Bd. VIII, 248.
36 Vgl. Herwig 6–18.
37 Kießling 310.
38 Zit. nach Afflerbach, Der Dreibund 832.
39 Ebd.
40 Zit. nach Kronenbitter 164.
41 Höbelt 295.
42 Vgl. HHSTA, AR, F 4, Karton 141, Personalia: Alexander Graf Hoyos.
43 Hoyos 72.
44 Vgl. Kronenbitter 183 f.
45 Ebd. 184 f.
46 Vgl. Auffenberg-Komarow 23.
47 Fellner 390.
48 Rauchensteiner, Der Tod des Doppeladlers 19.
49 Vgl. Zöllner 438.
50 Fellner 391.
51 Vgl. Rauchensteiner, Der Tod des Doppeladlers 22 f.
52 Zit. nach ebd. 25.
53 Fellner 394.
54 Kießling 13.
55 Kronenbitter 166.
56 Vgl. Leslie 664 f.; Kronenbitter 178 f.
57 Rauchensteiner, Tod des Doppeladlers 37.
58 Vgl. Ullrich, Die nervöse Großmacht 254.
59 Vgl. Fischer, Fritz: Griff nach der Weltmacht. Die Kriegszielpolitik des kaiserlichen Deutschland 1914/18. Düsseldorf 1964.
60 Zit. nach Rauchensteiner, Der Tod des Doppeladlers 46.
61 Vgl. Geyer, Deutsche Rüstungspolitik 92 f.
62 Geiss, Deutschland und Österreich-Ungarn beim Kriegsausbruch 1914 386.
63 Demandt, Die Weltreiche in der Geschichte 219.
64 Rauchensteiner, Der Tod des Doppeladlers 56.
65 Ebd.
66 Baumgart 195.
67 Zit. nach Erdmann 250 f.
68 Vgl. Rauchensteiner, Entfesselung 361.
69 Vgl. Kronenbitter 182.
70 Laut Fellner war diese Passage in den Originalaufzeichnungen von Alexander Hoyos nachträglich gestrichen worden. – Fellner 415.
71 Ebd.

72 Krippendorff 177.
73 Vgl. Kießling 314; Afflerbach, Der Dreibund 115.
74 Ponting 74.
75 Zit. nach Fischer, Griff nach der Weltmacht 61.
76 Vgl. Förster, Im Reich des Absurden 250f.
77 HHSTA, PA I, Karton 496, Liasse XLVII, 1a.
78 Zit. nach Fellner 400.
79 Zit. nach ebd. 401.
80 HHStA, AR, F 4, Karton 141, Personalia: Alexander Graf Hoyos, fol. 112f.
81 Zit. nach Fellner 401.
82 Zit. nach ebd. 413.
83 Zit. nach ebd. 414.
84 Zit. nach ebd.
85 Österreich-Ungarns Aussenpolitik, Bd. VIII, 320.
86 Zit. nach Fellner 414.
87 Österreich-Ungarns Außenpolitik, Bd. VIII, 320.
88 Williamson 197.
89 Fromkin 159f.
90 Fellner 415.
91 Protokolle des Gemeinsamen Ministerrats 142.
92 Ebd. 143.
93 Ebd. 148.
94 Williamson 200.
95 Zit. nach Fellner 414.
96 Vgl. Hantsch 570.
97 Fellner 402.
98 Vgl. Hantsch 570f.
99 Zit. nach Fellner 396.
100 Zit. nach Hantsch 570.
101 Fischer, Griff nach der Weltmacht 66f.
102 Zit. nach Fellner 404.
103 Vgl. McCullough 306.
104 Vgl. Rauchensteiner, Entfesselung 363.
105 Zit. nach Erdmann 184.
106 Zit. nach ebd. 185.
107 Kronenbitter 160.
108 Ebd. 159.
109 Baumgart 117f.
110 Ebd. 118.
111 Zit. nach Kann 12.
112 Zit. nach Hantsch 662.
113 Ebd.; vgl. Keegan 89f.
114 Afflerbach, Der Dreibund 833.
115 Vgl. Ullrich, Die nervöse Großmacht 260.
116 Vgl. Salewski, Der Erste Weltkrieg 1.
117 Förster, Im Reich des Absurden 216.
118 Ebd. 217.
119 Baberowski 26.

120 Vgl. Keegan 90.
121 Fischer, Griff nach der Weltmacht 83.
122 Österreich-Ungarns Aussenpolitik, Bd. VIII, 768 f.
123 HHSTA, PA I, Karton 496, Liasse XLVII, 1a.
124 Rauchensteiner, Entfesselung 367.
125 Vgl. ebd. 369 f.
126 Vgl. ebd. 370 f.
127 Fischer, Griff nach der Weltmacht 94.
128 Ullrich, Die nervöse Großmacht 259.
129 Broucek 284.
130 Vgl. Schulin 7 f.
131 Sieburg 166.
132 Hayne 301–308.
133 Figes 250 f.
134 Fischer, Griff nach der Weltmacht 102.
135 Sieburg 166f; Ferguson, Der falsche Krieg 208 f.
136 Vgl. Puff 12 ff.
137 Vgl. Sondhaus 155; Österreich-Ungarns Aussenpolitik, Bd. VIII, 769.
138 Förster, Im Reich des Absurden 242.
139 HHSTA, PA I, Karton 496, Liasse XLVII, 1a.
140 Vgl. Kerenski 144.
141 Lichnowsky 60.
142 HHSTA, PA I, Karton 496, Liasse XLVII, 1a.
143 Vgl. Fellner 399 f. Auch die Suche der Autorin verlief erfolglos.
144 HHSTA, PA I, Karton 496, Liasse XLVII, 1a.
145 Fellner 399.
146 Ebd.
147 Rauchensteiner, Der Tod des Doppeladlers 187.
148 HHSTA, AR, F 4, Karton 141, Personalia: Alexander Graf Hoyos, ohne Foliantenpaginierung.
149 Ebd.
150 Zit. nach Fellner 415.

Das »Wunder an der Marne«: Verlauf, Folgen und Hintergründe

Hannes Leidinger

1 BA-MA, RH 61/v. 85, fol. 1 ff.
2 Ebd. 3 f. und 6 f.
3 Cowley, Der Krieg, der nicht hätte stattfinden müssen 288.
4 Ebd. 289.
5 Keegan 144.
6 Cowley, Der Krieg, der nicht hätte stattfinden müssen 290 f.; Stevenson, 1914–1918 52 f.
7 Palmer/Wallis 22 ff.
8 Ebd. 24 f.
9 Cowley, Der Krieg, der nicht hätte stattfinden müssen 299.

10 Stevenson, 1914–1918 57.
11 Cowley, Der Krieg, der nicht hätte stattfinden müssen 300; Stevenson, 1914–1918 57.
12 Becker, Marne 697; Stevenson, 1914–1918 57.
13 Palmer/Wallis 28.
14 Keegan 178.
15 Ebd.
16 BA-MA, RH 61/v. 85, fol. 9.
17 Ebd.
18 Stevenson 1914–1918 50; Cowley, Der Krieg, der nicht hätte stattfinden müssen 298.
19 Cowley, Der Krieg, der nicht hätte stattfinden müssen 297f.
20 Ebd. 298.
21 Haffner/Venohr 81.
22 Ebd. 59 und 66.; vgl. Willmott 55.
23 Stevenson, 1914–1918 57.
24 Haffner/Venohr 16.
25 Ebd.
26 Uhle-Wettler 136f.
27 Ebd. 137.
28 Cowley, Der Krieg, der nicht hätte stattfinden müsen 289 und 291f.
29 Stevenson, 1914–1918 55.
30 Ebd.
31 Cowley, Der Krieg, der nicht hätte stattfinden müssen 293; Mombauer, Helmuth von Moltke 245 und 247ff.
32 Mombauer, Helmuth von Moltke 253ff.
33 Stevenson, 1914–1918 54 und 58f.
34 Becker, Marne 697; Willmott 54.
35 Mombauer, Helmuth von Moltke 260; Haffner/Venohr 82.
36 Becker, Marne 697.
37 Mombauer, Helmuth von Moltke 253; Becker, Marne 699.
38 Herwig 103.
39 Höhne, Der Krieg im Dunkeln 165.
40 Herwig 103.
41 Keegan 180.
42 Zit. nach Keegan 180; vgl. Stevenson, 1914–1918 59.
43 Stevenson, 1914–1918 59.
44 Keegan 180f.; Afflerbach, Die militärische Planung 286.
45 Willmott 57.
46 Haffner/Venohr 126.
47 Mombauer, Helmuth von Moltke 257.
48 Herwig 104; Stevenson, 1914–1918 59; Haffner/Venohr 106.
49 Mombauer, Helmuth von Moltke 259; Ludendorff 15.
50 Stevenson, 1914–1918 59.
51 Ludendorff 15.
52 Ebd. 16, 20f. und 23f.
53 Mombauer, Helmuth von Moltke 263.
54 Wistrich 179f.; Mombauer, Helmuth von Moltke 263.

55 Lisbeth Seidler wurde auch als »Heeres-Sybille« bezeichnet. – Mombauer, Helmuth von Moltke 264.
56 Deutsche Wochen-Zeitung. Nachrichtenblatt der Reichsdeutschen in der Schweiz. 7. Jahrgang, Februar 1933,1.
57 Ebd.
58 Haffner/Venohr 126.
59 Afflerbach, Die militärische Planung 286; Herwig 104.
60 Werth 16.
61 Am 6. August 1914 wurde Potiorek zum Kommandanten der k.u.k. 6. Armee und gleichzeitig zum Kommandanten aller Balkanstreitkräfte ernannt. – Rauchensteiner, Der Tod des Doppeladlers 122.
62 Stevenson, 1914–1918 73.
63 Ebd. 70; Herwig 96.
64 Pöhlmann 281 ff.
65 Ebd. 283.
66 Herwig 86.
67 Ebd. 86 f.
68 Ferro 2239; Stevenson, 1914–1918 69.
69 Keegan 186.
70 Ebd. 187 und 189.
71 Cowley, Der Krieg, der nicht hätte stattfinden müssen 302 f.
72 Ebd. 303 f.
73 Ebd. 304.
74 Keegan 198.
75 Stevenson, 1914–1918 73.
76 Cowley, Der Krieg, der nicht hätte stattfinden müssen 285 f.; Mombauer, Helmuth von Moltke 260 f.; Keegan 199.
77 Keegan 199; Mombauer, Helmuth von Moltke 261.
78 Ferguson, Virtuelle Geschichte 173.
79 Cowley, Der Krieg, der nicht hätte stattfinden müssen 295.
80 Ferguson, Virtuelle Geschichte 173 f.; dazu auch: Mombauer, Helmuth von Moltke 261.
81 Zit. nach Reichspost v. 7.4.1924.
82 Zit. nach ebd.
83 Zit. nach ebd.
84 Cowley, Der Krieg, der nicht hätte stattfinden müssen 305.
85 Afflerbach, Die militärische Planung 287 ff.
86 Ebd. 293.
87 Afflerbach, Die militärische Planung 293.
88 Hosking 482; Afflerbach, Die militärische Planung 293.
89 Afflerbach, Die militärische Planung 290; Mombauer, Helmuth von Moltke 261.
90 Stökl 627 f.
91 Seidlmayer 454.
92 Schulin 16; Kleindel 47 und 90.
93 Werth 18 f.; Cowley 306.
94 Schulin 13; Werth 18 f.
95 Krumreich, Der Mensch als »Material« 298 f. und 305; Werth 19.
96 Afflerbach, Die militärische Planung 299 f.

97 Ebd. 301 f.
98 Sieburg 168; Afflerbach, Die militärische Planung 302.
99 Afflerbach, Die militärische Planung 304.
100 Heideking 264; Afflerbach, Die militärische Planung 306.
101 Afflerbach, Die militärische Planung 304 f.
102 Heideking 264; Schulin 18.

Die Nacht des Kirpitschnikow und die Russische Revolution
Verena Moritz

1 Vgl. Ferro 234.
2 Hildermeier, Die Russische Revolution 122.
3 Vgl. Geyer, Die Russische Revolution 60.
4 Ferro 250.
5 Zit. nach ebd. 266.
6 Stökl 631 f.
7 Geyer, Die Russische Revolution 62.
8 Vgl. Kohn 179.
9 Hildermeier, Die Russische Revolution 131.
10 Komaroff-Kurloff 20.
11 Lukojanov 340.
12 Read 37.
13 Figes/Kolonitskii 20 f.
14 Zit. nach ebd. 25.
15 Altrichter 111.
16 Stevenson, 1914–1918 302.
17 Pipes 475.
18 Bonwetsch 123 f.
19 Hildermeier, Die Russische Revolution 133.
20 Den in Russland bis 1918 gebräuchlichen Julianischen trennten im 20. Jahrhundert vom Gregorianischen Kalender dreizehn Tage. Im folgenden richten sich die Datumsangaben nach dem Julianischen Kalender.
21 Vgl. Hildermeier, Die Russische Revolution 120.
22 Altrichter 113.
23 Ebd.
24 Hildermeier, Die Russische Revolution 134.
25 Hasegawa, The February Revolution 238.
26 Novoe Vremja, Nr. 14.717, 24. 2. (9. 3.) 1917, 1.
27 Ebd. 5.
28 Avdeev 32.
29 Lomonosoff 14 f.
30 Hasegawa, The February Revolution 234 f.
31 Figes 308.
32 Pipes 478.
33 Zit. nach ebd. 479.
34 Paley 31.
35 Ščegolev 190.

36 Hasegawa, The February Revolution 249.
37 Über die Französische Revolution als »Vorbild« für die Russische siehe u. a. Shlapentokh.
38 Vgl. Altrichter 115.
39 Stinton Jones hat in seinem Buch »Russia in Revolution« jenes Kapitel, in dem die »Februarunruhen« beschrieben werden, »Reign of the Mob« betitelt.
40 Trotzki, Bd. 1, 122 f.
41 Wildman, The End of the Russian Imperial Army 133; Hasegawa, The February Revolution 253 f.
42 Hasegawa, The February Revolution 252.
43 Pipes 479 f.
44 Ščegolev 190.
45 Über unterschiedliche Meinungen der Forschung zu den zentralen Themen der Februarrevolution siehe: Hasegawa, Fevral'skaja Revoljucija 95–108.
46 Nabokow 21.
47 Altrichter 116.
48 Hasegawa, The February Revolution 268.
49 Šljapnikov 134.
50 Ščegolev 195.
51 Hasegawa, The February Revolution 272 f.
52 Figes, A People's Tragedy 313; Hasegawa, The February Revolution 272 f.; Smilg-Benario 145–147.
53 Enciklopedja, tom 1, 203.
54 Ščegolev 196.
55 Vgl. Ganelin/Solov'eva 193.
56 Figes/Kolonitskii 37.
57 Die Darstellungen der Ereignisse am Snamenskij-Platz, der Nacht vom 26. auf den 27. Februar und der an diesem Tag stattgefundenen Ereignisse, die mit Timofej Kirpitschnikow in Zusammenhang stehen, stützen sich alle in der Hauptsache auf: Lukaš, Vozstanie; Lukaš, Volyncy, auf entsprechende Angaben bei Ganelin/Solov'eva und vor allem auf das in der Zeitschrift »Byloe« abgedruckte »Protokoll« Kirpitschnikows. Um die Lesbarkeit nicht zu stören, wurde darauf verzichtet, die Darstellung mit ansonsten inflationär anzugebenden Fußnoten zu versehen.
58 Hasegawa, The February Revolution 274.
59 Stökl 635.
60 Ščegolev 214.
61 Vgl. Hildermeier, Die Russische Revolution 135; Lukojanov 279.
62 Hildermeier, Die Russische Revolution 135.
63 Avdeev 40.
64 Hasegawa, The February Revolution 274.
65 Lukojanov 340.
66 Ebd.
67 Ščegolev 197.
68 Chamberlin 73.
69 Zit. nach Kohn 183.
70 Vgl. Burdzhalov 168.
71 Hasegawa, The February Revolution 294.

72 Zit. nach Burdzhalov 166.
73 Ebd. 165.
74 Die russischen Bauern wurden für gewöhnlich »Muschiks« genannt.
75 Zit. nach Pipes 483.
76 Eine völlig andere Darstellung allerdings bei Nikolaev. Vgl. auch Karsch.
77 Rauch 19.
78 Vgl. Chamberlin 71.
79 Nikolaev 45.
80 Kerenski 219.
81 Hasegawa, The February Revolution 285.
82 Nabokow 27.
83 Vgl. Kohn 175.
84 Hasegawa, The February Revolution 296.
85 Figes, A Peopole's Tragedy 315.
86 Vgl. Jones 119f.
87 Hasegawa, The February Revolution 292.
88 Nikolaev 25.
89 Šaškova 77.
90 Hasegawa, The February Revolution 302.
91 Ebd. 295.
92 Zit. nach Plaschka 382.
93 Hasegawa, The February Revolution 300f.
94 Burdzhalov 173.
95 Hasegawa, The February Revolution 301.
96 Ebd. 307f.
97 Pipes 490.
98 Hildermeier, Die Russische Revolution 144; Hasegawa, The February Revolution 473.
99 Hasegawa, The February Revolution 471–473.
100 Ebd. 477.
101 Hildermeier, Die Russische Revolution 145.
102 Vgl. Šaškova 76.
103 Geyer, Die Russische Revolution 67.
104 Anderen Angaben zufolge waren es 1500 Tote und 6000 Verletzte. – Figes 321.
105 Byloe 16.
106 Vgl. Šaškova 89f.
107 Hildermeier, Geschichte der Sowjetunion 68, 75f.
108 Geyer, Die Russische Revolution 75.
109 Vgl. ebd. 87f.
110 Zit. nach Hildermeier, Geschichte der Sowjetunion 84.
111 Lukaš, Volyncy 28.
112 Ebd.
113 Vgl. die Website http://hronos.km.ru/biograf/bio_k/kirpichnikov.html, deren Inhalte immer wieder verändert werden.
114 Ganelin/Solov'eva 178.
115 Lukaš, Vozstanie 3.
116 Figes 318.
117 Vgl. Figes/Kolonitskii 71–103.

118 Da es am 21. April bei Straßendemonstrationen zu Zusammenstößen kam und Verwundete und Tote zu beklagen waren, beschloss der Petrograder Sowjet der Arbeiter- und Soldatendeputierten das sofortige Verbot jeder Art von Kundgebung. Außerdem hieß es: »Jeder, der an diesen Tagen zu bewaffneten Demonstrationen aufruft oder von der Schusswaffe Gebrauch macht, sei dies auch nur zur Abschreckung, wird zum Verräter der Revolution erklärt.« – Vgl. Hedeler 247.
119 Ganelin/Solov'eva 191.
120 Durov 157.
121 Vgl. Durov 157; Ganelin/Solov'eva 191.
122 Ganelin/Solov'eva 191.
123 Černjaev 173.
124 Lukaš, Volyncy 25 f.
125 Vgl. Černjaev 152 f.
126 Hildermeier, Geschichte der Sowjetunion 76.
127 Paustowskij 11.
128 Mstislavskij 315 f.
129 Diesen Hinweis verdanke ich A. Nikolaev.
130 Vgl. Lukaš, Vozstanie 4.
131 Wildman, The End of the Russian Imperial Army 143.
132 Ganelin/Solov'eva 180.
133 Ebd. 185.
134 Ebd. 194.
135 Katkov 272.
136 Lukaš, Vozstanie 4.
137 Vgl. H. Günther, Der sozialistische Übermensch.
138 Vgl. L. Schapiros Buch «The Origin of the Communist Autocracy«.
139 Hildermeier, Geschichte der Sowjetunion 117.
140 Hosking 489.
141 Vgl. Stökl 633.
142 Hildermeier, Geschichte der Sowjetunion 132 f.
143 Zit. nach Rauch 81.
144 Ganelin/Solov'eva 191.
145 RGASPI, f. 70 op. 3 d. 607 l. 4.
146 Ebd.
147 Vgl. Starcev 140.
148 RGASPI, f. 70 op. 3 d. 607 l. 4.
149 Ebd. l. 4.
150 Ebd. l. 5.
151 Vgl. auch die Einschätzung von M. Rauchensteiner, Tod des Doppeladlers 439 und die Aussagen von Lieven 103, die für 1916/17 die Zukunftsperspektiven der Zarenarmee im Weltkrieg durchaus positiv beurteilen. Von einer Niederlage, so zum Beispiel Lieven, sei man weit entfernt gewesen. Im Februar 1917 habe sich gar eine reelle Chance auf den Sieg eröffnet.
152 RGASPI, f. 70 op. 3 d. 607 l. 6.
153 Ganelin/Solov'eva 191.
154 Vgl. Hildermeier, Geschichte der Sowjetunion 142.
155 Der in Frankreich begangene Mord am General wirkte sich auch auf die französisch-sowjetischen diplomatischen Beziehungen aus. – Vgl. Chlevnjuk 211.

156 Diese Ausführungen orientieren sich an den der Autorin von A. Nikolaev zur Verfügung gestellten Materialien zur Biographie des Timofej Kirpičnikov, an den Hinweisen bei: Durov 158 und an der bereits erwähnten Internet-Site mit einer Biographie von Timofej Kirpičnikov, der allerdings nur eingeschränkt zu »trauen« ist.

Der Zwischenfall von Tscheljabinsk und der »Bürgerkrieg« in Russland
Verena Moritz

1 Der in Russland bis dahin gültige Julianische Kalender (alter Stil) wurde am 1. (14. Februar) 1918 auf den Gregorianischen Kalender (neuer Stil) umgestellt. Die Oktoberrevolution fand nach neuem Stil, d.h. gemäß dem auch im Westen üblichen Kalender, im November 1917 statt.
2 Vgl. Rauch 86–89.
3 Stökl 600.
4 Ebd. 661; vgl. Münkler 40.
5 Dazu Leidinger/Moritz, Gefangenschaft, Revolution, Heimkehr und Moritz, Zwischen allen Fronten.
6 Zit. nach Thunig-Nittner 24.
7 Ebd. 25.
8 Thunig-Nittner 27f.
9 Zit. nach Leidinger, Keine Atempause 379.
10 Zit. nach Thunig-Nittner 34.
11 Ebd. 170.
12 Hildermeier, Die Russische Revolution 269.
13 Zit. nach Leidinger, Kein Atempause 378.
14 Konstantinov 58.
15 Thunig-Nittner 47; vgl. Bol'ševistskoe rukovodstvo 45.
16 Leidinger, Keine Atempause 378.
17 Vgl. ebd. 379.
18 Zit. nach ebd.
19 Ivanov 12.
20 Rauch 106f.; Leidinger, Keine Atempause 372.
21 Ivanov 12.
22 Goldin 75–79.
23 Leidinger, Keine Atempause 381.
24 Konstantinov 59f.
25 Levčuk 10.
26 Thunig-Nittner 50.
27 Zit. nach Leidinger, Keine Atempause 382.
28 Zit. nach Ebd. 383.
29 Arbeiter-Zeitung, XXXV. Jg., Nr. 93, 6. April 1923 (Morgenblatt), 6.
30 Um die hier tatsächlich gefährdete Lesbarkeit nicht zu stören, wurde darauf verzichtet, die Darstellung betreffend den Zwischenfall am 14. Mai 1918 mit ansonsten inflationär anzugebenden Fußnoten zu versehen. Verwendet wurden die im Quellenverzeichnis angegebenen Materialien aus dem Vojenský ústřední archiv (Praha), dem Österreichischen Staatsarchiv (ÖSTA)/KA, AOK,

Op. Abt., Op. Nr. 130885, 26. 5. 1918; Arbeiter-Zeitung, XXXV. Jg., Nr. 93, 6. April 1923 (Morgenblatt), 6; Klevanskij, Čechoslovackie internacionalisty 201 f.; Beaumont 70 f.; Gajda 21; Hus 25 f.; Mawdsley 47 f.; Patejdl 27–29; Hoyt 88 f.; Kvasnička 97 f.; Unterberger 173 f.; Goldhurst 31; Strauss 204.
31 Vgl. Murphy XIII–XV.
32 Hildermeier, Geschichte der Sowjetunion 134.
33 Narskij 223.
34 Unterberger 174.
35 Stewart 105.
36 GARF, f. r-130 op. 2 d. 416 l.50.
37 Beaumont 72; Narskij 223; Thunig-Nittner 51.
38 Goldhurst 32.
39 Klevanskij, Čechoslovackie internacionalisty 202; Narskij 223; Beaumont 72.
40 Vojenský ústřední archiv, sign. J 4/4–19, kart. č. 4.
41 Klevanskij, Čechoslovackie internacionalisty 202.
42 Hildermeier, Geschichte der Sowjetunion 138.
43 Vgl. Bradley, The Allies 275 f.
44 Vgl. Ivanov 21.
45 Ruloff 93.
46 Hildermeier, Geschichte der Sowjetunion 137.
47 Zit. nach Thunig-Nittner 53.
48 Leidinger, Keine Atempause 386.
49 Zit. nach Thunig-Nittner 56.
50 Ebd.
51 Konstantinov 62; Klante 149 f.
52 Vgl. Klevanskij, Čechoslovackie internacionalisty 202.
53 Konstantinov 62.
54 Zit. nach Thunig-Nittner 56.
55 Ebd.
56 Vgl. Strauss 205; Bothmer 45.
57 Vgl. Konstantinov 62.
58 Vgl. Ivanov 18.
59 Konstantinov 64; GARF, f. r-130 op. 2 d. 416 l. 62.
60 Figes 577.
61 Ivanov 14.
62 Bothmer 38 f.
63 Vgl. Leidinger, Keine Atempause 383.
64 Ivanov 18.
65 Vgl. Golub 33.
66 Zit. nach Moritz, Zwischen allen Fronten 232 f.
67 Service 468.
68 Vgl. Bradley, The Allies 276.
69 Dazu auch Raleigh 410.
70 Konstantinov 60.
71 Zit. nach ebd. 61.
72 Zit. nach ebd.
73 Vgl. Rauch 117 f.
74 Vgl. Bradley, The Allies 283 f.

75 Ebd. 290.
76 Moritz, Zwischen allen Fronten 263.
77 Leidinger, Keine Atempause 391.
78 Ebd. 408.
79 Zit. nach ebd. 404.
80 Rauchensteiner, Der Tod des Doppeladlers 577.
81 Zit. nach Leidinger, Keine Atempause 370.
82 Ebd.
83 Zit. nach ebd. 371.
84 Thunig-Nittner 61.
85 Leidinger, Keine Atempause 437f.
86 Masaryk 286.
87 Ebd. 287.
88 Bothmer 39.
89 Zit. nach Thunig-Nittner 73.
90 Vgl. Leidinger, November achtzehn 509f.
91 Zit. nach Thunig-Nittner 100.
92 Ebd. 101.
93 Narskij 223.
94 Beaumont 73.
95 Narskij 224.
96 Ebd. 222.
97 Zit. nach ebd. 224.
98 Bunyan 99.
99 Nazyrov 90.
100 Vgl. den Titel des Buches von I. Narskij.

Der Kieler Aufstand und die deutsche Revolution
Hannes Leidinger

1 Wette, Noske 202; Drabkin 114.
2 BA-MA, RM 31/ v. 2388, fol. 536; Wette, Noske 202; Dähnhardt 61; Malanowksi 19.
3 BA-MA, RM 31/ v. 2373, fol. 15. und fol. 96.
4 Wette, Noske 201.
5 Scheidemann 190; Winkler, Weimar 28.
6 Wette, Noske 202; Heiber 19.
7 Scheidemann 190.
8 Malanowski 19; Wette, Noske 202.
9 Wette, Noske 237; Malanowski 20.
10 Zit. nach Höhne, Canaris 56.
11 Malanowski 19f.
12 Scheidemann 191; Wette, Noske 202; Friedlander 41.
13 Wette, Noske 202f.
14 Zu Scheidemanns Äußerungen über die Marine am 4. 11. 1918 siehe: Winkler, Weimar 28.
15 Noske 8.

16 Ebd. 8 f.
17 Wette, Noske 202; Noske 9.
18 Dähnhardt 16.
19 Ebd. 14 und 28 ff.
20 Wette, Noske 218; Dähnhardt 18 ff.
21 Dähnhardt 20, 40 f. und 43 f.
22 BA-MA, RM 31/v. 2373, fol. 43.
23 Dähnhardt 56.
24 BA-MA, RM 31/v. 2373, fol. 41 f.
25 Kluge 41.
26 Dähnhardt 35.
27 BA-MA, RM 31/v. 2372, fol. 101.
28 Dähnhardt 48 f.
29 Höhne, Canaris 23 f.
30 Ullrich, Die nervöse Großmacht 568.
31 Krause 149.
32 BA-MA, RM 8/v. 1027, fol. 76 f.
33 BA-MA, RM 8/v. 1027, fol. 78.
34 Zit. nach Alboldt 157.
35 BA-MA, RM 8/v. 1027, fol. 45.
36 Krause 147 f.
37 Krockow, Kaiser Wilhelm II. 245.
38 Wehler, Deutsche Gesellschaftsgeschichte, Vierter Band 175 und 188.
39 Ullrich, Die nervöse Großmacht 557.
40 Wehler, Deutsche Gesellschaftsgeschichte, Vierter Band 175.
41 Ullrich, Die nervöse Großmacht 561.
42 Ebd. 566; Wehler, Deutsche Gesellschaftsgeschichte, Vierter Band 180 ff.
43 Haffner 53; Ullrich, Die nervöse Großmacht 561.
44 Ullrich, Die nervöse Großmacht 566.
45 Wehler, Deutsche Gesellschaftsgeschichte, Vierter Band 182 f.
46 Ullrich, Die nervöse Großmacht 563 f.
47 Haffner 50 f.; Ullrich, Die nervöse Großmacht 565.
48 Ebd. 183.
49 Kolb 106.
50 Wehler, Deutsche Gesellschaftsgeschichte, Vierter Band 182.
51 Ebd.
52 Zit. nach Haffner 56.
53 Haffner 56 f.
54 Zit. nach Groß 351; vgl. Deist 352.
55 Groß 362; Deist 345 und 347; Dähnhardt 17.
56 Zit. nach Deist 138 f.
57 Groß 362.
58 Deist 352.
59 Scheer 494.
60 Krockow, Kaiser Wilhelm II. 248; Haffner 60.
61 Haffner 60 f.; Behncke 57 ff.; Brüninghaus 82–85.
62 Krause 139; Haffner 61.
63 Groß 351.

64 Scheer 494 f.; Malanowski 14; Groß 351.
65 Malanowski 14; Krause 138.
66 BA-MA, RM 31/v. 2372, fol. 40 f.
67 Ebd., fol. 60 f.
68 Malanowski 14.
69 Zit. nach Kuttner 12.
70 Malanowski 15 f.
71 Ebd.; Dähnhardt 53 f.; Malanowski 15 f.
72 Dähnhardt 25 und 54.
73 Ebd. 54.
74 BA-MA, RM 8/v. 1008, fol. 44.
75 Ebd., fol. 20, 28 und 43 ff.
76 Dähnhardt 54; BA-MA, RM 8/ v. 1027, fol. 14.
77 BA-MA, RM 8/v. 1008, fol. 159 ff.
78 Ebd., fol. 163 ff.
79 Ebd., RM 31/v. 2373, fol. 9.
80 Dähnhardt 57 f. und 60.
81 BA-MA, RM 8/v. 1008, fol. 50.
82 Ebd.
83 Dähnhardt 56; BA-MA, RM 31/v. 2373, fol. 11 ff.
84 BA-MA, RM 31/v. 2373, fol. 14.
85 Artelt 92.
86 Dähnhardt 58 f.; BA-MA, RM 31/v. 2373, fol. 69.
87 BA-MA, RM 31/v. 2390, fol. 26 ff.
88 Dähnhardt 59 f.
89 BA-MA, RM 31/v. 2373, fol. 69.
90 Dähnhardt 59; BA-MA, RM 31/v. 2373, fol. 69.
91 Artelt 92 f.
92 Dähnhardt 63; BA-MA, RM 31/v. 2373, fol. 20.
93 BA-MA, RM 31/v. 2373, fol. 20.
94 Kuttner 15; BA-MA, RM 31/v. 2373, fol. 22.
95 Dähnhardt 64.
96 BA-MA, RM 31/v. 2373, fol. 20 f.
97 Zit. nach Alboldt 156.
98 BA-MA, RM 31/v. 2373, fol. 21.
99 Dähnhardt 64 f.
100 BA-MA, RM 31/v. 2373, fol. 23.
101 Ebd.
102 BA-MA, RM 31/v. 2390, fol. 20 f.
103 Dähnhardt 65 f.; BA-MA, RM 31/v. 2390, fol. 21.
104 Ebd. 65 ff.
105 Alboldt 153; Wette, Noske 236.
106 Buchner 39; Ahnert 150.
107 Artelt 94.
108 Ullrich, Die nervöse Großmacht 568; Ders., Vom Augusterlebnis bis zur Novemberrevolution 162; Ruge 30 f.; Nimtz 76; Ruge 32; vgl. Drabkin 112; Friedlander 40.
109 Artelt 94.

110 BA-MA, RM 31/v. 2373, fol. 69.
111 Dähnhardt 68 f.
112 Ebd. 69.
113 BA-MA, RM 31/v. 2373, fol. 57, 59 f. und 72; vgl. Dähnhardt 71 und 74.
114 Ebd., fol. 57.
115 Ebd., fol. 61 ff.; vgl. Dähnhardt 72.
116 Dähnhardt 72 f.
117 BA-MA, RM 31/v. 2373, fol. 29; vgl. Haffner 64; Dähnhardt 73.
118 Ebd., fol. 72; Dähnhardt 74.
119 Malanowski 17 f.; Dähnhardt 72 und 75.
120 Wette, Noske 199; Haffner 64.
121 Dähnhardt 76.
122 Ebd.
123 BA-MA, RM 31/v. 2373, fol. 29; Dähnhardt 85; Wette, Noske 203.
124 Wette, Noske 203; Noske 10.
125 Noske 10 f.; vgl. Buchner 39 f.
126 Ebd. 11.
127 Dähnhardt 84.
128 Ebd. 105 f.; BA-MA, RM 31/v. 2388, fol. 543 f.
129 Wehler, Deutsche Gesellschaftsgeschichte, Vierter Band 186 ff.; Dähnhardt 106 f.
130 Dähnhardt 87.
131 Ebd. 87 f.
132 Kuttner 17; Malanowski 18; Dähnhardt 90 f.
133 Dähnhardt 91 f.
134 Noske 15.
135 BA-MA 31/v. 2388, fol. 545.
136 Wette, Noske 212.
137 Dähnhardt 101.
138 Wette, Noske 219.
139 Krause 151; Dähnhardt 99 f.; vgl. Wette, Noske 223 f.
140 BA-MA 31/v. 2388, fol. 546 f. und 552.
141 Dähnhardt 111 ff.; Ullrich, Vom Augusterlebnis zur Novemberrevolution 161 f.
142 Wette, Noske 222.
143 Haffner 65.
144 BA-MA, RM 31/v. 2384, fol. 4 und 8; RM 31/v. 2388, fol. 451 f.
145 Dähnhardt 76 f.
146 BA-MA, RM 8/v. 1008, fol. 164 f. und fol. 217 ff., RM 31/v. 2373, fol. 61–65; RM 31/v. 2390, fol. 30–41.
147 Ebd., RM 8/v. 1008, fol. 93 ff. und fol. 219; RM 31/v. 2390, fol. 47–61.
148 Haffner 65.
149 Ebd. 66.
150 Dähnhardt 109; Wette, Noske 216.
151 Mitchell 89.
152 Koch 24.
153 Zit. nach Winkler, Weimar 29.
154 Ullrich, Die nervöse Großmacht 570.
155 Koch 33; Haffner 82 f.
156 Haffner 88; Ullrich, Die nervöse Großmacht 570.

157 Ullrich, Die nervöse Großmacht 570.
158 Haffner 115 f.
159 Winkler, Weimar 36 f.
160 Kolb 111 f.
161 Koch 33; Winkler, Revolution als Konkursverwaltung 16.
162 Winkler, Revolution als Konkursverwaltung 22; Kluge 57 f.; Kolb 121.
163 Kolb 119 und 121.
164 Ebd. 112 und 119.
165 Kluge 116.
166 Haffner 162.
167 Kolb 121.
168 Kluge 111 f.
169 Ebd. 120.
170 Haffner 241 f.
171 Ebd. 244.
172 Winkler, Revolution als Konkursverwaltung 25.
173 Bernstein, Eduard: Die deutsche Revolution von 1918/19. Geschichte der Entstehung und ersten Arbeitsperiode der deutschen Republik. Herausgegeben und eingeleitet von Heinrich August Winkler und annotiert von Teresa Löwe. Bonn 1998.
174 Winkler, Revolution als Konkursverwaltung 27.
175 Ebd. 28.
176 Zit. nach Kolb 124 f.
177 Wette, Noske 218–262; Dähnhardt 117–161.
178 BA-MA, N 156/31: Nachlass Souchon, Heft: Novemberrevolution 1918, Niederschrift Alboldt 2 und 4.
179 BA-MA, RM 31/v. 2390, fol. 80 ff.
180 Ebd.
181 BA-MA, RM 8/v. 1027, fol. 62.
182 Ebd., fol 79 f.
183 BA-MA, RM 8/v. 1007, fol. 140.
184 Neue Freie Presse, Morgenblatt, Nr. 19.470 (7. 11. 1918) 2; vgl. Scheidemann 191; Mitchell 86 f.; Dähnhardt 81.
185 Ebd. 3. Über den Rückzug der deutschen Truppen aus österreichischem Territorium siehe: Neue Freie Presse, Morgenblatt, Nr. 19.475 (12. 11. 1918) 5.
186 Reichspost, Nr. 218 (9. 11. 1918) 3.
187 Arbeiter-Zeitung, Morgenblatt, Nr. 306 (9. 11. 1918) 1.
188 Krause 139.
189 Ebd. 152.
190 Wette, Die militärische Demobilmachung 78.
191 Ebd. 77.
192 Dähnhardt 117–120; Wette, Noske 225–232; Ders., Die militärische Demobilmachung 79.
193 Höhne 70. Über Trothas zweideutige Haltung beim »Kapp-Lüttwitz-Putsch« 1920 siehe ebenfalls: Höhne 80 ff.

Knotenpunkte – Der historische Moment oder eine Geschichte der kurzen Dauer
Hannes Leidinger

1 Zit. nach Demandt, Sternstunden der Geschichte 12.
2 Zit. nach ebd. 13.
3 Zweig, Sternstunden der Menschheit. Fünf historische Miniaturen 1.
4 Demandt, Das Attentat als Ereignis 461.
5 Solschenizyn, November sechzehn, Klappentext.
6 Hähner 25.
7 Solschenizyn, November sechzehn 1132.
8 Esch 47.
9 Ebd. 48.
10 Haunfelder/Neumann, Inhaltsangabe.
11 Grieser 7f. und 12; Durschmied 13f.; Suhr 6f.; Wesp 13ff.
12 Klage 126f.
13 Van Dulken 5ff. und 9; vgl. Jankowsky 8f.
14 Fischer, Erfindungen, die die Welt veränderten 8.
15 Ebd. 5ff.
16 Geulen 231.
17 Ebd. 233.
18 Gerste 5f.
19 Ebd. 336 und 338.
20 Willms 7ff.
21 Winkler, Einleitung 11.
22 Stern 89.
23 Kurier v. 1.5.2004, 8.
24 Duby/Lardreau 38 und 44.
25 Mommsen, Der große Krieg und die Historiker 8f.; Stevenson, 1914–1918 590.
26 Stevenson, 1914–1918 589f.
27 Mombauer, The Origins of the First World War 223f.; Mommsen, Der große Krieg und die Historiker 9f.
28 Stevenson, 1914–1918 588.
29 Salewski, Der Erste Weltkrieg 3.
30 Sösemann 295.
31 Ebd.
32 Koselleck, Zeitschichten 328.
33 Rauchensteiner, Der Tod des Doppeladlers 101.
34 Toller 286.
35 Westphalen 355.
36 Mommsen, Der große Krieg und die Historiker 21; Zweig, Sternstunden der Menschheit. Vierzehn historische Miniaturen 276f.
37 Westphalen 355 und 360f.
38 Volkmann 859; Audoin-Rouzeau/Becker 235.
39 Audoin-Rouzeau/Becker 8f. und 230–235; Ziemann 77.
40 Ziemann 78f.
41 Salewski, Der Erste Weltkrieg 356; Mommsen, Der große Krieg und die Historiker 20; Mai 168f.

42 Förster/Pöhlmann/Walter 8.
43 Durschmied 260; Ruloff 105.
44 Förster/Pöhlmann/Walter 17.
45 Hoffmann 412 ff.
46 Winkler, Einleitung 12.
47 Fest 332 f.
48 Ebd. 287 und 399; Wistrich 269.
49 Wistrich 269.
50 Hildermeier, Die Oktoberrevolution in der russisch-sowjetischen Geschichte 189 und 193 f.
51 Zweig, Sternstunden der Menschheit. Vierzehn historische Miniaturen 237–249.
52 Hildermeier, Die Oktoberrevolution in der russisch-sowjetischen Geschichte 197 und 199–202.
53 Ebd.199.
54 Heideking 227, 233 f. und 237–244.
55 Zweig, Sternstunden der Menschheit. Vierzehn historische Miniaturen 277.
56 Heideking 269 und 272 f.
57 Hoffmann 445–456; Morgan 140.
58 Prinz 236 f.
59 Ruloff 93 f. und 105.
60 Ebd. 26 f.; Heideking 518.
61 Knopp 122.
62 Ebd.
63 Zweig, Sternstunden der Menschheit. Vierzehn historische Miniaturen 108.
64 Wehler, Scheidewege der deutschen Geschichte 13.
65 Haffner 71 ff.
66 Hildermeier, Die Oktoberrevolution in der russisch-sowjetischen Geschichte 194.
67 Wehler, Scheidewege der deutschen Geschichte 7 ff.
68 Herbst 238 und 246.
69 Ebd. 267.
70 Hähner 266 f.
71 Ebd. 267.
72 Haffner 69 f.
73 Paustowskij 7.
74 Demandt, Das Attentat als Ereignis 450–460; Aegerter 7 f.; Steinbach 374 ff.
75 Fest 339 f.
76 Demandt, Macht und Recht 368.

Quellen- und Literaturverzeichnis

UNVERÖFFENTLICHTE QUELLEN

Österreichisches Staatsarchiv (ÖSTA), Haus-, Hof- und Staatsarchiv (HHStA), Wien, Politisches Archiv, P.A. I, Liasse XLVII 1a,c, Krieg 1914–1918, Karton 456.

Österreichisches Staatsarchiv, Haus-, Hof- und Staatsarchiv, Wien, Politisches Archiv, P.A. I, Liasse XLVII, 1 a, Karton 496.

Österreichisches Staatsarchiv, Haus-, Hof- und Staatsarchiv, Wien, Politisches Archiv, P.A. I, Liasse Krieg, Karton 811.

Österreichisches Staatsarchiv, Haus-, Hof- und Staatsarchiv, Wien, Politisches Archiv, P.A. I, Liasse Krieg 3e, Russland 1916–1918, Karton 832.

Österreichisches Staatsarchiv, Haus-, Hof- und Staatsarchiv, Wien, Administrative Registratur, F 4, Personalia: Alexander Graf Hoyos, Karton 141.

Österreichisches Staatsarchiv, Kriegsarchiv (KA), Wien, Alte und Neue Feldakten, AOK, Evidenzbüro/Nachrichtenabteilung, Karton 3566, 3585, 3663, 3759 und 3800.

Österreichisches Staatsarchiv, Kriegsarchiv, Wien, Alte und Neue Feldakten, AOK, Operationsabteilung, Evidenzgruppe R, Karton 792 und 793.

Österreichisches Staatsarchiv, Kriegsarchiv, Wien, Alte und Neue Feldakten, AOK, Operationsabteilung, Heimkehrgruppe 1918, Karton 360, 361 und 362.

Bundesarchiv-Militärarchiv (BA-MA), Freiburg im Breisgau, Reichsheer, Aufzeichnungen des Grafen von Finkenstein, RH 61/v. 85.

Bundesarchiv-Militärarchiv, Freiburg im Breisgau, Admiralstab der Marine, RM 5/v. 1407, 3861, 4186, 4995, 4996, 5123 und 5160.

Bundesarchiv-Militärarchiv, Freiburg im Breisgau, Kriegswissenschaftliche Abteilung der Marine, RM 8/v. 1007, 1011, 1014, 1027 und 1031.

Bundesarchiv-Militärarchiv, Freiburg im Breisgau, Akten der Marinestation der Ostsee: RM 31/v. 771, 772, 775, 780, 791, 2372, 2373, 2384, 2388, 2390, 2392, 2393 und 2395.

Bundesarchiv-Militärarchiv, Freiburg im Breisgau, Schwere und mittlere Kampfschiffe, RM 92/v. 1465, 1709, 1887, 2645, 2646 und 2659.

Bundesarchiv-Militärarchiv, Freiburg im Breisgau, Nachlaß Souchon: Novemberrevolution 1918. Umsturz in Kiel. Niederschrift, N 156/31.

Gosudarstvennyj Archiv Rossijskoj Federacii (GARF), Moskau, Fond r-130, opis' 2.

Rossijskij Gosudarstvennyj Archiv Social'no-Političeskoj Istorii (RGASPI), Moskau, Fond 70, opis' 3.

Vojenský ústřední archiv, Prag, Záznam z Pramenů k historii bojové činnosti Čeljabinské skupiny, 14–17. 5. 1918 Uloženo ve fondu 3. čs. střeleckého pluku Jana Žižky z Trocnova, kart. č. 36.
Vojenský ústřední archiv, Prag, Hlášení dr. Hesse z 18. 5. 1918 komisariátu v Penze o čeljabinském incidentu. Uloženo ve sbírce »Dokumentů k vystoupení«, sign. J 4/4–19, kart. č. 4.
Vojenský ústřední archiv, Prag, Hlášení praporčíka Číly z. 3. čs. střeleckého pluku o čeljabinském incidentu. Uloženo ve sbírce »Dokumentů k vystoupení«, sign. J 4/4–13, kart. č. 4.
Vojenský ústřední archiv, Prag, Záznam ze »Soupisu bojů 6. čs. střeleckého pluku se sovětskými vojsky do 1. 10. 1918«. Uloženo ve fondu 6. čs. střeleckého pluku Hanáckého, kart. č. 22.

GEDRUCKTE QUELLEN

Ahnert, Kurt: Die Entwicklung der deutschen Revolution und das Kriegsende in der Zeit vom 1. Oktober bis 30. November 1918 in Leitartikeln, Extrablättern, Telegrammen, Aufrufen und Verordnungen nach den führenden deutschen Zeitungen. Nürnberg 1918.
Alboldt, E.: Die Tragödie der alten deutschen Marine. Berlin 1928.
Anet, Claude: La Révolution Russe. A Petrograd et aux Armeés. Mars–Mai 1917. Paris 1917.
Arbeiter-Zeitung. Wien 1918 und 1923.
Artelt, Karl: Mit der roten Fahne zum Vizeadmiral Souchon. In: Vorwärts und nicht vergessen. Erlebnisberichte aktiver Teilnehmer der Novemberrevolution 1918/19. Berlin (Ost) 1960, 89–100.
Auffenberg-Komarow, Minister a. D.: Aus Österreich-Ungarns Teilnahme am Weltkriege. Berlin/Wien 1920.
Avdeev, I.: Revoljucija 1917 goda. Chronika sobytij. Tom I: Janvar'–Aprel'. Moskva 1923.
Beaumont, A.: Heroic Story of the Czecho-Slovak Legions. Prague 1919.
Behncke, Vizeadmiral: Unsere Marine im Weltkriege und ihr Zusammenbruch. Berlin 1919.
Bernstein, Eduard: Die deutsche Revolution von 1918/19. Geschichte der Entstehung und der ersten Arbeitsperiode der deutschen Republik. Herausgegeben und eingeleitet von Heinrich August Winkler und annotiert von Teresa Löwe. Bonn 1998.
Bol'ševistskoe rukovodstvo. Perepiska. 1912–1917. Moskva 1996.
Bothmer, Karl von: Mit Graf Mirbach in Moskau. Tagebuch-Aufzeichnungen und Aktenstücke vom 19. April bis 24. August 1918. Tübingen 1922.
Broucek, Peter (Hg.): Ein General im Zwielicht. Die Erinnerungen Glaises von Horstenau. Bd. 1: k. u. k. Generalstabsoffizier und Historiker. Wien/Köln/Graz 1980.
Brüninghaus, Konteradmiral: Die politische Zersetzung und die Tragödie der deutschen Flotte. Berlin 1926.
Buchner, Eberhard: Revolutionsdokumente. Die deutsche Revolution in der Darstellung der zeitgenössischen Presse. Erster Bd.: Im Zeichen der roten Fahne. Berlin 1921.

Bunyan, James: Intervention, Civil War, and Communism in Russia. April–December 1918. Documents and Materials. New York 1978.
Byloe, Žurnal posvjaščennyj istorii osvoboditel'nago dviženija. Nr. 5/6, Nojabr'/Dekabr' 1917.
Chlevnjuk, O.: 1930–1933 gg. In: Adibekov, A. u.a. (Hgg.): Politbjuro CK RKP(b) – VKP(b) I Evropa. Rešenija »osoboj papki« 1923–1939. Moskva 2001, 209–215.
Degras, Jane: Soviet Documents on Foreign Policy, Bd. 1: 1917–1924. London/New York/Toronto 1951.
Deutsche Wochen-Zeitung. Nachrichtenblatt der Reichsdeutschen in der Schweiz. Sankt Gallen 1933.
Diplomatische Aktenstücke zur Vorgeschichte des Krieges 1914. Herausgegeben vom Staatsamt für Äusseres in Wien. I. Teil: 28. Juni bis 23. Juli 1914, II. Teil: 24. bis 28. Juli 1914. Berlin 1922.
Dotsenko, Paul: The Struggle for a democracy in Siberia, 1917–1920. Eyewitness account of a contemporary. Stanford 1983.
Erdmann, Karl Dietrich (Hg.): Kurt Riezler. Tagebücher, Aufsätze, Dokumente. Göttingen 1972.
Gajda, R.: Moje Pameti. Československá Anabase. Zpet na Urál proti Bolsevikum Admirál Kolčak. 1920
Geiss, Imanuel (Hg.): Juli 1914. Die europäische Krise und der Ausbruch des Ersten Weltkrieges. München 1965.
Hoyos, Alexander: Der deutsch-englische Gegensatz und sein Einfluß auf die Balkanpolitik Österreich-Ungarns. Berlin/Leipzig 1922.
Jones, Stinton: Russia in Revolution. Being the Experiences of an Englishman in Petrograd during the upheaval. London 1917.
Kerenski, Alexander: Memoiren. Russland und der Wendepunkt der Geschichte. Wien/Hamburg 1966.
Kohn, Richard (Hg.): Die Russische Revolution in Augenzeugenberichten. Düsseldorf 1963.
Komaroff-Kurloff, General: Das Erbe des Russischen Kaisertums. Persönliche Erinnerungen des Chefs der russischen Geheimpolizei. Berlin 1920.
Kraus, Karl: Die letzten Tage der Menschheit. Bühnenfassung des Autors. Herausgegeben von Eckart Früh. Frankfurt am Main 1992.
Krockow, Martin: Deutschlands Zusammenbruch und Freiheitskampf 1918–1937. Zweite, durchgesehene Auflage. Breslau 1938.
Ders.: Vom Novemberstaat zum Großdeutschen Reich. Breslau 1939.
Kuttner, Erich: Von Kiel bis Berlin. Der Siegeszug der deutschen Revolution. Berlin 1918.
Lichnowsky, Fürst: Die Schuld der deutschen Regierung am Kriege. Meine Londoner Mission (1912–1914). O.O. o. J.
Lomonosoff, Jurij W.: Die russische März-Revolution 1917. Erinnerungen. München 1921.
Ludendorff, General: Das Marne-Drama. Der Fall Moltke-Hentsch. München 1934.
Lukaš, Ivan: Vozstanie v Volynskom polku. Rasskaz pervogo geroja vozstanija Timofeja Kirpičnikova. Petrograd 1917.
Ders.: Volyncy. Petrograd 1917.
Menke-Glückert, E.: Die Novemberrevolution 1918. Ihre Entstehung und ihre Entwicklung bis zur Nationalversammlung. Leipzig 1919.

Masaryk, T. G.: Die Weltrevolution. Erinnerungen und Betrachtungen 1914–1918. Berlin 1925.
Murphy, A. B.: The Russian Civil War. Primary Sources. Basingstoke 2000.
Nabokow, Wladimir: Petrograd 1917. Der kurze Sommer der Revolution. Berlin 1992.
Neue Freie Presse. Wien 1918.
Noske, Gustav: Von Kiel bis Kapp. Zur Geschichte der deutschen Revolution. Berlin 1920.
Novoe Vremja. Petrograd 1917.
Die Novemberrevolution in Deutschland. Dokumente und Materialien. Berlin (Ost) 1958.
Österreich-Ungarns Aussenpolitik von der Bosnischen Krise 1908 bis zum Kriegsausbruch 1914. Diplomatische Aktenstücke des österreichisch-ungarischen Ministeriums des Äussern. Ausgewählt von Ludwig Bittner, Alfred Francis Pribram, Heinrich Srbik und Hans Uebersberger. Bearbeitet von Ludwig Bittner und Hans Uebersberger. Wien/Leipzig 1930.
Österreichisch-ungarisches Rotbuch. Diplomatische Aktenstücke zur Vorgeschichte des Krieges 1914. Volksausgabe. Wien 1915.
Paley, Prinzessin: Erinnerungen aus Russland (1916–1919) und die Macht des Bolschewismus. Hamburg 1925.
Palmer, Svetlana/Wallis, Sarah (Hgg.): A War in Words. Accompanying the Major Channel Four Series »The First World War«. London/New York/Sydney/Tokyo/Songapore/Toronto/Dublin 2003.
Papoušek, Jaroslav: Der Kampf um die Tschechoslowakische Selbständigkeit. Prag 1928.
Patejdl, Josef: Sibirská Anabase. Praha 1923.
Paustowskij, Konstantin: Der Beginn eines verschwundenen Zeitalters. Frankfurt am Main 2002.
Persius, L.: »Wie es kam«, daß der Anstoß zur Revolution von der Flotte ausging. Berlin 1919.
Protokolle des Gemeinsamen Ministerrates der Österreichisch-Ungarischen Monarchie (1914–1918). Eingeleitet und zusammengestellt von Miklós Komjáthy. Budapest 1966.
Reichspost, Wien 1918 und 1924.
Remarque, Erich Maria: Im Westen nichts Neues. Roman. Mit Materialien und einem Nachwort von Tilman Westphalen. Köln 1987.
Šaškova, O. A. (Hg.): Fevral'skaja Revoljucija 1917. Sbornik dokumentov i materialov. Moskva 1996.
Ščegolev, P. E.: Padenie Carskogo Rezima. Stenografičeskie otčety. Tom I. Leningrad 1924.
Scheer, Admiral: Deutschlands Hochseeflotte im Weltkrieg. Persönliche Erinnerungen. Berlin 1919.
Scheidemann, Philipp: Der Zusammenbruch. Berlin 1921.
Toller, Ernst: Buchchronik der Woche: »Im Westen nichts Neues«. In: Remarque, Erich Maria: Im Westen nichts Neues. Roman. Mit Materialien und einem Nachwort von Tilman Westphalen. Köln 1987, 286 ff.
Trotzki, Leo: Geschichte der russischen Revolution. Erster Teil: Februarrevolution. Zweiter Teil: Oktoberrevolution, 2 Halbbände. Frankfurt am Main 1982.
Velikie dni Rossijskoj Revoljucii. Fevral' 27. i 28., mart 1., 2., 3. i 4. Petrograd o. J.

Acton, Edward/Cherniaev, Vladimir Iu./Rosenberg, William G.: Critical Companion to the Russian Revolution 1914–1921. London/Sysdney/Auckland 1997.
Adams, Willi Paul (Hg.): Die Vereinigten Staaten von Amerika. Fischer Weltgeschichte Bd. 30. Frankfurt am Main 1988.
Aegerter, Roland (Hg.): Politische Attentate des 20. Jahrhunderts. Zürich 1999.
Afflerbach, Holger: Die militärische Planung des Deutschen Reiches im Ersten Weltkrieg. In: Michalka, Wolfgang (Hg.): Der Erste Weltkrieg. Wirkung, Wahrnehmung, Analyse. München 1994, 280–317.
Ders.: Der Dreibund. Europäische Großmacht- und Allianzpolitik. Wien/Köln/Weimar 1992.
Altrichter, Helmut: Rußland 1917. Ein Land auf der Suche nach sich selbst. Paderborn/München/Wien/Zürich 1997.
Andics, Hellmut: Der Untergang der Donaumonarchie. Österreich-Ungarn von der Jahrhundertwende bis zum November 1918. Wien/München 1974.
Audoin-Rouzeau, Stéphane/Becker, Annette: 1914–1918. Understanding the Great War. London 2002.
Ay, Karl-Ludwig: Die Revolution in der Hauptstadt München. In: Baumann, Reinhard/Hoser, Paul (Hgg.): Die Revolution von 1918/19 in der Provinz. Konstanz 1996, 11–20.
Baberowski, Jörg: Der Sinn der Geschichte. Geschichtstheorien von Hegel bis Foucault. München 2005.
Balke, Friedrich/Méchoulan, Eric/Wagner, Benno (Hgg.): Zeit des Ereignisses – Ende der Geschichte? München 1992.
Bauer, Reinhard/Piper, Ernst: München. Die Geschichte einer Stadt. München/Zürich 1993.
Baumfalk, Gerhard: Tatsachen zur Kriegsschuldfrage. Diplomatie – Politik – Hintergrund 1871–1939. Tübingen 2000.
Baumgart, Winfried: Die Julikrise und der Ausbruch des Ersten Weltkrieges 1914. Auf der Grundlage der von Erwin Hölzle herausgegebenen »Quellen zur Entstehung des Ersten Weltkrieges. Internationale Dokumente 1901–1914« für den Studiengebrauch bearbeitete von Winfried Baumgart. Darmstadt 1983.
Becker, Jean-Jacques: Marne. In: Hirschfeld, Gerhard/Krumeich, Gerd/Renz, Irina (Hgg.): Enzyklopädie Erster Weltkrieg. Paderborn/München/Wien/Zürich 2003, 697ff.
Ders.: Frankreich. In: Hirschfeld, Gerhard/Krumeich, Gerd/Renz, Irina (Hgg.): Enzyklopädie Erster Weltkrieg. Paderborn/München/Wien/Zürich 2003, 31–43.
Bestuschew, Igor W.: Die russische Außenpolitik von Februar bis Juni 1914. In: Kriegsausbruch 1914. München 1967, 127–151.
Bonwetsch, Bernd: Die russische Revolution 1917. Eine Sozialgeschichte von der Bauernbefreiung bis zum Oktoberumsturz. Darmstadt 1991.
Borst, Arno: Das historische »Ereignis«. In: Koselleck, Reinhart/Stempel, Wolf-Dieter (Hgg.): Geschichte – Ereignis und Erzählung. München 1973, 536–540.
Bradley, John F. N.: Allied Intervention in Russia. London 1968.
Ders.: Die Tschechoslowakische Legion und die Haltung der Alliierten zur Auflösung der Habsburgermonarchie. In: Plaschka, Richard/Mack, Karlheinz (Hgg.): Die

Auflösung des Habsburgerreiches. Zusammenbruch und Neuorientierung im Donauraum. Wien 1970, 203–208.
Ders.: The Allies and the Czech Revolt against the Bolsheviks in 1918. In: The Slavonic and East European Review, Vol. 43. London 1964, 275–292.
Braudel, Fernand: Die Suche nach einer Sprache der Geschichte. Wie ich Historiker wurde. In: Wie Geschichte geschrieben wird. Berlin 1998, 7–14.
Brown, Malcolm: The Imperial War Museum Book of The Western Front. Basingstoke/Oxford 2001.
Burdzhalov, E. N.: Russian's Second Revolution. The February 1917 Uprising in Petrograd. Bloomington/Indianapolis 1987.
Burgdorff, Stephan/Wiegrefe, Klaus (Hgg.): Der Erste Weltkrieg. Die Urkatastrophe des 20. Jahrhunderts. München 2004.
Burke, Peter: Offene Geschichte. Die Schule der »Annales«. Berlin 1991.
Burkhardt, Johannes: Kriegsgrund Geschichte? 1870, 1813, 1756 – historische Argumente und Orientierungen bei Ausbruch des Ersten Weltkrieges. In: Ders./Becker, Josef/Förster, Stig/Kronenbitter, Günther: Lange und kurze Wege in den Ersten Weltkrieg. München 1996, 9–86.
Büschenfeld, Jürgen: »Ein Krieg aller gegen alle ...« In: Der Erste Weltkrieg. Das Buch zur ARD-Fernsehserie. Berlin 2004, 7 ff.
Černjaev, V. J.: Vosstanie Pavlovskogo polka 26. fevralja 1917 g. In: Rabočij klass Rossii, ego sojuzniki i političeskie protivniki v 1917 godu. Leningrad 1989, 152–177.
Chamberlin, William H.: Die russische Revolution 1917–1921. 2 Bde. Frankfurt am Main 1958.
Corney, Frederick C.: Telling October. Memory and the Making of the Bolshevik Revolution. Ithaca/London 2004.
Cowley, Robert: Einleitung. In: Ders. (Hg.): War wäre gewesen, wenn? Wendepunkte der Weltgeschichte. München 2002, 9–12.
Ders.: 1914. Der Krieg, der nicht hätte stattfinden müssen. In: Ders. (Hg.): Was wäre gewesen, wenn? Wendepunkte der Weltgeschichte. München 2002, 276–308.
Cramer, Thomas: Vom Vorfall zum Ereignis. Wie Caritas Pirckheimer Geschichte zur Raison bringt. In: Rathmann, Thomas (Hg.): Ereignis. Konzeptionen eines Begriffs in Geschichte, Kunst und Literatur. Köln/Weimar/Wien 2003, 223–242.
Dähnhardt, Dirk: Revolution in Kiel. Der Übergang vom Kaiserreich zur Weimarer Republik 1918/19. Neumünster 1978.
Dahlmann, Dittmar: Rußland. In: Hirschfeld, Gerhard/Krumeich, Gerd/Renz, Irina (Hgg.): Enzyklopädie Erster Weltkrieg. Paderborn/München/Wien/Zürich 2003, 87–96.
Deist, Wilhelm: Die Politik der Seekriegsleitung und die Rebellion der Flotte Ende Oktober 1918. In: Vierteljahreshefte für Zeitgeschichte, 14. Jahrgang, Heft 4, 1966, 341–368.
Demandt, Alexander: Sternstunden der Geschichte. Zweite Auflage. München 2004.
Ders.: Das Attentat als Ereignis. In: Ders. (Hg.): Das Attentat in der Geschichte. Köln 2003, 449–462.
Ders. (Hg.): Macht und Recht. Große Prozesse in der Geschichte. München 1996.
Ders.: Die Weltreiche in der Geschichte. In: Ders. (Hg.): Das Ende der Weltreiche. Von den Persern bis zur Sowjetunion. München 1997, 211–233.

Diner, Dan: Das Jahrhundert verstehen. Eine universalhistorische Deutung. München 1999.
Döblin, Alfred: November 1918. Eine deutsche Revolution. Bd. 1: Bürger und Soldaten. München 1978.
Dosse, Francois: Geschichte des Strukturalismus. Bd. 2: Die Zeichen der Zeit, 1967–1991. Hamburg 1997.
Drabkin, J. S.: Die November-Revolution 1918 in Deutschland. Berlin (Ost) 1968.
Dreyer, Michael/Lembcke, Oliver: Die deutsche Diskussion um die Kriegsschuldfrage 1918/19. Berlin 1993.
Duby, Georges/Lardreau, Guy: Geschichte und Geschichtswissenschaft. Dialoge. Frankfurt am Main 1982.
Dulken, Stephen van: Ideen, die Geschichte machten. Das große Buch der Erfindungen. Düsseldorf/Zürich 2005.
Duppler, Jörg/Groß, Gerhard P. (Hgg.): Kriegsende 1918. Ereignis, Wirkung, Nachwirkung. München 1999.
Durkheim, Emile/Denis, Ernest: Wer hat den Krieg gewollt? Die Ursprünge des Krieges (1914–1918) nach den diplomatischen Dokumenten. Schutterwald/Baden 2003.
Durov, V. A.: Russkie nagrady XVIII.-načala XX. v. Moskva 1997.
Durschmied, Erik: Der Hinge-Faktor. Wie Zufall und menschliche Dummheit Weltgeschichte schreiben. Wien/Köln/Weimar 1998.
Dux, Günter: Die Zeit in der Geschichte. Ihre Entwicklungslogik vom Mythos zur Weltzeit. Frankfurt am Main 1992.
Ehalt, Hubert Ch. (Hg.): Geschichte von unten. Fragestellungen, Methoden und Projekte einer Geschichte des Alltags. Wien/Köln/Graz 1984.
Epkenhans, Michael: Matrosenaufstand. In: Hirschfeld, Gerhard/Krumeich, Gerd/Renz, Irina (Hgg.): Enzyklopädie Erster Weltkrieg. Paderborn/München/Wien/Zürich 2003, 704 ff.
Ernst, Werner W. (Hg.): Theorie und Praxis der Revolution. Wien/Köln/Graz 1980.
Esch, Arnold: Zeitalter und Menschenalter. Der Historiker und die Erfahrung vergangener Gegenwart. München 1994.
Evans, Richard J.: Fakten und Fiktionen. Über die Grundlagen historischer Erkenntnis. Frankfurt am Main/New York 1998.
Fellner, Fritz: Die »Mission Hoyos«. In: Les grandes puissances et la Serbie a la veille de la Première guerre mondiale. Assise scientifique de l'Académie serbe des sciences et des arts v. IV, Classe des sciences historiques Nr. 1. Beograd 1976, 387–418.
Ferguson, Niall: Der falsche Krieg. Der Erste Weltkrieg und das 20. Jahrhundert. Stuttgart 1999.
Ders. (Hg.): Virtuelle Geschichte. Historische Alternativen im 20. Jahrhundert. Darmstadt 1999.
Ferro, Marc: Nikolaus II. Der letzte Zar. München 1993.
Fest, Joachim: Staatsstreich. Der lange Weg zum 20. Juli. Neuausgabe. Berlin 2004.
Feuchtwanger, Edgar: Imperial Germany 1850–1918. London/New York 2001.
Fic, Victor M.: The Collapse of American Policy in Russia and Siberia, 1918: Wilson's Decesion not to intervene (March–October 1918). Boulder 1995.
Figes, Orlando: A People's Tragedy. The Russian Revolution 1891–1924. London/Sydney/Glenfield 1996.

Ders./Kolonitskii, Boris: Interpreting the Russian Revolution. The Language and Symbols of 1917. Yale 1999.

Fischer, Fritz: Griff nach der Weltmacht. Die Kriegszielpolitik des kaiserlichen Deutschland 1914/18. Dritte Auflage. Düsseldorf 1964.

Fischer, Peter: Erfindungen, die die Welt veränderten. Berlin 2001.

Fischer, Thomas Erdmann: Warum es wichtig ist, Hitlers unzeitiges Ende umzudefinieren. Ein Plädoyer für die Alternativhistorische Methode. In: Salewski, Michael (Hg.): Was Wäre Wenn. Alternativ- und Parallelgeschichte: Brücken zwischen Phantasie und Wirklichkeit. Stuttgart 1999, 130–140.

Fischer-Fabian, S.: Sie veränderten die Welt. Lebensbilder aus der deutschen Geschichte. Bergisch Gladbach 2002.

Flaig, Egon: Ein semantisches Ereignis inszenieren, um ein politisches zu verhindern. Die entblößten Narben vor der Volksversammlung 167 v. Chr. In: Rathmann, Thomas (Hg.): Ereignis. Konzeptionen eines Begriffs in Geschichte, Kunst und Literatur. Köln/Weimar/Wien 2003, 183–197.

Floyd, Elizabeth/Hindley, Geoffrey: Gestalter der Geschichte. Zeitgemäß bearbeitet und ergänzt von Dr. Robert Jung und Dr. Helga Zogelmann. London 1980.

Förster, Stig/Pöhlmann, Markus/Walter, Dierk (Hgg.): Schlachten der Weltgeschichte. Von Salamis bis Sinai. München 2001.

Förster, Stig: Einführende Bemerkungen, Teil I. In: Thoß, Bruno/Volkmann, Hans-Erich (Hgg.): Erster Weltkrieg – Zweiter Weltkrieg. Ein Vergleich. Krieg, Kriegserlebnis, Kriegserfahrung in Deutschland. Paderborn/München/Wien/Zürich 2002, 33–39.

Ders.: Der deutsche Generalstab und die Illusion des kurzen Krieges, 1871–1914. Metakritik eines Mythos. In: Burkhardt, Johannes/Becker, Josef/Förster, Stig/Kronenbitter, Günther: Lange und kurze Wege in den Ersten Weltkrieg. München 1996, 115–158.

Ders.: Wochen der Entscheidung. In: Damals. Das Magazin für Geschichte und Kultur. Nr. 5/2004. Titelthema: Die Juli-Krise 1914, 14–19.

Ders.: Im Reich des Absurden: Die Ursachen des Ersten Weltkrieges. In: Wegner, Bernd (Hg.): Wie Kriege entstehen. Zum historischen Hintergrund von Staatenkonflikten. Paderborn/München/Wien/Zürich 2000, 211–254.

Foglesong, David S.: America's secret war against Bolshevism. United States intervention in the Russian Civil War, 1917–1920. Chapel Hill u.a. 1995.

Footman, David: Civil War in Russia. New York/London 1961.

Freymond, Jacques: Guerres, Revolutions, Croix-Rouge: Réflexions sur le rôle du Comité international de la Croix-Rouge. Genève 1976.

Fried, Helmut: Die große Katharsis. Der Erste Weltkrieg in der Sicht deutscher Dichter und Gelehrter. Bd. 2: Euphorie – Entsetzen – Widerspruch: Die Schriftsteller von 1914–1918. Konstanz 1995.

Friedlander, Henry: The German Revolution of 1918. New York/London 1992.

Fromkin, David: Europe's last summer. Why the World Went to War in 1914. London 2004.

Fülberth, Georg: Der große Versuch. Geschichte der kommunistischen Bewegung und der sozialistischen Staaten. Köln 1994.

Furet, François: Das Ende der Illusion. Der Kommunismus im 20. Jahrhundert. München/Zürich 1996.

Ganelin, R. S./Solov'eva, Z. P.: Vospominanija T. Kirpičnikova kak istočnik po istorii

fevral'skich revoljucionnych dnej 1917 g. v Petrograde. In: Rabočij klass Rossii, ego sojuzniki i političeskie protivniki v 1917 godu. Leningrad 1989, 178–195.
Gehler, Michael/Schmidt, Rainer F./Brandt, Harm-Hinrich/Steininger, Rolf (Hgg.): Ungleiche Partner? Österreich und Deutschland in ihrer gegenseitigen Wahrnehmung. Historische Analysen und Vergleiche aus dem 19. und 20. Jahrhundert. Stuttgart 1996.
Geiss, Imanuel: Deutschland und Österreich-Ungarn beim Kriegsausbruch 1914. Eine machthistorische Analyse. In: Gehler, Michael/Schmidt, Rainer F./Brandt, Harm-Hinrich/Steininger, Rolf (Hgg.): Ungleiche Partner? Österreich und Deutschland in ihrer gegenseitigen Wahrnehmung. Historische Analysen und Vergleiche aus dem 19. und 20. Jahrhundert. Stuttgart 1996, 375–395.
Ders.: Die Kriegsschuldfrage – Das Ende eines Tabus. In: Kriegsausbruch 1914. München 1967, 101–126.
Gerste, Ronald D.: Defining moments – Amerikas Schicksalstage. Vom 4. Juli 1776 bis 11. September 2001. Regensburg 2002.
Geulen, Christian: Wende ohne Ende. Darwin als Diskursbegründer. In: Müller, Klaus E. (Hg.): Historische Wendeprozesse. Ideen, die Geschichte machten. Freiburg/Basel/Wien 2003, 231–255.
Geyer, Dietrich: Die Russische Revolution. Historische Probleme und Perspektiven. Vierte Auflage. Göttingen 1985.
Geyer, Michael: Deutsche Rüstungspolitik 1860–1980. Frankfurt am Main 1984.
Ders.: Gewalt und Gewalterfahrung im 20. Jahrhundert – Der Erste Weltkrieg. In: Spilka, Rolf/Ulrich, Bernd (Hgg.): Der Tod als Maschinist. Der industrialisierte Krieg 1914–1918. Eine Ausstellung des Museums Industriekultur Osnabrück im Rahmen des Jubiläums »350 Jahre Westfälischer Friede«. Osnabrück 1998, 241–257.
Gilcher-Holtey, Ingrid: »Kritische Ereignisse« und »kritischer Moment«. Pierre Bourdieus Modell der Vermittlung von Ereignis und Struktur. In: Suter, Andreas/Hettling, Manfred (Hgg.): Struktur und Ereignis. Göttingen 2001, 120–137.
Gimpel'son, E. G.: Gosudarstvennyj apparat v gody revoljucii i graždanskoj vojny. In: Gosudarstvennyj apparat v gody revoljucii i graždanskoj vojny. Materialy vserossijskoj konferencii 22 dekabrja 1997g. Moskva 1998, 11–21.
Ginzburg, Carlo: Spurensicherung. Die Wissenschaft auf der Suche nach sich selbst. Berlin 2002.
Glaser, Rüdiger: Klimageschichte Mitteleuropas.1000 Jahre Wetter, Klima, Katastrophen. Darmstadt 2001.
Goldhurst, Richard: The Midnight War. The American Intervention in Russia, 1918–1920. New York/St. Louis/San Francisco/Toronto/Düsseldorf/Mexico 1978.
Goldin, V. I.: Interventy ili sojuzniki? Murmanskij »uzel« v marte–ijune 1918 goda. In: Otečestvennaja istorija, Nr. 1. 1994, 74–88.
Goldinger, Walter: Österreich-Ungarn in der Julikrise 1914. Sonderdruck aus »Österreich am Vorabend des Ersten Weltkriegs«, hg. v. Institut für Österreich-Kunde. Graz/Wien/Köln 1964.
Golotik, S.I.: Rossijskoe obščestvo Krasnogo kresta i stanovlenie sovetskogo gosudarstvennogo apparata v 1917–1918gg. In: Gosudarstvennyj apparat v gody revoljucii i graždanskoj vojny. Materialy vserossijskoj konferencii 22. dekabrja 1997g. Moskva 1998, 188–195.
Golub, P. A.: Mjatež, vzorvavšij Rossiju. Moskva 2003.

Graždanskaja vojna v Rossii: Perekrestok mnenij. Moskva 1994.
Grevelhörster, Ludger: Der Erste Weltkrieg und das Ende des Kaiserreiches. Geschichte und Wirkung. Münster 2004.
Grieser, Dietmar: Kein Bett wie jedes andere. Möbel, die Geschichte machten. Wien 1998.
Groß, Gerhard P.: Eine Frage der Ehre? Die Marineführung und der letzte Flottenvorstoß 1918. In: Duppler, Jörg/Groß, Gerhard P. (Hgg.): Kriegsende 1918. Ereignis, Wirkung, Nachwirkung. München 1999, 349–365.
Günther, Hans: Der sozialistische Übermensch: M. Gor'kij und der sowjetische Heldenmythos. Stuttgart/Weimar 1993.
Haffner, Sebastian: Die deutsche Revolution 1918/19. Berlin 2002.
Ders./Venohr, Wolfgang: Das Wunder an der Marne. Rekonstruktion der Entscheidungsschlacht des Ersten Weltkriegs. Bergisch Gladbach 1982.
Hagenlücke, Heinz: Formverwandlungen der Politik in Deutschland im Übergang vom Kaiserreich zur Weimarer Republik. In: Mommsen, Hans (Hg.): Der Erste Weltkrieg und die europäische Nachkriegsordnung. Sozialer Wandel und Formveränderung der Politik. Köln/Weimar/Wien 2000, 107–124.
Hähner, Olaf: Historische Biographik: Die Entwicklung einer geschichtswissenschaftlichen Darstellungsform von der Antike bis ins 20. Jahrhundert. Frankfurt am Main/Berlin/Bern/New York/Paris/Wien 1999.
Hájek, Milos/Mejdrová, Hana: Die Entstehung der III. Internationale. Bremen 1997.
Hallen, Andreas/Kerbs, Diethart (Red.): Revolution und Fotografie Berlin 1918/19. Eine Ausstellung der neuen Gesellschaft für Bildende Kunst, Berlin (West) in Zusammenarbeit mit dem Zentrum für Kunstausstellungen der DDR. Berlin/Karl-Marx-Stadt/Leipzig 1990.
Hantsch, Hugo: Leopold Graf Berchtold. Grand Seigneur und Staatsmann. Bd. 2. Graz/Wien/Köln 1963.
Hasegawa, Tsuyoshi: The February Revolution: Petrograd, 1917. Seattle/London 1981.
Ders.: Fevral'skaja Revoljucija: konsensus issledovatelej? In: Volobuev, P. V. u.a. (Hgg.): 1917 god v sud'bach Rossii i mira. Fevral'skaja Revoljucija ot novych istočnikov k novomu osmysleniju. Moskva 1997, 95–108.
Haunfelder, Bernd/Neumann, Dorle (Hgg.): Momente des Jahrhunderts. Münster 2000.
Hayne, M. B.: The French Foreign Office and the Origins of the First World War 1898–1914. Oxford 1993.
Hedeler, Wladislaw/Schützler, Horst/Striegnitz, Sonja (Hgg.): Die Russische Revolution. Wegweiser oder Sackgasse? Berlin 1997.
Ders.: Russische sozialistische Parteien im Kampf um die Macht. In: Ders./Schützler, Horst/Striegnitz, Sonja (Hgg.): Die Russische Revolution. Wegweiser oder Sackgasse? Berlin 1997, 74–86.
Heiber, Helmut: Die Republik von Weimar. Vierzehnte, durchgesehene und ergänzte Auflage. München 1981.
Heideking, Jürgen: Geschichte der USA. Dritte, überarbeitete und erweiterte Auflage. Bearbeitet von Christof Mauch. Tübingen/Basel 2003.
Herbst, Ludolf: Komplexität und Chaos. Grundzüge einer Theorie der Geschichte. München 2004.

Herrmann, David G.: The Arming of Europe and the Making of the First World War. Princeton 1996.
Hertle, Hans-Hermann: Chronik des Mauerfalls. Die dramatischen Ereignisse um den 9. November 1989. Berlin 1999.
Herwig, Holger H.: The First World War. Germany and Austria-Hungary 1914–1918. London/New York/Sydney/Auckland 1997.
Hesper, Stefan: Eventum tantum. Die Drift des Ereignisses. In: Balke, Friedrich/Méchoulan, Eric/Wagner, Benno (Hgg.): Zeit des Ereignisses – Ende der Geschichte? München 1992, 281–292.
Heym, Stefan: Radek. Roman. München 1996.
Hildermeier, Manfred: Geschichte der Sowjetunion 1917–1991. Entstehung und Niedergang des ersten sozialistischen Staates. München 1998.
Ders.: Die Russische Revolution 1905–1921. Frankfurt am Main 1989.
Ders.: Die Oktoberrevolution in der russisch-sowjetischen Geschichte. In: Mommsen, Hans (Hg.): Der Erste Weltkrieg und die europäische Nachkriegsordnung. Sozialer Wandel und Formveränderung der Politik. Köln/Weimar/Wien 2000, 185–205.
Hirschfeld, Gerhard/Krumeich, Gerd/Renz, Irina (Hgg.): Enzyklopädie Erster Weltkrieg. Paderborn/München/Wien/Zürich 2003.
Hobsbawm, Eric: Das Zeitalter der Extreme. Weltgeschichte des 20. Jahrhunderts. München/Wien 1995.
Höbelt, Lothar: Der Zweibund. Bündnis mit paradoxen Folgen. In: Gehler, Michael/Schmidt, Rainer F./Brandt, Harm-Hinrich/Steininger, Rolf (Hgg.): Ungleiche Partner? Österreich und Deutschland in ihrer gegenseitigen Wahrnehmung. Historische Analysen und Vergleiche aus dem 19. und 20. Jahrhundert. Stuttgart 1996, 295–313.
Höhne, Heinz: Der Krieg im Dunkeln. Die Geschichte der deutsch-russischen Spionage. Macht und Einfluss der deutschen und russischen Geheimdienste. Sonderausgabe. Bindlach 1993.
Ders.: Canaris. Patriot im Zwielicht. Sonderausgabe. München 1984.
Hoffmann, Gabriele: Frauen machen Geschichte. Berühmte Frauen – von Kaiserin Theophanu bis Rosa Luxemburg: Ihre Macht und ihr politischer Einfluß. Bergisch Gladbach 1999.
Hoock, Jochen: Ereignis und Konstruktion. Zum Verhältnis von Ereignis- und Strukturgeschichte. In: Balke, Friedrich/Méchoulan, Eric/Wagner, Benno (Hgg.): Zeit des Ereignisses – Ende der Geschichte? München 1992, 41–53.
Horne, John: Der Schatten des Krieges: Französische Politik in den zwanziger Jahren. In: Mommsen, Hans (Hg.): Der Erste Weltkrieg und die europäische Nachkriegsordnung. Sozialer Wandel und Formveränderung der Politik. Köln/Weimar/Wien 2000, 145–164.
Hosking, Geoffrey: Russland. Nation und Imperium 1552–1917. Berlin 2000.
Howard, Michael: The First World War. Oxford 2002.
Ders.: The First World War reconsidered. In: Winter, Jay/Parker, Goeffrey/Habeck, Mary R. (Hgg.): The Great War and the Twentieth Century. New Haven/London 2000, 13–29.
Hoyt, Edwin P.: The Army without a country. New York/London 1967.
Hus, Miroslav: Československtí Legionári 1914–1920. Plzen 2001.
Iggers, Georg G.: Geschichtswissenschaft im 20. Jahrhundert. Zweite Auflage. Göttingen 1996.

Ivanov, A. V.: K voprosu o pričinach antisovetskogo vystuplenija čechoslovackogo korpusa v 1918 godu. In: Belaja armija. Beloe delo. Istoričeskij naučno-populjarnyj al'manach, Nr. 4. Ekaterinburg 1997.

Jankowsky, Heinz: Österreichs große Erfinder. Ihr Leben, ihre Arbeiten, ihre Schicksale. Graz/Wien/Köln 2000.

Jauss, Hans Robert: Versuch einer Ehrenrettung des Ereignisbegriffs. In: Koselleck, Reinhart/Stempel, Wolf-Dieter (Hgg.): Geschichte – Ereignis und Erzählung. München 1973, 554–560.

Jeřábek, Rudolf: Potiorek. General im Schatten von Sarajevo. Graz/Wien/Köln 1991.

Ders.: Die österreichische Weltkriegsforschung. In: Michalka, Wolfgang (Hg.): Der Erste Weltkrieg. Wirkung, Wahrnehmung, Analyse. München 1997, 953–971.

Kaminski, Katharina (Hg.): Frauen, die die Welt verändern. Zehn psychologische Portraits. Königsfurt 2002.

Kann, Robert A.: Kaiser Franz Joseph und der Ausbruch des Weltkrieges. Eine Betrachtung über den Quellenwert der Aufzeichnungen von Dr. Heinrich Kanner. Wien 1971.

Karsch, Stefan: Review of A. B. Nikolaev, die Staatsduma in der Februarevolution. Skizzen zur Geschichte, H-Soz-u-Kult, H-Net Reviews, August, 2003. URL: http://www.h-net.org/reviews.

Katkov, George: Russia 1917. The February Revolution. London 1967.

Katzer, Nikolaus: Die weiße Bewegung in Russland. Herrschaftsbildung, praktische Politik und politische Programmatik im Bürgerkrieg. Köln/Wien 1999.

Keegan, John: Der Erste Weltkrieg. Eine europäische Tragödie. Reinbek bei Hamburg 2000.

Kenez, Peter: Civil War in South Russia, 1919–1920. Berkeley/Los Angeles/London 1977.

Kennan, George: The Decision to Intervene. Princeton 1958.

Ders.: Sowjetische Außenpolitik unter Lenin und Stalin. Stuttgart 1961.

Kettle, Michael: Russia and the Allies 1917–1920. 2 Bde. Minneapolis 1981/New York 1988.

Kießling, Friedrich: Gegen den »großen Krieg«? Entspannung in den internationalen Beziehungen 1911–1914.

Klage, Jan: Wetter macht Geschichte. Der Einfluß des Wetters auf den Lauf der Geschichte. Zweite Auflage. Frankfurt am Main 2003.

Klante, Margarete: Von der Wolga zum Amur. Die tschechoslowakische Legion und der russische Bürgerkrieg. Berlin 1931.

Klein, Christian (Hg.): Grundlagen der Biographik. Theorie und Praxis des biographischen Schreibens. Stuttgart 2002.

Klein, Fritz: Einführende Bemerkungen, Teil III. In: Thoß, Bruno/Volkmann, Hans-Erich (Hgg.): Erster Weltkrieg – Zweiter Weltkrieg. Ein Vergleich. Krieg, Kriegserlebnis, Kriegserfahrung in Deutschland. Paderborn/München/Wien/Zürich 2002, 259–263.

Kleindel, Walter: Der Erste Weltkrieg. Daten-Zahlen-Fakten. Wien 1989.

Klenner, Fritz: Die österreichischen Gewerkschaften. Vergangenheit und Zukunftsprobleme. Bd. 1. Wien 1951.

Klevanskij, A. Ch.: Učastie Čechoslovackich internacionalistov v bor'be za vlast' sovetov v Rossii. In: Internacionalisty. Učastie trudjaščichsja stran central'noj i jugo-

vostočnoj Evropy v bor'be za vlast' sovetov v Rossii 1917–1920gg. Moskva 1987, 176–223.
Ders.: Čechoslovackie internacionalisty i prodannyj korpus. Čechoslovackie političeskie organizacii i voinskie formirovanija v Rossii 1914–1921 gg. Moskva 1965.
Klingenstein, Grete/Lutz, Heinrich/Stourzh, Gerald (Hgg.): Biographie und Geschichtswissenschaft. Aufsätze zur Theorie und Praxis biographischer Arbeit. Wien 1979.
Kluge, Ulrich: Die deutsche Revolution 1918/19. Staat, Politik und Gesellschaft zwischen Weltkrieg und Kapp-Putsch. Frankfurt am Main 1985.
Kluxen, Kurt: Geschichte Englands. Von den Anfängen bis zur Gegenwart. Dritte Auflage. Stuttgart 1985.
Knopp, Guido: Bilder, die Geschichte machten. München 1992.
Koch, Hans-Jörg: Der 9. November in der deutschen Geschichte. Zweite Auflage. Freiburg im Breisgau 2000.
Kocka, Jürgen: Klassengesellschaft im Krieg. Deutsche Sozialgeschichte 1914–1918. Zweite, durchgesehene und ergänzte Auflage. Göttingen 1978.
Koenker, D. P./Rosenberg, W. G./Suny, R. G. (Hgg.): Party, State and Society in the Russian Civil War. Explorations in Social History. Bloomington 1989.
Kolb, Eberhard: 1918/19: Die steckengebliebene Revolution. In: Stern, Carola/Winkler, Heinrich August (Hgg.): Wendepunkte deutscher Geschichte 1848–1990. Frankfurt am Main 1994, 99–125.
Konstantinov, S. I.: Vystuplenie čechoslovackogo korpusa: detonator graždanskoj vojny ili vozmožnost' ee al'ternativy? In: Ural v sobytijach 1917–1921 gg. Aktual'nye problemy izučenija. Materialy regional'nogo naučnogo seminara 24.–25. aprelja 1999. Čeljabinsk 1999, 56–72.
Kornakov, P. K.: Simvolika i ritualy revoljucii 1917g. In: Černjaev, V. Iu. u. a. (Hgg.): Anatomija Revoljucii. 1917 god v Rossii: Massy, partii, vlast'. Sankt-Peterburg 1994, 356–365.
Korol'kova, M. N.: Nekotorye aspekty organizacionnogo stanovlenija apparata VČK v dekabre 1917–1918gg. Novaja ocenka izvestnych faktov. In: Gosudarstvennyj apparat v gody revoljucii i graždanskoj vojny. Materialy vserossijskoj konferencii 22. dekabrja 1997g. Moskva 1998, 69–77.
Koselleck, Reinhart: Zeitschichten. Studien zur Historik. Frankfurt am Main 2003.
Ders.: Darstellung, Ereignis und Struktur. In: Wie Geschichte geschrieben wird. Berlin 1998, 113–125.
Ders.: Ereignis und Struktur. In: Koselleck, Reinhart/Stempel, Wolf-Dieter (Hgg.): Geschichte – Ereignis und Erzählung. München 1973, 560–571.
Kowalski, Ronald: The Russian Revolution 1917–1921. London/New York 1997.
Krause, Andreas: Scapa Flow. Die Selbstversenkung der wilhelminischen Flotte. Berlin 1999.
Krippendorff, Ekkehart: Staat und Krieg. Die historische Logik politischer Unvernunft. Frankfurt am Main 1985.
Krockow, Christian Graf von: Kaiser Wilhelm II. und seine Zeit. Biographie einer Epoche. Berlin 1999.
Kronenbitter, Günther: »Nur los lassen«. Österreich-Ungarn und der Wille zum Krieg. In: Burkhardt, Johannes/Becker, Josef/Förster, Stig/Kronenbitter, Günther: Lange und kurze Wege in den Ersten Weltkrieg. München 1996, 159–187.
Krumeich, Gerd: Einleitung: Schlachtenmythen in der Geschichte. In: Ders./Brandt,

Susanne (Hgg.): Schlachtenmythen. Ereignis – Erzählung – Erinnerung. Köln/Weimar/Wien 2003.
Ders.: Einführende Bemerkungen, Teil IV. In: Thoß, Bruno/Volkmann, Hans-Erich (Hgg.): Erster Weltkrieg – Zweiter Weltkrieg. Ein Vergleich. Krieg, Kriegserlebnis, Kriegserfahrung in Deutschland. Paderborn/München/Wien/Zürich 2002, 369–373.
Ders.: Der Mensch als »Material«. Verdun, 21. Februar bis 9. September 1916. In: Förster, Stig/Pöhlmann, Markus/Walter, Dierk (Hgg.): Schlachten der Weltgeschichte. Von Salamis bis Sinai. München 2001, 295–305.
Ders.: Vergleichende Aspekte der »Kriegsschulddebatte« nach dem Ersten Weltkrieg. In: Michalka, Wolfgang (Hg.): Der Erste Weltkrieg. Wirkung, Wahrnehmung, Analyse. München 1994, 913–928.
Kvasnička, Ján: Československé Légie v Rusku 1917–1920. Bratislava 1963.
Lachareva, H. V.: Gosudarstvennyj apparat Sovetskoj Rossii po evakuacii naselenija v 1918–1923 gg. In: Gosudarstvennyj apparat v gody revoljucii i graždanskoj vojny. Materialy vserossijskoj konferencii 22. dekabrja 1997g. Moskva 1998, 171–179.
Leidinger, Hannes: Wechselwirkungen. Kriegsgefangenschaft zwischen Kommunismus und Nationalismus. In: Ders./Moritz, Verena: Gefangenschaft, Revolution, Heimkehr. Die Bedeutung der Kriegsgefangenenproblematik für die Geschichte des Kommunismus in Mittel- und Osteuropa 1917–1920. Wien/Köln/Weimar 2003, 17–43.
Ders.: Transformationen. Struktur- und Wertewandel im Ersten Weltkrieg. In: Ders./Moritz, Verena: Gefangenschaft, Revolution, Heimkehr. Die Bedeutung der Kriegsgefangenenproblematik für die Geschichte des Kommunismus in Mittel- und Osteuropa 1917–1920. Wien/Köln/Weimar 2003, 45–68.
Ders.: Keine Atempause. Die »neue Zeit der Wirren« und die Bedeutung der Gefangenenthematik. In: Ders./Moritz, Verena: Gefangenschaft, Revolution, Heimkehr. Die Bedeutung der Kriegsgefangenenproblematik für die Geschichte des Kommunismus in Mittel- und Osteuropa 1917–1920. Wien/Köln/Weimar 2003, 323–449.
Ders.: November achtzehn. In: Ders./Moritz, Verena: Gefangenschaft, Revolution, Heimkehr. Die Bedeutung der Kriegsgefangenenproblematik für die Geschichte des Kommunismus in Mittel- und Osteuropa 1917–1920. Wien/Köln/Weimar 2003, 505–532.
Ders./Moritz, Verena: Russisches Wien. Begegnungen aus vier Jahrhunderten. Wien/Köln/Weimar 2004.
Leslie, John: Österreich-Ungarn vor dem Kriegsausbruch. Der Ballhausplatz in Wien im Juli 1914 aus der Sicht eines österreichisch-ungarischen Diplomaten. In: Deutschland und Europa in der Neuzeit. Stuttgart 1988.
Levčuk, A. P.: Ešče raz o »predannom korpuse« – k voprosu o vozniknovenii čechoslovackogo mjateža. In: Iz istorii revoljucii v Rossii (pervaja četvert' XX. V.), vypusk II. Tomsk 1996, 3–12.
Lieven, Dominic: The Collapse of the Tsarist and Soviet Empires on Comparative Perspective. In: Brix, Emil/Koch, Klaus/Vyslonzil, Elisabeth (Hgg.): The Decline of Empires. Wien/München 2001,99–107.
Lindner, Clausjohann: Theorie der Revolution. Ein Beitrag zur verhaltenstheoretischen Soziologie. München 1972.

Linke, Horst Günther: Die russische Revolution 1905/1917. Zusammenbruch der zarischen Herrschaft und Machtergreifung der Bolschewiki. Stuttgart 1986.
Loske, Annette: Individuum und Kollektiv. Zum Problem des Helden in nachrevolutionären russischen Dramen von »Misterija-buff« bis »Ljubov' Jarojava«. München 1990.
Lukojanov, I. V.: U istokov rossijskogo parlamentarizma. Istoriko-dokumental'noe izdanie. Sankt-Peterburg 2003.
Mai, Gunther: Der Erste Weltkrieg. In: Wehler, Hans-Ulrich (Hg.): Scheidewege der deutschen Geschichte. Von der Reformation bis zur Wende 1517–1989. München 1995, 159–170.
Malanowski, Wolfgang: November-Revolution 1918. Die Rolle der SPD. Frankfurt am Main/Berlin 1968.
Mawdsley, Evan: The Russian Civil War. Edinburgh 2000.
Mayzel, Matitiahu: Generals and Revolutionaries. The Russian General Staff During the Revolution: A Study in the Transformation of Military Elite. Osnabrück 1979.
McCullough, Edward E.: How the First World War began. The Triple Entente and the Coming of the Great War of 1914–1918. Montréal/New York/London 1999.
Méchoulan, Eric: Ereignis, Moderne und Gedächtnis. In: Balke, Friedrich/Méchoulan, Eric/Wagner, Benno (Hgg.): Zeit des Ereignisses – Ende der Geschichte? München 1992, 259–280.
Meilensteine der Menschheit. Einhundert Entdeckungen, Erfindungen und Wendepunkte der Geschichte. Herausgegeben von der Brockhaus-Redaktion. Leipzig/Mannheim 1999.
Merridale, Catherine: War, death, and remembrance in Soviet Russia. In: Winter, Jay/Parker, Sivan, Emmanuel (Hgg.): War and Remembrance in The Twentieth Century. Cambridge 1999, 61–83.
Merz, Kai-Uwe: Das Schreckbild. Deutschland und der Bolschewismus 1917–1921. Berlin 1995.
Michalka, Wolfgang (Hg.): Der Erste Weltkrieg. Wirkung, Wahrnehmung, Analyse. München 1997.
Milo, Daniel S.: Für eine experimentelle Geschichte. Ein Manifest. In: Balke, Friedrich/Méchoulan, Eric/Wagner, Benno (Hgg.): Zeit des Ereignisses – Ende der Geschichte? München 1992, 293–321.
Mitchell, Allan: Revolution in Bavaria 1918–1919. The Eisner Regime and the Soviet Republic. Princeton 1965.
Mombauer, Annika: The Origins of the First World War. Controversies and Consensus. London u.a. 2002.
Dies.: Helmuth von Moltke and the Origins of the First World War. Cambridge 2001.
Mommsen, Hans (Hg.): Der Erste Weltkrieg und die europäische Nachkriegsordnung. Sozialer Wandel und Formveränderung der Politik. Köln/Weimar/Wien 2000.
Mommsen, Wolfgang J.: Der große Krieg und die Historiker. Neue Wege der Geschichtsschreibung über den Ersten Weltkrieg. Essen 2002.
Ders.: Deutschland. In: Hirschfeld, Gerhard/Krumeich, Gerd/Renz, Irina (Hgg.): Enzyklopädie Erster Weltkrieg. Paderborn/München/Wien/Zürich 2003, 15–30.
Monaco, James: Film verstehen. Kunst, Technik, Sprache, Geschichte und Theorie des Films und der Medien. Mit einer Einführung in Multimedia. Sonderausgabe. Hamburg 2002.

Morgan, Kenneth O.: Die soziale und politische Mobilisierung Großbritanniens, 1918–1926. In: Mommsen, Hans (Hg.): Der Erste Weltkrieg und die europäische Nachkriegsordnung. Sozialer Wandel und Formveränderung der Politik. Köln/Weimar/Wien 2000, 125–144.

Moritz, Verena: Zwischen allen Fronten. Die russischen Kriegsgefangenen in Österreich im Spannungsfeld von Nutzen und Bedrohung (1914–1921). Wien Diss. 2001.

Morley, James W.: The Japanese Thrust into Siberia 1918. New York 1957.

Morrow, John H. jr.: The Great War. An imperial history. London/New York 2004.

Morton, Frederic: Wetterleuchten 1913/14. Wien 1990.

Mosier, John: The Myth of the Great War. A new military history of World War I. London 2002.

Mosse, George L.: Die Geschichte des Rassismus in Europa. Frankfurt am Main 1990.

Mstislavskij, S. D.: Gibel' carizma. Fevral'skij perevorot. Leningrad 1927.

Mülder-Bach, Inka (Hg.): Modernität und Trauma. Beiträge zum Zeitenbruch des Ersten Weltkrieges. Wien 2000.

Müller, Klaus E. (Hg.): Historische Wendeprozesse. Ideen, die Geschichte machten. Freiburg/Basel/Wien 2003.

Müller, Winfried: Das historische Jubiläum. Zur Geschichtlichkeit einer Zeitkonstruktion. In: Ders. (Hg.): Das historische Jubiläum. Genese, Ordnungsleistung und Inszenierungsgeschichte eines institutionellen Mechanismus. Münster 2004, 1–76.

Münkler, Herfried: Imperien. Die Logik der Weltherrschaft – vom Alten Rom bis zu den Vereinigten Staaten. Berlin 2005.

Nachtigal, Reinhard: Rußland und seine österreichisch-ungarischen Kriegsgefangenen (1914–1918). Remshalden 2003.

Nagl-Docekal, Herta: Ist Geschichtsphilosophie heute noch möglich? In: Dies. (Hg.): Der Sinn des Historischen. Geschichtsphilosophische Debatten. Frankfurt am Main 1996, 7–63.

Nazyrov, P. F.: Čeljabinsk v 1918–1919 gg. (Iz istorii goroda perioda graždanskoj vojny.) In: Čeljabinsk neizvestnyj, vypusk 1. Čeljabinsk 1996, 90–103.

Nikolaev, A. B.: Gosudarstvennaja duma v Fevral'skoj revoljucii: očerki istorii. Rjazan' 2002.

Nimtz, Walter: Die Novemberrevolution 1918 in Deutschland. Berlin 1965.

Otečestvennaja istorija s drevnejšich vremen do 1917 goda. Enciklopedija. Moskva 1994 ff.

Pastor, Peter: The Home Front in Hungary, 1914–1918. In: Király, Béla K./Dreisziger, Nándor F. (Hgg.): War and Society in East Central Europe. Bd. XIX. New York 1985, 124–134.

Pipes, Richard: Die russische Revolution. Bd. 1: Der Zerfall des Zarenreiches. Berlin 1992.

Plaschka, Richard Georg: Avantgarde des Widerstands. Modellfälle militärischer Auflehnung im 19. und 20. Jahrhundert. Wien/Köln/Graz 2000.

Pöhlmann, Markus: Tod in Masuren. Tannenberg, 23. bis 31. August 1914. In: Förster, Stig/Pöhlmann, Markus/Walter, Dierk (Hgg.): Schlachten der Weltgeschichte. Von Salamis bis Sinai. München 2001, 279–293.

Političeskie Partii Rossii. Konec XIX – pervaja tret' XX veka. Enciklopedija. Moskva 1996.

Ponting, Clive: Thirteen Days. The Road to the First World War. London 2002.

Prinz, Michael: Der Erste Weltkrieg als Zäsur britischer Geschichte? Eine Deutung im Spannungsfeld von Geschichtsschreibung, Politik und Erinnerungskultur. In: Mommsen, Hans (Hg.): Der Erste Weltkrieg und die europäische Nachkriegsordnung. Sozialer Wandel und Formveränderung der Politik. Köln/Weimar/Wien 2000, 207–246.

Procacci, Giovanna: Die politischen und sozialen Folgen des Ersten Weltkrieges in Italien und die Krise des liberalen Staates. In: Mommsen, Hans (Hg.): Der Erste Weltkrieg und die europäische Nachkriegsordnung. Sozialer Wandel und Formveränderung der Politik. Köln/Weimar/Wien 2000, 165–183.

Puff, Roman: Uncle Sam und der Doppeladler. Die Beziehungen der USA zu Österreich-Ungarn zwischen Sarajewo 1914 und Kriegserklärung 1917. Diplomarbeit Wien 2004.

Rachamimow, Alon: POWs and the Great War. Captivity on the Eastern Front. Oxford u.a. 2002.

Raleigh, Donald J.: Experiencing Russia's Civil War. Politics, society, and revolutionary culture in Saratov, 1917–1922. Princeton/Oxford 2002.

Rathmann, Thomas (Hg.): Ereignis. Konzeptionen eines Begriffs in Geschichte, Kunst und Literatur. Köln/Weimar/Wien 2003.

Rauch, Georg von: Geschichte der Sowjetunion. Siebente, verbesserte und erweiterte Auflage. Stuttgart 1987.

Rauchensteiner, Manfried: Österreich-Ungarn. In: Hirschfeld, Gerhard/Krumeich, Gerd/Renz, Irina (Hgg.): Enzyklopädie Erster Weltkrieg. Paderborn/München/Wien/Zürich 2003, 64–86.

Ders.: Entfesselung in Wien? Österreich-Ungarns Beitrag zum Ausbruch des Ersten Weltkriegs. In: Gehler, Michael/Schmidt, Rainer F./Brandt, Harm-Hinrich/Steininger, Rolf (Hgg.): Ungleiche Partner? Österreich und Deutschland in ihrer gegenseitigen Wahrnehmung. Historische Analysen und Vergleiche aus dem 19. und 20. Jahrhundert. Stuttgart 1996, 355–373.

Ders.: Der Tod des Doppeladlers. Österreich-Ungarn und der Erste Weltkrieg. Graz/Wien/Köln 1993.

Raulff, Ulrich: Der unsichtbare Augenblick. Zeitkonzepte in der Geschichte. Göttingen 1999.

Ders: Das Leben – buchstäblich. Über neuere Biographik und Geschichtswissenschaft. In: Klein, Christian (Hg.): Grundlagen der Biographik. Theorie und Praxis des biographischen Schreibens. Stuttgart 2002, 55–68.

Read, Christopher: From Tsar to Soviets. The Russian people and their revolution, 1917– 1921. London 1996.

Revel, Jacques: Die Wiederkehr des Ereignisses – ein historischer Streifzug. In: Suter, Andreas/Hettling, Manfred (Hgg.): Struktur und Ereignis. Göttingen 2001, 158–174.

Ricoeur, Paul: Zeit und Erzählung. Bd. I: Zeit und historische Erzählung. München 1988.

Ritter, Hermann: Kontrafaktische Geschichte. Unterhaltung versus Erkenntnis. In: Salewski, Michael (Hg.): Was Wäre Wenn. Alternativ- und Parallelgeschichte: Brücken zwischen Phantasie und Wirklichkeit. Stuttgart 1999, 25–42.

Ruge, Wolfgang: Novemberrevolution. Die Volkserhebung gegen den deutschen Imperialismus und Militarismus 1918/19. Berlin (Ost) 1983.

Ruloff, Dieter: Wie Kriege beginnen. Ursachen und Folgen. Dritte Auflage. München 2004.
Rumpler, Helmut: Revolutionäre oder Revolutionen? Revolutionstheorie zwischen »Akteurs-Voluntarismus« und »System-Determinismus«. In: Klingenstein, Grete/Lutz, Heinrich/Stourzh, Gerald (Hgg.): Biographie und Geschichtswissenschaft. Aufsätze zur Theorie und Praxis biographischer Arbeit. Wien 1979, 142–150.
Salewski, Michael: Der Erste Weltkrieg. Paderborn/München/Wien/Zürich 2003.
Ders. (Hg.): Was Wäre Wenn. Alternativ- und Parallelgeschichte: Brücken zwischen Phantasie und Wirklichkeit. Stuttgart 1999.
Schaffer, Ronald: USA. In: Hirschfeld, Gerhard/Krumeich, Gerd/Renz, Irina (Hgg.): Enzyklopädie Erster Weltkrieg. Paderborn/München/Wien/Zürich 2003, 105–114.
Schapiro, L.: The Origins of the Communist Autocracy: Political Opposition in the Soviet State, First Phase, 1917–1922. London 1977.
Schieder, Theodor: Geschichte als Wissenschaft. Eine Einführung. Zweite, erweiterte Auflage. München/Wien 1968.
Šljapnikov, A.: Semnadcatyj god. Kniga pervaja. Moskva 1925.
Schützler, Horst: Die Revolution von 1917 im Paradigmenwechsel der Historiographie Rußlands. In: Hedeler, Wladislaw/Schützler, Horst/Striegnitz, Sonja (Hgg.): Die Russische Revolution. Wegweiser oder Sackgasse? Berlin 1997, 155–173.
Schumann, Dirk: Einheitssehnsucht und Gewaltakzeptanz. Politische Grundpositionen des deutschen Bürgertums nach 1918 (mit vergleichenden Überlegungen zu den britischen middle classes). In: Mommsen, Hans (Hg.): Der Erste Weltkrieg und die europäische Nachkriegsordnung. Sozialer Wandel und Formveränderung der Politik. Köln/Weimar/Wien 2000, 83–105.
Schulin, Ernst: Die Urkatastrophe des zwanzigsten Jahrhunderts. In: Michalka, Wolfgang (Hg.): Der Erste Weltkrieg. Wirkung, Wahrnehmung, Analyse. München 1994, 3–27.
Seidlmayer, Michael: Geschichte Italiens. Vom Zusammenbruch des Römischen Reiches bis zum ersten Weltkrieg mit Beiträgen von: Theodor Schieder, Italien vom ersten zum zweiten Weltkrieg, und Jens Petersen, Italien als Republik 1946–1987. Zweite, erweiterte Auflage. Stuttgart 1989.
Seifen, Johannes: Der Zufall – eine Chimäre? Untersuchungen zum Zufallsbegriff in der philosophischen Tradition und bei Gottfried Wilhelm Leibnitz. Sankt Augustin 1992.
Service, Robert: Lenin. Eine Biographie. München 2000.
Shlapentokh, Dmitry: The French Revolution and the Russian anti-democratic tradition: a case of false consciousness. New Brunswick 1997.
Sieburg, Heinz-Otto: Grundzüge der Französischen Geschichte. Vierte, überarbeitete Auflage. Darmstadt 1997.
Smilg-Benario, Michael: Der Zusammenbruch der Zarenmonarchie. Zürich/Leipzig/Wien 1928.
Sösemann, Bernd: Die Bereitschaft zum Krieg. Sarajewo 1914. In: Demandt, Alexander (Hg.): Das Attentat in der Geschichte. Köln 2003, 295–320.
Solschenizyn, Alexander: Das Rote Rad. Eine Erzählung in bestimmten Zeitausschnitten. Erster Knoten: August vierzehn, zweiter Knoten: November sechzehn, dritter Knoten: März siebzehn. Zwei Teile. München/Zürich 1986, 1987 und 1989/90.

Sondhaus, Lawrence: Franz Conrad von Hötzendorf. Architekt der Apokalypse. Wien/Graz 2003.

Starcev, V.: 27. Fevralja 1917. Moskva 1984.

Spargo, Tamsin (Hg.): Reading the Past. Literature and History. New York 2000.

Steinbach, Peter: Der 20. Juli 1944. In: Demandt, Alexander (Hg.): Das Attentat in der Geschichte. Köln 2003, 361–389.

Steinmüller, Karlheinz: Zukünfte, die nicht wurden. Zum Gedankenexperiment in Zukunftsforschung und Geschichtswissenschaft. In: Salewski, Michael (Hg.): Was Wäre Wenn. Alternativ- und Parallelgeschichte: Brücken zwischen Phantasie und Wirklichkeit. Stuttgart 1999, 43–52.

Stern, Carola/Winkler, Heinrich August (Hgg.): Wendepunkte deutscher Geschichte 1848–1990. Frankfurt am Main 1994.

Stern, Fritz: Vier Tage im November. In: Willms, Johannes (Hg.): Der 9. November. Fünf Essays zur deutschen Geschichte. München 1994, 83–89.

Stevenson, David: 1914–1918. The History of the First World War. London/New York 2004.

Ders.: The outbreak of the First World War: 1914 in perspective. New York 1997.

Stewart, George: The White Armies of Russia. A Chronicle of Counter-Revolution and Allied Intervention. New York 1933.

Stökl, Günther: Russische Geschichte. Von den Anfängen bis zur Gegenwart. Vierte, erweiterte Auflage. Stuttgart 1983.

Stone, Norman: Ungarn und die Julikrise 1914. In: Kriegsausbruch 1914. München 1967, 202–223.

Strachan, Hew: Der Erste Weltkrieg. Eine neue illustrierte Geschichte. München 2003.

Ders.: The First World War. Vol. I: To Arms. Oxford 2001.

Ders.: Wer war schuld? Wie es zum Ersten Weltkrieg kam. In: Burgdorff, Stephan/Wiegrefe, Klaus (Hgg.): Der Erste Weltkrieg. Die Urkatastrophe des 20. Jahrhunderts. München 2004, 240–255.

Strauss, Emil: Die Entstehung der Tschechoslowakischen Republik. Prag 1935.

Striegnitz, Sonja: Im Revolutionsgeschehen 1917. Sozialrevolutionäre – Wiedergeburt und Positionsbestimmung. In: Hedeler, Wladislaw/Schützler, Horst/Striegnitz, Sonja (Hgg.): Die Russische Revolution. Wegweiser oder Sackgasse? Berlin 1997, 94–114.

Suhr, Detlef: Krankheiten, die Geschichte schrieben. Über den medizinischen Faktor in der Weltgeschichte. Jena/Plauen/Quedlinburg 2002.

Suter, Andreas/Hettling, Manfred: Struktur und Ereignis – Wege zu einer Sozialgeschichte des Ereignisses. In: Dies. (Hgg.): Struktur und Ereignis. Göttingen 2001, 7–32.

Taylor, Alan John Percivale: The Historian as Biographer. In: Klingenstein, Grete/Lutz, Heinrich/Stourzh, Gerald (Hgg.): Biographie und Geschichtswissenschaft. Aufsätze zur Theorie und Praxis biographischer Arbeit. Wien 1979, 254–261.

Telizyn, Wadim L.: Vom Februar zum Oktober. Die soziale Explosion im russischen Dorf. Wesen und Dynamik. Methodologische Aspekte. In: Hedeler, Wladislaw/Schützler, Horst/Striegnitz, Sonja (Hgg.): Die Russische Revolution. Wegweiser oder Sackgasse? Berlin 1997, 86–94.

Thoß, Bruno/Volkmann, Hans-Erich (Hgg.): Erster Weltkrieg – Zweiter Weltkrieg. Ein Vergleich. Krieg, Kriegserlebnis, Kriegserfahrung in Deutschland. Paderborn/München/Wien/Zürich 2002.

Thoß, Bruno: Die Zeit der Weltkriege – Epochen- als Erfahrungseinheit? In: Ders./ Volkmann, Hans-Erich (Hgg.): Erster Weltkrieg – Zweiter Weltkrieg. Ein Vergleich. Krieg, Kriegserlebnis, Kriegserfahrung in Deutschland. Paderborn/München/ Wien/Zürich 2002, 7–30.

Ders.: Einführende Bemerkungen, Teil VI. In: Ders./Volkmann, Hans-Erich (Hgg.): Erster Weltkrieg – Zweiter Weltkrieg. Ein Vergleich. Krieg, Kriegserlebnis, Kriegserfahrung in Deutschland. Paderborn/München/Wien/Zürich 2002, 635–639.

Tjuschkewitsch, S. A.: Notwendigkeit und Zufall im Kriege. Berlin (Ost) 1964.

Thunig-Nittner, Gerburg: Die Tschechoslowakische Legion in Russland. Ihre Geschichte und Bedeutung bei der Entstehung der 1. Tschechoslowakischen Republik. Wiesbaden 1970.

Uhle-Wettler, Franz: Höhe- und Wendepunkte deutscher Militärgeschichte. Hamburg/Berlin/Bonn 2000.

Ullrich, Volker: Vom Augusterlebnis zur Novemberrevolution. Beiträge zur Sozialgeschichte Hamburgs und Norddeutschlands im Ersten Weltkrieg 1914–1918. Bremen 1999.

Ders.: Die nervöse Großmacht. Aufstieg und Untergang des deutschen Kaiserreichs 1871–1918. Frankfurt am Main 1997.

Ders.: Die große Täuschung. In: Die Zeit, Nr. 29, 14. Juli 2005, 50.

Ders.: Was wäre gewesen, wenn … Die Crux der fiktiven Geschichte. In: Die Zeit, Nr. 37, 8. September 2005, 51.

Umbreit, Hans: Einführende Bemerkungen, Teil V. In: Thoß, Bruno/Volkmann, Hans-Erich (Hgg.): Erster Weltkrieg – Zweiter Weltkrieg. Ein Vergleich. Krieg, Kriegserlebnis, Kriegserfahrung in Deutschland. Paderborn/München/Wien/Zürich 2002, 521–525.

Unterberger, Betty Miller: The United States, Revolutionary Russia, and the Rise of Czechoslovakia. Chapel Hill/London 1989.

Verhey, Jeffrey: Der »Geist von 1914« und die Erfindung der Volksgemeinschaft. Hamburg 2000.

Veyne, Paul: Geschichtsschreibung – und was sie nicht ist. Frankfurt am Main 1990.

Villeneuve, Johanne: Abwesenheit und Wiederholung: Die Erwartung des Ereignisses und das Beispiel der Sowjetunion. In. Balke, Friedrich/Méchoulan, Eric/Wagner, Benno (Hgg.): Zeit des Ereignisses – Ende der Geschichte? München 1992, 181–196.

Volkmann, Hans-Erich: Gesellschaft und Militär am Ende des Ersten und des Zweiten Weltkrieges. In: Thoß, Bruno/Volkmann, Hans-Erich (Hgg.): Erster Weltkrieg – Zweiter Weltkrieg. Ein Vergleich. Krieg, Kriegserlebnis, Kriegserfahrung in Deutschland. Paderborn/München/Wien/Zürich 2002, 841–871.

Wade, Rex A.: The Bolshevik Revolution and Russian Civil War. Westport/London 2001.

Waldmann, Peter: Was war neu an den Anschlägen vom 11. September? In: Stein, Georg/Windfuhr, Volkhard (Hgg.): Ein Tag im September. 11.9.2001. Hintergründe, Folgen, Perspektiven. Heidelberg 2002, 19–29.

Wegner, Bernd: Einführende Bemerkungen, Teil II. In: Thoß, Bruno/Volkmann, Hans-Erich (Hgg.): Erster Weltkrieg – Zweiter Weltkrieg. Ein Vergleich. Krieg, Kriegserlebnis, Kriegserfahrung in Deutschland. Paderborn/München/Wien/Zürich 2002, 135–141.

Wegner, Regina: Erzählte Geschichte. Literarische Geschichtsdarstellung – ihr Verhältnis im Erscheinungsbild dreier repräsentativer Beispiele des 18., 19. und 20. Jahrhunderts. Berlin 2001.

Wehler, Hans-Ulrich: Deutsche Gesellschaftsgeschichte. Vierter Bd.: Vom Beginn des Ersten Weltkriegs bis zur Gründung der beiden deutschen Staaten 1914–1949. München 2003.

Ders.: Der zweite Dreißigjährige Krieg. Der Erste Weltkrieg als Auftakt und Vorbild für den Zweiten Weltkrieg. In: Burgdorff, Stephan/Wiegrefe, Klaus (Hgg.): Der Erste Weltkrieg. Die Urkatastrophe des 20. Jahrhunderts. München 2004, 23–35.

Ders. (Hg.): Scheidewege der deutschen Geschichte. Von der Reformation bis zur Wende 1517–1989. München 1995.

Weisbrod, Bernd: Die Politik der Repräsentation. Das Erbe des Ersten Weltkrieges und der Formwandel der Politik in Europa. In: Mommsen, Hans (Hg.): Der Erste Weltkrieg und die europäische Nachkriegsordnung. Sozialer Wandel und Formveränderung der Politik. Köln/Weimar/Wien 2000, 13–41.

Werth, German: 1916, Schlachtfeld Verdun. Europas Trauma. Berlin 1994.

Westphalen, Tilman: Ein Simplicissimus des 20. Jahrhunderts? In: Remarque, Erich Maria: Im Westen nichts Neues. Mit Materialien und einem Nachwort von Tilman Westphalen. Köln 1987, 349–365.

Wette, Wolfram: Gustav Noske. Eine politische Biographie. Düsseldorf 1987.

Ders.: Die militärische Demobilmachung in Deutschland 1918/19 unter besonderer Berücksichtigung der revolutionären Ostseestadt Kiel. In: Geschichte und Gesellschaft, 12. Jahrgang, Heft 3, 1986, 63–80.

Wiegrefe, Klaus: Der Marsch in die Barbarei. In: In: Burgdorff, Stephan/Wiegrefe, Klaus (Hgg.): Der Erste Weltkrieg. Die Urkatastrophe des 20. Jahrhunderts. München 2004, 13–22.

Wildman, Allan K.: The End of the Russian Imperial Army. The Old Army and the Soldiers' Revolt (March–April 1917). Princeton 1980.

Ders.: Armija i vopros o legitimnosti vlasti v 1917g. In: Černjaev, V. Iu. u. a. (Hgg.): Anatomija Revoljucii. 1917 god v Rossii: Massy, partii, vlast'. Sankt-Peterburg 1994, 238–251.

Williamson, Samuel R.: Austria-Hungary and the Origins of the First World War. Basingstoke/London 1991.

Willmott, H. P.: Der Erste Weltkrieg. Hildesheim 2004.

Willms, Johannes (Hg.): Der 9. November. Fünf Essays zur deutschen Geschichte. München 1994.

Winkelbauer, Thomas (Hg.): Vom Lebenslauf zur Biographie. Geschichte, Quellen und Probleme der historischen Biographik und Autobiographik. Horn/Waidhofen an der Thaya 2000.

Winkler, Heinrich August: Weimar 1918–1933. Die Geschichte der ersten deutschen Demokratie. München 1993.

Ders.: Revolution als Konkursverwaltung. 9. November 1918: Der vorbelastete Neubeginn. In: Willms, Johannes: Der 9. November. Fünf Essays zur deutschen Geschichte. München 1994, 11–32.

Ders.: Einleitung. In: Stern, Carola/Winkler, Heinrich August (Hgg.): Wendepunkte deutscher Geschichte 1848–1990. Frankfurt am Main 1994, 7–15.

Winter, Jay/Parker, Goeffrey/Habeck, Mary R. (Hgg.): The Great War and the twentieth century. New Haven/London 2000.

Dies./Sivan, Emmanuel (Hgg.): War and Remembrance in The Twentieth Century. Cambridge 1999.

Winter, Jay: Forms of kinship and remembrance in the aftermath of the Great War. In: Dies./Sivan, Emmanuel (Hgg.): War and Remembrance in The Twentieth Century. Cambridge 1999, 40–60.

Dies.: Großbritannien. In: Hirschfeld, Gerhard/Krumeich, Gerd/Renz, Irina (Hgg.): Enzyklopädie Erster Weltkrieg. Paderborn/München/Wien/Zürich 2003, 50–63.

Wippermann, Wolfgang: Totalitarismustheorien. Die Entwicklung der Diskussion von den Anfängen bis heute. Darmstadt 1997.

Wistrich, Robert: Wer war wer im Dritten Reich. Anhänger, Mitläufer, Gegner aus Politik, Wirtschaft, Militär, Kunst und Wissenschaft. München 1983.

Zeiler, Sonja: Von der Ermordung des Thronfolgers bis zum Ausbruch des Ersten Weltkrieges – Aus der Sicht der schweizerischen Tagespresse. Wien Diplomarbeit 1996.

Zelinsky, Bodo (Hg.): Russische Erzählungen von der Oktoberrevolution bis zur Gegenwart. Stuttgart 1988.

Ziemann, Benjamin: Das »Fronterlebnis« des Ersten Weltkrieges – eine sozialhistorische Zäsur? Deutungen und Wirkungen in Deutschland und Frankreich. In: Mommsen, Hans (Hg.): Der Erste Weltkrieg und die europäische Nachkriegsordnung. Sozialer Wandel und Formveränderung der Politik. Köln/Weimar/Wien 2000, 43–82.

Zöllner, Erich: Geschichte Österreichs. Von den Anfängen bis zur Gegenwart. Siebente Auflage. Wien 1984.

Zweig, Stefan: Sternstunden der Menschheit. Vierzehn historische Miniaturen. Frankfurt am Main 1998.

Ders.: Sternstunden der Menschheit. Fünf historische Miniaturen. New York 1931.

Bildnachweis

Seite 71: Alexander Graf Hoyos © ÖNB Bildarchiv, Wien (Sign. NB 518.641-B)
Seite 72: Reichskanzler Theobald von Bethmann Hollweg © ullstein bild – Sven Simon
Seite 99: General Joseph Joffre © ullstein bild
Seite 104: Generalstabschef Helmuth von Moltke © ullstein bild
Seite 129: Soldaten mit roten Fahnen. Petrograd Februar/März 1917 aus: Stinton Jones, Russia in Revolution, London 1917
Seite 141: Timofej Kirpitschnikow aus: Russian Pictorial Collection, envelope AO, Hoover Institution Archives
Seite 173: Leo Trotzki © ÖNB Bildarchiv, Wien (Sign. NB 526.661-B)
Seite 174: Tschechoslowakische Legionäre vor einem Eisenbahnwaggon aus: Pametnyk odboje (Hg.), Za svobodu. II. dvl (1926) [Denkmal des Widerstands (Hg.), Für die Freiheit, Teil 2]
Seite 207: Karte von Kiel 1912 © Bundesarchiv/Militärarchiv, Kart 901-Kiel/12
Seite 208: Gustav Noske aus: Paul Friedrich, Weltgeschichte nach Leopold von Ranke. Neu beobachtet und bis in die Gegenwart fortgeführt von Paul Friedrich, Berlin 1928